MERCADOS DE TRABALHO E OPORTUNIDADES

OPORTUNIDADES

Reestruturação econômica,
mudança ocupacional
e desigualdade na Inglaterra
e no Brasil

Nadya Araujo Guimarães
Adalberto Cardoso
Peter Elias
Kate Purcell
Orgs.

MERCADOS DE TRABALHO E
OPORTUNIDADES

Reestruturação econômica,
mudança ocupacional
e desigualdade na Inglaterra
e no Brasil

FAPERJ
Fundação Carlos Chagas Filho de Amparo
à Pesquisa do Estado do Rio de Janeiro

FGV
EDITORA

ISBN — 978-85-225-0693-4

Direitos desta edição reservados à
EDITORA FGV
Rua Jornalista Orlando Dantas, 37
22231-010 — Rio de Janeiro, RJ — Brasil
Tels.: 0800-21-7777 — 21-2559-4427
Fax: 21-2559-4430
e-mail: editora@fgv.br — pedidoseditora@fgv.br
web site: www.fgv.br/editora

Impresso no Brasil / *Printed in Brazil*

Os conceitos emitidos neste livro são de inteira responsabilidade dos autores.

1ª edição — 2008

PREPARAÇÃO DE ORIGINAIS: Maria Lucia Leão Velloso de Magalhães

EDITORAÇÃO ELETRÔNICA: FA Editoração Eletrônica

REVISÃO: Aleidis de Beltran, Fatima Caroni e Sandra Frank

CAPA: Alvaro Magalhães

Ficha catalográfica elaborada pela
Biblioteca Mario Henrique Simonsen / FGV

Mercados de trabalho e oportunidades : reestruturação econômica, mudança ocupacional e desigualdade na Inglaterra e no Brasil / Nadya Araujo Guimarães, Adalberto Cardoso, Peter Elias, Kate Purcell (orgs). — Rio de Janeiro : Editora FGV, 2008.
400 p.

Inclui bibliografia.

1. Mercado de trabalho — Grã-Bretanha. 2. Mercado de trabalho — Brasil. 2. Mobilidade social. 4. Discriminação no emprego I. Guimarães, Nadya Araujo. II. Cardoso, Adalberto. III. Elias, Peter. IV. Purcell, Kate. V. Fundação Getulio Vargas.

CDD – 331.12

Sumário

Apresentação

Nadya Araujo Guimarães
Adalberto Cardoso

Um dos principais desafios lançados aos estudos sociais do trabalho no Brasil nos anos 1990 foi entender os efeitos da conjunção de crescimento da produção, da produtividade e da competitividade industriais, por um lado, com a queda sistemática do emprego industrial, por outro. Esse fenômeno marcou tanto a agenda social quanto a agenda da pesquisa social no campo da sociologia do trabalho no país.

Do ponto de vista da agenda pública, esse foi o momento em que o desemprego se instalou como um problema para a sociedade. Inúmeras foram as pesquisas de opinião que documentaram seu ingresso no imaginário social como um grande desafio, seja para os indivíduos, compelidos a gerir pessoalmente o rumo de suas vidas num contexto de opacidade ímpar, seja para os governos, cujas políticas sociais passaram a ser norteadas pela necessidade de dar resposta a problemas sociais (como a miséria e a criminalidade crescentes) que, nesse mesmo imaginário social, eram tidos como correlatos da desocupação. Vulnerabilidade, risco e desconforto eram sentimentos particularmente perceptíveis nas grandes metrópoles, que experimentavam mais de perto e com maior intensidade os efeitos da contração do emprego fabril, e onde eram mais elevadas as taxas de desemprego.

Do ponto de vista da reflexão da sociologia do trabalho, tal conjunção explosiva não apenas restabeleceu a importância dos estudos sobre o mercado de trabalho, como lhes conferiu um novo enfoque. De fato, há muitos anos a ciência social brasileira havia aposentado suas antigas ilações sobre os nexos entre crescimento, modernização e emprego, tão caras à tradição da sociologia do desenvolvimento e aos estudos sobre dependência e marginalidade. Desde os anos 1970, o fenômeno do desemprego industrial era, para o *mainstream* da sociologia do trabalho, uma espécie de fantasma sujeito a aparições conjunturais; algo que surgia em situações de crise econômica. Por isso mesmo, e não sem razão, a sociologia do trabalho brasileira produzida nos anos 1970 e 1980 assumiu marcas e preferências temáticas que a qualificaram mais propriamente como uma sociologia da indústria, ou, quando menos, uma sociologia do trabalho industrial. Processos, organização e gestão do trabalho; identidades operárias e formas de ação coletiva; segmentações e estatutos no mundo industrial; experiência do trabalho e vida extrafabril foram alguns dos seus temas mais caros, que deram a tônica ao campo nesse período.[1] Entre esses temas não se encontrava a questão do desemprego, salvo nos momentos em que a retração da atividade econômica o fazia um fenômeno socialmente mais visível e, por isso mesmo, academicamente relevante.[2]

Os anos 1990 infletiram essa tendência. Neles, assistimos à presença sistemática das preocupações com o desemprego, tornado agora um traço ordinário, mesmo nas conjunturas de recuperação econômica. Mas a inflexão atingiu também o modo pelo qual o fenômeno passou a ser analiticamente equacionado pelos sociólogos do trabalho no Brasil. Atualizou-se o antigo interesse na relação entre crescimento e desocupação, expresso — nos termos do jargão corrente no final da década de

---

[1] Disso dão testemunho diferentes balanços desde então realizados, como os de Sorj, 1983; Castro, Médici e Patarra, 1984; Abreu, 1985; Abramo, 1990; Castro e Leite, 1994; Guimarães, 2004.

[2] Já os economistas, justiça lhes seja feita, acompanharam de modo mais permanente a questão; a eles devemos, por exemplo, os debates travados sobre o desempenho do mercado de trabalho brasileiro e sobre as formas de mensuração dos níveis de emprego e desemprego. Ver Sabóia, 1991a e 1991b; Dedecca e Brandão, 1993; Dedecca e Montagner, 1993; Dedecca, Montagner e Brandão, 1993; Amadeo et al., 1993 e 1994; Amadeo, 1995; Urani, 1995.

1990 — na relação entre reestruturação produtiva e desemprego industrial ou, mais exatamente, entre reestruturação industrial, desemprego e empregabilidade.

A partir de então, o desemprego industrial passou a ser representado como um dos vértices para os quais convergem vários dos aspectos direta ou indiretamente vinculados a características da reestruturação em curso, como a focalização do empreendimento produtivo e a conseqüente terceirização de atividades adjacentes, a globalização das cadeias produtivas (*outsourcing*), a perda de competitividade de nichos ou setores industriais inteiros em face da abertura comercial, os desafios da reconversão industrial (investimentos pesados em máquinas e equipamentos), a conseqüente concentração industrial, entre outras.

No curso desses processos, plantas eram "enxugadas" ou simplesmente fechadas, serviços extintos ou terceirizados. Os indivíduos perdiam seus empregos, sendo lançados de volta ao mercado de trabalho num contexto de intensa transformação. Paralelamente, muitos outros empregados viam seu trabalho perder prerrogativas antes importantes, como estabilidade, direitos trabalhistas e renda compatível com expectativas de padrão de vida. Tudo isso levou os intérpretes a reconhecer que um número cada vez menor de trabalhadores industriais lograva manter o emprego e os direitos relacionados e, com estes, suas expectativas de vida e status, associadas a empregos estáveis e mais bem remunerados.

Essas considerações conduziram a indagações sobre as vias de incorporação produtiva e social desse vasto contingente de trabalhadores que perdera (ou estava em vias de perder) o emprego na indústria, mercê da reestruturação. Tais preocupações puseram na ordem do dia uma agenda de perguntas-chave sobre como os estudos do trabalho e do desemprego passariam a ser desenvolvidos. Seria plausível admitir que alguns tipos de trajetórias ocupacionais levariam à exclusão do mundo fabril, enquanto outras permitiriam preservar aqueles que as tivessem vivido? Para que contingentes de trabalhadores tornar-se-ia maior o risco da exclusão? Haveria diferenças de natureza e/ou de intensidade nesse processo, quando observado nos distintos setores produtivos? E entre regiões do país? A que atribuir essas diferenças: às diversas intensidades da reestruturação em cada setor ou região? Às características específicas dos processos de trabalho e dos modos de gestão da força de trabalho? Às características específicas da força de trabalho? A características adquiridas, como escolaridade, qualificação e antigüidade, ou inatas, como sexo, idade ou condição étnico-racial?

Essas questões, desconfortavelmente abertas, passaram a instigar a pauta de investigação no campo dos estudos do trabalho no Brasil. Respondê-las tornou-se então um dos desafios analíticos de primeira hora. Neste livro tais respostas nos interessarão muito de perto porque são sintomáticas de duas mudanças importantes no campo acadêmico. Primeira, a transformação da agenda de pesquisa da sociologia do trabalho no Brasil. Segunda, os novos caminhos de natureza metodológica, perceptíveis no modo de construir perguntas e de reunir evidências empíricas, e que deixavam entrever a existência de outras maneiras de apreender a realidade que se transformava.

Todavia, naquela segunda metade dos anos 1990, não era uma tarefa trivial fazer face a tal agenda, perseguir a quente os processos que estavam em curso e que desafiavam os intérpretes. Fazia-se necessário infletir os modos habituais de formular as questões e de respondê-las. E, nesses momentos, o olhar acadêmico tende a se deslocar para outras realidades, em busca de inspiração teórico-metodológica. Não foi diferente no nosso caso. À procura de diálogo intelectual sistemático e analiticamente refinado sobre o tema, algumas parcerias estratégicas se constituíram. Animavam-nas o interesse em comparar cursos do processo de reestruturação econômica em seus distintos impactos na organização dos mercados de trabalho e nas formas de inclusão e exclusão dos trabalhadores, em diferentes países.

Entre essas múltiplas parcerias, uma destacou-se pela longevidade e por seu elevado poder de fertilização de idéias e de procedimentos de análise: a que se estabeleceu com a equipe de pesquisadores ingleses liderada por Peter Elias, e que reunia, em torno do Institute for Employment Research da University of Warwick, outros intelectuais envolvidos com o tema, como Kate Purcell, Margaret Birch e Abigail McKnight. Suas agudas análises sobre como o processo de reestruturação econômica atingia as carreiras e os horizontes de permanência no mercado de trabalho inglês, alterando as formas de desemprego e mudando as chances dos trabalhadores de menor remuneração, bem como seus esforços para entender como a flexibilidade na gestão dos contratos e das relações de trabalho assumia formas distintas e tinha efeitos diversos se observada do ponto de vista das relações de gênero os aproximava dos focos temáticos de interesse dos pesquisadores brasileiros. Mas o que fez calhar as agendas de brasileiros e ingleses foi o esforço da equipe britânica no sentido de estabelecer a pertinência dos procedimentos de análise longitudinal e a importância, por eles conferida, ao uso dos acervos de dados disponíveis e capazes de acompanhar os processos de fragilização dos vínculos de trabalho, explorando suas principais conseqüências.

E não sem razão, pois, àquele tempo, um grupo de pesquisadores brasileiros, distribuídos por três diferentes instituições, fazia seus primeiros experimentos no sentido da longitudinalização dos dados colhidos pela Relação Anual de Informações Sociais (Rais): Nadya Araujo Guimarães e Alvaro Comin, no Centro Brasileiro de Análise e Planejamento (Cebrap), em São Paulo; Adalberto Cardoso, no Instituto Universitário de Pesquisas do Rio de Janeiro (Iuperj); Luis Antonio Caruso e Valéria Pero, no Centro Internacional para a Educação, Trabalho e Transferência de Tecnologia (Ciet/Senai), também no Rio de Janeiro.

Buscávamos, desde meados dos anos 1990, formas de acompanhar as transições, no mercado de trabalho, daqueles que estavam no olho do furacão das mudanças: os trabalhadores da indústria brasileira. Um painel fora construído, usando criativamente informações secundárias disponibilizadas pelo banco da Rais, um registro administrativo governamental, de modo a seguir um grupo especial formado pelos trabalhadores que haviam sido demitidos da indústria no Brasil no ano de 1989, e a identificar seus movimentos no mundo dos empregos registrados durante os cinco anos subseqüentes. Esse havia sido um período crítico. A abertura econômica e o enxugamento da máquina e das funções do Estado conviviam com importantes mudanças no plano microorganizacional da gestão da produção e do trabalho nas empresas industriais, preocupadas em fazer face às intensas mudanças macroeconômicas num contexto de aguda retração da atividade produtiva. Pela primeira vez no país um painel longitudinal acompanhava transições no mercado formal de trabalho brasileiro, usando inovadoramente um banco de dados público e gratuito.

O intercâmbio internacional iniciou-se em 1997 com um primeiro seminário de reconhecimento, realizado no Cebrap, reunindo os brasileiros e ingleses antes referidos, além de outros convidados especiais, também preocupados com o tema, como Alain Degenne e Marie-Odile Lebeaux, do Institut du Longitudinal (Lasmas, Paris); Olivier Barbary, do Institut de Recherche pour le Développement (IRD, Paris), e Fernando Urrea, da Universidad de Cali (Colômbia).

Entre 1998 e 2003 teve lugar uma frutífera troca acadêmica, reunindo brasileiros e britânicos, patrocinada pelo acordo de cooperação bilateral em vigor, que unia os esforços do Conselho Nacional do Desenvolvimento Científico e Tecnológico (CNPq) e do British Council. Dois diferentes projetos foram propostos, aprovados e desenvolvidos. As preocupações centrais se expressavam em seus respectivos títulos: Restructuring, Redundancy and Reskilling (Reestruturação, Dispensa e Requalificação) foi o primeiro deles e alinhou as atividades do grupo durante os três primeiros anos. Um forte viés metodológico voltado para a socialização de procedimentos avançados de análise longitudinal e a discussão comparativa dos achados para o Brasil e a Inglaterra deu o tom aos trabalhos entre 1998 e 2000. Entre 2001 e 2003 ampliou-se a agenda: estratégias empresariais e novas alternativas de organização da produção flexível e do trabalho se incorporaram ao horizonte de interesse temático do novo projeto, intitulado Industrial Restructuring, Reskilling and Occupational Mobility — Employers Strategies and Workers Transitions (Reestruturação Industrial, Requalificação e Mobilidade Ocupacional — Estratégias dos Empregadores e Transições dos Trabalhadores). Também se ampliaram as instituições cooperantes, na exata medida em que os pesquisadores circulam e engajam novos colegas. Do lado inglês, Kate Purcell passou a dirigir a Employment Studies Research Unity (Esru), localizada na University of West of England, integrando à equipe Paul Stewart; já Abigail McKnight passou a integrar os quadros do Centre for Analysis of Social Exclusion (Case), na London School of Economics and Political Science. Do lado brasileiro, o Instituto de Filosofia e Ciências Sociais (IFCS) da Universidade Federal do Rio de Janeiro ingressou no intercâmbio, engajando José Ricardo Ramalho.

Dificilmente uma década de intenso diálogo intelectual, coletivo e interinstitucional poderia ser resumida em uma única publicação. De fato, e vendo-o apenas pelos resultados científicos logrados no lado brasileiro, inúmeros foram os artigos veiculados e as comunicações apresentadas em congressos científicos nacionais e internacionais, várias dissertações e teses doutorais se beneficiaram do clima de intensa discussão, e pelo menos dois livros[3] documentaram o valor heurístico da abordagem teórico-metodológica explorada e o vigor das análises que dela resultavam para bem descrever o que testemunhávamos no Brasil do alvorecer do século XXI. Essa produção testemunha a multiplicidade e a longevidade dos frutos desse trabalho em cooperação, envolvendo pesquisadores britânicos e brasileiros.

Por que, então, este livro? Que novidade nos propicia? Ele pretende retirar do acervo de temas e resultados uma fração deles, apresentando ao leitor uma faceta ainda não veiculada das análises postas em marcha. Tal faceta se define pela convergência entre um partido teórico e um partido metodológico. Do ponto de vista teórico-substantivo, o privilégio cabe à análise dos elos entre reestruturação econômica, mobilidade ocupacional e desigualdade social e, nesse sentido, alinha-se à análise de fenômenos que dizem respeito a diferentes planos da realidade social. Assim, e indo mais além do elo entre reestruturação da atividade produtiva e trabalho (processos e mercados de trabalho), pretende-se com este livro alçar um vôo analítico em direção à sua vinculação a temas caros à sociologia, como a dinâmica de transformação da estrutura social e a mudança dos padrões de mobilidade social. Mais ainda, pretende-se enlaçar às dimensões anteriores uma última dimensão: a das desigualdades, tema-chave no debate brasileiro contemporâneo; desigualdades que se expressam em diferentes planos, desde o mercado de trabalho até o local de trabalho e o local de moradia.

Do ponto de vista metodológico, tenciona-se trilhar com o leitor o desafiador caminho da comparação. Explorar os elos entre a dinâmica dos mercados de trabalho e das oportunidades, sublinhando que a diferença entre os arranjos societais é fator crucial para se entender como padrões de desigualdade se erigem, se perpetuam e se transformam. Vale dizer, como a mudança social está longe de ter um curso unívoco, inscrito na dinâmica econômica e redutível seja a um tipo de estado,

---

[3] Cardoso, 2000; Guimarães, 2004.

seja a um regime de acumulação. Assim, ao analisar como as sociedades britânica e brasileira experimentaram uma mesma conjuntura econômica internacional e, a partir dela, desenvolveram diferentes padrões de reestruturação de suas firmas, de gestão de suas relações de trabalho, de distribuição de oportunidades ocupacionais e de chances de mobilidade entre seus cidadãos, fica evidente a irredutibilidade dos percursos, mesmo quando certa forma de apreensão teima em tudo resumir a conceitos que mais escondem que revelam, por deixarem escapar a especificidade das realidades que almejam capturar.

Seria pretensioso, para não dizer descabido e academicamente petulante, acreditar que estamos desbravando o caminho ao postularmos tal perspectiva. De fato, em 2007, comemoramos três décadas de curiosa e pouco conhecida tentativa (pelo menos pouco conhecida do leitor brasileiro) de contrastar cursos de processos sociais supostamente similares ocorridos na Inglaterra e no Brasil. Em abril de 1977, a Stanford University reuniu numa conferência alguns dos melhores pensadores brasileiros e anglo-saxões e os desafiou a enfrentar um tema crucial à época: como fazer face aos problemas do crescimento urbano acelerado, um resultado até certo ponto previsível dessa moderna construção a que denominamos "sociedades industriais", mas de conseqüências sociais cuja magnitude e alcance eram razoavelmente inesperados. E quais seriam os casos paradigmáticos a partir dos quais se poderia pensar os efeitos sociais desse padrão de crescimento em que se expressava a conjunção entre industrialismo e modernidade? A escolha recaiu em São Paulo e Manchester, tomadas como casos exemplares,[4] a primeira grande cidade industrial do Primeiro Mundo e a primeira grande metrópole industrial do Terceiro Mundo. Elas partilhavam surpreendentes similaridades estruturais, concluiriam intelectuais da estirpe de Richard Morse, Bryan Roberts, John Wirth, Peter Fry, só para citar alguns dos anglo-saxões, com os quais ombreavam brasileiros como Juarez Brandão Lopes. Entretanto, vale como provocação para a nossa geração citar o desafio e a resposta lançados por Wirth: podemos mesmo comparar duas cidades

---

[4] Wirth e Jones, 1978.

industriais capitalistas, em diferentes momentos do tempo, em contextos nacionais diversos, e com papéis distintos na economia mundial? Sim e não.

A indagação, expressão do alcance do desafio metodológico, não é carente de sentido para a empresa a que nos propusemos, autores e organizadores deste livro. Podemos mesmo confrontar cursos em duas realidades tão distintas? Estaremos tratando efetivamente do mesmo fenômeno ao localizá-lo em contextos societais tão diversos por seus respectivos lugares na economia internacional, mesmo nos padrões atuais de integração globalizada? Diríamos, concordando com Wirth, que "sim e não". E as três partes em que se divide este livro — "Reestruturação e mudança ocupacional", "Estrutura e mobilidade social" e "Desigualdades" — pretendem deixar ao leitor elementos de sustentação para o "sim" e o "não". Elementos que dizem de processos subjacentes, comuns aos dois casos, e que permitem que se construa a possibilidade de confrontá-los, mas, ao mesmo tempo, que apontam as rotas especiais pelas quais a reestruturação do mercado e das oportunidades tem tido lugar, num e noutro contexto. Este é o desafio aceito pelos organizadores e autores deste livro.

Para o preparo desta obra contamos com a boa vontade dos editores de duas prestigiosas revistas acadêmicas brasileiras, que anuíram à republicação de textos por eles cuidadosamente traduzidos e editados. Assim, a versão em língua portuguesa do capítulo 1 — "Reestruturação, requalificação e dispensas: a dinâmica do mercado de trabalho do Reino Unido nos anos 1990", de autoria de Peter Elias, nos foi cedida pela *Dados*, que o havia publicado em seu volume 47, número 3, de 2004. Bem assim, a versão traduzida do capítulo 8 — "Gênero e insegurança no trabalho no Reino Unido", de autoria de Kate Purcell, nos foi gentilmente disponibilizada pela *Revista de Estudos Feministas*, que a havia circulado como parte do dossiê temático "Gênero e Trabalho", publicado em seu volume 12, número 2, de maio/agosto de 2004.

Mas, em se tratando de agradecimentos, é imprescindível registrar que o intercâmbio acadêmico e as iniciativas de veiculação de resultados teriam sido impossíveis sem o suporte das nossas instituições de afiliação, constantes em seu apoio, ao longo dos 10 últimos anos. O Centro Brasileiro de Análise e Planejamento (Cebrap), o Instituto Universitário de Pesquisas do Rio de Janeiro (Iuperj) e o Departamento de Sociologia da Universidade de São Paulo, pelo lado brasileiro, assim como o Institute for Employment Research (IER) da University of Warwick e a Employment Studies Research Unit (Esru) da University of West of England, pelo lado britânico, foram esteios imprescindíveis, responsabilizando-se pela gestão, respectivamente no Brasil e na Inglaterra, de todas as iniciativas encetadas e financiamentos obtidos.

As intenções tornaram-se factíveis graças também à receptividade do CNPq e do British Council aos nossos pedidos de financiamento e às avaliações muito animadoras dos seus consultores, sempre que se debruçavam sobre os nossos relatórios parciais. A Capes concedeu bolsa de pós-doutorado a Adalberto Cardoso, que permaneceu no IER no segundo semestre de 2004, o que permitiu a conclusão de vários trabalhos em parceria com Peter Elias. E, na reta final do preparo deste livro, foram cruciais o suporte do Princeton Institute for International and Regional Studies (Piirs), que acolheu Nadya Araujo Guimarães para um período de trabalho na Princeton University, sob condições que propiciaram o cumprimento das metas editoriais, bem assim o apoio financeiro da Fundação Carlos Chagas Filho de Amparo à Pesquisa do Estado do Rio de Janeiro (Faperj), que respaldou o pedido de financiamento formulado por Adalberto Cardoso, sem o qual dificilmente poderíamos trazer à luz estes nossos resultados. O trabalho dos revisores e técnicos da Editora FGV em muito valorizou as idéias que pretendíamos veicular.

Enfim, a iniciativa aqui documentada constitui-se, sem dúvida, num exemplo que devemos fazer proliferar, integrando os avanços do conhecimento nas ciências sociais e humanidades nos dois países. Esse é um jogo em que todos os parceiros, sem exceção, são sempre ganhadores.

Bibliografia

ABRAMO, L. A. Novas tecnologias, difusão setorial, emprego e trabalho no Brasil: um balanço. *BIB — Boletim Informativo e Bibliográfico de Ciências Sociais*, Rio de Janeiro Vértice, Anpocs, n. 30, 1990.

ABREU, A. *Processo de trabalho e ciências sociais:* a contribuição do GT Processo de Trabalho e Reivindicações Sociais. Rio de Janeiro: IFCS/UFRJ, 1985. (Textos para Discussão do Mestrado em Ciências Sociais).

AMADEO, E. *Encargos trabalhistas, emprego e informalidade no Brasil.* São Paulo: Ildes/FES, ago. 1995. (Policy Paper, 16).

———— et al. *Human resources in the adjustment process.* Rio de Janeiro: Ipea, 1993. (Textos para Discussão, 317).

———— et al. *A natureza e o funcionamento do mercado de trabalho brasileiro desde 1980.* Rio de Janeiro: Ipea, 1994. (Textos para Discussão, 353).

CARDOSO, A. M. *Trabalhar, verbo transitivo:* destinos profissionais dos deserdados da indústria automobilística. Rio de Janeiro: FGV, 2000.

CASTRO, N.; LEITE, M. A sociologia do trabalho industrial no Brasil: desafios e interpretações. *Boletim Informativo e Bibliográfico,* Rio de Janeiro: Anpocs, Relume-Dumará, n. 37, p. 39-60, 1º sem. 1994.

CASTRO, N. A.; MÉDICI, A. C.; PATARRA, N. L. *Força de trabalho:* temas e problemas. São Paulo: Abep, 1984.

DEDECCA, C.; BRANDÃO, S. Crise, transformações estruturais e mercado de trabalho. In: APPY, B. et al. *Crise brasileira:* anos 80 e governo Collor. São Paulo: CGIL/CUT/Desep, 1993. p. 307-350.

————; MONTAGNER, P. *Flexibilidade produtiva e das relações de trabalho:* considerações sobre o caso brasileiro. Campinas: Instituto de Economia/Unicamp, out. 1993. (Texto para Discussão, 29).

————; ————; BRANDÃO, S. *Recessão e reestruturação econômica:* as novas condições de funcionamento do mercado de trabalho na década de 90. Campinas: Instituto de Economia/Unicamp, 1993.

GUIMARÃES, N. A. *Caminhos cruzados:* estratégias de empresas e trajetórias de trabalhadores. São Paulo: Ed. 34, Programa de Pós-Graduação em Sociologia/USP, 2004.

SABÓIA, J. Emprego nos anos oitenta — uma década perdida. In: *Modelos de organização industrial, política industrial e trabalho.* São Paulo: Associação Brasileira de Estudos do Trabalho, abr. 1991a.

————. Emprego, renda e pobreza no Brasil na década de oitenta — transformações conjunturais e estruturais. In: SEMINÁRIO INTERNACIONAL POLÍTICAS ECONÔMICAS E MUDANÇAS ESTRUTURAIS NA AMÉRICA LATINA, 1991, Salvador. *Anais...* Salvador: UFBa/Cofecub/Capes, nov. 1991b.

SORJ, B. O processo de trabalho na indústria: tendências de pesquisa. *BIB — Boletim Informativo Bibliográfico de Ciências Sociais*, Rio de Janeiro, n. 15, 1º sem. 1983.

URANI, A. Crescimento e geração de emprego e renda no Brasil. *Lua Nova*, n. 35, p. 5-38, 1995.

WIRTH, J.; JONES, R. L. (Eds.). *Manchester and São Paulo:* problems of rapid urban growth. Stanford: Stanford University Press, 1978.

Parte I

Reestruturação e mudança ocupacional

1 Reestruturação, requalificação e dispensas: a dinâmica do mercado de trabalho do Reino Unido nos anos 1990*

Peter Elias

"Reestruração" é um termo amplamente empregado para descrever a multiplicidade de mudanças que ocorreram nas últimas duas décadas, abrangendo a redução do emprego em amplos segmentos das indústrias de transformação e de extração, a expansão do emprego em empresas de serviços, varejo e no ramo do lazer, a redução quantitativa de postos de trabalho operacionais e manuais pouco qualificados e o aumento das ocupações de nível superior, técnicas e gerenciais.[1] Além dessas mudanças de composição mais gerais, o termo "reestruturação" também é usado com referência a mudanças na organização do trabalho e da gerência, associadas à passagem das grandes organizações "verticalizadas" para as unidades menores, flexíveis e autônomas, que dão mais destaque à gestão e à cobrança de responsabilidade locais.

Embora os analistas possam discordar quanto à escala e à extensão dessas mudanças, a maioria concorda que elas resultaram em grandes custos pessoais e sociais nas últimas duas décadas.[2] A escala do desemprego em massa do início da década de 1990 foi sem precedentes,

---

* Tradução de Maria José Cyhlar Monteiro.
[1] Wilson e Lyndley, 2000.
[2] Atkinson, 1993; Hills, 1995; Jarvis e Jenkins, 1995.

superando os 3 milhões de pessoas, ou 12% da força de trabalho em 1993, enquanto o desemprego de longa duração[3] alcançou cerca de 1,5 milhão de trabalhadores em 1994.[4] Os dados também sugerem que a ampliação da distribuição dos rendimentos na década de 1980 e início dos anos 1990 poderia estar relacionada à "reestruturação" do mercado de trabalho, sem crescimento real no extremo inferior da distribuição de rendimentos associada à expansão dos empregos de baixa remuneração.[5] O fato de aproximadamente um em cada cinco domicílios chefiados por pessoas em idade ativa não prever ninguém empregado em 1993/94[6] deixa também claro que a desvantagem econômica não é apenas um fenômeno individual, mas tende a se concentrar nos domicílios em função de características compartilhadas por seus membros.[7]

Contudo, é difícil distinguir os efeitos da recessão daqueles dos processos de "reestruturação", alguns dos quais se manifestam por meio de movimentos de entrada e saída da recessão. Muito do que denominamos "reestruturação" pode ser exacerbado pela fase do ciclo econômico em que são feitas as observações. A crise de fins dos anos 1980,[8] vinda depois da rápida expansão impulsionada pelo consumo de meados da década, provavelmente distorceu os padrões de mobilidade e de alteração dos rendimentos. Este capítulo examina o processo de reestruturação, analisando os padrões de mobilidade da ocupação e dos ganhos dos participantes do mercado de trabalho em um período caracterizado por uma firme recuperação, 1991-95. Dá-se especial atenção ao grupo de pessoas dedicadas a atividades "manuais qualificadas (*crafts*)", um grupo de ocupações que declinou rapidamente no correr das décadas de 1980 e 1990. O interesse nessas ocupações decorre do fato de elas incorporarem considerável treinamento vocacional — capital humano relacionado ao trabalho —, que pode não ser transferido facilmente a outras atividades.

---

[3] Pessoas continuamente desempregadas há 12 meses ou mais.

[4] Elias, 1996.

[5] Gosling, Machin e Meghir, 1994.

[6] ONS, 1997.

[7] Gregg e Wadsworth, 1994; Elias, 1997.

[8] A queda de 7% na produção industrial, registrada na década de 1990, indicava a recessão mais aguda e profunda no mercado de trabalho do Reino Unido desde 1979.

O enfoque adotado embasa-se no exame secundário de dados nacionais encontrados em numerosas pesquisas de campo, principalmente o British Household Panel Study (BHPS), os censos demográficos de 1981 e 1991, e os Quarterly Labour Force Surveys. Essas fontes nos permitem explorar as seguintes questões:

▶ Qual o papel desempenhado por movimentos voluntários, em oposição aos involuntários, no processo de reestruturação do mercado de trabalho? As pessoas sujeitas a movimentos "involuntários" sofrem prejuízos financeiros no longo prazo?

▶ É possível detectar trajetórias de "deslocamento" das ocupações manuais qualificadas? Sendo assim, como se caracterizam as oportunidades subseqüentes de emprego para os que seguem essas trajetórias?

▶ Em que medida o treinamento relacionado ao trabalho ameniza os impactos da reestruturação da força de trabalho? Há algum indício de que os trabalhadores deslocados que recebem treinamento profissionalizante estão mais capacitados a manter sua posição no mercado de trabalho do que os que não recebem esse treinamento?

O plano deste capítulo é o seguinte. Na segunda seção, será examinado o conceito de "dispensa" (*redundancy*) como medida de perda de emprego involuntária, a partir de indicadores obtidos de diferentes fontes estatísticas para aquilatar a validade e a confiabilidade das informações sobre esse tipo de demissão. Na terceira, serão elaborados indicadores de mobilidade social a partir das respostas às cinco primeiras rodadas do BHPS. Essas medições serão validadas em confronto com outras fontes de dados. A quarta seção reúne informações sobre mudança ocupacional e mobilidade de rendimentos, com informações sobre o histórico de desemprego e dispensas, buscando elos entre essas ocorrências. A quinta seção examina a incidência e a extensão da capacitação profissional dos integrantes do painel estudado em um período de cinco anos, contrastando informações do Labour Force Survey com as do BHPS, e tenta determinar se essa capacitação desempenha qualquer papel no sentido de amenizar o alto custo do deslocamento do trabalhador.

Conceito e medição das dispensas

O conceito de dispensa

A dispensa (*redundancy*) é definida, para fins estatísticos, como o término involuntário de um contrato de trabalho em decorrência de restrições econômicas ou jurídicas às atividades de uma organização. Esse tipo de demissão decorre, assim, da reação das organizações ou empresas às pressões do mercado (concorrência, recessão) ou de restrições jurídicas às suas atividades, e são vistas em geral como um ajustamento "de última instância" do mercado de trabalho.[9] As dispensas distinguem-se, assim, de outros tipos de desligamento (em que o contrato é rescindido involuntariamente, mas não por razões associadas em geral ao fechamento da empresa ou a cortes de pessoal) e de rescisões decorrentes de fatores pessoais, como aposentadoria, doença, incapacidade e outros motivos voluntários. O interesse nas dispensas origina-se do fato de elas refletirem uma decisão do empregador, e não do empregado. Essa "exogeneidade" é de grande utilidade para entender e diferenciar as consequências da mudança de emprego e o desemprego associado.

Medição das dispensas

Antes da implantação do Labour Force Survey (LFS), as informações sobre dispensas resultavam de notificações exigidas por lei. Essas notificações só se aplicavam a estabelecimentos com 10 ou mais empregados, e nem todas as dispensas eram notificadas. Depois, as informações passaram a se basear nos dados coletados pelo LFS.

Para conhecer a trajetória subsequente das pessoas afetadas por esse tipo de demissão, faz-se necessária uma fonte de dados longitudinal.

---

[9] Outras formas de ajustamento incluem restrições à realização de horas extras, redução da jornada de trabalho, suspensão temporária do contrato de trabalho, ajustamentos no processo de recrutamento, congelamento das remunerações ou cortes no entesouramento de mão-de-obra.

No British Household Panel Study, as informações pertinentes são coletadas por meio do histórico do ano que transcorre entre as rodadas de entrevistas sucessivas. Pergunta-se aos entrevistados pormenores de todos os empregos que tiveram nos 12 meses anteriores ao mês de setembro que antecede a entrevista, incluindo diferentes cargos com o mesmo empregador, e pede-se a eles para selecionar, em uma lista, a razão que melhor define o motivo que os levou a deixar de exercer aquela atividade.[10] Como ocorre com todos os dados retrospectivos, há uma possibilidade de que a resposta seja afetada por ocorrências subseqüentes. Por exemplo, uma pessoa que consegue um emprego melhor depois de ter sido dispensada pode declarar que a razão para ter deixado de fazer o que fazia foi "ter encontrado um emprego melhor". Também é possível que pessoas demitidas por outras razões declarem ter sido afastadas em decorrência da extinção de seu cargo ou função, porque é mais conveniente dizer que o ocorrido é conseqüência de fatores exógenos e não o resultado de terem de alguma forma ficado aquém das expectativas de seu empregador.

Para obter alguma indicação da validade dos dados sobre dispensas extraídos do BHPS foram feitas comparações com as informações do Labour Force Survey, que coleta informações sobre esse tipo de demissão segundo uma ótica ligeiramente diferente. Desde o segundo trimestre de 1995, as perguntas feitas aos entrevistados foram:

Saiu de algum emprego remunerado nos últimos três meses? Se a resposta for afirmativa, pede-se para informar as razões de sua saída:
o(a) senhor(a) foi dispensado ou aderiu a um plano de demissões voluntárias, sua saída teve outras razões (desligamento, fim de um contrato temporário, demitiu-se por razões de saúde, de família ou outras, ou se aposentou, compulsória ou antecipadamente, ou por outros motivos)? Foi dispensado de qualquer outro emprego nos últimos três meses?

---

[10] A lista de razões entre as quais os entrevistados selecionam sua resposta é a seguinte: "parei de trabalhar por motivo de saúde, achei um emprego melhor, aposentadoria, maternidade, fui dispensado, fui demitido/mandado embora, para cuidar dos filhos/do lar, outros motivos, fui promovido, fim do prazo de um contrato temporário, tive que deixar o emprego para cuidar de outra pessoa (exceto filhos)".

Acumulando essas informações, a partir dos sucessivos LFSs trimestrais, foi possível computar taxas anualizadas[11] de dispensas para os anos de 1992 a 1995. A tabela 1 compara essas taxas anuais com as informações obtidas a partir dos dados retrospectivos coletados nas diversas rodadas do BHPS.

Tabela 1

Comparação das taxas de dispensas com base no Labour Force Survey e no British Household Panel Study

Período	Dispensas estimadas usando os LFSs trimestrais		Dispensas registradas no BHPS	
	Em milhões	%[1]	Nº	%[2]
Dez. 1991-nov. 1992	1,251	4,9	297	5,0
Dez. 1992-nov. 1993	1,052	4,2	263	4,6
Dez. 1993-nov. 1994	0,817	3,2	227	3,9
Dez. 1994-nov. 1995	0,773	3,0	190	3,4

Fontes: LFS trimestral, primavera de 1993 a primavera de 1996 e rodadas 1 a 5 do BHPS.
[1] Dispensas estimadas com base no QLFS, expressas em % do emprego total.
[2] Dispensas declaradas no BHPS, expressas como % de todos os entrevistados que declararam ter trabalhado em algum momento do ano.

Pode-se ver, a partir dessa comparação, que as informações registradas no BHPS acompanham bem,[12] e não diferem significativamente,[13] das informações sobre dispensas geradas segundo a ótica algo diferente adotada nos QLFSs. Como os dados dos LFSs têm um período de referência trimestral, enquanto o BHPS adota como referência um ano (o histórico entre rodadas), esse resultado é satisfatório. Seria de esperar

---

[11] Em Potter (1996) encontra-se um exame da sazonalidade das séries trimestrais de dados sobre dispensas do LFS e pormenores do método de construção de uma série anualizada.
[12] Os dados anuais do LFS registram um pico de dispensas nos três meses anteriores ao segundo trimestre de 1991, chegando a 391 mil dispensas.
[13] Se a amostra do BHPS fosse uma amostra aleatória simples, o intervalo de confiança de 95% para o percentual de dispensas registradas seria de ± 106 pontos percentuais. Efeitos do desenho da amostra ampliam esse intervalo.

que o período de referência mais longo do BHPS conduzisse a mais erros de memória e a um maior espaço para a reinterpretação posterior das razões para a saída de um dado emprego.

Visto que essas duas fontes parecem mostrar o fenômeno das dispensas de forma coerente nos dois tipos de pesquisa e no decorrer do tempo, pode-se considerar que o BHPS é um indicador da experiência geral da força de trabalho britânica a esse respeito. Essa é uma premissa importante para o restante do capítulo, facilitando a interpretação do comportamento subseqüente dos entrevistados que foram dispensados. Em particular, o que nos interessa é saber se esses entrevistados experimentaram pelo menos uma fase de desemprego no mesmo ano em que foram dispensados.[14]

A tabela 2 traz informações sobre dispensas em cada ano anterior à rodada de entrevistas do BHPS, registrando o número de entrevistados demitidos por esse motivo que também declararam ter passado por pelo menos uma fase de desemprego após o desligamento. Com o avanço da retomada da economia, a proporção de entrevistados que declararam ter ficado desempregados por algum tempo diminui. Em média, quase metade dos empregados dispensados passa por uma fase de desemprego, o que poderia parecer bastante significativo, mas, no contexto de todos os fluxos de desemprego que se registram a cada ano, as dispensas não constituem uma proporção substancial. A partir dos dados dos QLFSs, pode-se estimar que o número das dispensas caiu de cerca de 1,25 milhão em 1992 para cerca de 600 mil em 1995. Dadas as estimativas da tabela 2, o número de pessoas que passaram por um período de desemprego pode ser calculado como variando entre cerca de 700 mil em 1992 e 250 mil em 1995. As estimativas relativas ao número de pessoas que ficaram desempregadas[15] variam em cerca de

---

[14] Essa é uma definição bastante ampla do desemprego "relacionado à dispensa" (*redundancy related*), decorrente do fato de os acontecimentos imediatamente posteriores à dispensa poderem não refletir adequadamente seus efeitos, especialmente quando os trabalhadores dispensados dão um tempo antes de começar a procurar emprego, ou em casos em que um emprego de prazo muito curto é aceito logo após o desligamento.
[15] Medido como a entrada na situação de requerente de benefícios.

3 milhões ao ano em 1992 e 2,75 milhões em 1995.[16] Assim, as dispensas representaram menos de um quarto de todos os novos requerimentos de auxílio-desemprego em 1992, proporção que cai para algo em torno de 10% dos novos requerimentos em 1995.

Tabela 2

Desempregados em conseqüência das dispensas

Período	Nº de entrevistados que declararam rescisão de contrato por dispensa	Dos quais registraram pelo menos uma fase de desemprego subseqüente no mesmo período	
		Nº	%
Set. 1990/91	314	187	59
Set. 1991/92	298	199	67
Set. 1992/93	267	144	54
Set. 1993/94	229	118	51
Set. 1994/95	190	84	44

Fonte: BHPS, rodadas 1 a 5.

Outro trabalho — o de Potter (1996) — sobre as características dos trabalhadores dispensados foi feito com base nas informações do QLFS. Nele se mostra, entre outros fatores, que: a) os trabalhadores de nível superior registram apenas metade da taxa de dispensas daqueles em ocupações manuais qualificadas e similares; b) o setor de construção registra uma taxa de dispensas quase duas vezes maior que a encontrada na média de todos os setores; c) as taxas de dispensas no setor público foram de aproximadamente um quarto da média de todos os setores.

Essas correlações revelam algumas variações existentes entre organizações e setores em reação a uma queda na demanda de mão-de-obra. Enquanto o setor público está mais protegido dos "choques" de demanda que podem provocar dispensas no setor privado, fica

---

[16] ONS, 1997.

claro que a construção civil recorre a esse tipo de demissão como uma das principais formas de ajustamento do mercado de trabalho. Isso sugere que, na análise subseqüente dos fluxos de dispensas, será importante considerar as influências tanto ocupacionais quanto setoriais.

Indícios dos efeitos das dispensas e do desemprego sobre os rendimentos

Apesar do interesse óbvio de se relacionar fenômenos do mercado de trabalho, como as dispensas e o desemprego, a resultados observados, como mudanças nos rendimentos e na ocupação, até recentemente pouco era feito nesse sentido no Reino Unido. Estudos geográficos, como o de Green (1994), indicam que há uma correlação entre indicadores de carência e áreas com altas perdas estruturais de empregos.[17] Blanchflower (1991) mostrou que os trabalhadores do Reino Unido que se consideravam em "perigo de ser dispensados" recebiam cerca de 8% menos, *cetiris paribus*, do que aqueles que não sentiam esse risco. Jacobson, Lalonde e Sullivan (1993), em um alentado estudo sobre trabalhadores com bastante tempo de serviço afastados (dispensados) de uma empresa dos EUA, mostraram que, entre aqueles trabalhadores, às vésperas da demissão, a queda nos salários teve início três anos antes de seu afastamento e situou em torno de 15%. Resultados semelhantes são encontrados em Ruhm (1991) e Rica (1995).

A perspectiva do afastamento parece, portanto, ter uma significativa influência negativa sobre os rendimentos. No caso dos trabalhadores dispensados, Jacobson, Lalonde e Sullivan (1993) mostram que, cinco anos após a rescisão, a queda dos salários representava cerca de um quarto dos rendimentos anteriores ao afastamento.[18] Ruhm (1991) ve-

---

[17] Por exemplo, Merseyde, o Nordeste, Strathclyde.

[18] Essa metodologia empregada por Jacobson, Lalonde e Sullivan (1993) pode acabar por subestimar o efeito das dispensas, dado que se apóia em informações relativas a dispensas e ao subseqüente novo emprego de funcionários de uma empresa em uma localização específica.

rificou uma perda de 10% quatro anos após o desligamento. Contudo, os dados europeus sobre os efeitos da dispensa e do desemprego sobre os rendimentos são bem menos nítidos. Ackum (1991) não encontrou qualquer relação entre desemprego e rendimentos subseqüentes no caso de jovens suecos, uma verificação que se repetiu entre trabalhadores mais velhos da Bélgica.[19] Gregory e Jukes (1997), que utilizaram um conjunto de dados sobre rendimentos e desemprego entre homens na Grã-Bretanha, mostraram que a duração de uma fase de desemprego tem efeitos de longo prazo sobre os rendimentos, sobretudo no caso dos mais velhos e dos que ganham acima da média.

Essas observações aparentemente contraditórias sobre os efeitos das dispensas e do desemprego sobre os rendimentos podem ser resultado de uma falha na distinção entre perda de emprego voluntária e involuntária. Parece razoável supor que os empregados que transitam voluntariamente entre empregadores sem passar por fases de desemprego têm menor probabilidade de sofrer uma queda nos rendimentos do que aqueles que são dispensados e ficam desempregados. Essas distinções entre dispensa como causa de mudança de emprego *versus* outras razões e entre mudanças de emprego que compreendem uma fase de desemprego e as que não a incluem parecem meios adequados de explorar o impacto da mudança de emprego sobre os rendimentos e a mobilidade ocupacional. Isso será feito nas seções seguintes. Primeiro, analisarei e caracterizarei a mobilidade ocupacional em termos de qualificações, o movimento de trabalhadores entre empregos que trazem implicações significativas em relação à experiência exigida e à competência ocupacional para levar adiante as tarefas associadas ao emprego. Em seguida, as variações nos rendimentos serão examinadas na forma de movimentos entre decis em torno da distribuição dos ganhos. Finalmente, analisarei com algum pormenor a relação entre a mobilidade ocupacional, a variação dos rendimentos e as dispensas e o desemprego.

---

[19] Audenrode e Leonard, 1995.

Qualificação e mudança ocupacional

Definição de grupos de qualificação

O estudo da mudança ocupacional é facilitado pela classificação dos dados de emprego segundo a ocupação, que registram o movimento das pessoas empregadas entre as categorias da classificação. A esse respeito é importante observar que a mudança ocupacional difere da mudança de cargo ou de empregador. Os "cargos" podem ser descritos como pacotes de tarefas, geralmente definidas pelo empregador e projetadas para serem desempenhadas por uma pessoa. Mudanças no cargo podem surgir sem troca de empregador e não dão, necessariamente, lugar a uma mudança na "ocupação" — termo classificatório que define um conjunto de cargos que dividem algumas características comuns em termos da base conceitual de classificação subjacente. Assim, o estudo da mudança ocupacional exige o uso de uma classificação cuja base conceitual seja adequada à natureza do estudo.

Este trabalho concentra-se particularmente nos processos de "requalificação" e "desqualificação", com o que se quer fazer referência à formação ou à subutilização da competência ocupacional — a relação entre a capacidade de uma pessoa para desempenhar efetiva e eficientemente as tarefas associadas a um cargo específico e as exigências para essa competência dentro do trabalho. Embora a "qualificação" possa ser interpretada de várias maneiras, desde destreza manual, passando pela utilização de um corpo de conhecimento especializado, até um indicador de status social, neste estudo o termo será usado como medida do período normalmente necessário para que uma pessoa se torne competente na execução de um dado trabalho. Como essa é a base conceitual da Standard Occupational Classification de 1990 (Classificação Ocupacional Padrão — SOC 90),[20] a qualificação é operacionalizada por meio da referência a grupos unitários [famílias] de ocupação da SOC 90.

[20] Office for Population Censuses and Surveys, 1990.

A tabela 3 mostra a relação entre os níveis de qualificação teóricos usados na elaboração da SOC 90 e seus grupos — principal, subprincipal e secundário. Nela, foram identificados quatro "níveis" de competência. No quarto nível, estão os cargos para os quais a competência ocupacional exige um diploma universitário ou equivalente e/ou um período associado de experiência no trabalho, abrangendo as categorias gerenciais mais altas e as atividades exercidas por pessoal de nível superior. O terceiro, denominado "intermediário", reúne os postos gerenciais médios e inferiores, gerentes de pequenas empresas, atividades profissionais e técnicas, representantes de vendas e ocupações manuais qualificadas. Para os propósitos deste estudo, as ocupações no nível da SOC 90 foram subdivididas em dois grupos: ocupações intermediárias manuais não-qualificadas e ocupações manuais qualificadas. Todas as outras ocupações, que abrangem os dois níveis inferiores de qualificação da SOC 90, foram agrupadas em uma única categoria denominada "outras ocupações".[21]

Tabela 3

Grupos e níveis de qualificação e estrutura da classificação de ocupações — 1990

Grupo de qualificação	Nível de qualificação	Grupos principal e subprincipal da SOC 90	Grupos secundários que os constituem
Altamente qualificado	4	Administradores e gestores (exceto gerentes de escritório e administradores/ proprietários nos setores de agricultura e serviços)	10, 11, 12, 15, 19
		Ocupações de nível superior	20, 21, 22, 23, 24, 25, 26, 27, 29
Intermediário (manuais não-qualificadas)	3	Gerentes de escritório e administradores/proprietários nos setores de agricultura e serviços	13, 14, 16, 17

Continua

[21] Uma descrição da evolução desses agrupamentos, da mobilidade entre eles nos períodos 1976-83 e 1983-94 e da auto-avaliação sobre competências na leitura, escrita, fala, uso de ferramentas, construção, computação, atendimento, orientação, aconselhamento, venda e organização das pessoas integrantes desses grupos pode ser encontrada em Elias e Bynner, 1996.

Grupo de qualificação	Nível de qualificação	Grupos principal e subprincipal da SOC 90	Grupos secundários que os constituem
		Ocupações de nível superior e técnico relacionadas	30, 31, 32, 33, 34, 35, 36, 37, 38, 39
		Compradores/corretores e representantes de vendas	70, 71
Intermediário (manuais qualificadas)	3	Ocupações manuais qualificadas e afins	50, 51, 52, 53, 54, 55, 56, 57, 58, 59
Outras ocupações	2, 1	Ocupações burocráticas e secretariais	40, 41, 42, 43, 44, 46, 49
		Ocupações em serviços pessoais e de proteção	60, 61, 62, 63, 64, 65, 66, 67, 69
		Pessoal de vendas (exceto compradores/corretores, representantes de vendas)	72, 73, 79
		Trabalhadores na produção industrial e operadores de máquinas	80, 81, 82, 83, 84, 85, 86, 87, 88, 89
		Outras ocupações na agricultura, silvicultura e pesca	90
		Outras ocupações não-qualificadas	91, 92, 93, 94, 95, 96

Fonte: Elias, 1995.

Mudanças na estrutura ocupacional

Como a SOC só foi adotada por todas as fontes nacionais de dados ocupacionais no início da década de 1990, é difícil produzir informações relativas a tendências de longo prazo na estrutura de qualificações da população empregada. Contudo, uma amostra recodificada (0,5%) do censo demográfico de 1981 para a Inglaterra e o País de Gales proporcionou informações suficientes para a montagem de dados para aquele ano. A tabela 4 mostra as estimativas resultantes da estrutura de qualificações da população empregada elaboradas a partir dos censos demográficos para os anos de 1981 e 1991, dos LFSs de 1991 e 1995 e do BHPS para 1991 e 1995. Como se vê, apesar de diferenças no tamanho das amostras, nas metodologias e nas técnicas de codificação, o quadro que surge dessas comparações mostra um alto grau de coerência. Onde as datas se sobrepõem (censo de 1991 e LFS de 1991, BHPS de 1991 e LFS de 1991, BHPS de 1995 e LFS de 1995), as estimativas correspondentes da estrutura de qualificações da população empregada estão impressionantemente próximas.[22]

Tabela 4

Alterações na estrutura de qualificações do emprego[1] na Grã-Bretanha, 1981-95: comparação entre três fontes de dados

(%)

Gênero/Grupo de qualificação	Censo[2]		LFS[3]		BHPS[4]	
	1981	1991	1991	1995	1991	1995
Homens						
Altamente qualificado	14,5	18,0	19,0	21,9	18,0	21,1
Intermediário (não-qualificado)	17,3	19,8	19,8	19,7	19,8	21,2
Intermediário (manual qualificado)	25,8	24,0	24,3	20,8	24,1	20,7
Outras ocupações	42,3	38,1	37,0	37,6	38,2	37,1
Total	100,0	100,0	100,0	100,0	100,0	100,0
Mulheres						
Altamente qualificado	8,3	11,6	12,0	14,6	11,0	13,6
Intermediário (não-qualificado)	13,9	18,1	17,5	17,4	18,4	18,0
Intermediário (manual qualificado)	4,9	3,8	3,8	2,9	3,2	2,7
Outras ocupações	72,9	66,5	66,7	65,1	67,5	65,7
Total	100,0	100,0	100,0	100,0	100,0	100,0

[1] "Emprego" inclui trabalhadores assalariados e por conta própria.
[2] Os dados censitários só se referem a Inglaterra e País de Gales.
[3] Os dados do LFS referem-se apenas ao segundo trimestre de cada ano.
[4] Os dados do BHPS registram as ocupações dos integrantes do painel amostral em outubro, novembro e dezembro de cada ano. O painel admite novos integrantes quando estes atingem 16 anos e perde integrantes em função do desgaste da amostra.

---

[22] Dessas três fontes, o BHPS é a que tem a menor amostra. A maior diferença observada entre o BHPS e as outras estimativas de estrutura de qualificação da população empregada é de 1,4%, dentro dos limites de um intervalo de confiança de 95% para a proporção estimada.

Como já mencionado, o termo "reestruturação" é usado para denominar várias mudanças ocorridas no mercado de trabalho. No presente contexto, o termo é utilizado para abranger os principais movimentos do emprego e as conseqüentes mudanças ocupacionais. Na tabela 4, pode-se observar que há impactos diferentes no emprego de homens e de mulheres. O contínuo aumento da participação feminina na força de trabalho, de 68% das mulheres em idade ativa em 1986 para 71% em 1997,[23] foi determinado pelo aumento do trabalho em tempo parcial em ramos como o varejista e pelo relativos avanços que as mulheres têm obtido em anos recentes em termos de acesso a empregos altamente qualificados (ocupações gerenciais de alto nível e ocupações que exigem nível superior). Isso pode ser visto comparando-se as mudanças na composição do emprego feminino, na categoria dos "altamente qualificados, registradas entre 1981 e 1995 (de quase 3,5 pontos percentuais em uma década), com a correspondente mudança nos quatro anos seguintes (crescimento de mais de 2,5 pontos percentuais). Contudo, as mulheres ainda têm participação muito menor em todos os empregos altamente qualificados, como se pode ver na figura 1, que contrasta a estrutura de qualificações do emprego de homens e de mulheres verificada entre 1991 e 1995, tal como mostrado tanto pelo BHPS quanto pelo LFS. Em 1995, o número de mulheres em empregos altamente qualificados correspondia proporcionalmente a apenas a metade dos ocupados por homens.

No caso dos homens, as duas mudanças mais significativas, evidentes na observação da tabela 4 e na figura 1, são o contínuo crescimento dos empregos altamente qualificados e o declínio na categoria dos empregos manuais qualificados. É interessante notar que esta última categoria passou a cair mais rapidamente nos anos que se seguiram à recessão, 1991-95, do que no período anterior. De 1981 a 1991, a categoria de qualificação intermediária "manual qualificada" caiu 1,8 ponto percentual, correspondendo a uma redução líquida de quase um quarto de milhão de empregos desse grupo. No quadriênio subseqüente, tanto o LFS quanto o BHPS mostram que o grupo ocupacional caiu 3,5

---

[23] Sly, Price e Risdon, 1997.

pontos percentuais — uma redução líquida de mais meio milhão de empregos na Grã-Bretanha.

Mobilidade ocupacional

Dada a aceleração observada na queda das ocupações técnicas masculinas durante a recuperação pós-recessão, em 1991-95, e o continuado crescimento do emprego feminino na categoria das ocupações altamente qualificadas apesar da expansão do emprego parcial de mulheres em atividades pouco qualificadas, é interessante identificar as variações anuais na estrutura ocupacional utilizando informações de cada uma das sucessivas rodadas do BHPS. A figura 2 revela essas mudanças, apresentando os números da amostra em cada uma das quatro categorias de qualificação e os movimentos entre categorias como percentuais desses números.

Examinando-se primeiro os fluxos de entrada e saída do emprego em base anual (representados pelas setas verticais na figura 2), pode-se ver que os fluxos de saída de "outras ocupações" (a categoria de baixa qualificação) são geralmente maiores do que os da maioria das demais categorias de qualificação, com exceção da categoria "manual qualificada", que apresenta fluxos de saída do emprego apenas ligeiramente menores. Em todas as categorias, a escala dos fluxos de entrada dos desempregados é essencialmente semelhante à das saídas para o desemprego.

O efeito líquido desses movimentos interocupacionais, juntamente com as variações nos fluxos de entrada e saída do emprego, conforme registrados à época de cada entrevista, podem ser vistos examinando-se o tamanho da amostra em cada categoria (entre parênteses em cada caixa). O declínio na categoria de ocupações manuais qualificadas é evidente: o número de entrevistados empregados nesse segmento cai de 883 pessoas em 1991 para 676 em 1995. Essa redução ocorre tanto por variações nos fluxos entre grupos ocupacionais quanto pela diferença entre os fluxos de entrada e saída do desemprego. A maior parte dessas diferenças surgiu entre 1991 e 1992, quando a saída para o desemprego foi de 21% da categoria e a volta de desempregados foi de apenas 13% em 1992. Embora essa volta tenha se mantido bastante constante nos

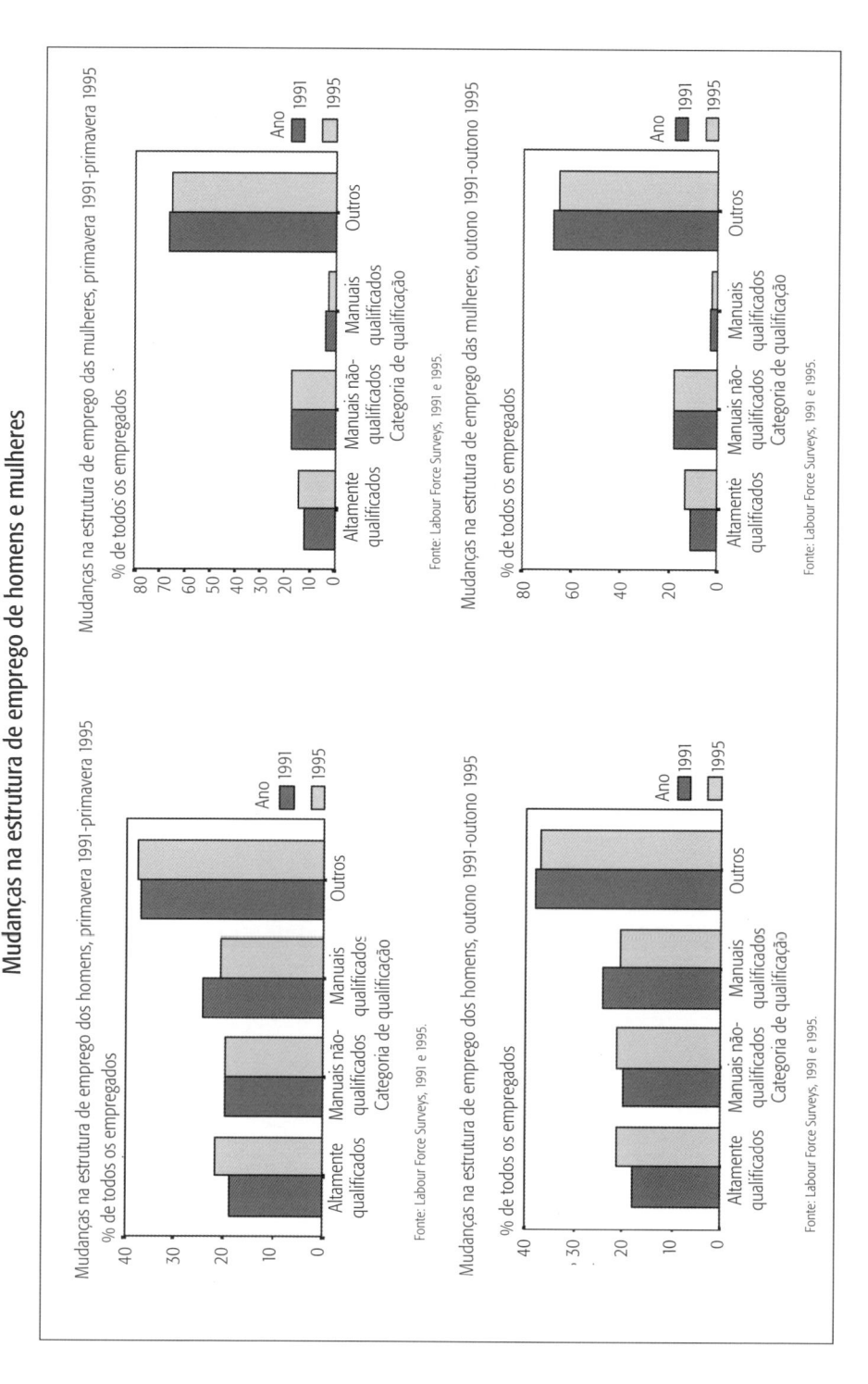

Figura 1

Mudanças na estrutura de emprego de homens e mulheres

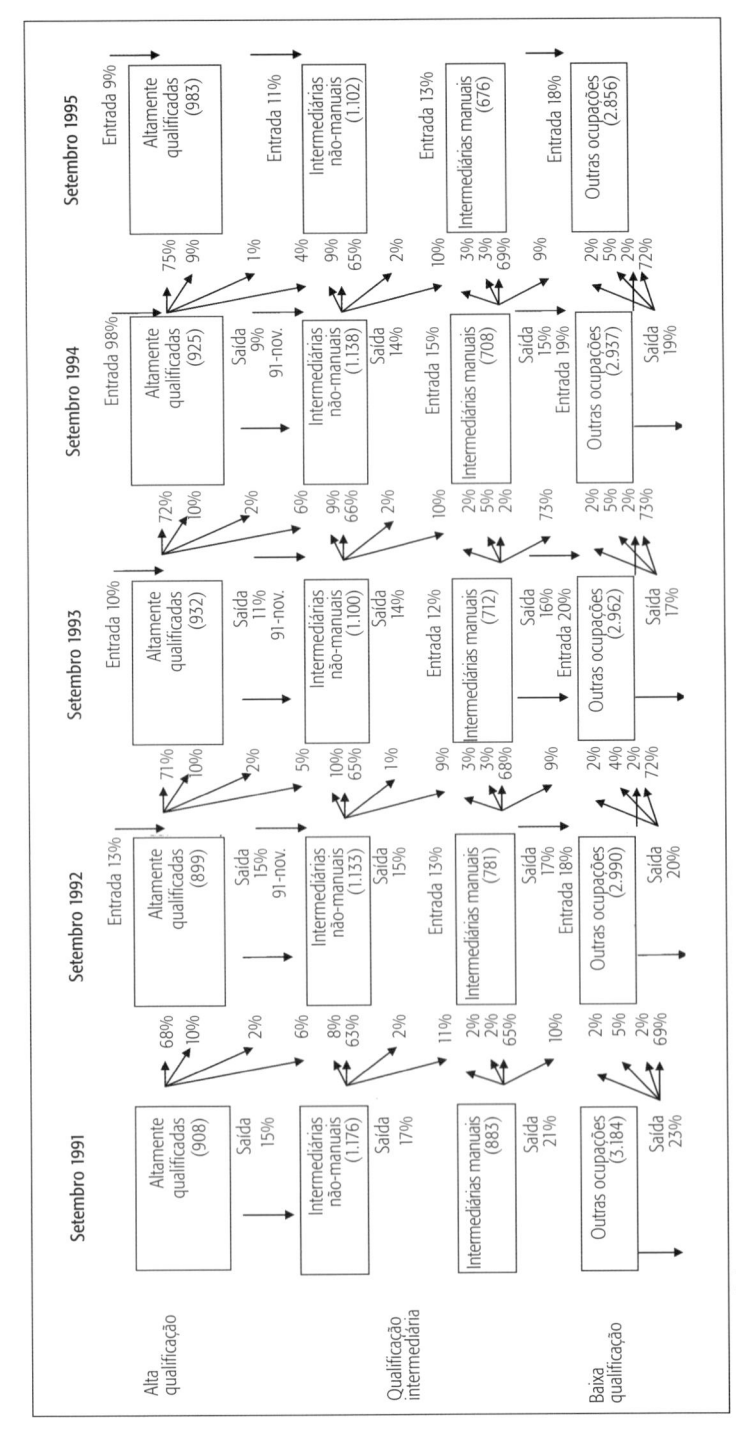

Figura 2

Mudanças na estrutura de qualificação das ocupações, setembro de 1991 a setembro de 1995

anos posteriores, a magnitude do não-emprego nos anos subseqüentes caiu substancialmente. Além disso, a saída da categoria das ocupações manuais qualificadas para outras ocupações foi bem maior em 1991/92 do que em períodos posteriores. Esses dois efeitos, as saídas líquidas para o desemprego e para a categoria de "outras ocupações", podem ser descritos como um impacto recessivo, mas esse rótulo não explicaria por que a categoria continuou declinando. Em todos os anos seguintes ao período 1991/92, a entrada de pessoas desempregadas na categoria manual qualificada é menor do que a saída para o não-emprego, indicando que influências estruturais de longo prazo estavam em ação e que estas podiam estar associadas a um processo de renovação[24] do mercado de trabalho.

O crescimento da categoria "altamente qualificado", embora não tão significativo quando houve a redução no grupo "manual qualificado", parece ter sido um efeito de um processo diferente. A maior parte desse crescimento ocorreu entre 1994 e 1995. Embora a entrada nessa categoria de pessoas vindas do segmento intermediário manual não-qualificado tenha permanecido bastante constante, a saída do grupo "altamente qualificado" para o grupo intermediário e para outras ocupações caiu gradativamente no quadriênio. Entre 1994 e 1995, a entrada de pessoas vindas do não-emprego quase igualou a saída de pessoas para o não-emprego, mas os fluxos para as outras três categorias ocupacionais totalizaram 130 pessoas, enquanto a entrada de pessoas vindas dessas categorias somou 190.

Em resumo, o período 1991-95 registrou uma aceleração nas mudanças da estrutura de qualificações da população quando comparado à década de 1981-91. Embora as comparações entre esses períodos sejam exacerbadas pelo fato de que o biênio 1990/91 assinalou o auge da recessão que se seguiu ao chamado "*boom* de Lawson", pode-se dizer que a redução das ocupações manuais qualificadas

---

[24] Em outras palavras, a entrada na área ocupacional daqueles vindos do setor educacional pode ser menor que a saída associada às aposentadorias.

reflete tendências estruturais de prazo mais longo, como ocorre com o continuado crescimento dos empregos altamente qualificados — ocupações de nível superior e de alta gerência. As mudanças na magnitude dessas categorias ocupacionais decorrem da entrada e da saída de pessoas da situação de não-emprego para a de emprego, e de movimentos entre categorias. Os movimentos interocupacionais envolvem o trânsito de pessoas (principalmente homens) da categoria manual qualificada para as "outras ocupações" e da "ascensão" de pessoas das ocupações manuais não-qualificadas para o grupo dos altamente qualificados.

Mudança ocupacional, dispensas e desemprego

As pressões originárias das forças da globalização e da mudança tecnológica traduzem-se, por intermédio do mercado de bens e serviços, em novas demandas de mão-de-obra. Estas, por sua vez, criam, por meio do crescimento e da extinção das organizações, novos cargos ou eliminam os já existentes. Alguns participantes do mercado de trabalho transitam sem dificuldades entre empregos, como parte de uma "progressão de carreira", ou seja, uma bem definida trajetória ocupacional. Outros são dispensados e/ou ficam desempregados no curso de sua vida de trabalho. Esses episódios — dispensas e desemprego — representam atritos no processo de reestruturação. Os programas de apoio ao trabalhador, envolvendo serviços de orientação, possíveis indenizações por dispensa e esquemas de reconversão de mão-de-obra, destinam-se a minorar as potenciais conseqüências negativas para as pessoas atingidas por esses atritos. Contudo, com exceção dos poucos estudos mencionados na seção "Indícios dos efeitos das dispensas e do desemprego sobre os rendimentos", ainda não se conhecem os efeitos de longo prazo dessas mudanças estruturais e pouco se sabe a respeito da eficácia dos "remédios" formulados para promover a inserção ou a reinserção, no mercado de trabalho, daqueles atingidos pelo desemprego e pelas dispensas.

Para se ter alguma noção da escala desses atritos e de sua localização na estrutura do mercado de trabalho, a tabela 5 mostra o percentual de pessoas, em cada uma das quatro categorias ocupacionais definidas para os propósitos deste estudo, que passaram por alguma fase de desemprego e/ou dispensa durante os anos 1990/91 e 1994/95. Examinando-se primeiramente o caso do desemprego, observa-se um nítido gradiente em cada um dos períodos anuais nas quatro categorias ocupacionais. A incidência de desemprego na categoria de qualificação mais baixa é mais do que o dobro da registrada no grupo altamente qualificado. As ocupações manuais qualificadas sempre mostram maior incidência de fases de desemprego do que as ocupações manuais não-qualificadas. Durante os cinco anos examinados, o desemprego aumentou e depois teve uma queda, indicando o "desenrolar" da recessão de 1990/91 e a gradual recuperação no período posterior. Essa tendência não é de forma alguma uniforme, mostrando que a recuperação econômica teve um efeito desigual sobre a demanda por qualificações.

Já o caso das dispensas é mais uniforme entre as quatro categorias de qualificação e no decorrer do tempo. Em geral, as taxas de dispensa correspondem a aproximadamente metade da taxa de incidência de desemprego. Embora já se tenha mostrado que, em termos nacionais, as dispensas atingiram o auge no período 1990/91, sua taxa no grupo de ocupações manuais não-qualificadas continuou aumentando em 1992/93, enquanto caía no caso das manuais qualificadas em 1992/93, subindo novamente em 1993/94, antes de cair rapidamente para o ponto mais baixo dos cinco anos em 1994/95.

Em resumo, esse "instantâneo" de cinco anos de desemprego e dispensas mostra que a reestruturação econômica é um processo irregular em termos dos atritos no mercado de trabalho que traz em sua esteira. Embora a experiência do desemprego pareça seguir uma trajetória razoavelmente previsível em termos de sua localização no espectro ocupacional e em relação ao crescimento econômico, o caso das dispensas é menos previsível, apesar de sua distribuição mais uniforme entre as categorias de qualificação.

Tabela 5

Taxas de desemprego e de dispensas segundo categoria de qualificação, 1990/91 a 1994/95

Categoria de qualificação (setembro do segundo ano)	1990/91		1991/92		1992/93		1993/94		1994/95	
	Desemprego no ano	Dispensas no ano	Desemprego no ano	Dispensas no ano	Desemprego no ano	Dispensas no ano	Desemprego no ano	Dispensas no ano	Desemprego no ano	Dispensas no ano
Altamente qualificada (%)	3,7	2,2	3,3	1,7	2,8	2,4	3,1	1,7	2,7	1,7
Intermediária (manual não-qualificada) (%)	3,4	1,7	5,1	2,3	4,6	2,7	4,1	2,3	3,4	1,4
Intermediária (manual qualificada) (%)	5,5	2,9	6,4	2,8	7,0	2,5	6,5	3,2	5,3	1,9
Outras ocupações	6,2	3,0	7,2	2,9	6,4	2,6	7,6	2,3	7,3	2,7
Total	6.151	6.151	5.803	5.803	5.716	5.716	5.708	5.708	5.617	5.617

Fonte: BHPS, rodadas 1 a 5.

Nota: Os percentuais nas linhas mostram a proporção de pessoas, registradas em cada categoria na época de cada levantamento, que informaram pelo menos uma fase de desemprego ou uma perda de emprego por dispensa no ano anterior.

Embora a tabela 5 indique a localização do desemprego e das dispensas segundo categorias de qualificação e no decorrer do tempo, não esclarece o elo existente entre essas ocorrências. Mais adiante explorarei mais pormenorizadamente os efeitos combinados das dispensas e do desemprego sobre as pessoas em termos de desqualificação e de seus impactos sobre os rendimentos. Esta seção acompanha a dinâmica da mudança de modo mais agregado. Selecionando-se as pessoas que informaram ter sido dispensadas em 1991/92 — o pico desse tipo de demissão após a recessão de 1990/91 —, é possível verificar as categorias ocupacionais em que elas ocorreram e as ocupações em que esses trabalhadores foram absorvidos. A tabela 6 apresenta esses movimentos para as 298 pessoas do BHPS que informaram ter sido dispensadas entre 1991 e 1992 (o período anterior à rodada 2). Examinando-se primeiro seu status ocupacional, pode-se verificar que mais de um quarto dessas pessoas não estavam empregadas um ano antes e que metade delas não tinha ocupação quando foram entrevistadas em 1992 (a entrevista que se seguiu imediatamente à dispensa informada). Essa alta taxa de não-emprego se mantém nas entrevistas sucessivas, indicando que a reinserção estável no mercado de trabalho está se tornando um problema de longo prazo para os trabalhadores dispensados no período 1991/92.

Em termos das categorias ocupacionais em que surgem as dispensas e daquelas que reabsorvem os empregados demitidos, há indicações de deslocamentos de longo prazo. Proporções significativas das pessoas dispensadas em 1991/92 estão situadas no grupo de "outras ocupações" (40%) e na categoria de ocupações manuais qualificadas (16%). Como proporção de todos os que informaram uma ocupação em 1991, estes representam 54% dos vindos de "outras ocupações" e 21% das intermediárias qualificadas, refletindo basicamente a estrutura de qualificações em 1991. Já em 1995, 30% desses trabalhadores dispensados tinham conseguido se reempregar em "outras ocupações" e 11% nas manuais qualificadas. Novamente, recalculando-se esses percentuais em termos dos que informaram estar empregados em 1995, eles representam 53% do grupo reempregado em "outras ocupações" e 20% daqueles nas manuais qualificadas. Assim, no geral, parece haver poucas evidências em termos agregados de uma "desqualificação" nesse grupo. Contudo, o verdadeiro problema parece ser a subseqüente estabilidade no mercado de trabalho.

Tabela 6

Status ocupacional anterior e posterior ao desemprego de pessoas que informaram ter sido dispensadas em 1991/92

(%)

Categoria de qualificação (setembro do segundo ano)	1990/91		1991/92		1992/93		1993/94		1994/95	
	Categoria ocupacional	Desemprego no ano	Categoria ocupacional	Desemprego no ano	Categoria ocupacional	Desemprego no ano	Categoria ocupacional	Desemprego no ano	Categoria ocupacional	Desemprego no ano
Altamente qualificada	8,7	7,7	5,0	60,0	7,0	28,6	7,7	13,0	7,4	13,6
Intermediária (manual não-qualificada)	9,7	10,3	8,7	65,4	6,1	31,6	7,7	26,1	7,7	—
Intermediária (manual qualificada)	15,8	2,1	7,4	63,6	10,4	41,9	10,1	23,3	11,4	8,8
Outras ocupações	39,9	13,4	27,5	61,2	32,9	32,7	31,9	20,0	29,9	11,2
Sem ocupação	25,8	23,4	49,3	72,1	43,3	48,1	42,6	33,1	43,6	14,6
Total	100,0	100,0	100,0		100,0	100,0	100,0	100,0	100,0	100,0

Fonte: BHPS, rodadas 1 a 5.

Nota: Esta tabela mostra a categoria ocupacional em setembro, no final de cada ano, para um grupo (N = 298) de entrevistados que foram dispensados durante o período outubro de 1991-setembro de 1992.

Em comparação com a tabela 5, o desemprego informado por integrantes deste grupo, antes e depois dos anos em que foram dispensados, é consideravelmente mais elevado do que a média de cada uma das categorias ocupacionais. Com exceção da categoria das ocupações manuais qualificadas, a fase de desemprego anterior à dispensa informada no período 1990/91 é de três a quatro vezes maior do que a de todos os trabalhadores. Não surpreende, então, que essas taxas aumentem substancialmente no período 1991/92; contudo, as fases de desemprego continuam sendo altas nos anos subseqüentes. Embora o reduzido tamanho da amostra torne possível uma significativa variação na proporção, segundo a categoria ocupacional, de trabalhadores reempregados em cada rodada subseqüente do estudo de painel, a magnitude e a coerência dessas diferenças, quando comparadas com a tabela 5, deixam poucas dúvidas de que os trabalhadores dispensados em 1991/92 tenham tido dificuldade consideravelmente maior de se reintegrar no mercado de trabalho.

Mobilidade dos rendimentos e mudança ocupacional

Mudanças significativas de ocupação, como as identificadas na seção precedente, tendem a estar associadas a alterações na distribuição dos rendimentos. Esta seção explora essas relações, primeiro comparando as informações sobre rendimentos contidas no BHPS com aquelas coletadas pelo LFS, e mostrando as relações entre as categorias amplas de qualificação e os ganhos. Finalmente são examinadas as mudanças de ano para ano na posição das pessoas empregadas dentro da distribuição geral de rendimentos.

Informações do BHPS e do LFS sobre rendimentos

Antes de examinar pormenorizadamente a movimentação das pessoas na distribuição dos rendimentos tal como definida por sua posição a cada rodada do BHPS, é interessante comparar a qualidade dessa informação com a das obtidas por um levantamento significativamente maior, o QLFS.[25] A figura 3 compara as distribuições de rendimentos de homens e mulheres dessas duas fontes, considerando um ordenamento dos ganhos brutos semanais em intervalos de £50. No caso dos homens, o BHPS concentra-se excessivamente em pessoas com rendimentos entre £151 e £200 semanais e parece sub-representar as que ganham entre £350 e £400 e entre £450 e £500. Contudo, as diferenças são pequenas (no máximo, o viés potencial das informações de rendimentos dos homens resulta em um excesso de 2% na categoria £151-£200 em comparação com o registrado pelo LFS). No caso das mulheres, há uma boa correspondência entre as duas fontes. Portanto, pode-se concluir que as informações sobre rendimentos disponíveis no BHPS não mostram vieses grandes e significativos em relação à principal fonte de informações nacionais sobre rendimentos.

Figura 3

Rendimentos de homens e mulheres nas duas pesquisas

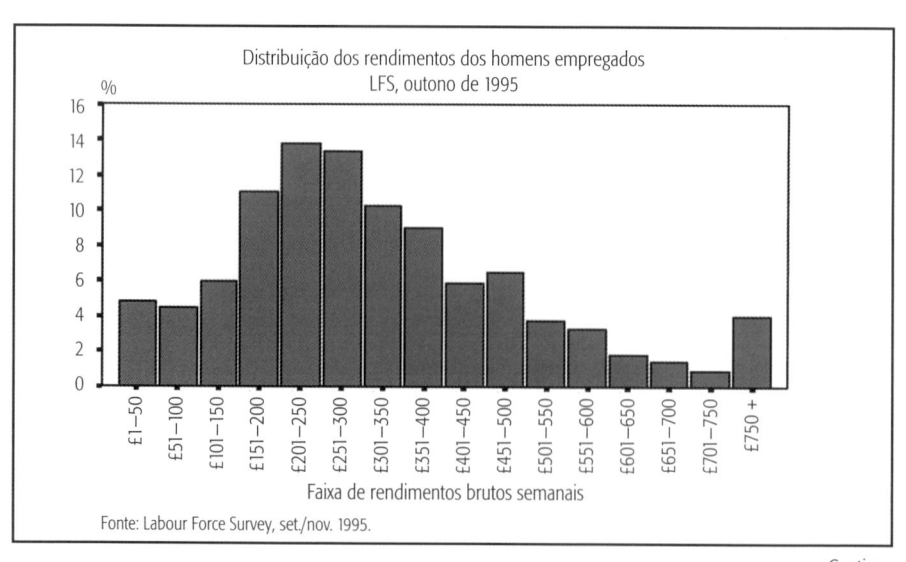

Continua

---

[25] As informações sobre rendimentos são coletadas apenas entre os que estão saindo da rodada dos cinco períodos trimestrais de rodadas previstos no desenho da amostra do LFS. Os dados para o terceiro trimestre de 1995 compreendem 4.202 empregados e 4.476 empregadas que forneceram informações sobre rendimentos. Esses dados são comparados às informações de 2.673 homens e 2.552 mulheres empregados que forneceram dados para a terceira rodada do BHPS, em setembro de 1995.

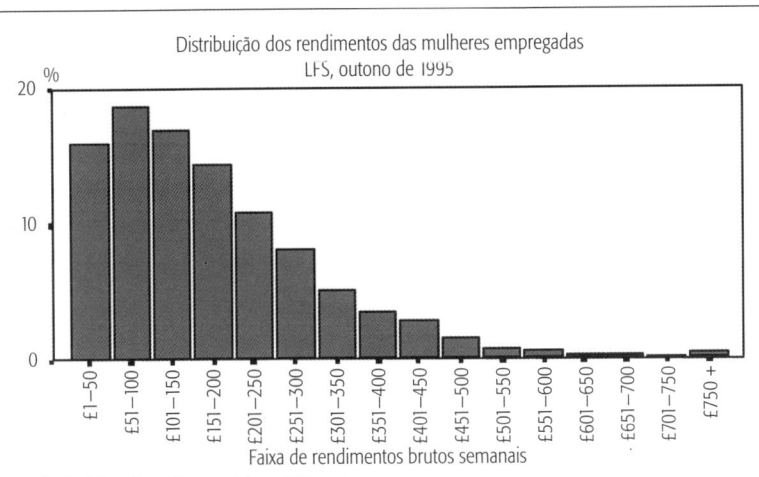

Distribuição dos rendimentos das mulheres empregadas
LFS, outono de 1995

Faixa de rendimentos brutos semanais

Fonte: Labour Force Survey, set./nov. 1995.

Distribuição dos rendimentos dos homens empregados
BHPS, outono de 1995

Faixa de rendimentos brutos semanais

Fonte: BHPS, rodada 5.

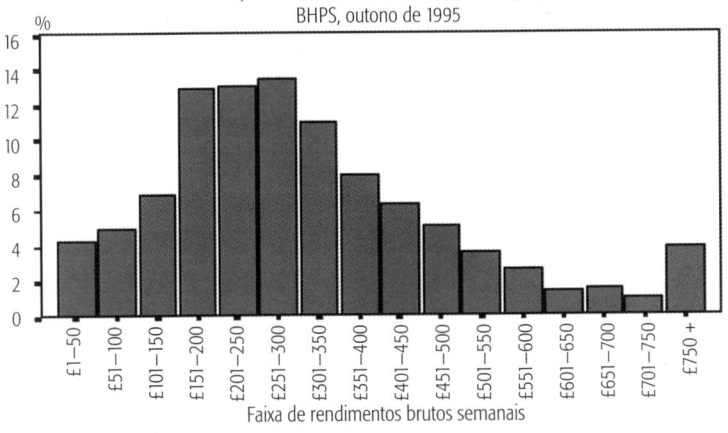

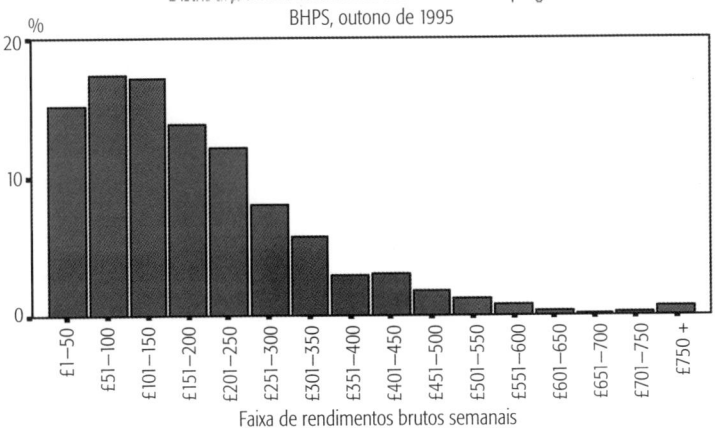

Distribuição dos rendimentos das mulheres empregadas
BHPS, outono de 1995

Faixa de rendimentos brutos semanais

Fonte: BHPS, rodada 5.

Rendimentos e categorias de qualificação

Algumas indicações da natureza da relação entre as quatro categorias de qualificação e os rendimentos podem ser obtidas analisando a figura 4. Para elaborar esse gráfico de barras, as informações sobre salário mensal bruto do BHPS foram classificadas em decis, representando o decil 1 as pessoas que se situam nos 10% inferiores na distribuição de rendimentos, e o decil 10, os 10% superiores. Por definição, cada decil inclui 10% de todas as pessoas para as quais se dispõe de informações sobre seu rendimento mensal bruto habitual. Dentro de cada decil, distinguem-se as quatro categorias de qualificação.

Vê-se na figura que o grupo de ocupações "altamente qualificadas" predomina nos 30% superiores da distribuição de rendimentos. Já as "outras ocupações" predominam nos 40% inferiores da distribuição. As intermediárias, manuais qualificadas e não-qualificadas, situam-se entre esses dois grupos em termos de rendimentos.

Figura 4

Distribuição do pagamento mensal habitual por categoria de qualificação, set. 1991

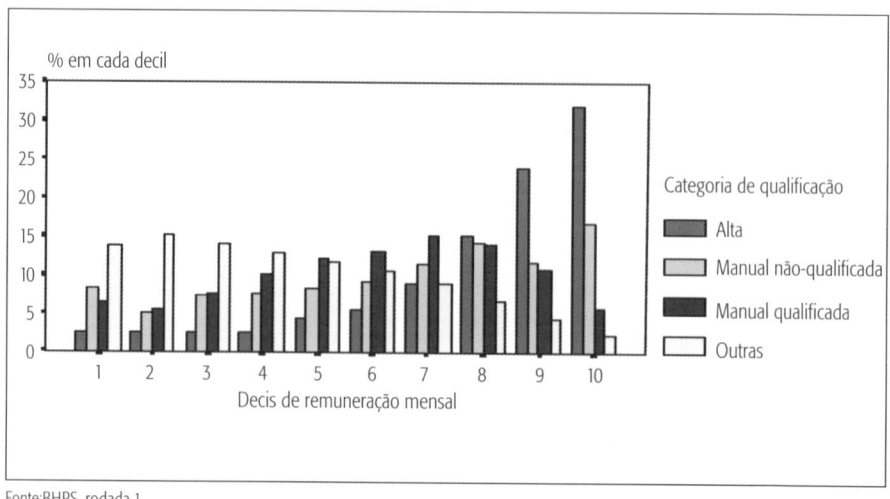

Fonte:BHPS, rodada 1.

Mobilidade dos rendimentos, 1991-95

Um dos aspectos mais significativos das mudanças na distribuição de renda no Reino Unido foi a ampliação das diferenças na distribuição no período pós-1979. Goodman e Webb (1994) mostram que, entre 1979 e 1991, os 20-30% de domicílios mais pobres não foram beneficiados pelo crescimento econômico. Comparações internacionais[26] mostram que poucos países desenvolvidos experimentaram tal aumento da dispersão, salvo os EUA, onde aqueles que ganham menos receberam menos em termos reais do que os que estavam no extremo inferior da distribuição de renda 10 anos antes.

Várias razões estão por trás das mudanças na distribuição da renda familiar no Reino Unido. Em parte, as rendas familiares situadas no extremo inferior da distribuição não conseguiram aumentar em termos reais devido ao número crescente de pessoas que agora dependem de benefícios públicos (complementação de renda, aposentadoria, auxílio a famílias uniparentais), que são reajustados de acordo com os preços, e não com os ganhos.[27] Também é preciso levar em conta a crescente polarização dos domicílios entre os "ricos de emprego" e os "pobres de emprego".[28] Alguns analistas postulam que o aumento do número de pessoas com qualificações de mais alto nível (ensino médio completo e curso superior) e o adicional crescente atribuído à remuneração dessas qualificações contribuíram para aumentar a dispersão das rendas familiares.[29] Embora esses fatores tenham provavelmente contribuído para a ampliação da dispersão, o principal fator associado a esse fenômeno foi a ampliação das diferenças entre os rendimentos familiares. Em seu estudo sobre as mudanças na dispersão dos rendimentos masculinos, Gosling, Machin e Meghir (1994) mostraram que não houve praticamente qualquer mudança na posição relativa do decil superior em relação ao inferior entre 1966 e 1980. De 1980 a 1992, os rendimentos do decil

---

[26] Hills, 1995.
[27] Department of Social Security, 1993.
[28] Gregg e Wadsworth, 1994.
[29] Gosling, Machin e Meghir, 1994; Schmitt, 1993.

inferior permaneceram quase estáticos em termos reais, enquanto o decil superior (e o mediano) registraram um aumento real de quase 30%. Essa ampliação da dispersão dos rendimentos pode estar relacionada com as mudanças ocupacionais mostradas na seção anterior, já que o número de empregos na categoria "altamente qualificados" continuou em expansão enquanto as ocupações manuais qualificadas declinaram.

No exame da mobilidade ocupacional da seção "Qualificação e mudança ocupacional", tomou-se cuidado para assegurar que as ocupações fossem definidas em grupos suficientemente abrangentes para impedir que pequenos movimentos entre grupos ocupacionais relacionados fossem tomados como mobilidade ocupacional e, ainda assim, fossem suficientemente distintos para fins analíticos. No estudo da mobilidade dos rendimentos, existe esse mesmo problema de "limites". Os movimentos entre decis adjacentes podem se dever, por exemplo, a ligeiras flutuações nos ganhos dos que registram rendimentos próximos do limite do decil. Como no caso das ocupações, essa mobilidade irrelevante pode ser ignorada, concentrando-se o exame em três grandes segmentos da distribuição: os 30% superiores, os 20% médios e os 30% inferiores.[30] Estabelecendo-se "zonas-tampão" de 10% entre esses grupos, os movimentos de entrada e saída dessas categorias não estão associados a flutuações desprezíveis nos rendimentos, e sim a alterações significativas na distribuição dos ganhos.

A figura 5 mostra o padrão de mobilidade dos rendimentos entre essas categorias no período 1991-95, segundo o BHPS. O primeiro ponto a observar é que o hiato entre os que estão no topo da distribuição e os 30% que estão na base não continuou aumentando como entre 1980 e 1991. A razão entre ganhos médios dos 30% superiores e dos 30% inferiores manteve-se entre 7,4 em 1991 e 6,9 em 1995. Embora talvez seja muito cedo ainda para concluir que a distribuição dos ganhos começou a se estreitar, parece que já se estabilizou em comparação com as mudanças ocorridas na década de 1980.

---

[30] O interesse pelos 30% inferiores na distribuição de rendimentos advém do fato de ser este o chamado "limiar da decência" (*decency threshold*) definido pelo Conselho Europeu.

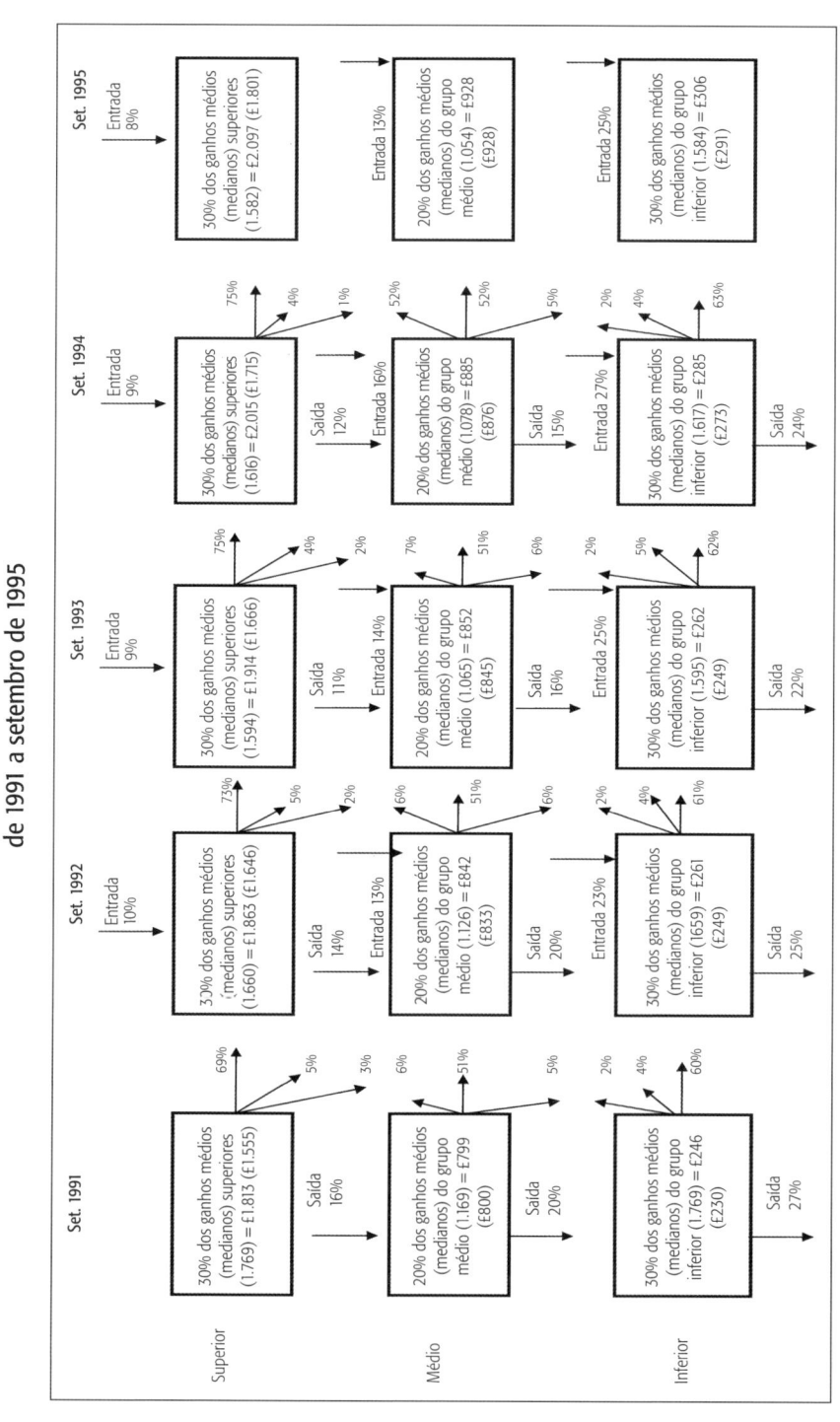

Figura 5

Mudanças na distribuição da remuneração bruta média habitual, setembro de 1991 a setembro de 1995

Fonte: BHPS, rodadas 1 a 5.

Outro aspecto interessante dos padrões de mobilidade dos rendimentos mostrados na figura 5 é a relativa estabilidade nos fluxos entre essas três "porções" principais da distribuição de ganhos. Os movimentos entre os 30% do topo e os 30% da base são muito pequenos e praticamente os mesmos em cada direção. Aproximadamente 2% de todas as pessoas empregadas deslocam-se para cima e outros 2% descem a cada ano. De modo semelhante, os movimentos entre os 30% superiores e os 20% médios, e entre estes e os 30% inferiores são relativamente pequenos e estáveis de um ano para outro. Entre 4% e 6% das pessoas de cada grupo deslocam-se anualmente para a seção adjacente da distribuição. A figura 5 também revela as diferenças entre essas categorias em termos de movimentos de entrada e saída da situação de emprego a cada ano. No caso das pessoas situadas nos 30% superiores da distribuição, de 8% a 10% entraram ali vindos do não-emprego no ano anterior, enquanto 12% a 14% ficam desempregadas. No outro extremo da distribuição, observa-se uma significativa movimentação entre emprego e desemprego. De 23% a 27% passam do desemprego para o emprego a cada ano, enquanto de 22% a 27% percorrem o caminho inverso, corroborando verificações semelhantes de outros estudos.[31]

Mobilidade líquida das qualificações e mudanças nos rendimentos, 1991-95

Na seção anterior, mostrei que um número pequeno, mas significativo, de pessoas sofreu mudanças substanciais na ocupação no período 1991-95 e, em conseqüência, subiu ou desceu na hierarquia ocupacional. Esta seção examina os resultados dessas alterações em termos das mudanças associadas nos rendimentos. Ao fazê-lo, responde-se as seguintes questões:

---

[31] Jarvis e Jenkins, 1996; Ramos, 1996; Stewart e Swaffield, 1997.

- A mobilidade ascendente das qualificações está associada a aumento de rendimentos, e vice-versa?

- As dispensas conduzem à desqualificação — uma descida na classificação hierárquica de qualificações usada neste estudo?

- Se as dispensas forem acompanhadas de desemprego, isso tem efeito mais significativo sobre os rendimentos e as qualificações do que demissões não seguidas de uma fase de desemprego?

- Que outros fatores influenciam a mobilidade das qualificações e as alterações nos rendimentos — em particular, há diferenças entre homens e mulheres e entre diferentes grupos etários da população?

Mobilidade líquida das qualificações

Nem todas as pessoas entrevistadas pelo BHPS estão presentes na força de trabalho a cada ano. Algumas não estavam empregadas na época da pesquisa, outras não tinham ainda entrado na força de trabalho (caso dos jovens que estudavam em tempo integral), outras podem ter se aposentado e há as que simplesmente preferiram não responder. Contudo, todos os entrevistados que trabalharam por algum tempo nos anos situados entre os levantamentos foram convidados a responder perguntas sobre os empregos que tiveram durante o ano, as razões que os levaram a sair deles (se pertinentes), as fases de desemprego e as de inatividade econômica.

Para analisar as mudanças nas qualificações, a primeira tarefa foi elaborar indicadores de mobilidade líquida das qualificações no qüinqüênio abrangido pelo BHPS até, inclusive, a rodada 5. Isso foi feito *adiantando* a posição ocupacional do ano anterior (3 = ocupações altamente qualificadas; 2 = ocupações intermediárias e 1 = outras ocupações), quando faltavam informações para algum ano e havia registro para o ano anterior, e atribuindo a posição ocupacional do período anterior nos casos em que a informação faltava no período mais antigo, mas não nos anos seguintes. Levando-se em conta as diferenças das histórias ocupacionais resultantes e somando-se as diferenças, obtém-se uma medida da mobilidade líquida das qualificações de cada entrevistado no período 1991-95.[32]

A tabela 7 mostra a distribuição do indicador resultante de mudança líquida, segundo gênero e grupos etários. As mulheres apresentaram menos mudanças no período; já os homens registraram maior mobilidade tanto no sentido ascendente quanto no descendente. Em conjunto, homens e mulheres registram movimento ascendente na hierarquia de qualificações. O grupo etário dos 25 aos 34 anos foi o que apresentou a maior proporção de entrevistados que registraram movimentos líquidos ascendentes na hierarquia de qualificações no período, enquanto o grupo mais idoso teve a menor mobilidade.

Para se ter alguma indicação dos efeitos separados de gênero e idade de vários aspectos econômicos, como continuidade do emprego, desemprego e dispensas, o indicador de mobilidade líquida das qualificações foi usado como variável dependente em uma regressão de mínimos

---

[32] Um exemplo será esclarecedor. Imagine quatro trabalhadores com os seguintes históricos ocupacionais.

Trabalhador	Rodada 1	Rodada 2	Rodada 3	Rodada 4	Rodada 5
i	–	–	1	–	2
j	2	–	–	–	–
k	–	–	3	–	2
l	3	–	1	–	3

Transferindo para a frente a posição ocupacional do ano anterior e levando para trás a posição do ano seguinte teremos:

Trabalhador	Rodada 1	Rodada 2	Rodada 3	Rodada 4	Rodada 5	Mobilidade líquida
i	1	1	1	1	2	+1
j	2	2	2	2	2	0
k	3	3	3	3	2	-1
l	3	3	1	1	3	0

A mobilidade líquida é calculada diferenciando as mudanças resultantes de ano para ano e somando as diferenças.

quadrados ordinários, com covariáveis que incluíram um conjunto de variáveis binárias para representar o grupo etário do entrevistado (definido pela idade registrada em 1991), o gênero, o número de fases de desemprego sofridas pelo entrevistado durante o período 1991-95, quantas vezes foi dispensado,[33] a quantidade de vezes em que essas dispensas foram acompanhadas por uma fase de desemprego no mesmo ano, o número de fases em que o entrevistado esteve fora da força de trabalho e o número de empregos no período (definindo-se um emprego como uma mudança de empregador ou uma alteração significativa no tipo de trabalho realizado para um mesmo empregador).

Tabela 7

Mobilidade líquida das qualificações, segundo gênero e grupos etários, 1991-95

| Discriminação | Mobilidade líquida das qualificações | | | | | Total |
	-2	-1	0	1	2	(100%)
Homens	0,8	7,4	80,9	9,7	1,2	4.516
Mulheres	0,5	4,6	87,2	5,9	1,7	4.203
Grupo etário						
16-24 anos	0,1	4,7	86,3	8,1	0,8	1.458

Continua

[33] No período 1991-95, 2.338 (26,8%) dos 8.710 entrevistados pelo BHPS que estiveram no mercado de trabalho por algum tempo registraram fases de desemprego. Destes, 657 (7,59%) informaram ter sido dispensados pelo menos uma vez no mesmo período. A distribuição (*cross distribution*) dessas fases é apresentada abaixo.

| N° total de desempregados Fases, 1991-95 | N° total de dispensas seguidas por uma fase de desemprego | | | | | |
	0	1	2	3	4	Total
0	6.381		–	–	–	6.381
1	1.017	316	–	–	–	1.333
2	380	168	20	–	–	568
3	154	62	23	2	–	241
4	79	32	17	2	1	131
5	51	11	2	1	–	65

Discriminação	Mobilidade líquida das qualificações					Total (100%)
	−2	−1	0	1	2	
25-34 anos	0,8	6,5	81,5	9,2	2,1	2.294
35-44 anos	0,8	7,1	81,5	8,8	1,9	1.922
45-54 anos	0,9	5,9	85,3	6,8	1,1	1.759
55 anos ou +	0,9	5,4	87,2	5,4	0,9	1.286

Fonte: BHPS, rodadas 1 a 5.

A tabela A1 do anexo mostra o resultado dessa análise. Embora o poder explicativo total dessa regressão seja baixo ($R^2 = 0,091$), o grande tamanho da amostra permite identificar algumas relações estatísticas significativas. Em especial, os efeitos da idade sobre a mobilidade líquida das qualificações mostram-se fortes. Os informantes jovens têm muito mais probabilidade de registrar um aumento líquido da qualificação, em parte porque os trabalhadores mais velhos têm menos oportunidades de aprimoramento ocupacional, mas também porque se verifica um movimento descendente líquido na hierarquia de qualificação para os trabalhadores com 45 anos ou mais. Uma variável binária separada para gênero mostra que não parece haver grandes diferenças entre homens e mulheres em termos de sua movimentação ocupacional líquida ascendente ou descendente na hierarquia das qualificações no período 1991-95.

Nessa regressão foram incluídas algumas variáveis que representam o histórico de trabalho das pessoas no período em pauta. Os entrevistados foram enquadrados nas categorias "nunca esteve economicamente inativo" no período 1991-95 (isto é, seus históricos mostram que sempre estiveram no mercado de trabalho) e "continuamente empregado" (nunca sofreram uma interrupção por desemprego ou por inatividade econômica no período analisado). Nenhuma dessas variáveis apresentou associação estatística significativa com o movimento líquido das qualificações. O número de dispensas que os entrevistados registraram no período 1991-95 foi incluído como uma variável de contagem. Verifica-se que isso teve um significativo impacto descendente na mobilidade ocupacional líquida. O número total de fases de desemprego registradas pelo entrevistado e uma variável que representa as fases que se seguem a uma dispensa não se mostraram estatisticamente significativas. Como já observado, os efeitos da idade nos movimentos ocupacionais líquidos descendentes tornam-se significativos depois dos 45 anos e são fortes na faixa de mais de 55 anos.

Esses resultados indicam que o desemprego *per se* não resulta em um movimento ocupacional descendente, mas que as dispensas exercem poderosa influência descendente, quer o entrevistado registre ou não uma fase de desemprego subseqüente ou uma fase de desemprego por outras razões.

Movimentos líquidos dos rendimentos, 1991-95

Seguindo os mesmos métodos adotados na análise da mobilidade das qualificações, foi definida a movimentação líquida entre decis da distribuição de rendimentos no período 1991-95 para um conjunto de 8.360 pessoas. Como mencionado na seção "Mobilidade dos rendimentos, 1991-95", pode haver grande movimentação ascendente e descendente dentro dos limites dos decis que não resulte em mobilidade líquida dos rendimentos. Contudo, a figura 6 mostra que um número significativo de entrevistados que informaram ter auferido algum rendimento no período 1991-95 apresenta movimentação líquida entre dois ou mais decis nesse qüinqüênio (aproximadamente 13% informaram movimento ascendente de dois decis, e mais de 9%, movimento inverso). A movimentação líquida total dos entrevistados nos cinco anos é ascendente, no caso de homens e mulheres, refletindo o fato de o movimento descendente dos rendimentos na proximidade do fim da vida de trabalho ser menos significativo que o movimento ascendente nos primeiros anos.[34]

---

[34] Elias e Gregory, 1994.

Figura 6
Mobilidade líquida dos rendimentos, 1991-95
(movimento líquido entre decis)

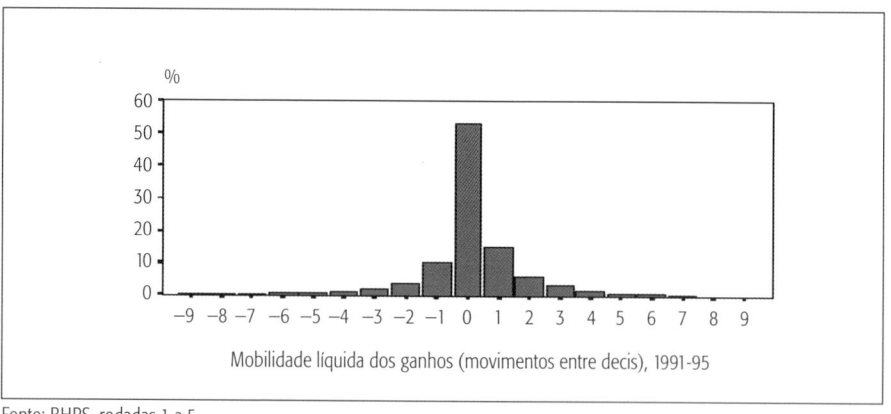

Fonte: BHPS, rodadas 1 a 5.

Foram empregadas novamente técnicas de regressão para determinar os efeitos isolados do histórico de trabalho, idade e gênero sobre
a mobilidade dos rendimentos. Os resultados apresentados na tabela
A2 do anexo mostram que o emprego continuado tem influência ascendente sobre a mobilidade dos rendimentos. As influências negativas estão associadas à idade, com a bem documentada influência descendente
da idade sobre os rendimentos evidenciada pelas crescentes magnitude e
significância dos coeficientes associados aos grupos etários mais altos.[35]
O número de dispensas registradas por pessoa tem efeito descendente
muito forte sobre os ganhos, enquanto as fases de desemprego, levado em
conta o impacto das dispensas, mostram um efeito apenas marginal.

Mobilidade das qualificações e mudanças nos rendimentos

Até aqui analisei a mobilidade da ocupação e dos rendimentos como
fenômenos distintos. Contudo, está claro, como foi mostrado na seção

---

[35] Elias e Gregory, 1994.

"Rendimentos e categorias de qualificação", que os movimentos ocupacionais podem redundar em grandes variações nos ganhos, especialmente quando esses movimentos cruzam os limites da classificação ampla de ocupações utilizada neste estudo. A relação entre mudança de qualificações (movimento líquido ascendente ou descendente ao longo dos três patamares da hierarquia de qualificações) e mobilidade dos rendimentos foi examinada adicionando-se a variável que define a movimentação líquida de qualificações no período 1991-95 ao conjunto de regressores mostrados na tabela A2 do anexo.

Os resultados apresentados na tabela A3 do anexo indicam uma associação forte e positiva entre movimentos ascendentes das qualificações e mobilidade ascendente dos rendimentos. É interessante observar que a ocorrência de dispensas ainda apresenta um efeito forte e negativo sobre os rendimentos, mesmo que o impacto de qualquer desqualificação seja captado pela variável que representa a mobilidade líquida das qualificações. Esse resultado indica que as dispensas levam a uma desqualificação que provoca uma mobilidade descendente dos rendimentos, mas que a redução dos ganhos vai além daquela associada ao efeito da desqualificação.

Treinamento, dispensas, desqualificação e requalificação

O provimento de treinamento relacionado ao trabalho é muitas vezes apresentado como um mecanismo que pode auxiliar na reinserção dos que foram dispensados por extinção de seu cargo ou função, ou facilitar a mobilidade de pessoas para e em áreas em que o emprego se expande.[36] Contudo, o conhecimento dos impactos, a médio e longo prazos, do treinamento, em termos de sua capacidade de promover a permanência nos empregos ou de facilitar a ida para empregos mais produtivos, é limitado. Arulampalam, Booth e Elias (1997a) mostram que há uma relação positiva entre a oferta de treinamento pelo empregador e os subseqüentes aumentos nos rendimentos, com base em uma análise dos dados sobre históricos de ganhos, emprego e treinamento de homens

---

[36] Ver, por exemplo, Britton, 1997:45-46.

entre 23 e 33 anos. Contudo, existem poucas indicações sobre o papel desempenhado pelo treinamento relacionado ao trabalho no reemprego de trabalhadores dispensados.

Embora as evidências sobre os efeitos a longo prazo do treinamento sejam poucas, há muitas informações sobre a ocorrência, a intensidade e a duração do treinamento. Vários estudos[37] mostraram que o treinamento relacionado ao trabalho tende a estar associado a ocupações de nível mais alto, ao funcionalismo público e a empregos nos setores de finanças e negócios. Além disso, a maior parte do treinamento, que tem duração relativamente curta, salvo nos postos de aprendizes, ocorre nos dois primeiros anos após a contratação e é muito mais comum entre os jovens.

Parece razoável supor que os dispensados são os que têm maior necessidade de treinamento relacionado ao trabalho e, como a probabilidade de ter sido contratados há pouco tempo na fase posterior à dispensa é maior, é muito mais provável que tenham recebido esse treinamento. Esta seção examina as informações do BHPS relativas à distribuição do treinamento relacionado ao trabalho, compara a tendência da incidência do treinamento com os dados existentes no LFS e distingue o treinamento dado aos dispensados e aos não-dispensados. Finalmente, examina-se o impacto do treinamento na mobilidade das qualificações e na evolução dos rendimentos líquidos estudando-se o efeito dos indicadores de treinamento no marco de referência formulado na seção anterior.

Treinamento relacionado ao trabalho no BHPS e no LFS

As informações sobre o treinamento relacionado ao trabalho do BHPS são coletadas como parte dos históricos de emprego das rodadas da pesquisa por meio da pergunta:

> Participou, desde 1º de setembro do ano passado, de algum curso ou treinamento? Inclua programas de treinamento do governo, cursos da universidade aberta, cursos por correspondência e treinamentos no local de trabalho.

---

[37] Consultar Arulampalam, Booth e Elias, 1997a.

A distribuição de respostas a essa pergunta, em cada rodada do British Household Panel Study, segundo categorias ocupacionais, é apresentada na tabela 8. No conjunto de todas as ocupações, a incidência do treinamento cai no período 1990-93, voltando a subir ligeiramente em 1994/95.

Tabela 8

Treinamento relacionado ao trabalho recebido desde setembro do ano anterior à entrevista, segundo a categoria de qualificação

Categoria de qualificação	O entrevistado recebeu treinamento relacionado ao trabalho desde setembro do ano anterior				
	1990/91	1991/92	1992/93	1993/94	1994/95
Altamente qualificada		52,4	48,6	53,3	53,2
Intermediária (manual não-qualificada)	47,9	44,3	42,3	43,7	44,4
Intermediária (manual qualificada)	29,9	24,5	21,8	23,3	22,6
Outras	34,2	27,3	27,7	29,0	29,0
Total	39,9	34,1	33,2	35,1	35,5
Base (todos os empregados durante o ano)	6.151	5.803	5.716	5.708	5.617

Fonte: BHPS, rodadas 1 a 5.

As tendências registradas da incidência de treinamento medidas no LFS apresentaram problemas metodológicos. Um exame pormenorizado de tendências corrigidas das informações do LFS pode ser encontrado em Arulampalam, Booth e Elias (1997b). Do total, cerca de 15% dos empregados que responderam ao LFS na faixa dos 16 aos 64 anos informaram ter recebido treinamento relacionado ao trabalho nas quatro semanas que antecederam a entrevista. Em vista disso, taxas anuais de 33% a 40% podem parecer baixas. Contudo, o treinamento é uma ocorrência de curta duração, sujeita a significativos erros de memória. Além disso, o treinamento tende a se concentrar em determinados grupos de trabalhadores, registrando alguns deles mais de uma dessas ocorrências no ano. Portanto, não seria de todo desarrazoado supor que as informações do BHPS relativas ao treinamento relacionado ao trabalho refletem uma incidência de treinamento coerente com os dados do LFS.

Treinamento e dispensas

As informações do BHPS sobre o treinamento relacionado ao trabalho são coletadas em dois estágios. Primeiro, os trabalhadores empregados que respondem à pesquisa informam sobre ocorrências de formação/ treinamentos relacionados ao trabalho que tiveram lugar no ano anterior a ela e que se referem ao emprego atual (aquele em que estão no momento da entrevista). Segundo, pede-se a todos os entrevistados que mencionem treinamentos relativos ao trabalho referentes a outros empregos que tiveram no mesmo período. Essa divisão permite distinguir a incidência de treinamento no emprego imediatamente posterior à dispensa, no caso dos trabalhadores que tenham conseguido outro emprego no momento da entrevista. Embora a comparação com os trabalhadores que não foram dispensados[38] seja dificultada porque os dois grupos têm diferentes permanências no emprego, as comparações apresentadas na tabela 9 indicam em que medida se oferece treinamento a trabalhadores que voltam a se empregar após dispensas.

A incidência de treinamento entre trabalhadores que conseguiram se reinserir no mesmo ano em que foram demitidos é, em geral, baixa. A proporção de treinamento recebido é de aproximadamente um terçc da verificada entre os trabalhadores que não foram dispensados. A pequena base de alguns desses percentuais torna difícil determinar se a dispersão verificada nessas proporções é uma variação da amostra ou não. Não obstante, como os trabalhadores reempregados têm uma permanência no emprego bem menor do que a dos que não foram dispensados a cada ano, as informações apresentadas na tabela 9 indicam que os trabalhadores reinseridos obtiveram uma quantidade significativa de treinamento relacionado ao trabalho.

---

[38] Trabalhadores empregados na época de cada entrevista e que não informaram ter sido dispensados em anos anteriores.

Tabela 9

Recebimento de treinamento relacionado ao emprego atual, comparação entre entrevistados dispensados no mesmo ano e não-dispensados, segundo a categoria de qualificação no emprego atual

Categoria de qualificação (setembro do ano final)	Percentual de entrevistados que declararam, na data da entrevista, ter recebido treinamento relacionado ao trabalho no emprego em que estavam durante o ano anterior									
	1990/91		1991/92		1992/93		1993/94		1994/95	
	Dispensados	Não-dispensados	Dispensados	Não-dispensados	Dispensados	Não-dispensados	Dispensados	Não-dispensados	Dispensados	Não-dispensados
Altamente qualificada	20	53	7	48	27	44	13	48	24	48
Intermediária (manual não-qualificada)	15	43	19	41	7	38	12	40	13	41
Intermediária (manual qualificada)	39	25	9	21	6	19	4	20	–	20
Outras	7	29	11	23	7	28	9	25	8	25
Total	15	35	12	30	10	29	9	31	10	32
Base (nº de empregados na data da entrevista)	163	6.151	151	5.803	147	5.716	134	5.708	122	5.617

Fonte: BHPS, rodadas 1 a 5.

Reestruturação, requalificação e dispensas

Treinamento e mobilidade das qualificações e dos rendimentos

A relação entre treinamento, dispensas, mobilidade das qualificações e dos rendimentos pode ser aprofundada examinando-se a influência do treinamento no marco de referência desenvolvido na seção "Mobilidade líquida das qualificações e mudanças nos rendimentos, 1991-95".

Elaborei dois indicadores do recebimento de treinamento relacionado ao trabalho, a fim de analisar o impacto do treinamento sobre a mobilidade dos rendimentos. Primeiro, um indicador geral do recebimento de treinamento relacionado ao trabalho mede se a pessoa recebeu ou não treinamento em algum momento durante o período 1991-95. Segundo, no caso das pessoas que conseguiram um novo emprego após qualquer dispensa em dado ano, foi elaborada uma variável para medir se a pessoa recebeu ou não algum treinamento no emprego obtido logo após a dispensa.

Os resultados dessa análise aparecem na tabela A4 do anexo. O chamado "indicador geral" de treinamento — uma variável binária codificada como 1 se o informante recebeu qualquer treinamento relacionado ao trabalho no período em que fez parte da força de trabalho entre 1991 e 1995 — está correlacionado com movimentos líquidos ascendentes na distribuição de ganhos. O efeito é encontrado após se controlar quaisquer outras influências que possam estar correlacionadas tanto ao treinamento quando à variação dos rendimentos, especialmente mudanças ocupacionais líquidas registradas no mesmo período. Em outras palavras, os trabalhadores que recebem treinamento relacionado ao trabalho têm mais possibilidade de registrar uma ascensão, em termos líquidos, na distribuição de rendimentos. Não se verificou qualquer associação significativa entre "treinamento após dispensa" e mobilidade nos ganhos, indicando que o treinamento não protege os trabalhadores dispensados das conseqüências econômicas negativas, a longo prazo, das dispensas.

Conclusão

Este estudo utilizou o crescente acervo de informações disponíveis sobre a dinâmica do mercado de trabalho, obtido pelo British Household

Panel Study. Com base nos dados das cinco rodadas do estudo realizado no período 1991-95, a pesquisa apresentada neste capítulo examina quatro aspectos inter-relacionados de mudanças na estrutura do mercado de trabalho britânico: dispensas por extinção de cargos e funções, desemprego, mobilidade ocupacional e variação dos rendimentos.

Tomou-se muito cuidado para assegurar que os dados do painel fossem, e continuassem a ser, representativos da população britânica. Isso foi feito comparando-se os dados do BHPS com informações semelhantes de diversas fontes, como o Censo Demográfico de 1991 e os LFSs de 1991 a 1995. Em termos dos indicadores de estrutura ocupacional, rendimentos e fonte de informações sobre dispensas, verifica-se que os dados do BHPS replicam bem esses mesmos indicadores estruturais do mercado de trabalho encontrados em outras fontes de dados mais amplas.

O principal foco desta pesquisa são os impactos, a longo prazo, das dispensas — definidas como perda involuntária de emprego por razões associadas a mudanças nas circunstâncias econômicas do empregador. Diferentemente das demissões voluntárias, as dispensas podem ser uma das ocorrências mais perturbadoras enfrentadas pelos trabalhadores, mas muito pouco se sabe sobre os impactos dessa ocorrência a longo prazo. As taxas de dispensas aumentam nas recessões e diminuem nos períodos de recuperação econômica. Durante a lenta recuperação que se seguiu à recessão de 1990/91, o número anual de dispensas na Grã-Bretanha caiu de cerca de 1,5 milhão para três quartos de milhão em 1994/95. Em relação ao número de novos pedidos de auxílio-desemprego registrados a cada ano, os trabalhadores dispensados representaram menos de um quarto de todos os pedidos em 1991, caindo para cerca de 10% dos novos pedidos em 1994/95.

Para estudar as mudanças na estrutura ocupacional, utilizou-se uma classificação de ocupações que tenta identificar grupos de ocupações que se situam em uma posição *intermediária* entre empregos que exigem investimento significativo em escolaridade, treinamento e/ou experiência de trabalho para se alcançar a competência e aqueles para os quais os requisitos de escolaridade, além dos anos de ensino obrigatório de treinamento/experiência de trabalho são de um ano ou menos. Esse grupo de ocupações, desenvolvido em um estudo relacionado voltado para a progressão das qualificações e para o treinamento, foi subdividido entre as ocupações manuais qualificadas tradicionais e um grupo intermediário de atividades manuais não-qualificadas. A lógica dessa subdivisão torna-se clara quando se examina a evolução dessas categorias ocupacionais no período 1981-95. Tanto no caso dos homens quanto no das mulheres, a categoria de ocupações altamente qualificadas aumentou rapidamente no decorrer do tempo, passando de cerca de 3% de todos os empregos entre 1981 e 1991, para quase a mesma coisa entre 1991 e 1995. Como proporção de todo o emprego masculino ou feminino, a categoria de baixa qualificação caiu no período nos dois casos. Esse é, isoladamente, um resultado interessante, já que uma opinião amplamente aceita é que está em curso um processo de desqualificação na economia britânica e que o aumento dos empregos de baixa qualificação, mal remunerados, contribuiu para a ampliação das diferenças na distribuição de rendimentos no período posterior a 1979.

As ocupações intermediárias manuais qualificadas estão em contínuo declínio, caindo em cerca de 2% de todos os empregados entre 1981 e 1991. Surpreendentemente, a taxa de queda aumentou no período 1991-95, caindo mais 3,5 pontos percentuais. No caso das ocupações intermediárias manuais não-qualificadas ocorreu o inverso, verificando-se no período 1981-91 um aumento, no caso de homens e mulheres, e uma fase de estabilidade de 1991 a 1995.

Essas mudanças ocorrem de várias formas. No caso do grupo de ocupações "altamente qualificadas" (postos gerenciais de alto nível e ocupações que exigem curso superior), o crescimento foi obtido por meio de uma queda no número de trabalhadores que saem dessa categoria para outros grupos ocupacionais. Quanto ao grupo de ocupações "intermediárias manuais não-qualificadas", a estabilidade no período 1991-95 oculta uma considerável mobilidade de entrada e saída desse grupo. Aproximadamente 10% de todos os trabalhadores dessa categoria passam para o grupo altamente qualificado a cada ano, e uma proporção semelhante vai para as "outras ocupações", que requerem menos qualificação, sendo esses fluxos substituídos pelos de trabalhadores que se movem em direção oposta. No caso das ocupações intermediárias manuais qualificadas, a queda parece se dever principalmente a um fluxo líquido de trabalhadores que passam para a situação de não-emprego e por outros que passam à categoria de "outras ocupações" menos qualificadas.

As relações entre dispensas, desqualificação potencial e desemprego são aprofundadas acompanhando-se o status anterior e posterior à demissão no período 1991/92. A maioria dos que formam esse grupo estava empregada em ocupações intermediárias manuais qualificadas e em "outras", no início do período. Subseqüentemente, até 1995, 40-50% dos entrevistados declararam não ter emprego à época de cada rodada. Durante um período de dois anos após as dispensas, a ocorrência de desemprego é também muito mais elevada do que antes das dispensas. Parece, então, que aqueles que foram dispensados podem estar concorrendo ao reemprego com outros candidatos mais jovens e possivelmente mais bem qualificados, sendo isto muitas vezes exacerbado pelo fato de os trabalhadores dispensados terem qualificações e experiência de trabalho que não são, quase por definição, escassas.

Embora seja possível antecipar as dificuldades de reinserção dos trabalhadores dispensados no mercado de trabalho, esse exame não revela toda a extensão do impacto subseqüente das dispensas no status ocupacional e nos rendimentos. Para tanto, utilizei os registros das entrevistas de todos os informantes do BHPS que já trabalharam — cerca de 8.400 pessoas — e os examinei buscando movimentos líquidos sistemáticos de subida e descida ao longo da hierarquia de qualificações e de rendimentos. Com base nesses dados, pode-se mostrar que não é tanto a ocorrência de desemprego que traz consigo a desqualificação e a queda de rendimentos, e sim as dispensas. Além disso, verifica-se que esse tipo de demissão influencia negativamente os rendimentos de maneira tanto direta quanto indireta, a partir da desqualificação subseqüente.

O papel desempenhado pelas dispensas nesse processo de mudança ocupacional foi examinado com certa minúcia. Ser dispensado implica mais do que a mera perda de um emprego. Quando os trabalhadores são dispensados, o que está em pauta é uma redução na demanda de suas qualificações e de sua experiência. A reinserção, como mostra este estudo, pode ocorrer quando se aceita trabalho alternativo com salários inferiores aos de antes da dispensa. O estudo apresenta informações sobre a extensão da falta de trabalho, da desqualificação e da redução dos rendimentos dos que passaram por dispensas. Esse tipo de desligamento

é o mais importante fator isolado associado à mobilidade ocupacional
líquida descendente no período 1991-95. Essa desqualificação não apenas traz em sua esteira movimentos declinantes de rendimentos, mas
um movimento de redução salarial subseqüente associado a essas dispensas e à falta de qualquer mudança ocupacional relevante.

Finalmente, este estudo visou verificar a ocorrência ou a ausência
de evidências que sugiram como os piores impactos das dispensas podem ser de alguma forma amenizados. Em particular, o treinamento
relacionado ao trabalho pode auxiliar os trabalhadores afetados pelas
dispensas a adquirir novas qualificações e/ou modificar as já existentes.
De modo coerente com informações similares coletadas no LFS, os que
responderam ao BHPS relataram vários casos de treinamento relacionado ao trabalho, e verifica-se que os que recebem esse treinamento
têm maior probabilidade de ascender na distribuição de rendimentos.
Contudo, esse resultado talvez apenas confirme o que já se sabe sobre o
treinamento relacionado ao trabalho — que ele tende a concentrar-se
em áreas em que existe algum tipo de estrutura de carreira e atingem
principalmente os trabalhadores jovens. Para aprofundar essa análise,
o estudo investigou os trabalhadores dispensados que receberam treinamento no emprego seguinte à demissão, tentando ver se esse treinamento contribuiu para que os reempregados escapassem do impacto
negativo sobre sua posição na escala de rendimentos associada a esse
tipo de demissão. Não foram encontradas evidências que indiquem que
esse treinamento pode melhorar as perspectivas de trabalho das pessoas
afetadas ou até amenizar os piores efeitos das dispensas.

Os resultados desta pesquisa são especialmente preocupantes para
os que estão envolvidos com as implicações, em termos de políticas
públicas, da reestruturação do mercado de trabalho. Se o período pes-
quisado tivesse sido um de entrada na recessão, os impactos negativos
observados não teriam sido muito surpreendentes. Mas trata-se de um
período de recuperação econômica lenta e sustentada. A "reestruturação" do mercado de trabalho é um processo que não se limita às recessões. O crescimento sustenta-se no segmento "altamente qualificado"
do mercado de trabalho e observa-se a continuação da queda do emprego nas atividades pouco qualificadas, apesar do contínuo aumento
do emprego de mulheres em ocupações de tempo parcial. No mercado
de trabalho britânico, essas tendências, embora não bem reconhecidas,

são parte do movimento de mais longo prazo em favor de empregos de mais alto nível. Contudo, entre esses dois pólos há um grupo de ocupações denominadas intermediárias, muitas vezes consideradas uma "passagem" entre os empregos de baixa qualificação e os de *nível mais alto*. Subdividindo-se esse segmento em ocupações manuais qualificadas e não-qualificadas, mostrei que as ocupações qualificadas tradicionais registram um estágio de continuado declínio que possivelmente se acelera. Embora em todos os segmentos ocupacionais se verifiquem dispensas, esse grupo registra as mais altas taxas de dispensa e de desemprego em comparação com os segmentos de alta qualificação e de atividades intermediárias manuais qualificadas. Em termos de capacidade de propiciar progressão das qualificações, as ocupações intermediárias manuais qualificadas parecem ter poucas chances.

Talvez o resultado mais surpreendente seja o relativo à situação que se segue às dispensas. Os impactos sobre os que passaram por esse processo são negativos e de efeitos duradouros. Entre esses efeitos, pode-se citar redução de rendimentos, desqualificação, desemprego e subseqüente instabilidade no mercado de trabalho. Para definir um grupo a ser focalizado nas intervenções no mercado de trabalho, basta olhar para os que foram dispensados.

Bibliografia

ACKUM, Agell S. Youth unemployment, labour market programs and subsequent earnings. *Scandinavian Journal of Economics*, v. 93, n. 4, p. 531-543, 1991.

ARULAMPALAM, Wiji; BOOTH, Alison L.; ELIAS, Peter. Work-related training and earnings growth for young men in Britain. *Research in Labor Economics*, v. 16, p. 119-147, 1997a.

————; ————; ————. *The incidence and duration of work-related training in the UK*. Coventry: University of Warwick, 1997b.

ATKINSON, Anthony B. *What is happening to the distribution of income in the UK?* London: London School of Economics, 1993. (Sticerd Welfare State Programme Discussion Paper, WSP/106).

AUDENRODE, M. van; LEONARD, Jonathan. *The duration of unemployment and the persistence of wages.* London: Centre for Economic Policy Research, 1995. (Discussion Paper, 1.227).

BLANCHFLOWER, David G. Fear, unemployment and pay flexibility. *Economic Journal,* v. 101, n. 406, p. 483-496, 1991.

BRITTON, Andrew. Full employment in a market economy. In: PHILPOTT, J. (Ed.). *Working for full employment.* London: Routledge, 1997.

DEPARTMENT OF SOCIAL SECURITY. *Households below average income:* a statistical analysis, 1979 - 1990/91. London: HMSO, 1993.

ELIAS, Peter. Social class and the standard occupational classification. In: ROSE, D. (Ed.). *A report on phase 1 of the ESRC review of the OPCS social classifications.* Swindon: Economic and Social Research Council, 1995.

————. The development and structure of long-term unemployment in Britain. In: WORKSHOP LONG-TERM UNEMPLOYMENT: AN EUROPEAN PROBLEM, 1996, Genshagen, Brandenburg. *Proceedings...* Genshagen, Brandenburg: Landesakademie für Struktur und Arbeit, 1996.

————. *The effect of unemployment benefit and income support on the labour force participation of partners.* Coventry: Institute for Employment Research, University of Warwick, 1997.

————; BYNNER, John. *Individuals' skills progression:* patterns of mobility from lower to higher levels of employment. London: Department for Education and Employment, 1996. (Research Studies, 44).

————; GREGORY, M. *The changing structure of occupations and earnings in Great Britain, 1975-90.* London: Department of Employment, 1994. (Research Paper, 27).

GOODMAN, Alissa; WEBB, Steven. For richer, for poorer: the changing distribution of income in the United Kingdom, 1961-1991. *Fiscal Studies,* v. 4, n. 15, p. 29-62, 1994. (Commentary, 42).

GOSLING, Amanda; MACHIN, Stephen; MEGHIR, Costas. What has happened to men's wages since the Mid-1960s? *Fiscal Studies,* v. 4, n. 15, p. 63-87, 1994. (Commentary, 43).

GREEN, Anne E. *The geography of poverty and wealth:* evidence on the changing spatial distribution and segregation of poverty and wealth from the Census of Population, 1991 and 1981. Coventry: University of Warwick, Institute for Employment Research, 1994.

GREGG, Paul; WADSWORTH, Jonathan. *More work in fewer households.* London: National Institute for Economic Research, 1994.

GREGORY, Mary; JUKES, Robert. *The effects of unemployment on subsequent earnings:* a study of British men, 1984-1994. London: Department for Education and Employment, 1997.

HILLS, John. *Joseph Rowntree Foundation inquiry into income and wealth:* a summary of the evidence. York: Joseph Rowntree Foundation, 1995. v. 2.

JACOBSON, Louis S.; LALONDE, Robert; SULLIVAN, Daniel G. Earnings losses of displaced workers. *American Economic Review,* v. 83, n. 4, p. 685-709, 1993.

JARVIS, Sarah; JENKINS, Stephen P. *Do the poor stay poor?* New evidence about income dynamics from the British Household Panel Study. Colchester: ESRC Research Centre on Micro-social Change, University of Essex, 1995. (Occasional Paper, 95-2).

————; ————. *Changing places:* income mobility and poverty dynamics in Britain. Colchester: ESRC Research Centre on Micro-social Change, University of Essex, 1996. (Working Paper, 96-19).

OFFICE FOR POPULATION CENSUSES AND SURVEYS. *Standard occupational classification.* London: HMSO, 1990. v. 1.

ONS (Office for National Statistics). *Social trends, 1997.* London: HMSO, 1997.

POTTER, Jonathan. Annualised redundancy data: calculated from the Labour Force Survey. *Labour Market Trends,* p. 239-332, July 1996.

RAMOS, Xavier. *UK earnings inequality and earnings mobility:* evidence from the BHPS, 1991-94. Colchester: ESRC Research Centre on Micro-Social Change, University of Essex, 1996.

RICA, Sara de la. Evidence of pre-separation earnings losses in the Displaced Worker Survey. *Journal of Human Resources,* v. 30, n. 3, p. 610-621, 1995.

RUHM, Christopher J. Are workers permanently scarred by displacements? *American Economic Review*, v. 81, n. 1, p. 319-324, 1991.

SCHMITT, John. *The changing structure of male earnings in Britain, 1974-88*. London: Centre for Economic Performance, London School of Economics, 1993. (Discussion Paper, 122).

SLY, Frances; PRICE, A.; RISDON, A. Women in the labour market: results from the Spring 1996 Labour Force Survey. *Labour Market Trends*, p. 99-120, Mar. 1997.

STEWART, Mark; SWAFFIELD, Joanne. *Low pay dynamics and transition probabilities*. Coventry: Department of Economy, University of Warwick, 1997.

WILSON, Rob A. *Review of the economy and employment*. Coventry: Institute for Employment Research, University of Warwick, 1997.

———; LINDLEY, R. M. *Review of the economy and employment, 1999/2000*. Coventry: Warwick Institute for Employment and Research, 2000.

Anexo

Tabela A1

Análise de regressão da mobilidade líquida das qualificações, 1991-95

	Coeficientes*				
	Coeficientes não-padronizados		Coeficientes padronizados		
	B	Erro-padrão	beta	t	sig
(Constante)	0,079	0,027		2,934	0,003
Homens	0,003	0,011	0,003	0,263	0,793
Nunca economicamente inativos	0,025	0,024	−0,024	−1,040	0,300
Continuamente empregados	0,030	0,027	0,031	1,108	0,300
Nº de dispensas	−0,049	0,020	−0,042	−2,500	0,013
Nº de dispensas com desemprego	−0,024	0,030	−0,015	−0,809	0,419

Continua

| | Coeficientes* | | | | |
| | Coeficientes não-padronizados | | Coeficientes padronizados | | |
	B	Erro-padrão	beta	t	sig
Nº de fases de desemprego	0,004	0,010	−0,007	−0,358	0,721
Nunca desempregados	−0,025	0,028	−0,021	−0,890	0,373
16-24 anos	0,005	0,017	0,005	0,293	0,769
35-44 anos	−0,011	0,018	−0,009	−0,612	0,541
45-54 anos	−0,035	0,018	−0,030	−1,940	0,053
55 anos ou mais	0,053	0,019	−0,039	−2,790	0,005

* Variável dependente: mobilidade líquida das qualificações, 1991-95.

Tabela A2
Análise de regressão da mobilidade líquida dos rendimentos, 1991-95

| | Coeficientes* | | | | |
| | Coeficientes não-padronizados | | Coeficientes padronizados | | |
	B	Erro-padrão	beta	t	sig
(Constante)	0,839	0,099		8,441	0,000
Homens	−0,490	0,040	−0,014	−1,230	0,217
Nunca economicamente inativos	−0,137	0,088	−0,036	−1,550	0,121
Continuamente empregados	0,199	0,100	0,055	1,981	0,048
Nº de dispensas	−0,231	0,071	−0,055	−3,250	0,001
Nº de dispensas com desemprego	0,107	0,108	0,018	0,994	0,320
Nº de fases de desemprego	−0,059	0,036	−0,031	−1,650	0,100
Nunca desempregados	−0,159	0,101	−0,360	−1,580	0,114
16-24 anos	−0,415	0,062	−0,103	−6,666	0,000
35-44 anos	−0,545	0,065	−0,127	−8,380	0,000
45-54 anos	−0,690	0,670	−0,157	−10,300	0,000
55 anos ou mais	−0,950	0,070	−0,191	−13,600	0,000

* Variável dependente: mobilidade líquida dos rendimentos, 1991-95.

Tabela A3
Análise de regressão da mobilidade líquida dos rendimentos e da mudança nas qualificações, 1991-95

	Coeficientes*				
	B	Erro-padrão	beta	t	sig
(Constante)	0,831	0,101		8,233	0,000
Homens	−0,050	0,040	−0,140	−1,250	0,210
Nunca economicamente inativos	−0,130	0,090	−0,033	−1,450	0,147
Continuamente empregados	0,188	0,101	0,052	1,853	0,064
Nº de dispensas	−0,224	0,072	−0,052	−3,100	0,002
Nº de dispensas com desemprego	−0,120	0,109	0,020	1,098	0,272
Nº de fases de desemprego	−0,059	0,037	−0,030	−1,590	0,112
Nunca desempregados	−0,155	0,102	−0,035	−1,520	0,130
16-24 anos	−0,430	0,063	−0,106	−6,820	0,000
35-44 anos	−0,691	0,066	−0,130	−8,450	0,000
45-54 anos	−0,950	0,680	−0,157	−10,200	0,000
55 anos ou mais	−0,381	0,071	−0,190	−13,400	0,000
Mobilidade líquida das qualificações	0,381	0,040	0,103	9,517	0,000

* Variável dependente: movimento líquido dos ganhos entre decis, 1991-95.

Tabela A4
Análise de regressão da mobilidade líquida dos rendimentos, da mudança nas qualificações e do treinamento relativo ao trabalho, 1991-95

	Coeficientes*				
	B	Erro-padrão	beta	t	sig
(Constante)	0,761	0,104		7,323	0,000
Homens	−0,047	0,040	−0,130	−1,170	0,240
Nunca economicamente inativos	−0,127	0,090	0,032	−1,410	0,158
Continuamente empregados	0,173	0,102	0,048	1,700	0,089
Nº de dispensas	−0,208	0,074	−0,048	−2,800	0,005
Nº de dispensas com desemprego	0,123	0,109	0,021	1,131	0,258
Nº de fases de desemprego	−0,062	0,037	−0,032	−1,660	0,098
Nunca desempregados	−0,147	0,103	−0,033	−1,440	0,151
16-24 anos	−0,439	0,063	−0,108	−6,960	0,000
35-44 anos	−0,562	0,066	−0,131	−8,560	0,000
45-54 anos	−0,693	0,068	−0,157	−10,300	0,000
55 anos ou mais	−0,963	0,071	−0,185	−13,000	0,000

Continua

	Coeficientes*				
	B	Erro-padrão	beta	t	sig
Treinamento relacionado ao trabalho, 1991-95	0,121	0,040	0,033	2,985	0,003
Treinamento relacionado ao trabalho recebido no emprego seguinte à dispensa	−0,193	0,164	-0,014	−1,180	0,238
Mobilidade líquida das qualificações	0,379	0,040	0,102	9,456	0,000

* Variável dependente: movimento líquido dos ganhos entre decis, 1991-95.

Tabela A5
Médias das variáveis usadas nas regressões de mobilidade das qualificações e mobilidade dos rendimentos

Variável	Regressões de mobilidade das qualificações	Regressões de mobilidade dos rendimentos
Homens	0,52	0,51
Nunca economicamente inativos	0,70	0,70
Continuamente empregados	0,59	0,59
Nº de dispensas	0,14	0,14
Nº de dispensas com desemprego	0,08	0,08
Nº de períodos de desemprego	0,38	0,37
Nunca desempregados	0,79	0,80
16-24 anos	0,16	0,16
25-34 anos	0,26	0,26
35-44 anos	0,22	0,22
45-54 anos	0,20	0,21
55 anos ou mais	0,15	0,15
Receberam treinamento relacionado ao trabalho	0,58	0,59
Receberam treinamento relacionado ao trabalho no emprego seguinte à dispensa por extinção de cargo ou função	0,02	0,02
Nº de observações	8.360	8.264

Notas: Essas diferenças estão relacionadas a um período contínuo durante 1991-95 em que o entrevistado fazia parte do painel. As informações relativas ao treinamento só se referem às pessoas empregadas em cada rodada da pesquisa.

2 Fragmentação ocupacional, trabalho flexível e forças de trabalho segmentadas*

Kate Purcell

É salutar reler *Brave new world*, de Aldous Huxley, livro em que o autor aborda ficcionalmente o futuro que previa para as sociedades capitalistas industrializadas. Projetando as tendências científicas e sociais já perceptíveis no início dos anos 1930, Huxley anteviu uma cultura global dominante na qual, através do controle da reprodução e da socialização, a segregação do mercado de trabalho e a estabilidade social poderiam ser atingidas em graus extremos, em sociedades em que a tecnologia e uma economia meticulosamente planejada tivessem minimizado a quantidade de trabalho requerido para manter e reproduzir um alto padrão de vida material para todos. O consumo tinha se tornado a preocupação principal de todos, excetuada uma elite dirigente muito pequena de controladores alpha-plus e seus subordinados imediatos. Para a maior parte da população, o consumo de bens e serviços era o interesse central de suas vidas: fundamentalmente, o consumo de atividades de lazer e de fruição do tempo livre.

Na maioria dos países desenvolvidos, determinados processos culturais sugerem que boa parte da visão de Huxley se revela perturbadoramente premonitória, particularmente no que diz respeito à mídia e ao entretenimento. Nós *praticamente* não temos os *feelies* ainda, mas pode-

---

* Tradução de Guilherme Xavier Sobrinho e revisão técnica de Nadya Araujo Guimarães.

se perceber que estão se aproximando; não temos crianças produzidas em chocadeiras, mas temos bebês de proveta e a possibilidade de clonagem de seres humanos. Huxley era bem informado sobre o desenvolvimento da ciência, mas serão suas projeções sobre o desenvolvimento social, todas elas, uniformemente plausíveis? Um longo caminho ainda nos separa da engenharia social e da segregação social e ocupacional ao estilo das castas descritas em *Brave new world*. Separa mesmo? À medida que qualificações formais se tornam pré-requisitos essenciais para um leque crescente de ocupações, particularmente aquelas que acenam com uma carreira, mais do que com meras perspectivas de emprego, a ampliação do acesso a níveis mais elevados de educação favorece claramente aqueles que se encontram nos grupos socioeconômicos superiores e deixa, desproporcionalmente, de recrutar muitos candidatos de famílias que se encontram no extremo oposto do espectro social, mesmo entre aqueles que têm qualificações para chegar à universidade. A distância entre ricos e pobres é menor no Reino Unido do que no Brasil, e as relações de proporção entre os contingentes com elevada escolaridade e aqueles com pouca educação formal são muito diferentes, mas as desigualdades estão, ainda assim, estruturalmente consolidadas: o endereço continua sendo um fator que permite prever os êxitos educacionais e o status ocupacional com maior precisão do que o QI,[1] e tem sido amplamente afirmado que a polarização social e econômica entre aqueles que possuem empregos relativamente seguros e os que se encontram em situações mais vulneráveis no mercado de trabalho aumentou entre os anos 1980 e meados dos anos 1990.[2] Seguramente, a diferença de renda entre as famílias com maiores e menores ganhos aumentou no Reino Unido.[3] À medida que o novo milênio se aproximava, um objetivo central das políticas públicas britânicas e européias de um modo geral era reduzir o desemprego e inverter a tendência à exclusão social dos cidadãos menos favorecidos, considerada um componente crucial de problemas sociais mais amplos. Ao mesmo tempo, os cidadãos mais favorecidos ocupam uma proporção crescente de suas rendas com a busca do lazer, tanto em

---

[1] Hefce, 1997.
[2] Gregg e Wadsworth, 1996; Meadows, 1996.
[3] Joseph Rowntree Foundation, 1995.

casa quanto na indústria turística global, e essas atividades econômicas vêm experimentando um crescimento consistentemente elevado, que tende a se manter.

O objetivo deste capítulo, porém, não é abordar padrões de consumo, mas discutir o que as tendências do emprego, britânicas e mais amplas, bem como outras evidências sobre as práticas empresariais de recursos humanos revelam a respeito do *admirável mundo novo* na virada do século. Apoiando-me especialmente em três áreas de trabalho recentes, que refletem meus principais interesses de pesquisa — flexibilidade do emprego, segmentação por gênero e o mercado de trabalho para ocupações de nível superior —, proponho-me a examinar como as fronteiras no emprego e em áreas afins têm se transformado recentemente. Ao final do século XX, tais fronteiras foram desafiadas em todos os níveis de operação ou análise — do global às práticas individuais nos grupos de trabalho —, afetando a estrutura e o processo do trabalho.

A mudança geopolítica alterou os mercados globais — incluindo os mercados de trabalho. É difícil começar a pensar nas transformações do emprego no Reino Unido sem levar em consideração o impacto do passado imperial britânico e a influência exercida pela mudança, histórica e atual, no desenvolvimento econômico e nos mercados de produtos entre os países — particularmente entre as nações do Ocidente e do Terceiro Mundo. A reestruturação industrial no Reino Unido reflete o movimento do capital, do comércio e, especialmente, da produção industrial de países desenvolvidos para países emergentes, vinculado de modo crucial aos custos do trabalho. Organizações multinacionais mudam os parâmetros da relação de emprego, tanto em termos práticos quanto ideológicos, e um claro exemplo disso, na Grã-Bretanha, é o crescimento de operações fabris japonesas conduzidas por empregados britânicos e dirigidas de acordo com preceitos gerenciais japoneses, modificados em alguma medida para levar em conta tradições e expectativas nativas. Na verdade, em qualquer país desenvolvido, há poucas empresas de portes médio e grande que não tenham absorvido, explícita ou tacitamente, políticas ou técnicas de gestão de recursos humanos via Japão ou Estados Unidos.

Na Europa, o desenvolvimento da Comunidade Européia teve um impacto muito substancial nos mercados de trabalho nacionais, na migração de mão-de-obra e na regulação das relações de emprego. Assim, as fronteiras dos mercados de trabalho em que os empregados europeus competem e em que os empregadores baseiam suas operações têm se alargado progressivamente, gerando oportunidades para uma migração motivada pelo trabalho de todos os tipos de trabalhadores, particularmente aqueles cujas qualificações tenham pouca oferta. Pesquisas recentes entre empregadores do Reino Unido revelam tanto o recrutamento de profissionais de nível superior, especialistas em tecnologia da informação e de comunicação (TIC), enfermeiros e garçons oriundos da Europa continental, ou mesmo de países mais distantes, para trabalhar em empresas britânicas, quanto queixas sobre a escassez de qualificações causada pela migração de trabalhadores britânicos — particularmente trabalhadores da construção, engenheiros e especialistas em TIC — para outros países europeus. O governo federal vem alterando os limites nos quais empregados e empregadores estabelecem e mantêm relações contratuais e, como um efeito positivo, a legislação do bem-estar social e trabalhista, promovendo práticas virtuosas — como a legislação sobre igualdade de oportunidades e a regulação para proteger os direitos de categorias vulneráveis, como os trabalhadores temporários —, elevou os padrões ao longo das fronteiras nacionais.

A estrutura e a composição da força de trabalho do Reino Unido mudaram nas últimas décadas. Como resultado da reestruturação industrial, a proporção de empregados na indústria de transformação praticamente caiu à metade entre 1971 e 1996, passando de 31,3% para 16,6%, enquanto a do setor de serviços cresceu de 55,7% para 74,4%.[4] O gráfico 1 mostra a mudança de participação dos setores de atividade mais agregados no emprego entre 1971 e 2001.

O *setor primário* e os *serviços industriais de utilidade pública* tiveram um declínio de quase dois terços no período examinado — a erosão prosseguiu na agricultura e na mineração, devido a mudanças nos consumidores e à competição estrangeira; nos serviços de utilidade pública, a queda decorre de privatizações e mudanças tecnológicas. A *indústria de transformação* decresceu em todos os países desenvolvidos, em função

---

[4] McKnight, Elias e Wilson 1998:5.

da tecnologia e da competição internacional, e a projeção é que diminua ainda mais. A *construção* manteve-se como um empregador importante, mas a aparente estabilidade ao longo das décadas oculta importantes flutuações, refletindo períodos de expansão e de retração econômica.

Gráfico 1

Emprego no Reino Unido segundo setores de atividade agregados, 1971-2001

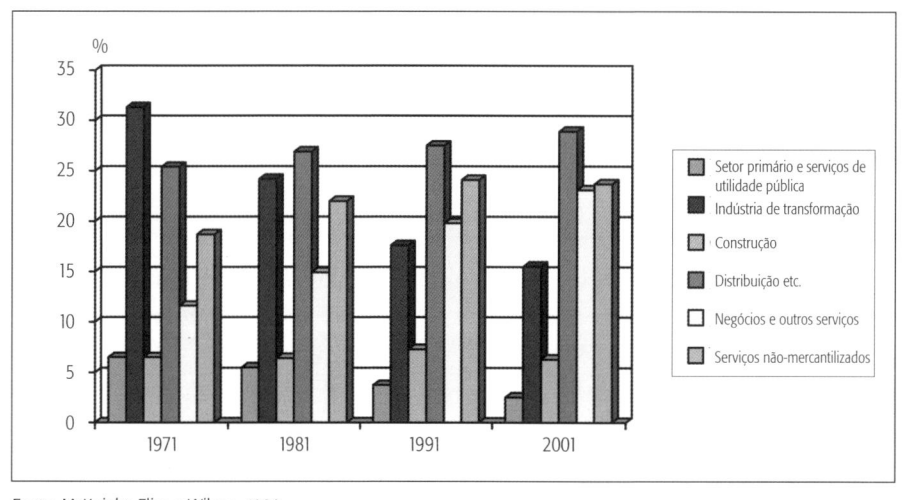

Fonte: McKnight, Elias e Wilson, 1998.

A *distribuição* (atacado e varejo) inclui também hotéis e restaurantes, transporte e comunicações, e todas essas áreas cresceram, prevendo-se que assim continuem, acompanhando o crescimento da economia, ainda que o aumento do emprego em alguns desses subsetores venha a ser restringido pelas mudanças tecnológicas e pela pressão para a contenção de custos em mercados altamente competitivos. O setor de *negócios e outros serviços* é muito diversificado, abrangendo desde grupos bancários multinacionais ou de suprimento de mão-de-obra até pequenas firmas independentes que oferecem serviços profissionais ou, no caso de "outros serviços", desde grandes empresas de mídia até cabeleireiros locais. Projeta-se que o emprego nas finanças, que declinou, se recupere, mas não que cresça substancialmente, devido às mudanças tecnológicas. Dos serviços profissionais espera-se que tenham uma elevação discreta, mas a maior parte do crescimento esperado deve caber às áreas de recreação, cultura e serviços pessoais (o que nos faz lembrar do *Brave new world*, de Huxley!).

Por fim, o que costumava ser classificado como *serviços não-mercantilizados*, incluindo saúde, educação, administração pública e defesa, permaneceu como um dos maiores agregados setoriais. O emprego vinculado a essas atividades declinou, em termos tanto absolutos quanto relativos, em anos recentes, devido às tentativas governamentais de cortar custos e de elevar a eficiência, por três caminhos importantes: o repasse de atividades do setor público para o setor privado; a transferência de responsabilidade pelos serviços sociais e de bem-estar a eles associados para os indivíduos, progressivamente vistos como consumidores e clientes, mais do que como cidadãos; e a descentralização e o monitoramento da eficiência por meio da introdução da competição de mercado em praticamente todas as áreas do serviço público.

Na maioria desses setores também houve mudanças internas, de modo que a participação de diferentes tipos de produção ou de serviço mudou, respondendo às transformações nos métodos de produção, no desenvolvimento tecnológico e na demanda dos consumidores. Por exemplo, o leque de produtos, processos, tecnologias e postos de trabalho na engenharia, no começo dos anos 1970, apresentaria alguma sobreposição com o que se verifica hoje nesse setor, mas mesmo no caso dos produtos projetados para desempenhar funções semelhantes — carros, por exemplo —, os materiais usados, os processos de produção e as qualificações requeridas mudaram radicalmente, bem além dos volumes empregados.

Ademais, a intensidade do declínio na indústria de transformação e do crescimento nos setores de serviços é amplificada, de modo quase certamente enganoso, por mudanças nas formas organizacionais e na divisão do trabalho entre firmas distintas, à medida que "firmas enxutas" transferem operações não-centrais às suas atividades. Especialistas [ocupacionais], antes empregados nas empresas, são cada vez mais contratados por tempo determinado ou mediante contratos vinculados a tarefas, quando sua participação é necessária em projetos ou etapas de produção específicos, e dispensados quando não são mais requeridos. Por exemplo, é mais provável que engenheiros de projetos sejam empregados por uma consultoria de projetos do que por uma firma industrial; e o "emprego indireto" nas empresas, como no caso da gestão de recrutamento de profissionais de nível superior, tem sido substituído pelo uso de consultorias especializadas. Tais mudanças têm implicações em termos de transformação das carreiras profissionais, e há consideráveis evidências de que as carreiras nos mercados internos de trabalho são menos freqüentemente sustentáveis em "empresas enxutas" como as que vêm se configurando, o que faz parte do processo de redução de custos.[5] O aspecto-chave, entretanto, é que muitos grupos ocupacionais que trabalhavam nas indústrias de transformação e que costumavam ser classificados como parte da força de trabalho industrial são, progressivamente — ainda que realizando o mesmo trabalho, freqüentemente para as mesmas empresas de antes —, contratados como consultores, em vez de empregados diretos e, como resultado, classificados nas estatísticas sobre a força de trabalho como trabalhadores do setor de serviços de negócios. A fronteira entre produção industrial e serviços, portanto, perdeu nitidez.

Alguns desses consultores simplesmente mudaram de empregador. Em vez de serem empregados de uma grande firma industrial, estão agora empregados em pequenas firmas de consultoria especializada em *design* ou gestão — ainda em um emprego regular e recebendo salário mensal. Outros mudaram também de status empregatício: são empregados por conta própria ou empregados temporários mediante contratos por tempo determinado. Entretanto, embora os padrões tenham variado claramente entre os diferentes setores de atividade e grupos ocupacionais, e o trabalho por conta própria tenha crescido rapidamente nos anos 1980, particularmente na construção, a forte redução de postos de trabalho nesse segmento no início dos anos 1990 representou uma inversão de tendência e, com exceção dos serviços de negócios, o crescimento subseqüente do trabalho por conta própria tem sido limitado e não parece estar aumentando. Este respondia por pouco mais de 14% do emprego no Reino Unido em todos os setores de atividade em 1971 e, apesar da promoção do empreendedorismo nos anos 1980 e no início dos anos 1990, caiu para 12,7% em 1996, e estima-se que permanecerá

---

[5] Rubery et al., 1996.

em torno desse patamar.[6] Em contraste, o emprego em tempo parcial e a proporção de trabalho remunerado feminino (fenômenos que não são desconectados um do outro) cresceram substancialmente mais no mesmo período. O gráfico 2 ilustra as principais mudanças na força de trabalho do Reino Unido nos últimos 30 anos.

Gráfico 2
Principais mudanças na força de trabalho do Reino Unido, 1971-2001

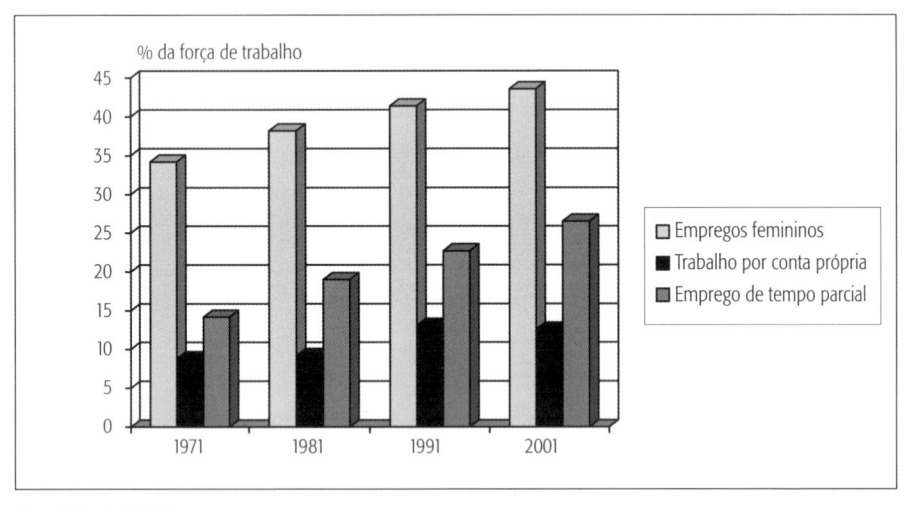

Fonte: Wilson, 1998:7.

Não são apenas os indivíduos que impõem desafios aos sistemas de classificação ocupacional e setorial, com suas fronteiras supostamente rígidas. O segmento de *fast food*, por exemplo, integra o setor de restaurantes, a indústria da alimentação ou o varejo? A resposta é "restaurantes", até onde alcança a *Standard Industry Classification* (Classificação Padrão de Atividades), mas os que ocupam postos de venda de *fast food* muitas vezes se vêem como empregados no varejo de alimentos, e é difícil identificar distinções filosóficas, ou mesmo práticas, entre pessoas que vendem sanduíches prontos ou hambúrgueres em supermercados e aquelas que tra-

---

[6] McKnight, Elias e Wilson 1998:8.

balham no varejo de *fast food* especializado nesses mesmos produtos. As fronteiras, tanto dentro desses setores como entre eles, tornaram-se menos claras em fins do século XX. O exemplo clássico é o do setor financeiro, especialmente o varejo bancário, em que bancos virtuais controlados por varejistas como Sainsbury's ou Virgin competem, produto a produto, com bancos estabelecidos em High Street, incorporadoras e companhias de seguro. Os bancos se tornaram parte do varejo, oferecendo "lojas de dinheiro" e pacotes financeiros especializados, rotineiramente descritos internamente como seu "leque de produtos". As fronteiras estão, por certo, se dissolvendo, com implicações para o mercado de trabalho, no qual gerentes seniores se movimentam de um setor a outro de um modo que seria impensável em gerações anteriores.

Atualmente, as novas áreas de crescimento em negócios do varejo são as operações bancárias eletrônicas (o *internet banking*) e as compras eletrônicas (o *internet shopping*). Então, onde começam e onde terminam as fronteiras entre o setor de TIC, o setor bancário e o varejo? Por certo, um crescente leque de qualificações ocupacionais e profissionais é transferível — em verdade, *requer-se que seja transferido* — ao longo de fronteiras setoriais anteriormente impermeáveis. Não faz muito tempo, as carreiras gerenciais nos bancos eram específicas do setor, e os bancos quase sempre "formavam ou criavam sua própria" gerência. Em certa medida, as tendências atuais refletem a evolução da gerência como uma profissão e uma área de especialização genérica — uma evolução para a qual, possivelmente, o setor financeiro foi um dos últimos a acordar.

O tratamento dessas questões faz com que se chegue à estrutura ocupacional em transformação, que, embora siga logicamente, em linhas gerais, a mudança setorial — aumento das ocupações relacionadas com serviços profissionais, pessoais e de proteção; declínio nas qualificações manuais e assemelhadas e, até recentemente, nas ocupações de chão-de-fábrica e de operação de máquinas —, também reflete mudanças tecnológicas: declínio das ocupações de escritório e crescimento das ocupações técnicas e auxiliares de ocupações superiores. Uma das principais áreas de crescimento nos anos 1980, e que continuou a crescer, embora mais lentamente, nos anos 1990, foi a de gerentes e administradores, como mostra a gráfico 3.

Gráfico 3
Estrutura ocupacional do Reino Unido, 1981 e 2001

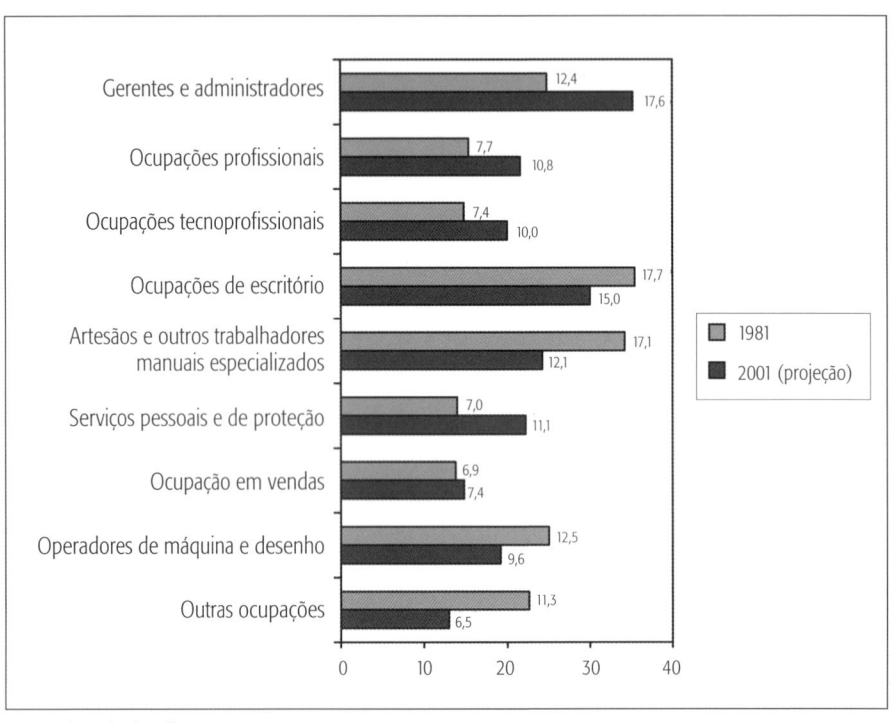

Fonte: Adaptado de Wilson, 1998:15.

Uma comparação entre a distribuição da força de trabalho no Reino Unido, segundo grupos ocupacionais mais agregados, em 1981 e na projeção para 2001 revela, em termos mais gerais, o crescimento continuado dos empregos no setor de serviços, particularmente, mas não exclusivamente, naqueles que requerem mais qualificação em termos educacionais e de formação, bem como o declínio dos postos de trabalho industriais e das oportunidades de emprego menos qualificados. No âmbito dessas ocupações, as exigências de qualificação e os pré-requisitos de ingresso mudam à medida que o conteúdo dos postos de trabalho se transforma, para fazer frente às mudanças nos desafios técnicos e comerciais ao *status quo*.

Classificar ocupações é um exercício altamente complexo, baseado no tipo de trabalho desempenhado, ou no posto ocupado, e no conceito de qualificação, contemplado o período de tempo considerado necessário para que alguém se torne proficiente no desempenho das tarefas e o grau de especialização dessa qualificação, definido de acordo com o campo de conhecimento requerido para a condução plena, eficiente e competente do papel ocupacional — em termos do tempo despendido para obter as qualificações formais ou o devido treinamento no próprio exercício do trabalho.[7] As mudanças nas classificações ocupacionais utilizadas nas bases de dados estatísticos nacionais dificultam comparações longitudinais, mas é inegável que, à medida que a tecnologia dos postos de trabalho muda, uma classificação que siga as categorias estabelecidas tornar-se-á progressivamente grosseira e, no limite, distorcerá mais do que revelará tendências.

A *Standard Occupational Classification* (SOC — Classificação Ocupacional Padrão), utilizada até há muito pouco tempo no censo populacional do Reino Unido, nas bases de levantamentos estatísticos nacionais e pelo Serviço de Emprego para compatibilizar a oferta de vagas com o perfil das pessoas que procuram trabalho, foi agora revisada, e o novo sistema de classificação, o SOC 2000, foi implementado na virada do século. Essa revisão tornou-se necessária para dar conta das dificuldades encontradas pelos usuários à medida que a tecnologia, os padrões de consumo e as mudanças organizacionais tornavam a SOC 90 não obsoleta, mas inadequada para uma classificação proveitosa, uma vez que as ocupações, e as fronteiras ocupacionais, mudavam. Mais especificamente, os usuários da SOC 90 achavam difícil classificar "novas" designações de cargos na estrutura existente; a natureza ampla de algumas categorias dificultava distinções entre novas áreas de especialidade no interior delas, e certas áreas ocupacionais que não eram bem definidas na SOC 90, "como as ocupações ligadas à tecnologia da informação, empregos nos serviços ao consumidor, ocupações vinculadas à conservação e ao meio ambiente e um amplo leque de empregos no que pode ser chamado frouxamente de ocupações na área de 'cuidados pessoais' (*caring*)",[8] desenvolviam-se rapidamente. Além disso, havia a necessidade de harmonizar as classificações ocupacionais nacionais da

---

[7] Elias, McKnight e Kinshott, 1999.
[8] Ibid., p. 10.

União Européia e do próprio Reino Unido, pressão derivada da revisão das classificações sociais — classes sociais e grupos socioeconômicos —, essencialmente baseadas em distinções no tocante às ocupações.

Dois exemplos ajudam a ilustrar a necessidade de um exame periódico da configuração e do conteúdo dos empregos, e da conseqüente redefinição das designações. O mais eloqüente é a evolução das "ocupações de escritório e secretariado". No começo do século XX, esses eram em sua grande maioria postos de escritório ocupados por homens, de status relativamente elevado, requerendo capacidades de redação e matemática, e envolvendo sobretudo a manutenção de registros, escrituração contábil e o domínio de taquigrafia e datilografia. Embora as mulheres tenham começado a ingressar nessa ocupação relativamente cedo, importante estudo de David Lockwood (1958) mostra que ela permaneceu predominantemente masculina até meados do século. Nos anos 1960, porém, tornou-se uma ocupação amplamente feminina, exceto em alguns subsetores "tradicionalmente masculinos", como a administração de ferrovias.[9] A introdução do processamento de textos no lugar da datilografia representou uma mudança tecnológica que conduziu a uma certa redução no número de empregados, mas como dizia respeito essencialmente à força de trabalho de escritório/secretariado e era uma ferramenta de uma área "feminina" do emprego, pouco atraía postulantes do sexo masculino, mesmo em regiões com tradição de desemprego masculino. Todavia, com a crescente sofisticação da TIC e com as mudanças organizacionais decorrentes das oportunidades que ela abriu, amplas áreas do trabalho de escritório foram reestruturadas e realocadas em centrais de teleatendimento. Nestas, as habilidades tradicionais de escritório são menos importantes do que a competência no manejo das TICs e as habilidades interpessoais. O trabalho nos centros de atendimento é consideravelmente menos clivado pelo gênero do que o trabalho de escritório costumava ser. Entretanto, essa área recente de crescimento do emprego é marcadamente finita, uma vez que o marketing e a oferta de serviços por telefone são crescentemente superados

---

[9] Crompton, 1988.

pelas atividades online, via internet, que permitem transações eletrônicas diretas entre cliente e fornecedor, sem a necessidade de mediação.

Um segundo exemplo vem das pesquisas sobre transições de indivíduos de escolaridade superior no mercado de trabalho. Esse mercado de trabalho mudou dramaticamente nos últimos anos, como resultado da expansão dos níveis mais elevados de educação. Há não muito tempo, em 1979, apenas um em cada oito egressos das escolas do Reino Unido iniciava a educação superior. Hoje, essa proporção atingiu cerca de 38%, e a ela se adicionam crescentes levas de estudantes mais velhos, que retornam à educação superior após terem passado, primeiramente, um tempo, maior ou menor, no mercado de trabalho. Sucessivas políticas governamentais para promover o aprendizado por toda a vida, ao lado das *National Training and Educational Targets* (NTETs — Metas Nacionais de Educação e Treinamento), que se direcionaram para elevar a proporção de beneficiários da educação superior, culminaram na meta governamental atualmente projetada de que 50% dos egressos do sistema escolar se valham de oportunidades de educação superior. Pesquisas com coortes anteriores de diplomados indicam inequivocamente que um nível mais elevado de educação os beneficiou, em termos de acesso ao emprego, de desenvolvimento da carreira e de vantagens salariais, e discute-se que há também benefícios sociais e econômicos para o país como um todo quando se elevam os níveis educacionais, assim como conclusões de levantamentos recentes que relevam que esse "bônus" da educação superior, embora tenha se retraído ligeiramente em anos recentes, continua a ser substancial.[10] Os padrões ocupacionais e as projeções citadas anteriormente sugerem que esse quadro ainda se sustentará, em certa medida, dado que se espera que o crescimento mais expressivo se dê em áreas que requerem qualificações — e considerando-se que, como mais gente obtém as certificações, as barreiras de entrada em um crescente número de ocupações se tornam maiores.

Não há nada de novo nessa tendência. Muitos postos de trabalho anteriormente abertos a trabalhadores não-graduados tornaram-se ampla

---

[10] Purcell e Elias, 2003.

ou exclusivamente postos de nível superior — como nos casos da contabilidade, da gerência bancária e da enfermagem. Outros setores que costumavam desenvolver suas gerências a partir dos mercados internos de trabalho e da ascensão na carreira têm, cada vez mais, recrutado indivíduos diplomados diretamente para essas posições gerenciais. A gerência de hotéis e a área do varejo são exemplos-chave desses empregos e, em ambos os casos, houve a introdução e a expansão de oportunidades de estudo dessas áreas de especialidade no nível universitário desde os anos 1960. Parte dessa mudança reflete alterações nos níveis exigidos para ingresso nessas ocupações, os quais refletem mudanças na propensão dos jovens a permanecer na educação superior e a crescente competição por empregos; outra parte reflete mudanças substantivas *no interior* das ocupações, demandando níveis educacionais mais elevados e treinamento anterior. Além disso, especialidades novas ou em expansão, dentro de velhas categorias — gerência de marketing, por exemplo —, requerem ingressantes com alto nível de educação. E à medida que tanto o mercado de trabalho para pessoal capacitado não-diplomado se estreita quanto as demandas técnicas, legais e comerciais para conduzir pequenas e médias empresas se tornam mais complexas, essas firmas também estão mirando o mercado de trabalho de nível superior quando se trata de recrutar. Isso significa que a fronteira entre os empregos para diplomados e não-diplomados está crescentemente menos nítida, o que torna necessário que se reavalie o que *é* um emprego de nível superior — área de pesquisa cada vez mais importante.

Uma pesquisa com 1.995 diplomados de 21 estabelecimentos de ensino britânicos, três anos e meio após a conclusão de seus cursos,[11] revelou que 71% dos entrevistados encontravam-se em empregos que exigiam um diploma como pré-requisito e outros 10% estavam em postos que requeriam o uso de qualificações ou conhecimentos desenvolvidos em sua formação universitária, mas apenas dois terços consideravam que ocupavam postos apropriados para alguém com suas habilidades e qualificações. Isso pode refletir expectativas irrealistas ou impaciência,

---

[11] Purcell et al., 1999.

mas também revela, indiscutivelmente, falta de clareza, por parte tanto dos empregadores quanto dos egressos dos cursos superiores, sobre o que seria um emprego apropriado para diplomados.

Gráfico 4

Distribuição ocupacional dos graduados de 1996 em 1998, 18 meses após a graduação, segundo o gênero

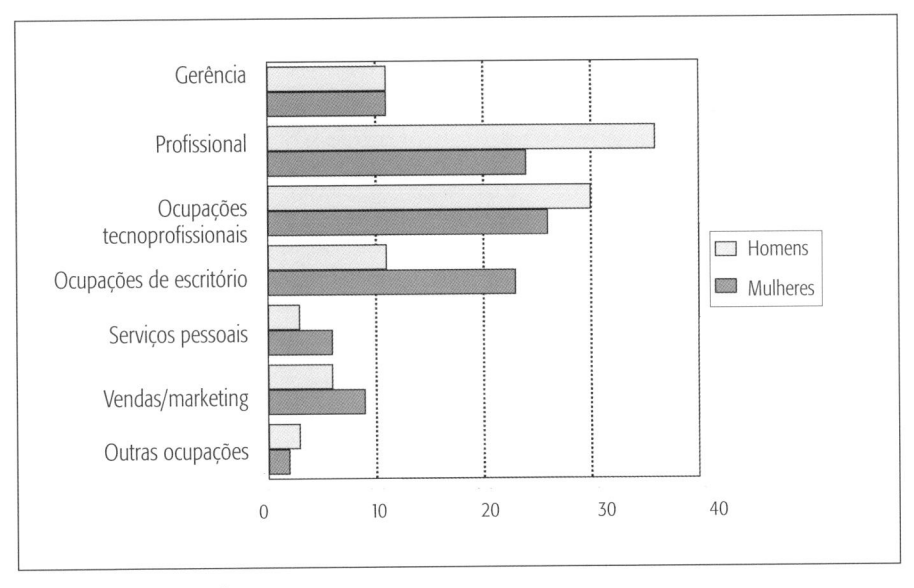

Fonte: Purcell et al., 1999:3, figura 11.

O gráfico 4 mostra que a imensa maioria dos entrevistados localizava-se na faixa de emprego de pessoal de nível superior (*profissional*) ou de acesso a esta (*profissionais associados*), seguindo-se grupos marcadamente minoritários em empregos de gerência, escritório/secretariado, serviços pessoais ou vendas e marketing. Excetuada, justificadamente, a categoria de pessoal de nível superior (*profissional*), todos os demais estão em categorias ocupacionais para as quais os classificadores de ocupações reconhecem a necessidade de revisão e de refinamento. As diferenças de gênero quase certamente subestimam distinções quanto aos resultados por ele condicionados, como indicaram pesquisas posteriores.[12] O qua-

---

[12] Purcell e Elias, 2003; Purcell, 2002.

dro é complexo e reflete diferenças de gênero nas formações obtidas — os diplomados em engenharia, por exemplo, são quase todos do sexo masculino, enquanto as artes e as humanidades são desproporcionalmente estudadas por mulheres. Diferenças no retorno da formação superior, entretanto, põem em destaque a fragilidade da "distorção por grandes categorias" do sistema de classificação ocupacional. Embora proporções virtualmente idênticas de homens e mulheres graduados tenham classificado seu trabalho presente como gerencial, 80% dos homens e apenas 70% das mulheres consideraram que se tratava de um emprego apropriado para alguém com as suas qualificações e habilidades. Pode ser, é claro, que isso reflita diferenças de expectativas — mas as expectativas das mulheres ao longo desse estudo longitudinal foram mais baixas, e em todos os indicadores de qualidade do emprego, como níveis salariais e satisfação subjetiva, os resultados para os homens foram substancialmente mais elevados. O que precisa ser destacado aqui é que, na evolução desse novo mercado de trabalho de nível superior, crescentemente segmentado, as fronteiras do mercado de trabalho como um todo estão se alterando.

O efeito agregado dessas ambigüidades é uma perda de nitidez das fronteiras entre cargos, ocupações, status de emprego, setores, atividades e mercados de trabalho. Isso coloca um desafio para teóricos e pesquisadores do mercado de trabalho, mas precisa ser levado em conta nas investigações sobre mercado de trabalho e emprego, sejam elas conduzidas por sociólogos, economistas ou outros cientistas sociais, isoladamente ou em grupos multidisciplinares. Uma pesquisa como essa, qualquer que seja o seu foco, diz respeito, essencialmente, à identificação e à interpretação das fronteiras estruturais e ideológicas nas quais as instituições do emprego operam e as relações de emprego são negociadas. Por exemplo, na segunda metade do século XX, na maior parte dos países desenvolvidos, a mudança mais significativa, com maiores conseqüências sociais e econômicas, se deu na continuidade e na natureza da participação das mulheres no mercado de trabalho.

Isso serve para lembrar que as mudanças no emprego precisam ser consideradas no contexto da transformação social mais ampla. Progressivamente, as fronteiras entre o trabalho e outras áreas da vida também têm se tornado menos fáceis de definir, à medida que as fronteiras sociais e os papéis sociais tornam-se mais diversificados. Nesse contexto, o conceito de pós-modernismo — um tanto mais amplo em suas implicações do que o de pós-industrialização — situa as tendências do emprego no âmbito de mudanças socioeconômicas mais abrangentes. O pós-modernismo é um conceito desenvolvido inicialmente por filósofos franceses para descrever o que eles viam como a superação do racionalismo positivista e tecnocêntrico do pensamento da Revolução Industrial e do Iluminismo, com sua crença basilar no progresso linear, a partir do aumento do pluralismo e da heterogeneidade em todas as áreas de atuação social e cultural. Dessa forma, Lyotard (1984:66) sustentou que "o contrato temporário está, na prática, suplantando instituições permanentes, nos domínios profissional, emocional, sexual, cultural, familiar e internacional, bem como nas questões políticas". Harvey (1990:147-150), escrevendo a partir de uma perspectiva marxista, desenvolve esse tema em relação à indústria e ao emprego, justapondo o fordismo do capitalismo modernista e as tendências contemporâneas, que ele caracteriza como acumulação flexível.

> A acumulação flexível (...) é marcada por um confronto direto com as rigidezes do fordismo. Ela repousa na flexibilidade no que diz respeito aos processos de trabalho, aos mercados de trabalho, produtos e padrões de consumo. Caracteriza-se por setores de produção inteiramente novos, novas formas de oferta de serviços financeiros, novos mercados e, acima de tudo, taxas muito mais intensas de inovação comercial, tecnológica e organizacional (...). Parece implicar níveis relativamente altos de desemprego "estrutural" (em oposição ao desemprego "friccional"), rápida destruição e reconstituição de qualificações (...) [e] o aparente abandono do emprego regular, em favor de uma crescente dependência de arranjos de trabalho em tempo parcial, temporário ou subcontratado.

Um conjunto de mudanças que contribuiu significativamente para a crescente complexidade dos estudos sobre emprego é o das fronteiras entre as firmas e as mudanças nas relações contratuais entre aqueles que realizam tarefas de trabalho e aqueles para quem essas tarefas são realizadas, como revelaram os exemplos anteriormente discutidos do trabalho por conta própria e da subcontratação de atividades.

Flexibilidade do emprego

No final dos anos 1980, debateu-se amplamente até que ponto os empregadores do Reino Unido estavam engajados na busca da "firma flexível". De modo geral, os mercados para produtos e serviços tornaram-se competitivos, tanto localmente quanto em uma escala progressivamente global, como resultado da radical intensidade com que a tecnologia de transporte e informação reduziu os parâmetros de tempo que restringem e facilitam a relação entre produtores o consumidores (e todos os que mediam essas relações). Nessas circunstâncias, o imperativo para a sobrevivência econômica e o crescimento é ser sensível a mudanças na demanda do consumidor e também controlar custos (sem se afastar das normas de qualidade do segmento de mercado em questão), antecipar-se e responder à mudança. Tornou-se um axioma quase consensual a empresa reestruturada, enxuta, confrontada (na maior parte das vezes) com uma clientela diversificada e sofisticada e com uma crescente competição global, aquilo que Atkinson (1985) e seus colegas denominaram flexibilidade numérica e funcional — ou seja, a variação no número de empregados ao longo do tempo, para fazer frente aos altos e baixos da demanda, bem como a variedade no leque de tarefas que cada empregado pode realizar, através da multiqualificação, como componentes cruciais da gestão de recursos humanos, concebida para facilitar o êxito dos objetivos. Atkinson (1985) sugeriu, com base em pesquisa nas firmas, que a flexibilidade numérica estava sendo buscada de modo mais entusiástico nas atividades terciárias, e a flexibilidade funcional, na manufatura.

Não obstante, há evidências de uma crescente convergência dos padrões de emprego nos diferentes agregados setoriais das economias pós-industriais, na direção do que Rifkin (1996) chama de "o fim do trabalho".

"Flexibilidade" é um conceito positivo que tem conotações tranqüilizadoramente abertas, de adaptabilidade, versatilidade e capacidade de resposta — características apropriadas para o que é amplamente percebido, nos círculos gerenciais, como mercados voláteis e imprevisíveis na maior parte dos setores. Atkinson (1985:26) observou que a "flexibilidade tornou-se um importante tema no pensamento corporativo", mas concluiu que relativamente poucas organizações desenvolveram uma abordagem estratégica para a busca da flexibilidade — um resultado reforçado pelos sucessivos levantamentos e análises das tendências de emprego durante a segunda metade dos anos 1980 e nos primeiros anos da década seguinte.[13] É fácil perder o fio da meada quando se trata de avaliar em que medida *houve* uma mudança significativa nas práticas de recursos humanos dos empregadores, entre os achados do tipo "pouca evidência de estratégia", do final dos anos 1980 e início dos 90; o pessimismo do tipo "o estado em que nos encontramos", dos teóricos dos anos 1990;[14] e o entusiasmo laudatório da perspectiva do empregador para sustentar que "trabalho flexível significa negócios".[15]

Ainda assim, há claras evidências de que tanto empregados quanto empregadores percebem que a flexibilidade do emprego aumentou. Por exemplo, empregadores entrevistados recentemente sobre sua demanda projetada por mão-de-obra de nível superior, embora não quisessem avançar previsões que ultrapassassem suas necessidades imediatas, foram unânimes em expressar a convicção de que suas empresas necessitariam ser flexíveis e de que a principal exigência que teriam para com os diplomados que contratassem seria... a flexibilidade. Os autores sustentam (com um sorriso sarcástico implícito) que "a organização inflexível, que resiste à mudança e considera adequadas suas práticas operacionais e sua cultura, é uma raridade. Firmas com esse sentimento estiveram completamente ausentes da amostra".[16] Há uma evidência adicional de que os empregados *percebem-se* cada vez mais inseguros,[17] e é bastante claro que a insegurança no emprego *efetivamente* cresceu entre os integrantes da força de trabalho que estão em maior desvantagem, levando a uma maior polarização entre famílias de "trabalho rico" e de "trabalho pobre".[18] Mas o que os padrões *efetivos* de emprego revelam? Os dados

---

[13] Hakim, 1990; Hunter e MacInnes, 1992; McGregor e Sproull, 1992; Gallie e White, 1995; Casey, Metcalf e Millward, 1997.
[14] Beck, 1992; Hutton, 1996.
[15] Corfield Wright, 1996.
[16] Harvey, Moon e Geall, 1997:17.
[17] White, 1996; ISR, 1997; Burchell et al., 1999.
[18] Gregg e Wadsworth, 1996; Meadows, 1996.

confiáveis mais recentes para o Reino Unido, coletados no *Workplace Industrial Relations Survey* (Levantamento de Relações Industriais no Local de Trabalho) de 1998[19] — abrangendo 2 mil locais de trabalho com mais de 25 empregados e contemplando a coleta de opiniões de 25 mil trabalhadores desses estabelecimentos, além dos dados levantados junto aos empregadores —, indicaram o uso generalizado de relações contratuais "não-padronizadas".

De acordo com a tabela 3.6 daquela pesquisa, 90% dos locais de trabalho subcontratavam um ou mais serviços; 28% usavam agências de trabalhadores temporários; 44% tinham empregados com contratos por tempo determinado (mas, é digno de nota, os resultados para o emprego no setor público e no setor privado foram 72% e 32%, respectivamente); 13% utilizavam trabalhadores autônomos (os *freelance*); 6% lançavam mão de trabalho domiciliar; e 5% empregavam pessoas com "contratos de zero hora" — ou seja, os empregados integram a folha de pagamento e o empregador assume seus formulários P45 (registro e contribuição para a previdência nacional), mas não é especificado o horário de trabalho, que, em alguns casos, pode variar entre tempo integral, ou mais, e nada, dependendo das necessidades diárias ou semanais do empregador.

O conceito de flexibilidade é tão sedutoramente elástico que é fácil passar de uma discussão a outra sobre emprego "não-padronizado", firmas flexíveis, forças de trabalho flexíveis ou empregados flexíveis, sem parar para observar que suas implicações são muito diferentes. A busca de uma crescente flexibilidade no trabalho pode claramente trazer vantagens operacionais e de custos para os empregadores,[20] e a ênfase, em boa parte das discussões, é posta na flexibilidade para os *empregadores*: a procura de uma *força de trabalho* flexível — atentando-se mais ou menos para os impactos que tal flexibilidade, conduzida pelo empregador, possa ter *sobre* os trabalhadores —, mais do que as implicações da flexibilidade do emprego *para* os empregados. A flexibilidade assemelha-se à liberdade: quanto mais algumas pessoas têm dela, menos provável é que

---

[19] Cully et al., 1999.
[20] Piore e Sabel, 1984; Guest, 1987; Corfield Wright, 1996.

reste algo para as outras. Assim, na barganha de esforços e recompensas, é difícil escapar da conclusão de que quanto mais flexibilidade os empregadores tiverem no planejamento e na gestão dos recursos humanos, mais provavelmente os interesses dos empregados sejam erodidos. Essa foi, essencialmente, a conclusão a que chegaram os críticos do modelo de "firma flexível" de Atkinson.[21] Eles observaram que o entusiasmo dos empregadores com o modelo centro/periferia tendeu a se concentrar mais na transferência do risco para a periferia — crescentemente via firmas satélites interdependentes, situadas além das fronteiras da empresa[22] — do que no cuidado e no desenvolvimento dos próprios núcleos de suas organizações.

Por outro lado, o emprego "não-padronizado" — particularmente o emprego de tempo parcial — permite nitidamente que algumas pessoas participem da força de trabalho de forma compatível com suas outras responsabilidades — e, possivelmente, a principal prioridade para os formuladores de políticas públicas de emprego, na virada do século, foi, como indica uma série de documentos de trabalho da Comissão Européia, a conciliação do emprego com a vida familiar, uma vez que os níveis de atividade econômica de homens e mulheres têm convergido cada vez mais. Por exemplo, um relatório sobre crescimento, competitividade, emprego propôs que uma quinta parte dos novos empregos projetados para o ano 2000 poderia vir da expansão de serviços "relacionados a novas necessidades (...) [desde] mudanças nos estilos de vida, transformações nas estruturas familiares, aumento no número de mulheres trabalhadoras e novas aspirações dos indivíduos adultos ou muito idosos",[23] e os padrões do emprego que se observaram a seguir, na Europa, confirmaram fundamentalmente essa posição. Forças de trabalho diferentes, afirma-se, têm necessidades diferentes para se habilitarem a fazer sua contribuição social. Isso conduz ao argumento segundo o qual a crescente flexibilidade do emprego e, particularmente, do emprego não-padronizado, tanto

---

[21] Pollert, 1991; Garrahan e Stewart, 1992.
[22] Felstead, 1993; Colling, 1995; Purcell e Purcell, 1996.
[23] European Commission, 1994, apud Moss, 1997:22.

responde à oferta quanto cria, ao mesmo tempo, oportunidades para que grupos anteriormente sub-representados — particularmente as mulheres — se tornem economicamente ativos.

A essa discussão juntam-se posições que reivindicam que se repense como o trabalho e o emprego são organizados, contemplando preocupações sobre a queda das taxas de fertilidade, o bem-estar das crianças e o cuidado com aqueles que são incapazes de cuidar de si mesmos. Assim, atribui-se a políticas de emprego "pró-família" (ditos *family-friendly*) a reivindicação de um "emprego flexível" que corresponda às necessidades dos empregados e, embora a defesa dessas políticas invariavelmente enfatize que essas questões interessam a todos os empregados — homens, mulheres, mães e pais, filhas e filhos —, toda a evidência relativa à sua implementação mostra que, de modo geral, tanto empregadores quanto empregados as identificam, fundamentalmente, com o emprego das mulheres. Os temas são abordados a partir do ponto de vista da oferta de trabalho, particularmente no caso daqueles empregados que desejam, eles próprios, flexibilidade, com vistas a ajustar o emprego a outros componentes de suas vidas — situação, em especial, de mulheres que são mães e cuidam de familiares. Sustentando as posições a favor de políticas "pró-família" encontra-se o reconhecimento de que o emprego "padrão" de tempo integral não é facilmente compatível com a criação responsável de filhos; que a maioria das mães de crianças em condição de dependência, assim como ocorre com os pais, encontra-se engajada em trabalho remunerado, e que os conflitos de papéis gerados por esses padrões podem ser social e pessoalmente disfuncionais.

Gênero e emprego

Tudo isso nos leva a abordar outra alteração de fronteira: as divisões de gênero. As mulheres constituem agora mais de 40% da força de trabalho na maior parte dos países desenvolvidos, chegando a quase metade em muitos deles, incluindo-se o Reino Unido. Neste último caso, as estatísticas sobre a força de trabalho indicam que mais de 70% das mulheres e 84% dos homens em idade ativa têm trabalhos remunerados. As taxas de atividade econômica de homens e mulheres, bem como seus históricos de trabalho, convergiram substancialmente.[24] Ainda assim, continua evidente que — embora o mandato cultural segundo o qual as mulheres devem assumir precipuamente a responsabilidade pela reprodução social seja hoje muito mais fraco do que em décadas passadas, e a participação da mulher na força de trabalho seja uma atividade mais normal do que minoritária — a relação entre emprego e trabalho não-remunerado, em casa, é consideravelmente mais robusta para as mulheres.[25]

MacInnes (1998:2) definiu o sistema primário de "provimento da família" como

> o processo pelo qual os homens, tipicamente, ingressavam no mercado de trabalho ao término de sua formação educacional e nele se mantinham permanentemente até a aposentadoria, procurando, usualmente, empregos de tempo integral, sem limite máximo de tempo; as mulheres em idade ativa, por sua vez, priorizavam, ou esperava-se que priorizassem, em regra, tanto a reprodução diária de seus parceiros quanto a reprodução geracional da força de trabalho, juntamente com os cuidados necessários com outros membros dependentes da família, em detrimento de suas próprias carreiras no mercado de trabalho.

Essa, afirma MacInnes, foi a explicação dada no passado para a maior propensão das mulheres a trabalharem em tempo parcial e a participarem de forma intermitente do mercado de trabalho.

Em termos dos fundamentos estruturais das relações de gênero e das divisões familiares do trabalho, o Reino Unido tem-se caracterizado por um sistema de "provimento familiar modificado",[26] com pressões contraditórias sobre a propensão das mulheres a se tornarem economicamente ativas ao longo do ciclo de vida familiar. Políticas de oportunidades iguais e taxações individuais coexistem com benefícios monetários seletivos por parte do governo, e com uma oferta irrisória de serviços voltados para o cuidado com as crianças antes e após a escola.[27]

[24] Bridgewood e Savage, 1993; Thomas et al., 1994.
[25] Baxter, 1992.
[26] Rubery et al., 1996.
[27] Perrons e Hurstfield, 1998:125-126.

Até o começo dos anos 1980, a maioria das mulheres britânicas tendia a ser economicamente ativa até o nascimento do primeiro filho; a deixar o trabalho remunerado por uma parte considerável do período em que constituía sua família; e a reingressar no mercado de trabalho quando percebia que o filho mais novo estava suficientemente estabelecido na escola. Esse padrão "bimodal", porém, vem se tornando cada vez menos diferenciado, a tal ponto que, por volta de 1988, cerca de dois terços das mães eram economicamente ativas, e metade das mulheres que tinham dado à luz retornavam ao emprego em no máximo nove meses.[28]

O crescimento mais significativo nas taxas de atividade das mulheres na última década ocorreu entre as mães de crianças abaixo dos cinco anos de idade, mas o emprego de tempo integral, contínuo, permanece menos freqüente entre mulheres com filhos pequenos. A atividade econômica e o fato de as mulheres trabalharem em tempo integral ou parcial correlacionam-se nitidamente com as qualificações educacionais e ocupacionais.[29] Em 1997, 86% das mulheres com nível de qualificação "A" ou mais alto eram economicamente ativas, em contraste com os 52% verificados entre aquelas sem qualquer qualificação formal.[30] Entre as mães cujo filho menor tinha menos de cinco anos, 55% eram economicamente ativas e, dessas, menos de um terço se encontrava em empregos de tempo integral, enquanto cerca de dois terços trabalhavam em tempo parcial. Esses percentuais contrastam com os obtidos para o conjunto das mulheres, no qual 71% são economicamente ativas e, dessas, 60% trabalham em tempo integral.

A atividade econômica das mulheres, embora claramente relacionada com a responsabilidade por crianças dependentes, tem crescido de forma contínua nos últimos 10 anos, particularmente no caso das mulheres com filhos pequenos, ao passo que as taxas de atividade dos homens declinaram.[31] As estatísticas nacionais indicam que coortes recentes de mães vêm trabalhando continuamente durante a fase de seus ciclos de vida em que constroem a família. Um quinto das mulheres

---

[28] McRae, 1991.
[29] Corti et al., 1995; Dale e Egerton, 1997.
[30] Sly et al., 1998:113.
[31] Ibid., p. 110.

com filhos abaixo da idade escolar continuava no emprego e presumivelmente beneficiou-se da licença-maternidade, em maior ou menor extensão, durante o período do parto e a fase neonatal, e mais de 40% mantinham-se com seu empregador havia mais de cinco anos.[32] Isso contrasta com uma incidência muito baixa do emprego de mães de crianças muito pequenas, o qual cresceu modestamente se comparados os níveis existentes logo após a II Guerra Mundial e o final dos anos 1970.[33] Dois pontos se destacam, em termos de mudança nos padrões dos postos de trabalho. O emprego em tempo parcial cresceu mais entre as mães de crianças menores de cinco anos do que o emprego em tempo integral; já o emprego em tempo parcial entre os homens praticamente dobrou, embora tenha partido de uma base baixa. Os homens têm maior probabilidade de trabalhar em tempo parcial se tiverem menos de 24 anos, ou, em menor grau, se ultrapassarem os 50 anos. Mães com filhos menores de 10 anos tendem a trabalhar um número menor de horas, e isso é acompanhado por uma propensão a que os pais tenham jornadas muito longas.[34]

Em uma análise comparativa do emprego, da flexibilidade e do gênero em países-membros da União Européia, Drew e Emerek (1998) afirmam que o principal incentivo à mudança no mercado de trabalho tem sido a transferência do emprego da agricultura e da indústria para as atividades de serviço, nas quais, dizem eles, as variações da demanda por trabalho, tanto potenciais quanto inerentes, são mais intensas, seja no dia, seja na semana. Essencialmente, concluem que o efeito líquido da elevação da atividade econômica das mulheres foi a emergência de um modelo de provimento familiar dual, mais ou menos reconhecível em diferentes países europeus, em função da estrutura produtiva, das tradições, normas, culturas e da regulação do mercado de trabalho em cada caso. Sua análise indica que o trabalho atípico vem sendo uma característica destacada do aumento da participação das mulheres no mercado de trabalho na maior parte dos países estudados e, na verdade, o crescimento nos padrões atípicos de trabalho está fortemente correlacionado com as taxas de atividade

---

[32] Sly et al., 1998:102.
[33] Brannen, 1998:77.
[34] Ibid., p. 78-79.

das mulheres. Em síntese, Drew e Emerek (1998:89) sugerem que o crescimento das atividades no setor de serviços, as quais requerem longas jornadas ao mesmo tempo em que têm flutuações significativas na demanda por trabalho, foi particularmente decisivo para a construção dos postos de trabalho em tempo parcial e, portanto, para a elevação do emprego das mulheres. Sua conclusão, em conformidade com os estudos anteriores de Meulders e outros (1994), parece sugerir que o aumento da presença das mulheres na atividade econômica e no papel de "provedoras" não foi acompanhado da redução da segregação por gênero ou, por extensão, de uma crescente igualdade de oportunidades.

Em que medida isso significa que os empregadores estão respondendo às mudanças na oferta de trabalho — mais mulheres "desejando" combinar suas vidas com suas responsabilidades relativas aos cuidados familiares; ultimamente, trabalhadores mais jovens e mais velhos, de ambos os sexos, desejando conjugar emprego em tempo parcial com uma formação escolar mais elevada; ou a aposentadoria precoce e alguma forma de rendimento continuado? Os resultados das pesquisas anteriormente citadas apontam que a reestruturação econômica e a demanda dos empregadores, mais ligadas ao mercado de produtos do que ao de trabalho, parecem ser os fatores principais na mudança das taxas da atividade feminina e no crescimento do emprego em tempo parcial. Os efeitos, sobre as mulheres, da crescente desregulamentação do emprego, da reestruturação industrial e da privatização têm sido incrementar sua participação no mercado de trabalho, mas, ao mesmo tempo, tornar mais vulnerável a posição de muitas delas nesse mercado. O emprego feminino cresceu como resultado da expansão dos serviços, mas a qualidade dos postos oferecidos às mulheres se deteriorou consideravelmente, freqüentemente chegando ao grau da exploração sem qualquer perspectiva de aprimoramento, como no caso dos postos de baixa qualificação e baixa remuneração. Pesquisas recentes sobre as práticas de recrutamento e de gestão dos empregadores revelaram que, em empresas nas quais os empregados temporários superavam a metade da força de trabalho (uma pequena, mas significativa minoria dos casos), esses nunca ascendiam a contratos permanentes.[35]

---

[35] Heather et al., 1996.

O número de postos em tempo parcial cresceu, particularmente aqueles contratos com baixo número de horas — ou zero hora —, nos quais os empregados não têm um salário mínimo garantido. Esses empregados são freqüentemente remunerados abaixo do piso da previdência nacional, o que significa que não têm direito a benefícios como licença-maternidade, auxílio-doença ou aposentadoria pública. É pouco provável que tenham direito a descanso nos feriados nacionais ou mesmo intervalos para as refeições. O trabalho em tempo parcial e outras formas de emprego flexível podem possibilitar, àquelas pessoas que têm responsabilidades com parentes, combinar emprego e vida familiar, mas isso pode ser algo muito distante da idéia de conciliar trabalho e vida familiar. Donaldson (1996) afirmou que o uso crescente de esquemas que lançam mão do tempo parcial e de turnos de trabalho para estender o tempo de operação, em atividades industriais e de serviços, longe de promover a flexibilidade para os empregados, conduziu a uma intensificação dos esforços de trabalho na unidade familiar, uma vez que tanto pais quanto mães têm, com freqüência cada vez maior, trabalhos remunerados, que eles precisam administrar, juntamente com as responsabilidades com a casa e com os filhos. A vida familiar, as atividades comunitárias e o "tempo para si mesmo", segundo ele, estão, dessa forma, sendo prejudicados.

Ademais, em nome da flexibilidade, novas práticas de emprego disseminaram-se, particularmente os contratos de curta duração e o uso de agências de pessoal temporário, de modo que os empregados podem ser contratados e dispensados em conformidade com as flutuações na demanda de produtos ou serviços. Um bom exemplo disso é o varejo, em que os gerentes de supermercados pensam em termos de cobertura das horas de trabalho, e não em selecionar integrantes para a sua equipe, e com isso apóiam-se fortemente em uma variedade de tipos de trabalhadores contingentes — idosos, empregados semi-aposentados, crianças em idade escolar e estudantes, assim como mães trabalhadoras que procuram jornadas de trabalho compatíveis com suas obrigações familiares.

Pesquisas sobre o emprego flexível nos setores de varejo e de finanças[36] revelaram que as mulheres ocupadas em tempo parcial e em outras formas "não-padronizadas" de contrato de trabalho encontravam-se

---

[36] Perrons e Hurstfield, 1998; Neathey e Hurstfield, 1995.

seguidamente sob pressão para se adaptar a demandas por uma intensificação de seus esforços e por uma crescente flexibilidade, de modo a atenderem às necessidades dos empregadores; com freqüência tinham condições mais precárias de emprego do que aquelas em contratos "padrão", e eram, em muitos casos, excluídas do auxílio-doença e dos planos de aposentadoria. Dex e McCullough (1995), em uma análise dos dados do LFS e do British Household Panel Survey (BHPS), constataram que empregados sob formas "não-padronizadas", que em sua maioria eram mulheres, tinham menores ganhos por hora, menos treinamento vinculado ao posto de trabalho e mantinham o emprego, em média, por menos tempo — dessa forma, tinham maior probabilidade de se encontrar sem condições para se beneficiar dos direitos assegurados pelo Employment Protection Act (Lei de Proteção ao Emprego).

Esses resultados foram reforçados por pesquisa elaborada entre 1997 e 1999,[37] quando foram examinados os custos e os benefícios das relações de trabalho e contratuais "não-padronizadas", para empregadores e empregados, em cinco setores — finanças, indústria de alimentos, educação técnica, hotéis e restaurantes e telecomunicações. Todos esses setores têm uma história de padrões de trabalho "atípicos", ou começaram a recorrer mais a esses mecanismos recentemente para dar conta de mudanças em seus mercados de produtos — a mudança de serviços bancários sediados na agência em horário restrito para o sistema de teleatendimento 24 horas é o mais drástico exemplo dessa segunda situação. Investigamos, em estudos de casos em seis firmas de cada um dos setores selecionados, não só a extensão em que arranjos contratuais e de trabalho "não-padronizados" eram utilizados, mas também o quanto eram combinados ou alternados com outros arranjos de trabalho concebidos para extrair ou permitir a flexibilidade do trabalho entre os empregados permanentes, de tempo integral. Consideramos proveitoso fazer uma distinção entre equipe permanente e temporária, bem como entre flexibilidade estruturada e não-estruturada, para desenvolver uma tipologia do emprego flexível. Elaboramos uma tipologia do emprego, como resultado desse trabalho, na qual nos pareceu útil considerar, no que diz respeito aos padrões de trabalho, até que ponto os arranjos contratuais e de trabalho são rigidamente estruturados. Essa tipologia é apresentada na figura.

---

[37] Purcell et al., 1999.

Tipologia do emprego flexível

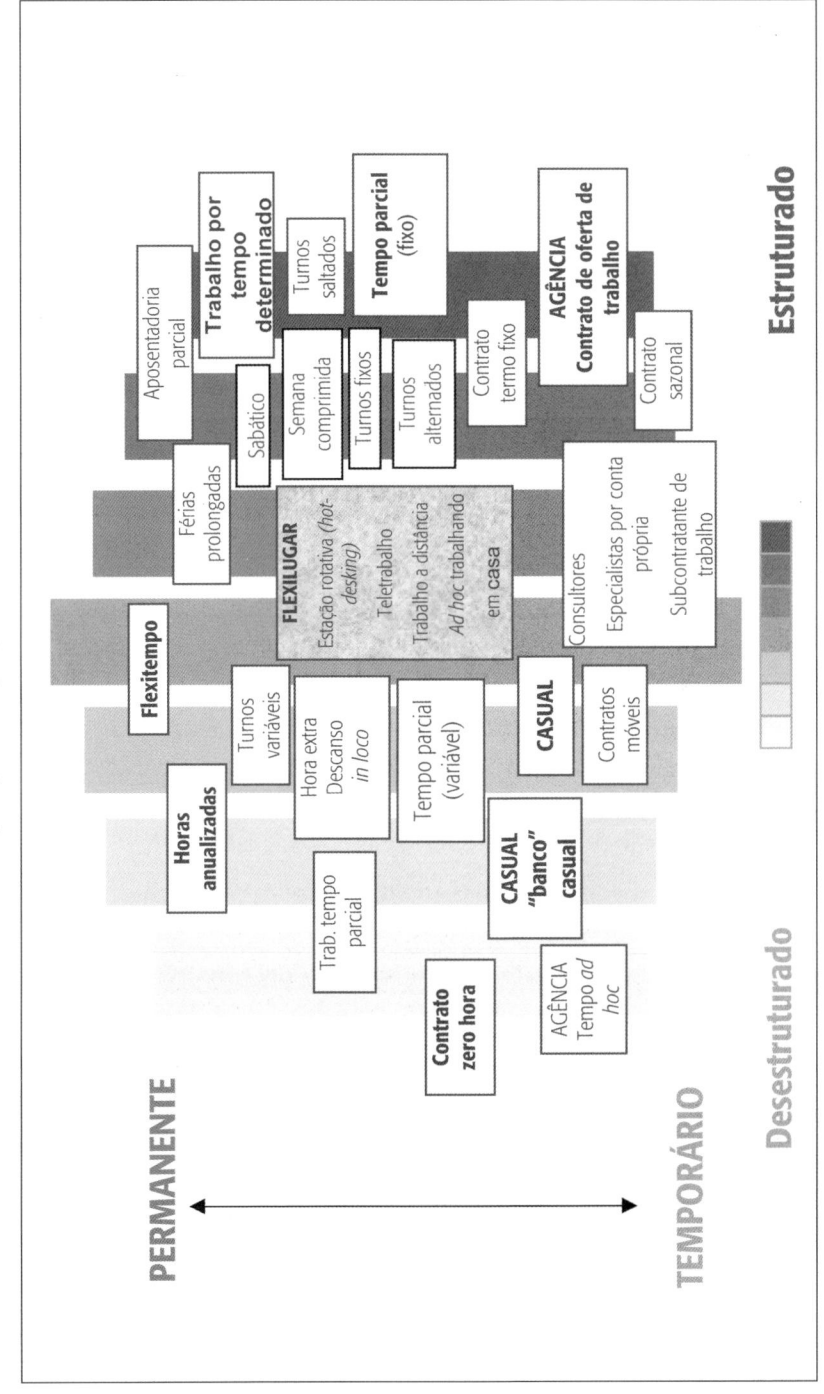

Fonte: Warwick Institute for Employment Research.

A flexibilidade *estruturada* se caracteriza por fronteiras claramente definidas tanto de tempo de trabalho quanto de status contratual. Assim, por exemplo, um sistema contínuo de turnos, com um número fixo de horas de trabalho, é um modo altamente estruturado de organização do tempo de trabalho: de modo similar, um contrato por tempo determinado traça uma fronteira finita na duração daquela relação de emprego específica. A flexibilidade *não-estruturada*, ao contrário, refere-se a tipos de arranjos de trabalho ou de status contratuais mais frouxamente definidos, nos quais as horas de trabalho variam tanto em termos de tempo quanto de duração, ou nos quais a relação de emprego é mais tênue. Finalmente a *flexibilidade espacial* pode ser estruturada — como na alocação fixa em um escritório compartilhado ou rotativo (o chamado *hot desk*), ou na exigência de comparecer ao escritório ou participar de reuniões em dias ou momentos determinados —, mas, nos casos em que o trabalho em casa ou em outros locais que não o local formal de trabalho está envolvido, há uma mistura de autodisciplina e negociação por parte do detentor do posto ou do responsável pela tarefa.

Há problemas com uma tipologia como essa. Em muitos casos, há um forte elemento subjetivo quando se trata de determinar se os arranjos garantem flexibilidade a cada uma das partes, o que talvez encontre seu melhor exemplo no caso das colocações feitas por agências de trabalho temporário. Entre os trabalhadores que buscam trabalho nessas agências, aqueles cujas qualificações têm demanda podem ter condições de escolher quando ou onde irão trabalhar; já os indivíduos cujas qualificações são menos procuradas podem ficar restritos a obter apenas colocações erráticas e insatisfatórias, que não vão de encontro às suas necessidades de ocupação estável, de um nível de rendimento previsível, ou mesmo de uma jornada e de um local de trabalho convenientes para eles. Do ponto de vista dos empregadores, esses empregados indiretos podem ser vistos como uma fonte adequada de suprimento de trabalho, a qual permite subcontratar a administração do pessoal e adequar o tamanho da força de trabalho de modo a dar conta, com exatidão, das necessidades de trabalho tomando por base o dia-a-dia. Por outro lado, isso pode representar uma dependência forçada de um intermediário que forneça empregados transitórios, com escassa qualificação, a um custo mais elevado, quando talvez fosse preferível recrutar empregados permanentes.

Ainda assim, o modelo tipológico mostrou-se um recurso extremamente proveitoso para estimular os empregadores entrevistados a falar sobre as questões e sobre os custos e benefícios, *para eles,* de diferentes tipos de flexibilidade no emprego, e foi aperfeiçoado, como resultado dessas discussões realizadas no trabalho de campo. Constatou-se que o grau de estruturação envolvido nas práticas de trabalho flexível determina, em larga medida, a probabilidade de que tipos específicos de arranjos "não-padronizados" sejam do interesse do empregador e do empregado. O que fica muito claro é que a flexibilidade não-estruturada é mais comumente encontrada no extremo mais inseguro e temporário do espectro, enquanto os tipos de flexibilidade com mais chances de beneficiar tanto empregados quanto empregadores são mais freqüentemente as estruturadas, em geral mais acessíveis aos trabalhadores permanentes do que aos temporários. Nem todos os tipos de flexibilidade no emprego foram identificados em todos os estabelecimentos, mas todos tinham um número significativo de modalidades, e em quase todos os casos o uso de termos e condições de emprego "não-padronizados" havia aumentado.

Como princípio geral, a maior parte dos arranjos de trabalho representados no canto superior direito da figura proporciona flexibilidade para o empregador de uma forma que precisa ser planejada cuidadosamente — seja o sistema de interrupções programadas no ano ou a concessão do direito a afastamento sabático. Eles podem também ter custos para os empregadores — perda de continuidade, problemas de curto prazo para a substituição de pessoal ausente —, mas isso pode ser previsto e contornado. Do ponto de vista dos empregados, eles também podem ter custos previsíveis — mas é igualmente esperado que tragam consideráveis benefícios. A análise dos resultados dos estudos de caso utilizou-se de uma matriz menos ambiciosa, que derivou do modelo, tomando por base as variedades de arranjos de trabalho estruturados/não-estruturados e contratuais temporários/permanentes.

As informações relativas às tendências recentes no mercado de trabalho, bem como as análises organizacionais, no Reino Unido, sugerem que a flexibilidade não-estruturada tem sido mais freqüentemente usada em setores e em negócios que se localizam no ponto mais baixo do espectro de valor agregado (em alguns hotéis e estabelecimentos de telecomunicações), ou que utilizam trabalhadores relativamente pouco qualificados, dos quais há oferta suficiente e confiável (como em alguns dos hotéis), ou que requerem, de modo impossível de prever, trabalhadores eventuais para suplementar um núcleo de empregados mais estáveis (como educação técnica, produção de alimentos ou bancos). Na medida em que o controle da qualidade é importante para as empresas, ou que elas requerem empregados cujas qualificações têm pouca oferta, ou que as flutuações na demanda dos produtos e serviços são previsíveis, os empregadores buscam a flexibilidade estruturada. Em suma, os empregadores que desejavam gerir seus recursos humanos de modo efetivo reconheceram a necessidade de maximizar a qualidade e a confiabilidade de seus empregados e, com maior freqüência, sentiam-se habilitados para rumar nessa direção utilizando trabalhadores permanentes e altamente motivados — aqueles com os quais o contrato psicológico é de confiança mútua e disposição para estabelecer uma flexibilidade de mão dupla. Esse era o caso tanto de projetistas de software altamente qualificados e de especialistas em TIC do ramo das telecomunicações, quanto de trabalhadores pouco qualificados, como os empacotadores e operadores de máquinas que realizam turno especial ("turno das mamães") nas indústrias de alimentos, ou atendentes de hotéis.

Por certo, o efeito cumulativo da reestruturação industrial e da recessão econômica dos anos 1970 e 80, nacional e globalmente, foi a elevação dos níveis de desemprego e a polarização entre, de um lado, empresas mais enxutas, mais horizontalizadas, tecnologicamente sofisticadas — nas quais a produtividade do núcleo "compactado" (*downsized*) da força de trabalho é freqüentemente complementada por empregados periféricos, cujo vínculo com o mercado de trabalho é relativamente inseguro — e, de outro, empresas subcontratadas, cuja sobrevivência no mercado depende da demanda continuada por parte de empresas maiores e, assim sendo, são consideravelmente mais precárias. Embora o "colapso do trabalho" profetizado em 1980[38] tenha sido menos dramático do que projetavam os analistas mais pessimistas, as taxas de atividade e as razões de dependência alteraram-se significativamente. Também tem

---

[38] Por exemplo, Handy, 1984.

sido afirmado que houve uma transferência do risco do empregador para o empregado e, por extensão, para o Estado, na medida em que os empregadores expurgaram o excesso de trabalho e adotaram o modelo da "organização enxuta".[39]

A atual política do governo do Reino Unido é encorajar a criação de postos de trabalho e reduzir o desemprego, facilitando um movimento de saída da dependência do sistema de proteção social em direção ao trabalho, mas uma proporção significativa dos novos cargos, ao longo dos anos 1990, foi de tempo parcial ou emprego temporário;[40] e para uma proporção crescente da força de trabalho as taxas de rotatividade no emprego cresceram, de acordo com pesquisa realizada por Paul Gregg e seus colegas da London School of Economics.[41] Entretanto, o declínio mais agudo no emprego permanente de tempo integral ocorreu no início dos anos 1980, tendo essa retração, a seguir, arrefecido sensivelmente.[42] Não está claro ainda, a partir das análises das tendências do mercado de trabalho como um todo, se o crescimento recente de empregos relativamente inseguros reflete uma "mudança de rumo" nas práticas de recursos humanos ou uma resposta cíclica a pressões econômicas, mas as tendências têm sido nitidamente diferentes em setores e ocupações distintas, e certamente houve aumento nas percepções de insegurança. Brendan Burchell e seus colegas da Universidade de Cambridge, desenvolvendo um estudo paralelo ao nosso, financiado pela Fundação Joseph Rowntree, compararam resultados de levantamentos realizados com empregados em 1986 e 1997 e descobriram que, particularmente entre trabalhadores de escritório e de nível superior, os testemunhos que indicavam a percepção de insegurança no emprego haviam aumentado dramaticamente.[43] Um dos resultados mais impressionantes da pesquisa que eles próprios realizaram com empregados em 1998 aponta para o fato

[39] Harrison, 1994.
[40] Cousins, 1999.
[41] Gregg e Wadsworth, 1996.
[42] Robinson, 1999.
[43] Burchell et al., 1999.

de que praticamente metade dos entrevistados acreditava que a gerência só poderia contar com "um pouco" da confiança, ou não poderia contar com "nenhuma", quando se tratava de cuidar dos interesses deles. Ademais, relatavam altos níveis de estresse relacionado ao trabalho e a percepção de uma intensificação deste, relacionada ao esforço dos empregadores para reduzir custos e elevar lucros.

As evidências mais recentes, porém, sugerem que um número crescente de empregadores está reconhecendo os custos associados à produção enxuta e à dependência de trabalho eventual — em especial quando isso envolve trabalhadores qualificados e de nível superior —, e que, com isso, um novo foco de manutenção dos empregados vem se fazendo sentir.[44] Entretanto, isso é inteiramente consistente com as tendências reveladas pela pesquisa "Whose flexibility?" (Flexibilidade de quem?). O próprio relatório cita um gerente que disse: "manter é uma preocupação do negócio. Não se trata apenas de números, é mais sutil do que isso. O fundamental é reter as pessoas que queremos, quando precisamos delas".[45] Vale dizer: retenção seletiva. Grupos ocupacionais com qualificações escassas e alto poder individual de barganha tendem a se beneficiar e a ser capazes de utilizar as oportunidades abertas pelo trabalho flexível, enquanto aqueles com poucas vantagens no mercado de trabalho têm maior probabilidade de serem chamados a fornecer uma flexibilidade que beneficia apenas seus empregadores. No entanto, contratos flexíveis de emprego podem garantir o acesso ao trabalho remunerado para certos grupos de indivíduos que, de outra maneira, não poderiam participar do mercado de trabalho — especialmente nos casos em que os arranjos flexíveis são estruturados e permitem previsões, como no emprego com jornada parcial fixa, ou quando o empregado tem qualificações que lhe permitem decidir sobre o padrão de emprego intermitente, em vez de simplesmente estar sujeito à demanda flutuante de trabalho por parte dos empregadores. Há consideráveis evidências de recrutamento segmentado, pelos empregadores, como modo de capitalizar as diferentes exigências de equilíbrio entre trabalho e vida que

---

[44] Crace, 1999:34-35.
[45] Ibid., p. 34.

caracterizam grupos distintos, particularmente aqueles nas margens da força de trabalho.

Isso traz à consideração a última e maior fronteira: a que separa o trabalho de outras áreas da vida. A discussão anterior sustentou que as fronteiras para aqueles *no emprego* e, pode-se dizer, para os empregadores, tornaram-se crescentemente menos nítidas em alguns contextos, com a flexibilidade espacial do trabalho em casa e do teletrabalho, e em relação à igualdade de oportunidades e a questões de políticas públicas "pró-família". Porém, tanto minha pesquisa sobre o emprego de nível superior quanto os arranjos de trabalho "não-padronizados" chamaram a atenção para a erosão das fronteiras entre emprego e outras atividades. Talvez de forma ainda mais significativa, o reduzido financiamento estatal da educação superior, ao lado da política para ampliar o acesso a esse nível de ensino, signifique que há um crescente número de pessoas cujo status econômico é ambíguo, nas suas próprias mentes e também, algumas vezes, aos olhos da lei. Um estudante que trabalha em tempo parcial para pagar por sua educação faz parte da força de trabalho? O que dizer da colocação de estudantes que se encontram em estágios "sanduíche"? E os aposentados precoces que trabalham em tempo parcial? E os estudantes que empilham mercadorias nas prateleiras dos supermercados? Muitos desses tipos de trabalho existem há décadas (e são uma parte já incorporada como regular na economia informal do Brasil e de outros países em que o capitalismo e a cobertura do bem-estar social desenvolveram-se de forma menos igualitária). O que nos anos 1990 foi novo no mercado de trabalho britânico — e, em maior ou menor grau, no da maioria dos países desenvolvidos — é que os empregadores passaram a mirar esses grupos e a construir postos de trabalho de modo a torná-los compatíveis com as outras atividades daqueles indivíduos. Um relatório recente sugeriu que 80% dos trabalhadores em tempo parcial que trabalhavam para o Burger King no Reino Unido eram estudantes, incluindo crianças em idade escolar.

Contratos de trabalho altamente flexíveis servem, por certo, a grupos situados nas margens do mercado de trabalho, como estudantes que assumem postos de teleatendimento ou trabalham em hotéis em tempo parcial, ou em turnos de fim de semana, de um modo que se harmoniza com seus compromissos de estudo. Esses trabalhadores ocasionais tendem a formar uma fração crescente da força de trabalho, em resposta a mudanças no financiamento da educação superior. O que é mais importante, talvez, é considerar o impacto dos contratos flexíveis de trabalho sobre a força de trabalho mais regular, que forma o núcleo dos efetivos das empresas, bem como sobre as oportunidades de emprego de grupos socialmente excluídos. Na medida em que os empregadores podem resolver suas necessidades de pessoal com empregados fracionários ou casuais, terão eles algum incentivo para criar oportunidades de trabalho mais estáveis, que implicam comprometimento de longo prazo com os integrantes da força de trabalho?

Talvez não seja o grau de flexibilidade o que deva estar no centro das atenções dos formuladores de políticas públicas e dos outros acionistas das empresas que não os empregadores, e sim os termos e as condições de emprego especificados no contrato de trabalho ou praticados a partir das políticas internas de recursos humanos. Evidentemente, termos e condições de trabalho mais pobres podem bem ser correlacionados com contratos altamente flexíveis de emprego — notadamente a aplicação limitada da legislação dos direitos trabalhistas —, mas o estudo "Whose flexibility?", já citado, também destacou exemplos de empresas que enfrentavam problemas de absenteísmo, baixa motivação e reduzida satisfação dos trabalhadores, mesmo em se tratando de pessoal contratado em caráter permanente, de tempo integral. Isso também pôs em evidência o fato de que, em seu conjunto, os empregadores acham mais eficiente (e financeiramente benéfico a longo prazo) empregar a maioria dos seus trabalhadores com contratos permanentes e oferecer-lhes termos e condições que alimentem um contrato psicológico de alta confiança e de estabilidade da força de trabalho. Sennett (1998) forneceu indicações convincentes de que mesmo os empregados altamente qualificados e com elevado status, que se beneficiam financeiramente de arranjos contratuais temporários puramente vinculados a tarefas, tendem a desenvolver um contrato psicológico com seus empregadores provisórios, o que acaba por se tornar corrosivo, tanto pessoal quanto organizacional e psicologicamente.

Nos estabelecimentos maiores, foi reconhecido que a política de recursos humanos precisa valorizar fortemente o pessoal, em todos os estágios do processo da produção e de serviços, mas isso nem sempre equivale a oferecer um contrato permanente de emprego, como atestam os exemplos do setor bancário. Mesmo que o contrato seja por um período específico de tempo, enfatiza-se a oferta, ao pessoal, de oportunidades de desenvolvimento e de termos e condições mutuamente satisfatórios, ao longo da duração do contrato. Esse é, por certo, um ideal mais difícil de atingir para empresas pequenas ou vulneráveis, que operam em mercados de produtos altamente competitivos. Talvez não seja surpreendente que, das empresas incluídas nos estudos de caso, as que ofereciam as condições mais desvantajosas de emprego para os seus trabalhadores eram as duas firmas de telecomunicação, que operavam em subsetores altamente competitivos, ambas pleiteando serem contratadas por empresas clientes — e, dessa forma, firmas em posição de insegurança, empregando trabalhadores inseguros (e, de fato, uma delas foi expulsa do mercado, após a conclusão dessa pesquisa). O outro setor caracterizado pelo descontentamento dos empregados foi o de educação técnica, o que reflete a deterioração das condições contratuais e de trabalho diante da redução do financiamento governamental e das incertezas quanto ao futuro. A mensagem central é que a flexibilidade forçada não tem grande probabilidade de garantir plasticidade organizacional e, em verdade, é provavelmente impossível de atingir, enquanto a flexibilidade mutuamente acordada constitui um provável reflexo da boa saúde organizacional e de altos níveis de confiança nas relações trabalhistas.

Em boa parte dos estabelecimentos abrangidos no estudo de caso, havia evidência segura de práticas de emprego ao estilo centro-periferia e de atenção, entre os empregadores entrevistados, para as vantagens de um recrutamento segmentado. Na medida em que os cargos menos qualificados puderem ser fragmentados sem danos à qualidade da produção ou do serviço — como no emprego em tempo parcial no setor de hotelaria e no varejo —, é provável que cresça o trabalho flexível e que se reduzam as oportunidades de emprego que respondem plenamente às necessidades de subsistência dos seus titulares. O aspecto interessante sobre a maioria desses cargos é que eles são raramente diferenciados pelo sexo, mesmo em áreas tradicionalmente clivadas pelo gênero. Por exemplo, nas empresas de nossa pesquisa de campo, encontramos hotéis empregando estudantes do sexo masculino no serviço de quarto — um posto antes designado como "camareira". Assim como os postos em estabelecimentos de *fast food* e em centros de teleatendimento, esses são empregos de baixos salários, e os empregadores parecem cada vez menos preocupados com a idade ou o sexo daqueles que os ocupam, desde que tenham a necessária energia, as habilidades interpessoais e ética no trabalho. O desafio para os empregadores e formuladores de políticas, no futuro imediato, será assegurar que esses novos empregos suplementem, em vez de substituir, os "empregos de verdade", e tragam flexibilidade para o trabalhador, em vez de reforçar sua dependência diante da família, da comunidade e do Estado.

É indiscutível que a maior participação das mulheres no emprego indica a crescente importância de seu trabalho remunerado para a economia familiar. Mas outra forma de apreender esse movimento parte do progressivo declínio do rendimento familiar, há muito identificado por Barrett e McIntosh (1980) como incompatível com a igualdade de oportunidades. Quando o emprego "padrão" significava, de modo geral, "trabalho do homem", os custos do trabalho implicitamente cobriam a reprodução social — para as necessidades de subsistência e de desenvolvimento das esposas e dos filhos. Agora, na maior parte das unidades familiares com dois adultos, ambos os parceiros têm trabalho remunerado e, excetuadas apenas as muito ricas, todas as famílias de pais ou mães solteiros, ou nas quais um único adulto tem rendimento, vivenciam privação relativa, e em certos casos absoluta, do ponto de vista do padrão de vida. Isso significa um maior grau de eqüidade entre os gêneros ou o emprego atípico é o último suspiro (ou a última versão) do patriarcado? Ou os padrões de emprego atípico significam a emergência de uma versão nova, diferente, de desigualdade? A mensagem clara reforça a tese do "provimento familiar modificado" de Rubery e outros (1996), embora a polarização possa estar desfazendo diferenças entre homens e mulheres em situações semelhantes no mercado de trabalho, ao mesmo tempo em que aprofunda o leque de diferenças *no interior* das forças de trabalho masculina e feminina. Com a erosão dos rendimentos familiares, entretanto, o balanço de poder deslocou-se perceptivelmente ainda mais na direção dos empregadores e acionistas, afastando-se dos empregados, na barganha de esforços e recompensas. Em famílias com desvantagens de acesso ao mercado de trabalho, intensificaram-se as exigências de esforço individual visando a garantir a subsistência, o que Humphries (1977) previa que fosse o perigo inerente ao questionamento feminista do conceito de rendimento familiar. No extremo do espectro em que se encontra a carreira dual, evidencia-se que o aprimoramento material da qualidade de vida pode ter custos sociais e emocionais e gerar empregos que contribuam para uma maior polarização do mercado de trabalho.

Bibliografia

ATKINSON, J. Flexibility: planning for an uncertain future. *Manpower Policy and Practice*, v. 1, p. 26-29, 1985.

BARRETT, Michele; McINTOSH, Mary. The 'family wage': some problems for socialists and feminists. *Capital and Class,* n. 11, p. 51-72, 1980.

BAXTER, Janeen. Domestic labour and income inequality. *Work Employment and Society*, v. 6, n. 2, p. 229-249, 1992.

BECK, Ulrich. *Risk society:* towards a new modernity. London: Sage, 1992.

BRANNEN, Julia. Employment and family lives: equalities and inequalities. In: DREW, Eileen; EMEREK, Ruth; MAHON, Elisabeth (Eds.). *Women, work and the family in Europe.* London: Routledge, 1998.

BRIDGEWOOD, Ann; SAVAGE, David. *General household survey 1991.* London: HMSO, 1993.

BURCHELL, B. et al. *Job insecurity & work intensification:* flexibility & the changing boundaries of work. York: Joseph Rowntree, 1999.

CASEY, B.; METCALF, H.; MILLWARD, N. *Employers' use of flexible labour.* London: Policy Studies Institute, 1997.

COLLING, T. *From hierarchy to contract? Subcontracting and employment in the service economy.* Coventry: University of Warwick, 1995. (Warwick Papers in Industrial Relations, 52).

CORFIELD WRIGHT. *Flexible working means business.* London: Corfield Wright Associates, 1996.

CORTI, Louise; LAURIE, Heather; DEX, Shirley. *Highly qualified women.* Sheffield: Employment Department, 1995. (Research Series, n. 50).

COUSINS, C. Changing regulatory frameworks and "non-standard" employment: a comparison of Germany, Spain, Sweden and the UK. In: FELSTEAD, A.; JGWSON, N. (Eds.). *Global trends in flexible labour.* Basingstoke: Macmillan Business, 1999.

CRACE. J. A million workers make a night of it. *The Guardian*, p. 17, Oct. 3rd 1999.

CROMPTON, Rosemary. The feminisation of the clerical labour force since the Second World War. In: ANDERSON, Greg (Ed.). *The feminisation of office work.* Manchester: Manchester University Press, 1988.

CULLY, M.; WOODLAND, S.; O'REILLY, A. *Britain at work:* as depicted by the 1998 Workplace Employee Relations Survey. London: Routledge, 1999.

DALE, Angel; EGERTON, Muriel. *Highly educated women:* evidence form the National Child Development Study. Sheffield: DfEE, 1997.

DEX, Shirley; McCULLOUGH, Andrew. *Flexible employment in Britain:* a statistical analysis. Manchester: Equal Opportunities Commission, 1995.

DONALDSON, Mike. *Taking our time.* Perth: University of Western Australia Press, 1996.

DREW, Eileen; EMEREK, Ruth. Employment, flexibility and gender. In: ————; ————; MAHON, Elisabeth (Eds.). *Women, work and the family in Europe.* London: Routledge, 1998.

ELIAS, P.; McKNIGHT, A.; KINSHOTT, G. *Monitoring and managing occupational change:* the development of SOC2000. Nottingham: DfEE, 1999. (Department for Education and Employment Skills Task Force, Research Paper, n. 19).

FELSTEAD, A. *The corporate paradox.* London: Routledge, 1993.

GALLIE, D.; WHITE, M. Employer policies, employee contracts and labour market structure. In: RUBERY, J.; WILKINSON, F. (Eds.). *Employer strategy and the labour market.* Oxford: Oxford University Press, 1995.

GARRAHAN, P.; STEWART, P. *The Nissan enigma:* flexibility at work in a local economy. London: Mansell, 1992.

GREGG, P.; WADSWORTH, J. A short history of labour turnover, job tenure, and job security, 1975-93. *Oxford Review of Economic Policy*, v. 11, n. 1, p. 73-90, 1996.

————; ————; KNIGHT, G. Heaven knows I'm miserable now: job insecurity in the British labour market. In: HEERY. E.; SALMON, J. (Eds.). *The insecure workforce*. London: Routledge, 2000.

GUEST, D. Human resource management and industrial relations. *Journal of Management Studies*, v. 24, n. 5, p. 503-521, 1987.

HAKIM, C. Core and periphery in employers' workforce strategies: evidence from the 1987 Elus Survey. *Work, Employment and Society*, v. 4, n. 2, p. 157-188, 1990.

HANDY, C. *The future of work*. Oxford: Blackwell, 1984.

HARRISON, Bennett. *Lean and mean:* the changing landscape of corporate power in the age of flexibility. New York: Basic Books, 1994.

HARVEY, D. *The condition of postmodernity*. Oxford: Blackwell, 1990.

HARVEY, L.; MOON, S.; GEALL, V. *Graduate employment*. Birmingham: Centre for Quality in Higher Education, UCE, 1997.

HEATHER, P.; RICK, J.; ATKINSON, J.; MORRIS, S. Employers use of temporary workers. *Labour Market Trends*, p. 403-412, Sept. 1996.

HEFCE (Higher Education Funding Council). *The influence of neighbourhood type on participation in higher education; interim report*. Bristol: Hefce, 1997.

HOWLINGS, J. Can agency workers be company employees? *People Management*, p. 47-48, 10 July 1997.

HUMPHRIES, Jill. Class struggle and the persistence of the working class family. Cambridge Journal of Economics, v. 1, n. 3, p. 241-258, 1977.

HUNTER, L.; MacINNES, J. Employers and labour flexibility: the evidence from case studies. *Employment Gazette*, p. 307-315, June 1992.

HUTTON, W. *The state we're in*. London: Jonathan Cape, 1996.

ISR (International Survey Research). *Transition and transformation:* employee satisfaction in the '90s. London: ISR, 1997.

JOSEPH ROWNTREE FOUNDATION. *Enquiry into income and wealth.* York: Joseph Rowntree Foundation, 1995.

LOCKWOOD, David. *The black coated worker:* a study in class consciousness. Fairlawn: Essential Boks, 1958.

LYOTARD, J. *The postmodern condition.* Manchester: Manchester University Press, 1984.

MacINNES, John. *The growth of women's employment and the breakdown of the male breadwinner system in Europe:* evidence from Spain and Britain. Edinburgh: University of Edinburgh, 1998 (Working Papers in Sociology, n. 12).

McGREGOR, A.; SPROULL, A. Employers and the flexible workforce. *Employment Gazette,* v. 100, n. 5, p. 225-234, May 1992.

McKNIGHT, Abigail; ELIAS, Peter; WILSON, Robert. *Low pay and the National Insurance System:* a statistical picture. Manchester: Equal Opportunities Commission, 1998.

McRAE, Susan. Occupational change over childbirth: evidence from a national survey. *Sociology,* v. 25, n. 4, p. 589-604, 1991.

MEADOWS, P. (Ed.). *Work out, or work in?* York: Joseph Rowntree Foundation, 1996.

MEULDERS, Danièle; PLASMAN, Olivier; PLASMAN, Robert. *Atyplical employment in the European Community.* Hampshire: Dartmouth, 1994.

MOSS, Peter. Reconciling employment and family responsibilities: a European perspective. In: LEWIS, Susan; LEWIS, Jonathan (Eds.). *The work-family challenge.* London: Sage, 1997.

NEATHEY, Fiona; HURSTFIELD, Jennifer. *Flexibility in practice:* women's employment and pay in retail and finance. Manchester: Equal Opportunities Commission, 1995.

PERRONS, Diane; HURSTFIELD, Jennifer. United Kingdom. In: PERRONS, Diane (Ed.). *Flexible working and the reconciliation of work and family life:* a new form of precariousness. Brussels: European Commission, 1998.

PIORE, M.; SABEL, C. *The second industrial divide.* New York: Basic Books, 1984.

POLLERT, A. (Ed.). *Farewell to flexibility.* Oxford: Basil Blackwell, 1991.

PURCELL, K. *Qualifications and careers:* equal opportunities and earmings among graduates. Manchester: Equal Opportunities Comission, 2002.

————; ELIAS, P. On higher ground. *People Management*, v. 19, n. 11, p. 24-31, 2003.

————; HOGARTH, Terence; SIMM, Claire. *Whose flexibilility?* The costs and benefits of different contractual and working arrangements for employers and employees. York: Joseph Rowntree Trust, 1999.

————; PURCELL, J. *Responding to competition:* insourcing, outsourcing and the growth of contingent labour. Coventry: University of Warwick, Sept. 1996.

RIFKIN, J. *The end of work.* New York: Tarcher Puttnam, 1996.

ROBINSON, P. Explaining the relationship between flexible employment and labour market regulation. In: FELSTEAD, A.; JEWSON, N. (Eds.). *Global trends in flexible work.* London: Macmillan Press, 2000.

RUBERY, Jill; SMITH, Mike; TURNER, Eloise. *Bulletin on Women and Employment in the EU*, Brussels: CEC, n. 9, Oct. 1996.

SENNETT, R. *The corrosion of character.* New York: Norton, 1998.

SLY, See Frances; THAIR, Tim; RISDON, Andrew. Women in the labour market: results from the Spring 1997 Labour Force Survey. *Labour Market Trends*, p. 97-119, Mar. 1998.

THOMAS, Margaret; GODDARD, Eileen; HICKMAN, Mary; HUNTER, Paul. *General household survey 1992.* London: OPCS, 1994.

WHITE, M. The labour market and risk. In: MEADOWS, P. (Ed.). *Work out or work in?* York: Joseph Rowntree Foundation, 1996.

3   Novos fenômenos, novas medidas?

Nadya Araujo Guimarães

No alvorecer dos anos 1980, em meio a um período recessivo e já começando a sentir os primeiros impactos da reestruturação da economia internacional, o Brasil parecia, pela primeira vez, assumir estar diante de uma grave crise de desemprego. Então, como no período sucessivo, a crise golpeava duramente as principais metrópoles. Mas àquela época (e à diferença dos anos subseqüentes), a crise encontrou um movimento sindical fortalecido pela arregimentação de um "novo sindicalismo" e ancorado em formas diversas de organização popular, forjadas naqueles anos de crise do regime militar. Ademais, com a assunção de militantes "oposicionistas" a governos estaduais, sendo o principal São Paulo, estava lançado o repto de inovar a concepção e a gestão das políticas públicas, dando-lhes um corte "popular e democrático", para lembrar uma consigna da época. Aquela foi também a última vez que presenciamos no país maciços movimentos de desempregados urbanos. Desafiando os patrões (clamando por novas vagas), tanto quanto as autoridades constituídas (demandando políticas de proteção), os desempregados se ancoravam na solidariedade política e financeira de seus sindicatos de origem.

Não por acaso, nesse exato contexto tinha início, e justamente no estado de São Paulo, um experimento de produção de informações sobre o mercado de trabalho que se revestiu de características fortemente inovadoras, tendo marcado o curso dos estudos sobre emprego e desemprego no Brasil.[1] Tratava-se de trazer à luz novas estatísticas, que, conquanto oficiais (porque provenientes de um organismo governamental), ampliassem o espectro das medidas de performance do mercado de trabalho, testando formas de mensuração até então restritas, no Brasil, a estudos acadêmicos e de caso.

O escopo conceitual que ancorava o desenho metodológico da nova pesquisa argüia a especificidade das relações de emprego e das formas de desemprego nos então chamados "mercados heterogêneos" de trabalho. Neles não se generalizara, apesar de legalmente estatuída, uma norma contratual fundada no assalariamento por tempo indeterminado e protegido pela formalização do vínculo de trabalho.[2] Mais ainda, privados das instituições de proteção que haviam tomado forma sob regimes universalistas de bem-estar, mercados como o brasileiro careciam de um sistema público de suporte ao trabalhador desempregado, de modo a lhe permitir fazer face à perda do vínculo de trabalho.[3] Nessas

---

[1] Na forma de produzir informações, tal experimento se sustentou num consórcio entre uma instituição governamental de geração de dados e estatísticas oficiais — a Fundação Sistema Estadual de Análise de Dados (Seade) — e um organismo privado e intersindical de estudos e pesquisas — o Departamento Intersindical de Estatísticas e Estudos Socioeconômicos (Dieese). Escusado dizer da novidade de tal arranjo, tecido na primeira metade dos anos 1980, momento em que ainda se ensaiavam os primeiros passos no sentido de cruzarmos a porta de saída do autoritarismo político que marcara os 20 anos anteriores sob o regime militar.

[2] Ao contrário, a instituição do FGTS (Fundo de Garantia do Tempo de Serviço), já em 1965, fora uma das primeiras iniciativas, no alvorecer do primeiro governo militar, no sentido de reverter o instituto da estabilidade, mesmo para aquele segmento minoritário da população ativa que reunia condições de elegibilidade para desfrutá-lo, com conseqüente aumento da rotatividade no emprego.

[3] O instituto do "seguro-desemprego" foi introduzido no Brasil com a Constituição de 1988. Carente de regulamentação da sua fonte financiadora, foi implementado somente no curso dos anos 1990 com a instituição do Fundo de Amparo ao Trabalhador (FAT). É certo que um "sistema nacional de emprego" fora constituído ainda durante o regime militar; entretanto, seu impacto sobre as oportunidades no mercado de trabalho foi tão restrito quanto o escasso número de ocupações (de baixa qualidade) que intermediava; e mesmo suas funções de produção de informações e de administração de programas de qualificação jamais chegaram a fazer jus ao que se reivindicava em seu nome: os atributos de serem parte de um "sistema" dotado de escopo "nacional".

condições, a organização do mercado de trabalho longe estava de poder exprimir-se através da díade característica daquelas realidades: o emprego duradouro e formalmente protegido, por um lado, e o desemprego transitório e igualmente protegido, por outro. Ao contrário, sustentava-se amplamente em relações que, nessas outras realidades, correspondiam ao que se costumava denominar "formas atípicas" de emprego.

A ousadia metodológica da PED, a nova pesquisa de emprego e desemprego lançada na praça, radicava justamente em sua intenção de conceituar e quantificar tais situações atípicas que se situavam entre esses dois estatutos. Argüia-se que eram elas que conferiam especificidade aos contextos pouco estruturados pela norma do emprego registrado e duradouro. Ao fazê-lo, assumia a responsabilidade de mostrar como se redefiniam, nesses contextos, as formas mais elementares de inserção individual num mercado capitalista — a inatividade e a atividade — e, contidos nesta última, o emprego e o desemprego.[4]

A construção de uma definição operacional para medir o que se chamou de "desemprego oculto" constituiu-se, por isso mesmo, no desafio principal. Somente enfrentando-o poder-se-ia trazer à luz o peso dos contingentes da força de trabalho que se localizavam tanto na fronteira (até ali cinzenta) entre ocupação e desocupação, sob a forma do "desemprego oculto pelo trabalho precário", quanto na fronteira cinzenta entre atividade e inatividade, sob a forma do "desemprego oculto pelo desalento". Para tal, havia que ampliar a agenda de temas a investigar, de modo a produzir, como resultado, uma classificação analiticamente confiável do estatuto de cada entrevistado *vis-à-vis* o mercado. Assim, cabia perscrutar não só a disposição subjetiva para o engajamento no trabalho, indagando sobre pretensões em termos de jornada, como enfrentar o desafio da mensuração mais refinada e cuidadosa do fenômeno da procura de trabalho, investigando-o em temporalidades distintas e mais amplas que a semana anterior à coleta, tomada até então como referência. Mais ainda, havia que perquirir sobre os mecanismos

[4] Troyano, 1990; Hoffmann e Brandão, 1996; Dedecca, 1996 e 1999; Hoffmann e Cutrim, 2000; Montagner, 2003.

acionados na procura e, com isso, abria-se toda uma avenida para mensurar o papel dos agentes do mercado (e de fora dele) na circulação das informações sobre oportunidades ocupacionais.

Assim, a PED representou, nos anos 1980, uma conjunção virtuosa entre ousadia intelectual e política, sendo um sinal da capacidade de responder a uma conjuntura que desafiava o entendimento e as formas de medir as mudanças no mercado de trabalho, sob o acicate da urgência social de se produzirem novas modalidades de política pública. Era natural, por isso mesmo, que frutificasse. Ao longo dos 20 anos que se seguiram, o experimento estendeu-se a quase todas as principais metrópoles brasileiras, e a nova metodologia mostrou-se relevante para flagrar a especificidade da dinâmica desses grandes mercados urbanos de trabalho. E quanto menos estruturados pelo assalariamento regular, mais sensível parecia ser a medida.[5]

Entretanto, os 20 últimos anos foram prenhes de mudanças importantes, com forte integração da economia nacional a cadeias produtivas globalizadas, ampliação da flexibilidade no uso do trabalho e, sobretudo, um inédito crescimento dos níveis do desemprego metropolitano. Prestes a ultrapassar os seus anos de juventude e às vésperas de cumprir sua segunda década de existência, novamente uma equipe de acadêmicos e técnicos (governamentais e sindicais) lançou à PED o desafio de servir de veículo para testarem-se outras inovações metodológicas. Tratava-se agora de medir o alcance e os resultados daquele fenômeno que nos desafiava nos anos 2000: a recorrência com que indivíduos caíam no desemprego. Um estudo de tipo longitudinal sobre percursos no mercado paulista de trabalho foi concebido e desenvolvido entre 2001 e 2004.[6] Seu complexo desenho metodológico compunha-se de duas

---

[5] Montagner, 2003.

[6] Esse programa de pesquisas, que coordenei, foi desenvolvido através da conjunção de dois projetos: "Novas formas do emprego e da mobilidade na metrópole paulista" e "Desemprego: abordagens institucional e biográfica. Uma comparação Brasil, França, Japão". Eles receberam apoios da Fapesp — Fundação de Apoio à Pesquisa do Estado de São Paulo (Projeto Cepid-CEM 1998/14342-9), da William and Flora Hewlett Foundation/ Programa US-Latin America (Grant n. 2000-5377) e do CNPq (Acordo CNPq/CNRS, Proc. 690030-01-0 e Auxílio Pesquisa 469792-00). A execução do levantamento amos-

formas de abordagem. Na primeira, um *survey* foi levado a campo a partir de um questionário suplementar à PED, aplicado a uma amostra ligeiramente menor que aquela habitualmente investigada pela referida pesquisa, formada por 53.170 indivíduos com idade igual ou superior a 16 anos, que responderam os nossos questionários no período compreendido entre abril e dezembro de 2001.

Na segunda forma de abordagem, entrevistas semidiretivas foram realizadas com um subgrupo de indivíduos extraído da pesquisa amostral. Eles se caracterizavam por pertencerem a cinco grupos-alvo, analiticamente construídos por sua maior vulnerabilidade ao desemprego; constituíam-se, por assim dizer, em figuras típicas das formas da desocupação nas metrópoles modernas. Eram eles: *jovens* que tentavam seu primeiro ingresso no mercado de trabalho com uma escolaridade não tão elevada que os fizesse imperdíveis, mas nem tão baixa que os tornasse inadequados; *mulheres* que tentavam o reingresso no mercado depois de terem dele se retirado para ter e criar filho(s); *operários* com considerável experiência no trabalho fabril, chefes de família, com idade relativamente avançada para os requisitos do mercado; *gerentes e chefias intermediárias*, também com considerável experiência de comando nos serviços e que se viram, uns e outros, colhidos em suas trajetórias por processos de intensa reestruturação produtiva que lhes haviam retirado os empregos; e *migrantes nordestinos* com pouco tempo de residência na metrópole paulista. As pessoas sorteadas a partir do *survey* foram entrevistadas por duas vezes, em seus domicílios, com um hiato de cerca de um ano entre a primeira e a segunda abordagem.[7]

Padrões de trajetórias típicas dos indivíduos no mercado paulistano de trabalho puderam ser identificados por meio do *survey*; formas de exprimir a experiência de viver essas trajetórias e mecanismos que

---

tral domiciliar na Região Metropolitana de São Paulo, que será descrito adiante, contou com a parceria institucional e a permanente colaboração técnica da Fundação Seade do governo do estado de São Paulo.

[7] Todos os detalhes relativos ao desenho da pesquisa, definições operacionais e análise dos primeiros resultados podem ser encontrados no relatório especialmente preparado com respeito a essa fase da pesquisa e disponível em Guimarães et al., 2003.

dão sentido ao percurso ocupacional foram evidenciados por meio das entrevistas biográficas. Por um lado, procurou-se produzir informações de tipo longitudinal, refletindo sobre transições ocupacionais e padrões de trajetórias, a partir de um inquérito, como a PED, que é de tipo transversal. Por outro lado, procurou-se avançar numa abordagem qualitativa sobre os mecanismos que são acionados na biografia dos indivíduos e que dão por resultado as transições e padrões de trajetórias documentados no *survey*. Para tanto a análise ancorou-se no estudo das representações sobre a experiência do trabalho e do desemprego, num estilo de construção do levantamento de campo em tudo distinto da modalidade formal e estruturada da pesquisa por questionário que caracteriza a PED. O leitor há de convir que foi uma experiência tão ousada quanto o fora, nos anos 1980, a pesquisa em que tal experiência se sustentou.

Em outras oportunidades, apresentei e discuti resultados substantivos desse empreendimento, seja por meio de reflexões isoladas, seja por meio de textos em parceria com outros colegas que participaram dessa pesquisa.[8] Neste texto, procurarei tomar outro partido, fazendo tais resultados dialogarem com a pesquisa que serviu de veículo principal para a sua obtenção, a PED. Dois objetivos me nortearão: por um lado, argüir a importância analítica e apresentar os desafios metodológicos que tivemos que ultrapassar na construção desse intento original de levantamento longitudinal de tipo retrospectivo; por outro, extrair algumas lições dessa experiência para o aprimoramento das estatísticas sobre trabalho e desemprego.

Para alcançar tais objetivos, dividi o texto em três seções. Na primeira, sublinho a importância de insistir em estudos de natureza longitudinal, argüindo o seu valor heurístico para bem descrevermos realidades como a dos mercados metropolitanos de trabalho no Brasil. Na se-

---

[8] Ver especialmente Guimarães, Hirata, Montagner e Watanabe, 2003; Guimarães, Hirata, Montagner e Sugita, 2004; Guimarães, Silva e Farbelow, 2004; Guimarães e Georges, 2005; Guimarães, 2005a e 2005b, 2006a e 2006b; Demazière, Guimarães e Sugita, 2006.

gunda, procuro documentar o argumento inicial, apresentando alguns dos resultados obtidos para São Paulo; discorro brevemente sobre mecanismos de contorno das dificuldades metodológicas que se oferecem a um estudo baseado na memória do respondente quando pesquisamos contextos marcados, como no nosso caso, por intensas transições ocupacionais. Na terceira, concluo o texto, extraindo indicações relativas ao legado dessa experiência.

As abordagens longitudinais em contextos de intensas transições ocupacionais; desafios para a produção de novas informações empíricas

Em outras oportunidades tratei de maneira mais detida do tema dos ganhos de conhecimento propiciados pelas abordagens de tipo longitudinal, particularmente as análises de trajetórias ocupacionais, com vistas ao entendimento da conformação do mercado de trabalho.[9] Nessas ocasiões, argüi que tais estudos, ao tornarem o tempo um elemento endógeno ao desenho da análise, trazem à luz especificidades da dinâmica dos mercados de trabalho que não se fazem tão claramente visíveis quando as nossas interpretações apenas se sustentam em séries históricas do tipo *repeated cross-section*.

Retomarei aqui o tema sugerindo que, ao caracterizar padrões recorrentes de trajetórias, vividos por grupos específicos de indivíduos, podemos reunir conhecimentos importantes para melhor elucidar aquele que fora o desafio original da PED e que continuava intrigando nossa inteligência analítica: explorar a natureza da fronteira entre situações como desemprego, ocupação e inatividade. De fato, tal questão tem se tornado crescentemente relevante na dinâmica dos mercados de trabalho, em especial nos grandes centros metropolitanos, e sobretudo em países, como o Brasil, que jamais viveram a experiência de um pujante Estado de bem-estar social.

---

[9] Ver, por exemplo, Castro, Cardoso e Caruso, 1997; Guimarães, 2004; ou Cardoso, Comin e Guimarães, 2006.

Tomemos o exemplo da Região Metropolitana de São Paulo. Se desde a década de 1950 ela se consolidou como a maior metrópole brasileira, a partir do início dos anos 1980, mas de forma especialmente notável ao longo da década de 1990, a região passou por uma onda de mudanças, associadas ao movimento de reestruturação macroeconômica e microorganizacional que evidenciava os novos padrões de integração internacional e de competição entre firmas. Tal processo atingiu profundamente o mundo do trabalho, com efeitos sobre as condições de ocupação e renda.

Estudos de economistas do trabalho, já desde a primeira metade dos anos 1990, e vários deles usando dados da PED, vinham documentando, de modo desafiador, alguns importantes correlatos, no mercado de trabalho, desse movimento de reestruturação das empresas: aumento do tempo médio de procura do trabalho, intensificação do trânsito formal-informal, enxugamento sistemático de postos no mercado industrial de trabalho, movimento de relocalização setorial da força de trabalho em direção ao comércio e serviços.[10]

Vejamos um pouco mais detidamente o que se nos afigurava o início dos anos 2000, momento em que planejamos a nova pesquisa. Em primeiro lugar, as taxas de desemprego galgavam patamares inusitados, tendo dobrado no curso da década de 1990, com especial destaque para o célere incremento do "desemprego oculto" (gráfico 1).

Por outro lado, o impacto da nova conjuntura sobre o tempo destinado pelos indivíduos à procura de trabalho parece ter sido ainda mais intenso. Se considerarmos o conjunto dos indivíduos desempregados, o número de semanas triplicou em 10 anos, acelerando-se particularmente na segunda metade dos anos 1990 e em especial no pós-1997. Mas, se fica evidente que a procura de trabalho se torna muito mais árdua para o conjunto dos que buscam uma ocupação, de novo isso afeta com rigor ainda maior aqueles em situação de "desemprego oculto" (gráfico 2).

---

[10] Dedecca, Montagner e Brandão, 1993; Dedecca e Montagner, 1993; Dedecca e Brandão, 1993; Amadeo et al., 1993 e 1994; Caruso e Pero, 1995 e 1996; Caruso, Pero e Lima, 1997.

Gráfico 1

O diferenciado crescimento das formas do desemprego de 1990 a 2001

(1990 = 100)

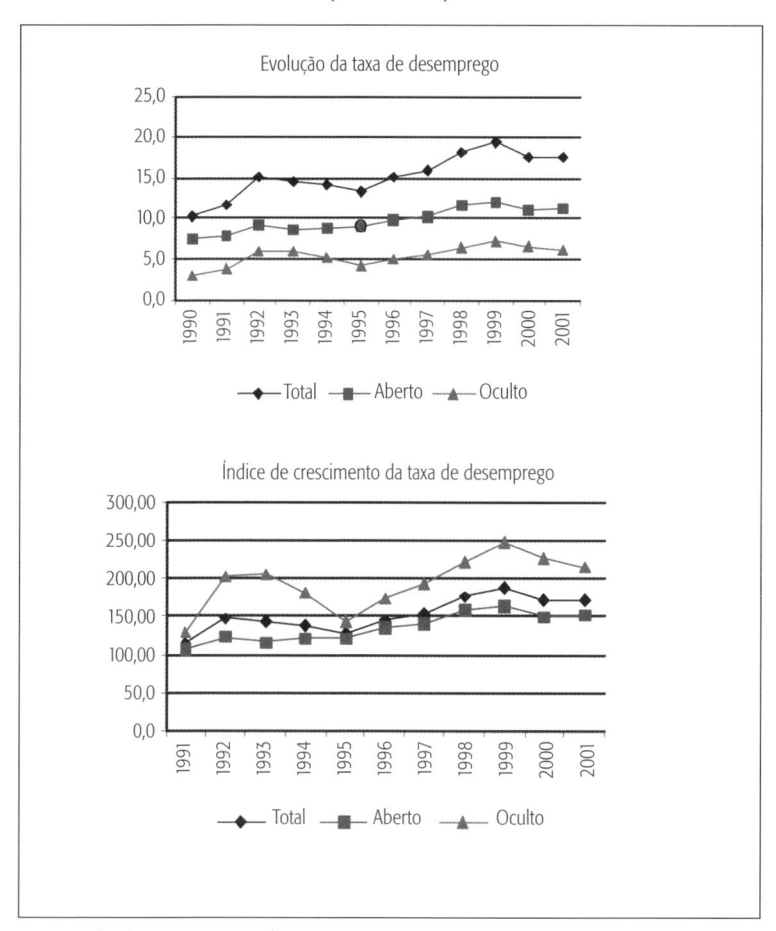

Fonte: Seade-Dieese. PED. São Paulo, 1990-2001.

Associe-se ao anterior uma terceira evidência: os dados da PED para esse período também indicavam que, a cada 12 meses, nada menos que três quartos dos indivíduos economicamente ativos mudavam de situação no mercado paulistano de trabalho. Parecia evidente o aumento da insegurança ocupacional, conseqüente à perversa combinação entre, por um lado, o alongamento dos tempos de desemprego e de procura de trabalho e, por outro, um sistema de proteção ainda pouco efetivo. O intenso trânsito entre situações no mercado de trabalho refletia, assim, o esforço individual para obter algum rendimento que permitisse a sobrevivência, dada a fragilidade da proteção institucional, ainda que isso acarretasse passar com muita freqüência da condição de ativos à de inativos, de ocupados a desempregados.[11]

Gráfico 2

O aumento diferenciado do tempo dedicado à procura de trabalho de 1990 a 2001

(em semanas)

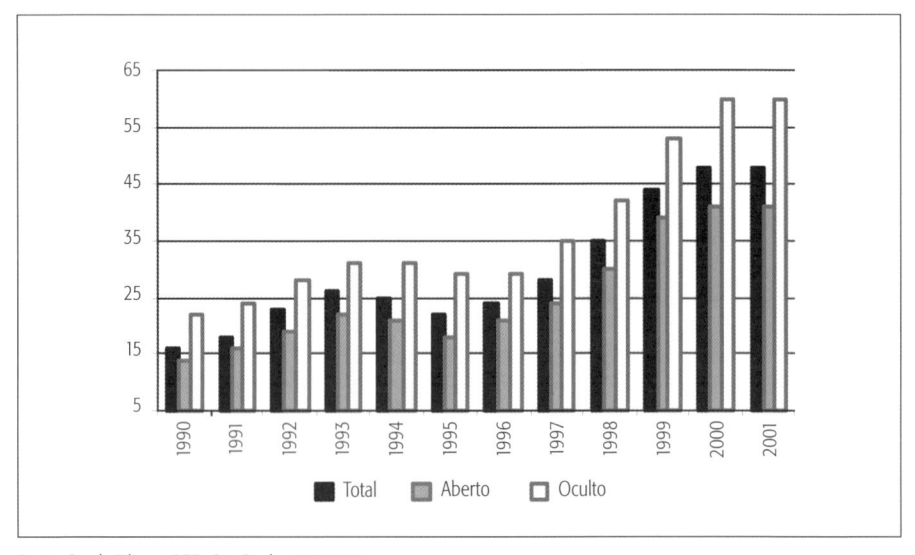

Fonte: Seade-Dieese. PED. São Paulo, 1990-2001.

---

[11] Essas condições produziram entre nós um fenômeno algo diferente do que fora observado, notadamente a partir dos anos 1980, nos países europeus economicamente mais avançados. Nestes, foi o aumento do desemprego de longa duração que se constituiu no desafio, tanto à interpretação dos cientistas sociais, quanto aos modelos de financiamento das políticas de proteção social, construídas ao longo de uma sólida experiência de regimes públicos de *welfare* (Ledrut, 1966; Maruani e Reynauld, 1993; Demazière, 1995; Friot e Rose, 1996; Gallie e Paugam, 2000; Maruani, 2002). Entre nós, na ausência de uma experiência histórica de proteção duradoura que fosse eficaz e socialmente inclusiva, a intensificação das transições no mercado de trabalho e, sobretudo, o fenômeno da recorrência do desemprego tornaram-se desafios ao nosso entendimento e às políticas governamentais (Dedecca, 1999; Guimarães, 2002).

Em iniciativa pioneira, a Fundação Seade tentara, já em 1996, mensurar a intensidade dos fluxos entre as condições de atividade na Região Metropolitana de São Paulo nos anos 1990.[12] Para tanto, foi elaborado um questionário especial, que circulou entre abril e dezembro de 1996 como parte integrante da PED. Esse suplemento buscou identificar a parcela da população em idade ativa com experiência de trabalho nos anos 1990 e, através do confronto entre sua condição de atividade no momento da pesquisa e aquela imediatamente anterior, quantificar e caracterizar os vários fluxos a que esta fora submetida na primeira metade daquela década.

Em uma de suas principais conclusões, os autores afirmaram que, nos anos 1990, a combinação dos efeitos das transformações no mercado de trabalho e das características dos indivíduos teve como conseqüência a intensificação do fluxo entre condições de atividade, mesmo entre os indivíduos com experiência anterior de trabalho. Menos que 20% dos indivíduos que transitaram no mercado de trabalho permaneceram no mesmo setor de atividade, na mesma ocupação e posição ocupacional. No outro extremo, mais de 30% dos que transitaram apresentaram mudanças de setor, ocupação ou posição ocupacional. Além disso, só 10% das transições se deram em direção ao mesmo setor e função, ainda assim em posição ocupacional diferente, num período marcado pela alteração das condições contratuais, com redução dos níveis de assalariamento com carteira de trabalho assinada no setor privado.

Concluem ainda os autores que, ao lado da insegurança ocupacional que se expressa no desemprego, haveria que reter outra característica do mercado de trabalho paulistano nessa década: a intensidade e a imprevisibilidade das transições ocupacionais, cuja dinâmica parecia pouco afeta a ser explicada pelas variáveis clássicas que dizem da inserção e permanência no mercado de trabalho, como a escolaridade e a progressão em carreiras. Segundo as palavras de Brandão, Watanabe, Ferreira e Montagner (2006:124-125):

A alternância entre postos de trabalho e entre ocupação e desemprego ou inatividade problematiza, para parcela expressiva da PIA, a cons-

---

[12] Brandão, Watanabe, Ferreira e Montagner, 2006.

tituição de trajetórias profissionais, fazendo com que a mudança de emprego esteja, em muitos casos, pouco associada à progressão vertical entre ocupações ou à formação educacional dos indivíduos. Neste sentido, diante da freqüência das transições entre condições de atividade, a existência de um perfil típico de escolaridade se torna pouco provável, decorrência do fato de, em um mercado de trabalho heterogêneo, marcado por intensa rotatividade, os nexos entre experiência de trabalho, instrução e estes fluxos serem muito frágeis, característica só agravada pelas mudanças recentes no padrão de criação de postos de trabalho.

A intensidade das transições promovia, assim, uma relativa imprevisibilidade dos percursos profissionais, já que os padrões de mudança entre ocupação e desemprego punham em xeque a possibilidade de construírem-se trajetórias ocupacionais que, embora sujeitas a transições recorrentes, fossem trilhadas em setores de atividade profissional que pelo menos estivessem relativamente circunscritos ao interior no mercado de trabalho. Desse modo, as inovadoras análises produzidas a partir da PED já deixavam entrever a importância de avançarmos em metodologias longitudinais que permitissem guinar o alvo, passando das análises de estoques, flagrados num momento do tempo, para as análises de fluxo, que acompanhariam percursos ocupacionais de um mesmo grupo ou coorte de trabalhadores por períodos determinados de tempo.

É certo que, por essa época, experimentos de longitudinalização de grandes bancos de dados já estavam sendo levados a cabo no Brasil.[13]

---

[13] Tais experimentos foram fortemente devedores da cooperação internacional mantida com pesquisadores de diferentes países. Na Inglaterra, o Institute for Employment Research (University of Warwick) mostrou-se colaborador decisivo já a partir do final dos anos 1990. Peter Elias, Kate Purcell, Abigail McKnight e Margaret Birch foram os parceiros de primeira hora nos debates sobre esses primeiros experimentos de longitudinalização de registros administrativos brasileiros — como a Rais —, que deram lugar à montagem da Rais-Migra. Também importantes foram os parceiros franceses, como Alain Degenne, Marie-Odile Lébeaux (do Lasmas) e Olivier Barbary (do IRD), no debate sobre formas avançadas de tratamento de dados longitudinais e possibilidades de desenho de *surveys* retrospectivos.

Entretanto, eles se restringiam a registros administrativos governamentais. As informações sobre contratação e demissão de trabalhadores, colhidas compulsoriamente pelo sistema Rais-Caged e armazenadas pelo Ministério do Trabalho, já haviam dado lugar à montagem da primeira base de dados que permitiria acompanhar trajetórias de trabalhadores demitidos em seu percurso no mercado brasileiro de trabalho, o chamado painel Rais-Migra; ele acompanhava coortes de trabalhadores, registrando ano a ano a situação de cada um deles no mercado de trabalho formal em qualquer ponto do país ou setor de atividade em que viesse a firmar (ou romper) um contrato de trabalho. Todavia, pela natureza da fonte, as ilações decorrentes da análise tinham que estar restritas aos empregos legalmente registrados, ao mercado formal de trabalho. Apesar disso, elas não deixavam de ser desafiadoras e inquietantes.[14]

Análises pioneiras também estavam sendo realizadas para o mercado formal de trabalho da Região Metropolitana de São Paulo, focalizando trabalhadores demitidos por sua indústria (setor em que mais se encolhiam as oportunidades de trabalho na região), e recompondo suas trajetórias no mercado brasileiro de trabalho. Tais análises reiteravam a importância dos mercados externos e secundários de força de trabalho. Cardoso (2000), por exemplo, documentara tal achado para a indústria automobilística paulista, setor em que não apenas o assalariamento formal havia sido a norma, como a duração dos contratos tendera a ser bem maior do que a média.

Arriscaria dizer, à luz desses trabalhos, que o padrão de transição ocupacional que se descrevia como característico dos anos 1990 não se confundia com o tipo de rotatividade no uso do trabalho que fora flagrado pela literatura nacional nos anos 1970 e 80.[15] E por

---

[14] Caruso e Pero, 1995 e 1996; Caruso, Pero e Lima, 1997.
[15] Hoffmann, 1980; Ferrante, 1978; Humphrey, 1982. O risco da afirmação resulta de que inexistem informações comparáveis para os anos que se seguem à instituição do FGTS, ou seja, de 1965 a 1985, data a partir da qual passou-se a dispor de microdados da Rais.

quê? Em primeiro lugar, porque se é certo que entre nós (e desde sempre) o tempo médio de permanência no emprego nunca foi tão longo, ele reduziu-se ainda mais nos anos 1990. Em segundo lugar, alterou-se o padrão de percurso ocupacional; este deixou de se sustentar na (alta) chance de reinserção na mesma ocupação e/ou no mesmo setor de origem, após um tempo (relativamente pequeno) de desemprego (mesmo que o retorno implicasse alguma perda salarial).

Diferentemente disso, as análises dos dados do sistema Rais-Caged disponíveis para os anos 1990[16] documentavam que significativos contingentes de trabalhadores haviam passado a ser duradouramente expulsos de seus setores de origem e, entre estes, uma parcela importante parecia haver perdido a possibilidade de retorno a um trabalho com carteira assinada, vivendo verdadeiras trajetórias de expulsão do mercado formal de trabalho. Tomarei dois exemplos de estudos empíricos a partir de dados administrativos que confluem para esse argumento.

Em trabalho anterior,[17] e com base numa amostra representativa de cerca de 150 mil casos, analisei o percurso da coorte formada por todos os demitidos da indústria brasileira em 1989, tendo acompanhado os seus movimentos de reinserção no mercado formal de trabalho nos oito anos subseqüentes ao seu desligamento. Verifiquei que cerca de 30% desses indivíduos jamais conseguiram restabelecer outro contrato formal de trabalho, em qualquer setor, ocupação ou local do país até 1997. Ora, na esteira desse processo corroíam-se não apenas a segurança ocupacional, o capital de qualificação acumulado e os níveis de vida, mas as identidades coletivas de base profissional que haviam fundado a emergência de amplos movimentos sociais de trabalhadores, a partir do final dos anos 1970. Todos esses são temas cruciais a uma sociologia do trabalho e dos mercados de trabalho.

---

[16] Ver a respeito Cardoso, 2000; Guimarães, 2004a; Cardoso, Comin e Guimarães, 2006.

[17] Ver Guimarães, 2004a.

No que concerne à Região Metropolitana de São Paulo como um conjunto, um estudo recente buscou medir a intensidade das transições ali ocorridas nos 20 últimos anos, acompanhando (e por feliz coincidência para os alvos do presente texto) o período também coberto pela PED, mas com uma fonte de dados longitudinais.[18] Com base nos registros administrativos provenientes do sistema Rais-Caged e, por isso mesmo, ainda circunscrita ao que se passava no mercado *formal* de trabalho, Rosendo (2006) analisou um banco especial de informações: o painel Rais-Migra Vínculos. À diferença do painel Rais-Migra que utilizei para analisar trajetórias de desligados da indústria, a Migra Vínculos tem como unidade de análise não os indivíduos, mas todo o universo dos vínculos formais de trabalho estabelecidos (no período e espaço geográfico e/ou setorial que se queira). Isso faz dessa base um excelente termômetro da durabilidade dos contratos de trabalho; ou seja, um banco que tem a flexibilidade e a (in)segurança nos empregos formais como foco.

O gráfico 3 ilustra como o processo de fragilização dos vínculos na Região Metropolitana de São Paulo não só se mostra crescente entre os anos 1985 e 2002, mas parece haver galgado outro padrão nesse período. Assim, entre 1985 e 1990 transitamos em direção ao novo tempo médio de duração dos contratos, que parece ter-se estabilizado na saída da crise de 1992: o número de vínculos restabelecidos cai (aumenta a quantidade de vínculos não refeitos) e, ao lado disso, observa-se uma redução ainda mais célere da proporção de vínculos refeitos no curso do mesmo ano, ou do ano seguinte, enquanto tal redução é bastante menor quando se trata de vínculos que se refazem a uma temporalidade ainda maior. Trocando em miúdos: não apenas tarda-se muito mais para obter um novo contrato, como aumenta a proporção de vínculos que não são refeitos ao longo do período em observação.

---

[18] Rosendo, 2006.

Gráfico 3
Tempo transcorrido até a próxima readmissão*: São Paulo, 1985 a 2002
(anos)

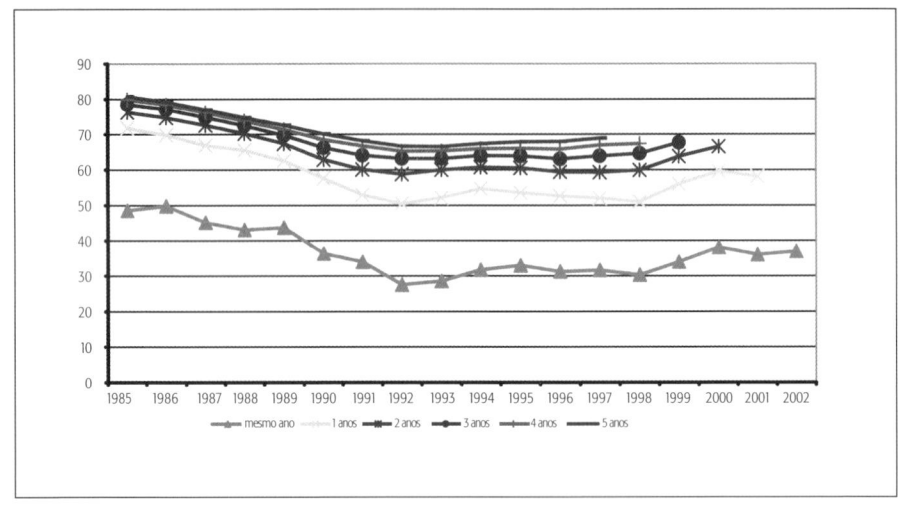

Fonte: Ministério do Trabalho e do Emprego. Rais-Migra Vínculos, apud Rosendo, 2006:75.
* Percentual acumulado dos vínculos de desligamento, incluindo aqueles vínculos não refeitos até o final do período.

Entretanto, embora os painéis longitudinais oriundos da Rais tenham propiciado um avanço importante no sentido do melhor uso de informações secundárias, apresentavam o inconveniente de apenas cobrirem eventos ocupacionais que tinham lugar no mercado dos empregos formalmente registrados, na medida em que tinham na empresa a sua unidade de obtenção do dado. Ora, quando as fontes reiteradamente documentavam um movimento de intensificação das transições, de trajetórias de expulsão do mercado formal, de vínculos sistematicamente não refeitos, ficava igualmente patente a necessidade de se investigar o conjunto do mercado de trabalho, e não apenas a parcela dos contratos formalmente estabelecidos. A informação domiciliar colhida junto ao indivíduo economicamente ativo mostrava-se, assim, o próximo horizonte a explorar. Somente ela seria capaz de prover dados para a reconstrução de trajetórias completas por incluir as transições, cada vez mais freqüentes, fora do mundo dos empregos com carteira assinada.

Porém, não havia na PED uma forma de medir com maior precisão o fenômeno da recorrência do desemprego em suas conseqüências para as transições e padrões de trajetória ocupacional no mercado paulistano de trabalho. Sendo um estudo transversal, era natural que a PED não se houvesse colocado, até então, questões como as que passavam a estar na pauta dos estudiosos do mercado de trabalho a partir das mudanças sofridas por este no curso dos anos 1990. Que padrões assumem essas transições entre ocupação e desemprego, atividade e inatividade? Como esses padrões mudam no tempo? Como afetam indivíduos com diferentes perfis (escolares, ocupacionais, etários, de sexo e de cor)? Como os indivíduos lhes fazem face? Que tipo de recurso manejam para buscar a reinserção? Que papel desempenham os programas públicos de qualificação profissional e de agenciamento de emprego?

Todas essas eram perguntas que requeriam metodologias de análise longitudinal para a produção de respostas mais sólidas. Todas elas, conquanto urgentes ao entendimento de mercados heterogêneos e pouco protegidos de trabalho como o nosso, estavam por ser respondidas, na falta de estatísticas adequadas em escala metropolitana, ou seja, na falta de dados para se construir uma visão do fenômeno a partir do "olho do furacão". Esse foi o vácuo que se buscou preencher formulando um experimento de mensuração de trajetórias ocupacionais a partir de uma investigação suplementar à PED levada a cabo em São Paulo, nosso maior mercado metropolitano de trabalho e o mais significativo agregado de trabalhadores desempregados e/ou sob risco de desemprego. Sua construção, seus principais resultados e os esforços para ultrapassar seus eventuais limites serão descritos na seção subseqüente.

Um painel longitudinal num questionário transversal

Entre abril e dezembro de 2001 foi levado a campo um questionário domiciliar suplementar à PED para a Região Metropolitana de São Paulo. Este procurou retraçar os percursos ocupacionais de uma amostra representativa dos indivíduos em idade ativa, acompanhando suas transições entre situações no mercado de trabalho, ocorridas entre 1994 e o momento da pesquisa, 2001. Como são considerados em idade ativa (cf. metodologia da PED) os indivíduos com 10 anos e mais, o levantamento suplementar teve que se restringir a entrevistar pessoas que, em

2001, tivessem pelo menos 16 anos, haja vista que somente para elas seria possível reconstruir histórias ocupacionais que recuassem até o ano de 1994.[19]

Mas por que estabelecer o ano de 1994 como o marco inicial para a coleta dos eventos no mercado de trabalho? Presumiu-se que a experiência do plano de estabilização monetária então posto em marcha (o Plano Real) deveria ter alterado referentes importantes do cotidiano econômico, podendo ser tomada como um elemento ordenador da memória do respondente, o que foi confirmado como factível pelo pré-teste. Dispor de marcos de referência é uma exigência dos instrumentos longitudinais de coleta, desafiados que estão a controlar os lapsos de memória do respondente, que sabemos serem diretamente proporcionais ao aumento do tempo coberto pelo levantamento e à precariedade e/ou ao sofrimento associados a experiências vividas no mercado de trabalho.[20]

---

[19] Para maiores detalhes sobre o questionário e sua formulação, ver o "anexo metodológico" de Guimarães et al., 2003. Cabe registrar que o desenho do questionário inspirou-se no conjunto de questionários levados a campo durante a pesquisa "Trajectoires des demandeurs d'emploi et marché local de travail" (também conhecida como painel TDE-MLT), conduzida na França entre 1995 e 1998 pelo Ministère du Travail et de la Solidarité; tais questionários (e posteriormente o próprio banco de dados) nos foram gentilmente cedidos pela Diretoria de Estudos do Mercado de Trabalho, sob a direção de Maria Teresa Pignoni, no quadro de um projeto de cooperação científica que envolvia o Departamento de Pesquisas do Ministério do Trabalho francês, o Centro de Estudos da Metrópole e a Universidade de São Paulo, com apoio do Acordo de Cooperação entre CNPq e CNRS. Na adaptação dos questionários TDE, com vistas à construção do questionário brasileiro, bem como no pré-teste deste, foi decisivo o envolvimento da equipe da Fundação Seade, que se mobilizou em discussões proveitosas, travadas ao longo de alguns meses; nelas se envolveram Felicia Madeira, Paula Montagner, Sandra Brandão, Marise Hoffmann, Atsuko Haga, Maria Alice Bezerra Cutrim, Susana Pereira e Margareth Watanabe.

[20] Habitualmente, levantamentos de tipo longitudinal retrospectivo, por se basearem na memória do respondente, são realizados a partir de questionários de um tipo especial, usualmente denominados "questionários-calendário". Neles, algumas variáveis-chave para a organização da vida pessoal são reiteradamente coletadas como forma de controle da datação dos eventos ocupacionais (são os chamados *recalls*); assim, local de moradia, situação conjugal ou número de filhos são algumas das características sobre as quais costumamos indagar de modo a orientar lembranças e ultrapassar lapsos de memória do respondente. Entretanto, sendo a PED um questionário transversal, era impossível ao

Cerca de 27 mil domicílios foram pesquisados entre abril e dezembro de 2001. Neles, foi aplicado o questionário suplementar com um aproveitamento final de 83% dos casos. Os nove meses de duração do tempo de coleta decorreram da necessidade de se produzir uma amostra que, por seu tamanho, pudesse ser representativa de todas as situações *vis-à-vis* o mercado, inclusive a dos desempregados, o menor contingente e o que mais de perto interessava à pesquisa.[21] Gerou-se uma base de informações sobre o perfil e os percursos de 53.170 indivíduos, dos quais, no momento da entrevista, 28.189 foram classificados como ocupados, 6.627 como desempregados e 18.354 como inativos, seguindo os critérios ordinários de categorização adotados pela PED. Os 53.170 casos foram analisados em seus movimentos no mercado de trabalho paulistano entre janeiro de 1994 e abril de 2001.

Em outras oportunidades[22] explorei os resultados da pesquisa priorizando a comparação entre os padrões de trajetória em São Paulo e os que observávamos em duas outras grandes metrópoles: Paris e Tóquio. Nestas últimas, a forma de institucionalização de seus sistemas de emprego e regimes de *welfare*[23] produziu distintos modos de estruturação dos mercados de trabalho. Nos anos 1990, todas essas cidades se defrontavam com um desemprego crescente e duradouro e com a despadronização dos percursos ocupacionais em direção a formas ditas "atípicas" de trabalho, o que chegou a animar a formulação de hipóteses sobre a convergência entre características dos mercados de trabalho, inclusive com sugestões de efeito, como aquela que apontava para uma pretensa "brasilianização do Ocidente",[24] que discuti em outra ocasião.[25] Toda-

módulo suplementar que a ela foi agregado ter a forma de um questionário-calendário; mesmo a sua extensão teve que ser cuidadosamente dosada para não extrapolar em muito o tempo médio de duração das entrevistas ordinárias. Por isso, ao se perguntar sobre eventos que tiveram lugar entre o Plano Real e o momento da pesquisa, introduzia-se um fato externo ao percurso no mercado de trabalho como demarcador da memória.

[21] O desenho da amostra também contou com o suporte técnico da Fundação Seade, através das estatísticas Nadia Dini e Maria Paula Ferreira.

[22] Guimarães, 2005b, 2006a e 2006b; Guimarães, Montagner, Hirata e Sugita, 2004.

[23] Gallie e Paugam, 2000.

[24] Beck, 2000.

[25] Guimarães, 2005b.

via, neste texto, meu interesse se concentrará, como disse antes, na experiência mesma de produção do módulo suplementar à PED e nos desafios nela contidos, com respeito seja à coleta, seja à análise dos dados.

O gráfico 4 pode ser considerado um primeiro resumo dos achados. Nele se ilustra a situação ocupacional de cada entrevistado em cada um dos meses compreendidos entre janeiro de 1994 e abril de 2001. Para entendê-lo, alguns esclarecimentos de natureza metodológica se fazem necessários.

Gráfico 4

Região Metropolitana de São Paulo: situação ocupacional do entrevistado entre janeiro de 1994 e abril de 2001

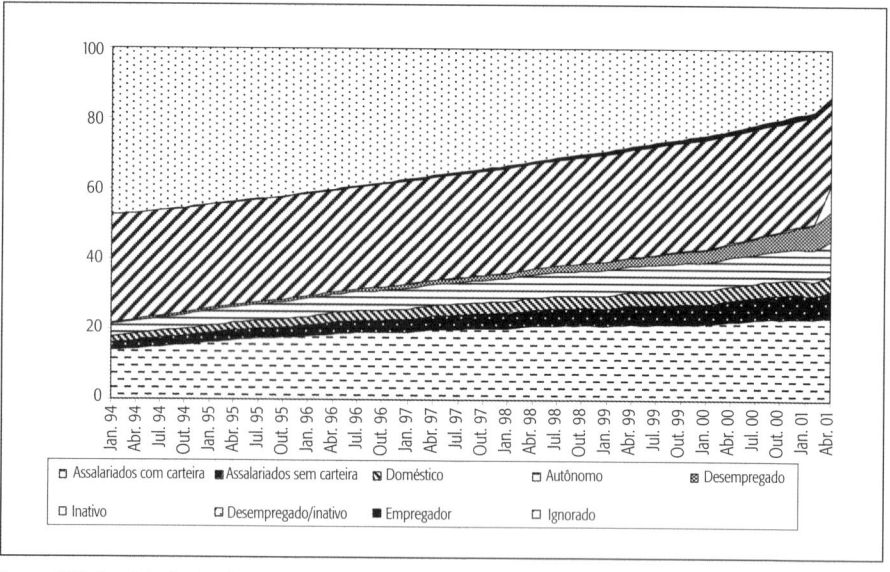

Fontes: SEP. Convênio Seade-Dieese. PED, questionário suplementar Seade/CEM "Mobilidade Ocupacional". Processamento próprio, apud Guimarães, 2006a.

Primeiro: sobre que eventos da trajetória foi possível colher informações, isto é, quão extensiva foi a cobertura do percurso ocupacional de cada indivíduo? Essa não era uma questão trivial, dado que um questionário retrospectivo rigorosamente exaustivo seria impossível, posto que o suplemento se encartava num instrumento de coleta transversal. Sendo assim, ao longo do período de referência, o entrevistado informou em detalhe apenas três eventos: a) sua situação ocupacional *no momento da entrevista* (ordinariamente colhida com minudência no questionário básico da PED); b) o evento ocupacional *imediatamente anterior* (aí compreendida a descrição de sua natureza, da forma de sua obtenção, mecanismos de procura e mecanismos eficazes para obter trabalho); e, por fim, c) um terceiro evento, cujo início antecedesse o segundo evento relatado e que fosse considerado pelo respondente como *mais importante* para descrever o período restante, que se iniciara no ano do Plano Real.[26] A situação do respondente no interstício entre cada um dos eventos foi igualmente investigada. Apesar disso, porém, sabíamos estar diante do risco de lapsos de tempo desconhecidos nas trajetórias. E quanto mais intensas as transições ocupacionais, menor seria o período vivido em cada situação e, logo, maior o risco de termos grandes lapsos de tempo não cobertos pela informação coletada.[27] Essa foi uma das principais medidas de qualidade da base tendo em vista os objetivos perseguidos.

No gráfico 4, tal zona obscura está expressa no estrato "ignorado", assim denominado para indicar que naquele mês carecíamos de informação sobre a situação do indivíduo em questão. Como se pode observar no gráfico, esse estrato tem um peso importante e, com o passar do tempo, sua importância aumenta. Isso pode resultar tanto do possível "efeito-memória" quanto, o que é ainda mais plausível, da combinação deste com a instabilidade que particulariza a organização do mercado paulistano de trabalho, dadas as formas de institucionalização do desemprego entre nós. Mas o gráfico 4 deixa também entrever que a base é capaz de responder pela situação ocupacional da maioria dos entrevis-

---

[26] Pré-testamos o questionário tentando inicialmente definir o terceiro evento como aquele que seria representado pelo vínculo de mais longa duração no período, no afã de bem cobrirmos o percurso. Entretanto, lapsos de memória levavam sistematicamente os indivíduos a responderem em termos do evento que consideravam o mais importante; decidimos, na impossibilidade de introdução de outros *recalls*, rever a pergunta e indagar pelo vínculo tido como o mais importante.

[27] Especialmente quando se tem em mente que (cf. a PED-RMSP), a cada 12 meses, nada menos que três quartos dos indivíduos economicamente ativos mudavam de situação no mercado paulistano de trabalho.

tados em todos os meses observados e, mesmo no momento mais lon-gínquo (o trimestre janeiro-março de 1994), quando se esperaria que a precisão da informação fosse menor, ainda podemos localizar 53% dos respondentes, o que avaliza a sua qualidade.[28]

Segundo esclarecimento: dada a necessidade de dispormos de even-tos válidos para todos os respondentes, de modo a permitir a comparação de seus percursos, e como o período de coleta em campo durou nove meses, retivemos para análise apenas as informações referentes ao período janeiro de 1994-abril de 2001, por ser este o período comum a todos os respondentes, independentemente do mês de aplicação do questionário. Isso explica o porquê de termos um grupo de casos (cerca de 13% deles) com situação ocupacional ignorada no momento mais atual.

Se deslocarmos o interesse das preliminares metodológicas para o plano dos resultados substantivos, um aspecto principal logo chamará a atenção: são minoritários, no gráfico 4, os estatutos polares, típicos do mundo do trabalho presidido pela relação salarial. A conjunção entre, por um lado, o assalariamento regular, com carteira assinada e direitos a ele associados (que alcança no máximo 25% dos casos) e, por outro, o desemprego aberto (aproximadamente 8% dos entrevistados a cada momento) deixa de fora, em média, nada menos que três quartos dos 51 mil indivíduos cujas posições no mercado de trabalho acompanha-mos ao longo dos sete primeiros anos do pós-Real. Já as situações antes aludidas como "de fronteira" ou "zona cinzenta" são bem mais signifi-cativas em termos numéricos. Apenas para tomar um exemplo, somente a situação de trânsito entre desemprego e inatividade caracteriza, em média, nada menos que 30% dos casos.

O achado expresso no gráfico 4 sob a forma de sucessivos cortes transversais, apesar do seu interesse, deixa ainda em aberto outras di-mensões do problema, notadamente aquelas concernentes à amplitude e à regularidade nos padrões de transição. Vale dizer: por um lado, im-porta saber se a insegurança ocupacional atinge um segmento específico

---

[28] O que não é pouco, dado não se estar utilizando um verdadeiro e rigoroso painel lon-gitudinal retrospectivo, o que seria idealmente equacionado, como visto, por meio de um questionário-calendário.

da força de trabalho ou se é mais amplamente generalizada; por outro, cumpre ainda desvendar se as intensas transições podem ser resumidas em alguns trajetos entre situações que são mais recorrentes, isto é, se não haveria trajetórias típicas nesse mundo ocupacional de posições tão frágeis. Mas, a par disso, ainda resta um desafio de natureza metodológica: serão as situações ignoradas realmente um reflexo de intensas transições em trajetórias despadronizadas? Ou são meros efeitos da dificuldade encontrada por nosso questionário suplementar para medir movimentos no mercado de trabalho num período relativamente longo de sete anos?

Para responder tais perguntas fazia-se necessário outro tipo de análise longitudinal que facultasse igualmente acompanhar, ao longo do tempo, os vários movimentos individuais no mercado de trabalho. Em vez de uma fotografia sobre a situação do estoque de casos a cada momento, uma análise do fluxo dos indivíduos no mercado. Para fazê-lo, separei os 51 mil indivíduos em três grupos, conforme a situação destes no mercado de trabalho no momento da pesquisa: o grupo dos que estavam ocupados, o dos desempregados e o dos inativos em 2001. Feito isso, utilizei os procedimentos de análise fatorial e de *clusters* para observar os itinerários dos entrevistados de cada um desses grupos, de modo a identificar possíveis padrões de trajetória ocupacional, usando as mesmas alternativas de classificação do gráfico 4. O resultado está resumido na tabela 1.

E qual o achado mais intrigante?[29] Tanto entre os ocupados, quanto entre os desempregados e os inativos, um contingente significativo de casos se constitui de pessoas que, ao longo do período observado, mudavam tão freqüentemente a sua situação no mercado de trabalho que nenhum padrão de trajetória podia ser identificado, já que a informação sobre três eventos ocupacionais cobria um período muito curto do percurso. Este se caracterizava, assim, pela despadronização. Tal era a situação de um quarto (24%) dos que estavam ocupados no momento da pesquisa, de metade (51%) dos que se encontravam inativos e de três

---

[29] Para uma análise mais detalhada desses achados, inclusive numa perspectiva comparativa com outras metrópoles mundiais, ver Guimarães, 2005b e 2006a.

quartos (69%) dos que haviam sido classificados como desempregados em 2001.

Tabela 1

Região Metropolitana de São Paulo: trajetórias agregadas dos entrevistados entre 1994 e 2001, segundo condição ocupacional em 2001

	Nº absoluto	% do grupo	% do total
OCUPADOS em 2001			
1. Assalariados com carteira	8.439	30	16
2. Empregadores	619	2	1
3. Desempregados ou inativos	1.725	6	3
4. Transições intensas, percurso ignorado	6.694	24	13
5. Autônomos	2.730	10	5
6. Domésticos	1.264	4	2
7. Assalariados sem carteira	6.718	24	13
Subtotal dos ocupados	*28.189*		*53*
Outras situações em 2001 (desempregados ou inativos)	*24.981*		*47*
Total de casos	53.170	100	100
DESEMPREGADOS em 2001			
1. Transições intensas, percurso ignorado	4.549	69	9
2. Desempregados	627	9	1
3. Desempregados ou inativos	1.451	22	3
Subtotal dos desempregados	*6.627*		*13*
Outras situações em 2001 (ocupados ou inativos)	*46.543*		*88*
Total de casos	53.170	100	100
INATIVOS em 2001			
1. Transições intensas, percurso ignorado	9.287	51	18
2. Aposentados (assalariados com carteira ou funcionários públicos)	1.549	8	3
3. Transitando entre inatividade e trabalho autônomo	524	3	1
4. Transitando entre desemprego e inatividade	6.994	38	13
Subtotal dos inativos	*18.354*		*35*
Outras situações em 2001 (ocupados ou desempregados)	*34.816*		*65*
Total de casos	53.170	100	100

Fontes: SEP. Convênio Seade-Dieese. PED, questionário suplementar Seade/CEM "Mobilidade Ocupacional". Processamento próprio.

É certo que a tabela 1 deixa também entrever que os indivíduos então ocupados tinham trajetórias anteriores no mercado de trabalho não só mais estáveis (passíveis de serem expressas em tipos duradouros de situação ocupacional), como também mais diversificadas (cujos percursos típicos cobrem quase que todo o espectro das alternativas de classificação que utilizei). Interessante observar ainda que, entre os ocupados, a história ocupacional no assalariamento é dominante. Alguns haviam passado a maior parte do seu tempo, desde o Plano Real, como assalariados com carteira (30% dos ocupados); outros haviam estado em relações assalariadas duradouras, ainda que informais (24%). Juntos, eles formam o coração do assalariamento estável; mas, se somarmos os assalariados formais e informais, eles não chegam sequer à terça parte do universo investigado (29% do total de casos). Uma parcela de menor peso tinha percursos igualmente estáveis no trabalho autônomo (10%), no serviço doméstico (4%) ou se constituía de antigos empregadores (2%). Apenas um número residual dos atuais ocupados era formado por pessoas duradouramente privadas de ocupação, e que, por isso mesmo, transitavam entre o desemprego e a inatividade (6%).

Muito distinta é a configuração que se observa entre os desempregados e os inativos. As trajetórias de uns e outros são fortemente marcadas pela despadronização e pela ausência de experiências duradouras de emprego, qualquer que seja o tipo de relação de trabalho. No caso dos desempregados, se somarmos aqueles cujo padrão são transições tão intensas que o percurso não pode ser recomposto (69%) com os que, privados de ocupação, passaram o período transitando entre o desemprego e a inatividade (22%), teremos nada menos que 91% dos casos, ou seja, a quase totalidade dos entrevistados.[30] Os duradouramente desempre-

---

[30] O primeiro grupo, o sujeito a intensas transições, é ligeiramente mais masculino, mas equilibrado no que concerne à participação por sexo *e* cor; no que respeita à idade, tem um formato bimodal: um subgrupo mais jovem (30% dos casos entre 18 e 24 anos) e outro mais idoso (49% deles entre 30 e 49 anos); por isso mesmo, chefes e filhos predominam. A escolaridade é baixa e o desemprego aberto é aquele que assume a forma mais importante no momento da entrevista (63%). Já o segundo grupo, cujo percurso anterior estava marcado pela ausência recorrente de ocupação e pelo trânsito entre desemprego e inatividade era caracteristicamente feminino (73% dos casos), constituído em sua maioria

gados eram apenas uma minoria, 9% do grupo. Dito em bom português, os nossos desempregados são trabalhadores que não só estavam circunstancialmente desocupados e à procura de trabalho, mas tinham uma história ocupacional marcada pelo reduzidíssimo comando sobre as condições de oferta e negociação de sua força de trabalho. Engolfados numa permanente "viração", transitavam entre um sem-número de bicos ou mesmo passavam períodos fora do mercado de trabalho. Não sem razão, vistas as condições do regime de proteção vigentes entre 1994 e 2001, nesse grupo a forma proeminente do desemprego era a que se ocultava recorrentemente no trabalho precário ou no desalento.

E o que dizer do percurso ocupacional prévio daqueles que a pesquisa encontrou, em 2001, na inatividade? Ele é marcado por grande mobilização em direção ao engajamento no mercado, conquanto (também aqui) sem maior comando sobre as condições de negociar no mercado a sua força de trabalho. Não por acaso, a parte mais significativa dos inativos apresentava um percurso ocupacional de padrão muito similar ao dos desempregados: nove em cada 10 (89%) provinham de trajetórias de intensas transições ou de percursos carentes de ocupação regular, que os sujeitava ao trânsito entre o desemprego e a inatividade. Só uma minoria (8%) era formada por trabalhadores de maior idade (dominantemente homens e brancos), que, tendo chegado ao final da vida ativa, retiravam-se do mercado de trabalho pela via da aposentadoria e passavam à inatividade. Ou seja, assim como entre os desempregados, menos de um em cada 10 inativos tinha uma trajetória de passagem regular à inatividade.

Esses achados indicam que o risco de histórias ocupacionais marcadas pela transição intensa não apenas é elevado, mas muito desigualmente distribuído, tanto entre as distintas posições dos indivíduos *visà-vis* o mercado, quanto com respeito a seus atributos, como idade e posição no ciclo de vida, ou sexo e cor. Tal como destaquei em outra

---

por cônjuges (52%) e com predominância de brancas. Sua escolaridade era ainda mais baixa que a do grupo anterior e tinha no "desemprego oculto pelo desalento" a forma de desocupação mais importante. Não sem razão, a fronteira de entrada e saída do mercado de trabalho era recorrentemente cruzada.

ocasião,[31] esse risco está fortemente informado pelo próprio percurso, de sorte que a inclusão no mundo dos ocupados parece dotar os indivíduos de redes de relações que, se não lhes asseguram "bons empregos" (somente 32% deles formam o núcleo duro que reúne assalariados com carteira e empregadores), parecem ser capazes de reduzir o risco da transição recorrente, tornando-a menos provável, já que sob tal risco estão um em cada três casos entre os ocupados, contra três em cada quatro desempregados, e um em cada dois inativos.

Mas, pode-se estar realmente seguro da confiabilidade desse achado? Dizendo-o de outro modo: esse intenso trânsito não poderia ser um efeito artificialmente produzido por uma armadilha metodológica, já que decorre de um levantamento longitudinal baseado em um número de eventos demasiadamente exíguo para cobrir um tempo por demais ampliado, haja vista a insegurança ocupacional vigente? Ou, em outras palavras, não estaríamos exacerbando um traço da realidade do mercado metropolitano de São Paulo por força de uma limitação no modo de mensurá-lo?

Em face desse desafio, introduzi um último controle na análise dos dados, reduzindo o período de referência dos percursos. Ou seja, se havia um risco de inadequação do instrumento à temporalidade por ele assumida, nada melhor que verificar o que acontece com os resultados empíricos quando reduzimos o lapso de tempo durante o qual se acompanham as transições. Na tabela 2 apresento os achados assim obtidos. Para melhor ajuizá-los, reapresento, numa primeira metade, os trajetos anteriormente analisados (e obtidos para o período 1994-2001), de modo que o leitor possa confrontá-los com as novas trajetórias agregadas, identificadas para o período mais curto, ou seja, 1997-2001.

Os resultados da comparação são interessantes. Se, por um lado, confirmam a importância das trajetórias despadronizadas, por outro, matizam o peso destas com respeito a todos os grupos, e muito especialmente ao dos trabalhadores desempregados em 2001. Senão, vejamos.

Mesmo reduzindo o tempo coberto pelas informações, continuamos a observar que as trajetórias despadronizadas, ou seja, aquelas

---

[31] Guimarães, 2006a.

sujeitas a transições muito intensas, ainda se destacam como um tipo de percurso fortemente recorrente no mercado paulistano. A elas estão expostos nada menos que 16% dos ocupados (mantendo-se, por sua importância numérica, como o segundo tipo de trajeto entre eles), 35% dos desempregados (embora menos significativo, esse tipo de percurso segue sendo o mais importante entre as pessoas que buscavam trabalho no momento do levantamento) e 43% dos inativos.

Todavia, a redução do tempo e a captura (conseqüentemente) mais precisa das informações fazem aparecer com mais saliência o peso dos percursos no desemprego. E isso se aplica especialmente aos próprios desempregados. Uma vez recompostos os seus trajetos, tomando como referência um período mais curto de tempo (1997-2001), obtém-se um leque maior de alternativas de trânsito no mercado de trabalho (seis em lugar de apenas três), entre as quais se torna muito mais significativo o percurso no desemprego duradouro (englobando agora 16% dos casos, contra apenas 9% quando observado o período mais longo). Por outro lado, sobressaem também os percursos conducentes ao desemprego e que foram oriundos tanto do assalariamento com carteira (24% dos casos), como do serviço doméstico (4,6%), e do trabalho autônomo (3,6%), o que revela a insegurança ocupacional a que estão sujeitas essas relações de trabalho, e mesmo a mais protegida delas — o trabalho regularmente registrado em carteira.[32]

---

[32] A riqueza desse tipo de análise longitudinal pode certamente render frutos de muito interesse quando se associam os padrões de percurso aos perfis dos indivíduos. Assim fazendo, pode-se avançar conclusões importantes sobre a distribuição desigual dos riscos, com indicações relevantes para políticas públicas ligadas ao mercado de trabalho. Não é aqui o local para seguir adiante apresentando resultados, mas indicaria avanços já efetuados, por exemplo, com respeito a possíveis padrões que diferenciam grupos de sexo e cor em suas trajetórias no mercado de trabalho da Região Metropolitana de São Paulo. Mais além do diagnóstico de formas de segregação ocupacional, temática fartamente explorada pelos sociólogos e economistas do trabalho, essas informações já nos permitiram, por exemplo, avançar hipóteses desafiadoras também sobre formas de segregação nos percursos ocupacionais; ver, a propósito, o capítulo 9 deste livro, assinado por Guimarães, Silva e Farbelow.

Tabela 2

Região Metropolitana de São Paulo: confronto das trajetórias agregadas obtidas para os períodos 1994-2001 e 1997-2001

Classes de trajetória 1994-2001				Classes de trajetória 1997-2001	
OCUPADOS em 2001	Nº absoluto	% do grupo	% do total	OCUPADOS em 2001	Em %
1. Assalariados com carteira	8.439	30	16	1. Assalariados com carteira	34,1
2. Empregadores	619	2	1	2. Empregadores	2,2
3. Desempregados ou inativos	1.725	6	3	3. Desempregados ou inativos	23,9
4. Transições intensas, percurso ignorado	6.694	24	13	4. Transições intensas, percurso ignorado	16,2
5. Autônomos	2.730	10	5	5. Autônomos	11,2
6. Domésticos	1.264	4	2	6. Domésticos	5,2
7. Assalariados sem carteira	6.718	24	13	7. Assalariados sem carteira	7,2
Subtotal dos ocupados	*28.189*		*53*		
Outras situações em 2001 (desempregados ou inativos)	*24.981*		*47*		
Total de casos	53.170	100	100		
DESEMPREGADOS em 2001				DESEMPREGADOS em 2001	
1. Transições intensas, percurso ignorado	4.549	69	9	1. Transições intensas, percurso ignorado	35,1
2. Desempregados	627	9	1	2. Desempregados	16,2
3. Desempregados ou inativos	1.451	22	3	3. Desempregados ou inativos	16,4
Subtotal dos desempregados	*6.627*		*13*	4. Assalariados com carteira	24,1
Outras situações em 2001 (ocupados ou inativos)	*46.543*		*88*	5. Domésticos	4,6
Total de casos	53.170	100	100	6. Autônomos	3,6
INATIVOS em 2001				INATIVOS em 2001	
1. Transições intensas, percurso ignorado	9.287	51	18	1. Transições intensas, percurso ignorado	43,6
2. Aposentados (assalariados com carteira ou funcionários públicos)	1.549	8	3	2. Aposentados (assalariados com carteira ou funcionários públicos)	3,9
3. Transitando entre inatividade e trabalho autônomo	524	3	1	3. Autônomos	2,5

Continua

Classes de trajetória 1994-2001				Classes de trajetória 1997-2001	
OCUPADOS em 2001	Nº absoluto	% do grupo	% do total	OCUPADOS em 2001	Em %
4. Transitando entre desemprego e inatividade	6.994	38	13	4. Desempregados ou inativos	38,3
Subtotal dos inativos	18.354		35	5. Percurso entre situações precárias	8,1
Outras situações em 2001 (ocupados ou desempregados)	34.816		65	6. Do assalariamento regular à transição D-I	3,6
Total de casos	53.170	100	100		

Fontes: SEP. Convênio Seade-Dieese. PED, questionário suplementar Seade/CEM "Mobilidade Ocupacional". Processamento próprio.

Diria, enfim, que o teste do valor heurístico da forma longitudinal de coletar e analisar os dados parece revelar que temos em mãos uma ferramenta poderosa para refletir sobre a estruturação e a dinâmica de mercados de trabalho, especialmente aqueles sujeitos a intensas transições entre situações ocupacionais. Finalizo trazendo à baila, na última seção do texto, algumas reflexões sobre as lições deixadas por essa experiência.

Considerações finais

Nas seções antecedentes utilizei a experiência de estudos avançados e em parceria interinstitucional, desenvolvidos nos últimos anos, na Região Metropolitana de São Paulo, como forma de ilustrar a importância de oxigenarmos a nossa agenda de análise, renovando-a metodologicamente, de maneira a melhor fazer face ao debate sobre mercado de trabalho e políticas públicas.

Iniciei meu argumento destacando que os anos 1980 — talvez pela forte crise (econômica e no mercado de trabalho) que abriu aquela década — foram seminais no debate sobre trabalho e desemprego no Brasil. Naquele momento assumimos, com todas as suas duras e desafiadoras conseqüências, a realidade de que o desemprego era um problema no Brasil, e de que havia chegado para ficar. E não era fato apenas que tivéssemos problemas de (sub)emprego associados às esferas locacional, de formação ou de redistribuição da força de trabalho. Nesse diapasão tinha ido parte significativa da nossa melhor inteligência analítica, que, nos anos 1960 e 70, tratara de dar conta dos problemas dos mercados urbanos de trabalho. Eles bem documentaram como a consolidação de tais mercados fazia-se na esteira de intensos fluxos migratórios internos, que relocalizaram parcela importante dos ofertantes de força de trabalho (dos anos 1940 aos 70), na esteira da constituição de uma indústria pujante e de serviços modernos que se haviam concentrado em algumas áreas urbanas mais significativas, entre os anos 1950 e 70, no mesmo Sudeste.[33]

Ora, qual a novidade dos anos 1980 que aqui destaquei pela importância para o tema deste texto? A de ter, por um lado, dado legalidade analítica consagrando um interesse acadêmico e, por outro, conferido legitimidade simbólica no plano do imaginário social ao sentimento de que tínhamos, sim, um problema de *desemprego* a enfrentar nos planos conceitual, operacional e político. E, assim fazendo, essa geração deu conseqüência, no campo das medidas, ao reconhecimento da especificidade do nosso mercado de trabalho, marcado por sua heterogeneidade estrutural, flexibilidade operacional e escasso poder de organização das relações de trabalho com base numa norma salarial que se tinha universalizado. Vêm de então as estatísticas que retiraram da sombra as formas diversas do desemprego, com especial relevo para aquelas que se ocultavam no trabalho precário e no desalento. Devassava-se o amplo leque de modalidades de relação dos indivíduos com respeito ao trabalho e ao desemprego. A PED foi pioneira nesse caminho.

Tais medidas avançaram, por certo, na descrição das especificidades da estrutura do mercado. Todavia, deixavam apenas entrever, como vimos até aqui, a intensa dinâmica de transições que já nos marcava des-

---

[33] Ver, por exemplo, os clássicos estudos feitos nos anos 1960 e os seminais para a reflexão sobre trabalho e sociedade realizados até a primeira metade dos anos 1970, de autoria de Juarez Brandão Lopes (1964 e 1967), ou mesmo a reflexão sobre marginalidade e exclusão veiculada a partir de meados dos anos 1970 por Lucio Kowarick (1975) ou Vilmar Faria (1976), que marcariam a cena intelectual da sociologia do trabalho urbano no Brasil entre fins dos anos 1970 e início dos 80.

de então — e que se tornaria particularmente significativa a partir dos anos 1990, com as mudanças macroeconômicas e microorganizacionais que mudaram rumos da economia em geral e das firmas em especial, aprofundando o fenômeno do desemprego recorrente.

Tamanhos foram os efeitos, no mercado de trabalho, das mudanças promovidas a partir dos anos 1990, tal a sua magnitude (em termos de número de demitidos), tão intenso foi o "enxugamento" (em termos de encolhimento dos postos), que o analista rapidamente percebia que já distava muito o tempo[34] em que as estratégias gerenciais de desemprego se assentavam (confortáveis) em estratégias de rotação dos trabalhadores. Até os anos 1980, por certo, a quebra do contrato de trabalho prenunciava o estabelecimento de um outro vínculo, via de regra no mesmo setor, no mais das vezes com um outro empregador (mas por vezes com o mesmo, num outro momento), embora (muito provavelmente) a menores salários e em condições mais desiguais de barganha.

Assim, nos anos do chamado "milagre econômico", só para figurar um exemplo, é certo que a rotação (contraface do despotismo de mercado) deprimia os salários e sujeitava os trabalhadores à intensificação das jornadas, em condições de privação de direitos (como o da estabilidade, substituída pela legislação do FGTS). Entretanto, no próprio mecanismo de rotação, acenava-se com o horizonte de uma futura readmissão, da reinserção no mundo dos empregos no setor do qual se saíra. O intenso *turnover* era, assim, um instrumento por excelência de gestão, que se completava com a repressão política. Mas ele não privava, seja da chance (de longo prazo) da reinserção, seja da representação simbólica de uma identidade (profissional) e de um destino (ocupacional). Tanto é assim que, na crise do início da década de 1980, os sindicatos protegiam "seus" desempregados. Ou, por outra, quando o desemprego era expressão do custo "político" da militância,[35] havia o instituto dos "fundos de greve", a vaticinar a transitoriedade do desligamento "da

---

[34] Magistralmente descrito por Humphrey (1982), por exemplo, para a indústria automobilística paulista nos anos 1970.

[35] Pois, nesses casos, a perda do emprego não era mais que uma forma, travestida, da repressão.

categoria" e a anunciar que num futuro, mesmo que mais remoto que o desejado, o trabalhador restabeleceria os elos com o seu destino de origem. É eloqüente observar como, num exemplo ou no outro, era o sindicato que bancava a conta desse interregno. Assim, se nos faltava um arcabouço institucional público-estatal, as pontes de passagem eram feitas por instituições públicas não-estatais, estando entre as principais delas os sindicatos e a solidariedade operária.

Ora, ao avançar no estudo dos elos entre reestruturação e seletividade, ficava cada vez mais claro que, a partir dos anos 1990, o desemprego representava, para uma parcela muito significativa dos desligados, a perda definitiva dos elos com uma trajetória pretérita, com uma eventual carreira profissional, com uma identidade social, enfim. Não se tratava de mera rotação, mas de rompimento dos elos que faziam do par emprego-desemprego elementos de uma relação biunívoca. O desemprego não era mais, para muitos e muitos dos trabalhadores(as), o outro, transitório, do emprego. E sendo assim, que dizer do destino desses indivíduos? Que dizer dos itinerários no novo mercado de trabalho?

Para responder a esse tipo de indagação, como documentei nas seções iniciais, houve que construir desenhos de pesquisa distintos. A seletividade produzida no processo de reestruturação já não podia ser apenas descrita por seus resultados agregados, em termos de estoques de indivíduos privados dos vínculos de trabalho. Tampouco era suficiente atualizar séries de painéis de tipo transversal (ao modo das *repeated cross sectional analysis*), que bem documentavam a magnitude da queima de postos de trabalho ou de redefinição na natureza dos vínculos (de estáveis para instáveis ou precarizados), ou de reespacialização do emprego. Desafiava-nos a necessidade de produzir dados adequados a analisar padrões de transição ocupacional, identificando trajetórias (isto é, destinos ocupacionais comuns, recorrentes, partilhados) de grupos de indivíduos importantes enquanto alvo das políticas públicas de emprego, renda e inclusão social.

Como detalhei ao longo do capítulo, o esforço desenvolvido nos anos 1990 por alguns grupos brasileiros de pesquisa (notadamente Ciet, Iuperj e Cebrap) dirigiu-se, já em meados daquela década, para construir bases longitudinais para o estudo do mercado de trabalho, aproveitando e redesenhando a arquitetura de bancos de dados já disponíveis.

Esse esforço foi coroado de êxito na medida em que dele derivaram os primeiros experimentos de longitudinalização de registros administrativos que deram origem à Rais-Migra (hoje chamada Rais-Migra Painel) e, posteriormente, à Rais-Migra Vínculos. A representação da dinâmica do mercado de trabalho superaria, com isso, os limites das bases de dados que apenas nos facultavam cortes transversais. Fazendo do tempo um elemento endógeno à sua própria arquitetura, passava a ser possível o estudo da sucessão dos vínculos na vida ocupacional do trabalhador, criando-se uma importante forma de aproximação à análise tanto das suas chances de reinserção no trabalho, quanto da dinâmica da sua mobilidade ocupacional. Mas tais avanços metodológicos dos anos 1990 nos deixaram ainda diante de um limite: análises desse tipo, com abrangência para todo o território nacional com base em bancos de dados confiáveis, continuam sendo apenas possíveis no que concerne ao emprego formalmente registrado, aquele coberto pelo sistema Rais-Caged.

Contudo, nas seções anteriores deste texto, quis evidenciar que, nos anos 2000, os itinerários dos indivíduos no mercado de trabalho apontavam para o fato de que parte significativa desse contingente circulava não só entre a ocupação registrada e duradoura e o desemprego transitório, mas entre tão diversas situações e com tal freqüência que identificar trajetórias (com sentido próprio, substantiváveis em padrões típicos de percurso) ainda era um desafio à nossa capacidade de descrever e tipificar trajetos. E mais, os resultados para São Paulo, obtidos a partir do experimento conduzido com o módulo suplementar, sugeriam que a mobilidade de entrada e saída no mercado de trabalho parecia estar se tornando a tal ponto banal e rotineira que se dissociavam os momentos principais (ou as grandes transições) na biografia ocupacional das grandes fases do ciclo da vida individual.

Sendo cabíveis tais conclusões, a partir dos dados apresentados, uma interessante questão conceitual parece se abrir. Talvez necessitemos recorrer a outra categoria de análise, a de transições ocupacionais, para bem descrever o fenômeno que temos diante de nós. Nas seções anteriores deste capítulo explorei o valor heurístico desse conceito, ilustrando-o a partir do caso da Região Metropolitana de São Paulo. Tal valor é especialmente estratégico nos contextos em que, para muitos indivíduos, as biografias já não podem ser descritas a partir de trajetórias padronizadas, que têm o seu sentido informado por um itinerário típico e recorrente no mercado de trabalho (seja ele precário ou virtuoso, regular ou irregular). Ao contrário, muitos dos percursos que apresentei trazem em si, como traço que lhes é próprio, apenas o mudar muitas vezes, erraticamente, em busca da sobrevivência, o que Beck (2000) chamou de "multiatividade nômade".

Mas adotar a categoria "transições ocupacionais" como conceito-chave na análise não é um simples movimento em busca de um novo nome, raro, exótico, que estabeleça um novo nicho para iniciados. Implica — e esse é o aspecto que me interessou explorar ao longo do texto — uma inflexão prenhe de conseqüências metodológicas, que vem sendo feita pelos que propugnam a importância das análises longitudinais, já desde o final dos anos 1990. De um ponto de vista mais geral e teórico, importa em seguir no caminho de passar de um enfoque macroanalítico, de certo modo estático, e centrado no estudo dos movimentos nos estoques (de ocupados, desempregados e inativos, mesmo se reclassificados de modo mais fino), para uma abordagem microanalítica, centrada nos indivíduos, observados em termos de fluxos, com privilégio para dados e ferramentas de tipo longitudinal.[36]

De um ponto de vista mais operacional, importa em desenvolver iniciativas programadas para estender tal capacidade de medir transições também aos bancos de dados que permitem flagrar movimentos de passagem mais amplos que os que se tecem apenas no mercado formal, já registrados pelas bases tipo Migra (painel e vínculos). A experiência conduzida com o módulo suplementar à PED poderia ser levada em conta para refletirmos sobre a necessidade de investigar com regularidade tal fenômeno, incluindo tal preocupação na pauta dos nossos registros estatísticos oficiais, sejam eles de tipo domiciliar (como os que vêm dos sistemas PED ou IBGE-PME/Pnad), sejam de tipo administrativo e de ampla cobertura (como os do sistema Sigae). Pelos resultados já produzidos para a Região Metropolitana de São Paulo, o uso desse es-

---

[36] Gautié, 2003.

tilo de abordagem permitirá evidenciar novas dimensões das mudanças no mercado de trabalho, sendo uma fonte importante de dados com vistas ao debate sobre o sistema público de emprego e políticas para o mercado de trabalho e inclusão social.

Bibliografia

AMADEO, Edward et al. *Human resources in the adjustment process.* Rio de Janeiro: Ipea, out. 1993. (Texto para Discussão, 317).

——— et al. *A natureza e o funcionamento do mercado de trabalho brasileiro desde 1980.* Rio de Janeiro: Ipea, out. 1994. (Texto para Discussão, 353).

BECK, Ülrich. *The brave new world of work.* Cambridge: Polity Press, 2000.

BRANDÃO, Sandra. *Medição do desemprego em mercado de trabalho heterogêneo:* a experiência da Pesquisa de Emprego e Desemprego (PED). Rio de Janeiro: Ipea, out. 1997. (Seminários, 15).

———; WATANABE, M.; FERREIRA, S.; MONTAGNER, P. Mobilidade ocupacional: a experiência da Região Metropolitana de São Paulo. In: GUIMARÃES, Nadya Araujo; HIRATA, Helena (Orgs.). *Desemprego:* trajetórias, identidades, mobilizações. São Paulo: Senac, 2006. cap. 2, p. 91-126. (Versão revista de parte do relatório final do projeto Mobilidade Ocupacional: Interação entre Experiência e Escolaridade, São Paulo, Seade, jul. 1997).

CARDOSO, Adalberto M. *Trabalhar, verbo transitivo*: destinos profissionais dos deserdados da indústria automobilística. Rio de Janeiro: FGV, 2000.

———; COMIN, Alvaro; GUIMARÃES, Nadya A. Os deserdados da indústria: reestruturação produtiva e trajetórias intersetoriais de trabalhadores demitidos da indústria brasileira. In: GUIMARÃES, Nadya Araujo; HIRATA, Helena (Orgs.). *Desemprego:* trajetórias, identidades, mobilizações. São Paulo: Senac, 2006. cap. 1, p. 45-90.

CARUSO, Luis Antonio; PERO, Valéria. *Trajetórias intersetoriais dos trabalhadores desligados da indústria.* Rio de Janeiro: Senai/DN-Ciet, 1995.

———; ———. *Trajetórias intersetoriais e reconversão profissional dos trabalhadores desligados da indústria.* Rio de Janeiro: Senai/DN-Ciet, 1996.

———; ———; LIMA, Maria Ilka. *Desemprego industrial e trajetórias inter-setoriais*. Rio de Janeiro: Senai/DN-Ciet, 1997.

CASTRO, Nadya; CARDOSO, Adalberto Moreira; CARUSO, Luis A. Trajetórias ocupacionais, desemprego e empregabilidade: há algo de novo na agenda dos estudos sociais do trabalho no Brasil? *Contemporaneidade e Educação*, v. 2, n. 1, p. 7-23, maio 1997.

DEDECCA, Cláudio. *Desemprego e regulação no Brasil hoje*. Campinas: Unicamp/IE-Cesit, 1996. (Cadernos do Cesit, 20).

———. *Racionalização econômica e trabalho no capitalismo avançado*. Campinas: Unicamp, 1999. (Coleção Teses).

———; BRANDÃO, Sandra. Crise, transformações estruturais e mercado de trabalho. In: APPY, B. et al. *Crise brasileira:* anos 80 e governo Collor. São Paulo: CGIL/CUT/Desep, 1993. p. 307-350.

———; MONTAGNER, Paula. *Flexibilidade produtiva e das relações de trabalho:* considerações sobre o caso brasileiro. Campinas: Instituto de Economia/Unicamp, out. 1993. (Textos para Discussão, 29).

———; ———; BRANDÃO, Sandra. *Recessão e reestruturação econômica*: as novas condições de funcionamento do mercado de trabalho na década de 90. Campinas: Instituto de Economia/Unicamp, 1993. 26p.

DEMAZIÈRE, Didier. Compter et contourner le chômage. In: *La sociologie du chômage*. Paris: La Découverte, 1995.

———; GUIMARÃES, Nadya Araujo; SUGITA, Kurumi. Unemployment as biographical experience. In: KASE, Kazutoshi; SUGITA, K. (Eds.). *The unemployed and unemployment in an international perspective:* comparative studies of Japan, France and Brazil. Tokyo: University of Tokyo/Institute of Social Sciences Research, 2006. cap. 4, p. 68-148. (ISS Research Series, 19).

FARIA, Vilmar Evangelista. *Occupational marginality, employment and poverty in urban Brazil*. 1976. Thesis (PhD) — Harvard University, Cambridge, Mass., 1976.

FERRANTE, Vera Lucia B. *FGTS* — ideologia e repressão. São Paulo: Ática, 1978.

FRIOT, Bernard; ROSE, José. *La construction sociale de l'emploi en France* — les années soixante à aujourd'hui. Paris: L'Harmattan, Forum, 1996.

GALLIE, Duncan; PAUGAM, Serge. *Welfare regimes and the experience of unemployment in Europe*. Oxford: Oxford University Press, 2000.

GAUTIÉ, Jerôme. Transitions et trajectoires sur le marché du travail. *Quatre-Pages*, Paris, Centre d'Études sur L'Emploi, n. 59, sept. 2003.

GUIMARÃES, Nadya Araujo. Por uma sociologia do desemprego. *Revista Brasileira de Ciências Sociais* , São Paulo: Anpocs, n. 50, out. 2002.

————. *Caminhos cruzados* — estratégias de empresas e trajetórias de trabalhadores. São Paulo: Ed. 34, Programa de Pós-Graduação em Sociologia, 2004a. 405p.

————. O sistema de intermediação de empregos; um outro olhar sobre o mercado de trabalho da Região Metropolitana de São Paulo. São Paulo: Cebrap, dez. 2004b. (Relatório ao MTE/OIT e PMSP). Disponível em: <www.fflch.usp.br/sociologia/nadya>.

————. *Desemprego:* experiências e representações; reflexões a partir do caso de São Paulo. Comunicação ao colóquio internacional Chômage et Mobilité Professionnelle. Changements Institutionnels et Trajectoires Biographiques: Comparaison Internationale Brésil, France, Japon. Paris, fev. 2005a.

————. Brasilianizando o Ocidente? *Inteligência*, Rio de Janeiro, v. 7, n. 28, p. 92-110, 2005b.

————. O trabalho em transição; uma comparação entre São Paulo, Paris e Tóquio. *Novos Estudos Cebrap*, n. 76, p. 159-177, nov. 2006a.

————. Trajetórias inseguras, autonomização incerta: os jovens e o trabalho em mercados sob intensas transições ocupacionais. In: CAMARANO, Ana Amélia (Org.). *Transições para a vida adulta ou vida adulta em transição?* Rio de Janeiro: Ipea, 2006b. cap. 6, p. 171-197.

————. Empresariando o trabalho: os agentes econômicos da intermediação de empregos, esses ilustres desconhecidos. In: WORKSHOP EMPRESA, EMPRESÁRIOS E SOCIEDADE, 5., 2006, Porto Alegre. *Anais...* Porto Alegre: PUC-RS, 2006c. 28p. Disponível em: <www.fflch.usp.br/sociologia/nadya>.

————. À procura de trabalho. In: ENCONTRO ANUAL DA ANPOCS, 30., 2006, Caxambu. *Anais...* Caxambu: Associação Nacional de Pós-Graduação e Pesquisa em Ciências Sociais, 2006d. 32p. Disponível em: <www.fflch. usp.br/sociologia/nadya>.

————; GEORGES, Isabel. Entradas e saídas: diversidades de gênero na experiência do trabalho e do desemprego entre chefias nos serviços. In: ENCONTRO ANUAL DA ANPOCS, 29., 2005, Caxambu. *Anais...* Caxambu: Associação Nacional de Pós-Graduação e Pesquisa em Ciências Sociais, 2005. Disponível em: <www.fflch.usp.br/sociologia/nadya>.

————; SILVA, Paulo Henrique; FARBELOW, Marcus V. Transições ocupacionais, recorrência do desemprego e desigualdades de sexo e cor. In: CONGRESSO LUSO-AFRO-BRASILEIRO DE CIÊNCIAS SOCIAIS, 8., Coimbra. *Anais...* Coimbra, set. 2004. 28p. Disponível em: <www.fflch.usp. br/ sociologia/nadya>.

————; HIRATA, Helena; MONTAGNER, Paula; WATANABE, Margareth. Vivendo a recorrência do desemprego. In: GUIMARÃES, N. A. et al. *Desemprego:* abordagens institucional e biográfica; uma comparação entre Brasil, França, Japão. São Paulo, fev. 2003. cap. 4. (Relatório final do auxílio CNPq 469792-00). Disponível em: <www.fflch.usp.br/sociologia/nadya>.

————; ————; ————; SUGITA, Kurumi. Desemprego: mercados, instituições e percepções. Brasil e Japão numa perspectiva comparada. *Tempo Social,* São Paulo: USP, v. 16, n. 2, jul./dez. 2004.

———— et al. *Desemprego:* abordagens institucional e biográfica; uma comparação entre Brasil, França, Japão. São Paulo, fev. 2003. (Relatório final do auxílio CNPq 469792-00). Disponível em: <www.fflch.usp.br/sociologia/nadya>.

HOFFMANN, Helga. *Desemprego e subemprego no Brasil.* 2. ed. São Paulo: Ática, 1980.

HOFFMANN, Marise; BRANDÃO, Sandra. *Medição do emprego:* recomendações da OIT e práticas nacionais. Campinas: Unicamp/IE-Cesit, 1996. (Cadernos do Cesit, 22).

————; CUTRIM, Maria Alice. Unemployment in Brazil: how can it be measured? São Paulo: Cebrap, out. 2000.

HUMPHREY, John. *Fazendo o "milagre".* Petrópolis: Vozes; São Paulo: Cebrap, 1982.

KOWARICK, Lucio. *Capitalismo e marginalidade na América Latina.* Rio de Janeiro: Paz e Terra, 1975.

LEDRUT, Raymond. *Sociologie du chômage.* Paris: PUF, 1966.

LIMA, Ilka. Mobilidade ocupacional. In: *Trajetórias intersetoriais e ocupacionais dos trabalhadores desligados da indústria.* Rio de Janeiro: Ciet, 1997. (Segundo relatório de pesquisa do projeto Finep/Ciet).

LOPES, Juarez R. B. *Sociedade industrial no Brasil.* São Paulo: Difel, 1964.

———. *A crise do Brasil arcaico.* São Paulo: Difel, 1967.

MARUANI, Margaret. *Les mecomptes du chômage.* Paris: Bayard, 2002.

———; REYNAULD, Emmanuèle. *Sociologie de l'emploi.* Paris: La Découverte, 1993.

MONTAGNER, Paula. A medida do emprego e do desemprego nas regiões metropolitanas brasileiras In: GUIMARÃES, Nadya Araujo et al. *Desemprego:* abordagens institucional e biográfica; uma comparação entre Brasil, França, Japão. São Paulo, fev. 2003. cap. 3. (Relatório final do auxílio CNPq 469792-00). Disponível em: <www.fflch.usp.br/sociologia/nadya>.

PERO, Valéria. Migração para fora do mercado formal de trabalho. In: *Trajetórias intersetoriais e ocupacionais dos trabalhadores desligados da indústria.* Rio de Janeiro: Ciet, 1997. (Segundo relatório de pesquisa do projeto Finep/Ciet).

ROSENDO, Rosileide. *Mercado de trabalho e transições ocupacionais na Região Metropolitana de São Paulo.* 2006. 138p. Dissertação (Mestrado em Sociologia) — Universidade de São Paulo, São Paulo, 2006.

TROYANO, Annez A. A trajetória de uma pesquisa: avanços e obstáculos. *São Paulo em Perspectiva,* São Paulo: Seade, v. 4, n. 3/4, p. 69-74, jul./dez. 1990.

Parte II

Estrutura e mobilidade social

4 Mobilidade social no Rio de Janeiro

Valéria Pero

A sociedade brasileira apresenta o aparente paradoxo de conviver com uma elevada desigualdade socioeconômica e muita mobilidade social intergeracional. Isso ocorre porque as mudanças na inserção ocupacional entre gerações seguem um padrão de movimentação de curta distância, reproduzindo em grande medida as desigualdades socioeconômicas. Assim, apesar da elevada mobilidade, a origem social exerce um papel importante na determinação do campo de possibilidades de conquista de posições na estrutura socioeconômica.

A mobilidade social intergeracional reflete a distribuição de oportunidades na sociedade, ou seja, as chances relativas de as pessoas ocuparem uma posição social de acordo com a origem socioeconômica da família. Ela depende tanto do comportamento da economia e de seus impactos sobre a estrutura ocupacional quanto da consolidação dos canais de mobilidade na sociedade, como a escola, as associações de classe etc., e também de características individuais relativas ao investimento em qualificação e formação profissional.

E como anda a mobilidade social no Rio de Janeiro? Se, por um lado, os indicadores sociais referentes a escolaridade, mortalidade infantil, esperança de vida apresentam uma melhora nesse período, por outro, a perda de dinamismo da economia fluminense combinada com a estabilidade da desigualdade de renda levantam questões sobre a melhoria das condições socioeconômicas entre gerações.

Este capítulo tem, então, como objetivo principal analisar a evolução temporal da mobilidade social intergeracional no estado do Rio de Janeiro. Para tanto, buscam-se evidências empíricas para avaliar se melhoraram ou pioraram as possibilidades de inserção na estrutura social entre gerações, de acordo com a origem socioeconômica ao longo das duas últimas décadas.

Metodologia básica para o estudo da mobilidade social

A classificação dos estratos ocupacionais

A construção dos estratos ocupacionais é um ponto extremamente delicado nos estudos sobre mobilidade social, pois representa fazer escolhas conceituais e teóricas sobre posição social, e, portanto, determina as possibilidades de análise do tema. Essas escolhas podem ser sumariadas em dois caminhos na literatura empírica: a corrente que considera a hierarquia social das ocupações ordenadas segundo um indicador de status socioeconômico e a corrente em que as diferenças entre os grupos ocupacionais são determinadas a partir da relação com os meios de produção ou de acordo com a posição de mercado e de trabalho, sem necessariamente expressarem uma hierarquia social.[1]

O caminho adotado foi um tanto eclético, já que se combinou uma hierarquia das ocupações segundo o status socioeconômico — medido pela renda esperada dada a escolaridade e a idade[2] — com alguns recortes fundamentais para diferenciar os grupos:

▶ separou-se o grupo de trabalhadores rurais dos urbanos;

▶ considerou-se a divisão entre empregadores, trabalhadores por conta própria e empregados;

---

[1] Sobre a primeira corrente, ver os trabalhos pioneiros Blau e Duncan, 1967; e Hauser et al., 2000. Os trabalhos empíricos mais expressivos na literatura internacional sobre a segunda corrente de análise de classes e estratificação social são Goldthorpe et al., 1987; e Wright, 2000.

[2] O cálculo do status socioeconômico foi originariamente realizado por Silva (1973 e 1992) e também aplicado em Pero, 2001 e 2002.

◗ utilizaram os recortes manual e não-manual;

◗ separou-se a categoria de profissionais dos não-manuais de rotina.

Os recortes considerados para a classificação ocupacional ficaram restritos ao controle dos valores mínimos e máximos do status socioeconômico das ocupações em 20% do valor médio, gerando um *overlapping* de status entre as categorias ocupacionais.[3] A tabela 1 apresenta os estratos sociais utilizados neste trabalho com algumas ocupações representativas e o status médio por estrato ocupacional.

Tabela 1

Composição e status socioeconômico médio de nove estratos ocupacionais

Categorias ocupacionais	Principais ocupações	Status médio %
I. Trabalhadores rurais	Trabalhador de cultura, trabalhador rural autônomo, pescador, seringueiro	11,94
II. Serviços domésticos	Empregado doméstico, porteiro, vigia, lavadeira, lixeiro	13,88
III. Trabalhadores do setor tradicional	Pedreiro, pintor, costureiro, alfaiate, sapateiro, marceneiro	15,98
IV. Trabalhadores da indústria moderna e de serviços gerais	Vendedor, cozinheiro, garçom, mecânico, ferramenteiro e ajustador mecânico	18,31
V. Proprietários (conta própria)	Comerciante por conta própria, dono de hotel e pensão por conta própria, outros proprietários por conta própria	21,33
VI. Técnicos e trabalhadores de escritório	Professor de 1º grau, secretária, auxiliar administrativo, praça militar, eletricista	27,73
VII. Empregadores urbanos	Industrial, comerciante, dono de hotel e pensão, outros proprietários empregadores	35,31
VII. Administradores, gerentes e supervisores	Administrador e dirigente do comércio, do serviço público, da indústria	45,42
IX. Profissionais liberais	Engenheiro, médico, professor de ensino superior, magistrado	76,76

Fonte: IBGE, censo de 1991.

---

[3] Em Pero (2002) encontram-se os valores mínimos e máximos do status das ocupações por categoria ocupacional. Além disso, pode-se analisar também outras características dos estratos ocupacionais, como renda e nível de escolaridade.

A vantagem é que esse tipo de classificação permite avaliar se houve melhora ou piora entre gerações em termos de inserção socioeconômica, medida pela posição do estrato ocupacional, e também analisar as barreiras entre estratos que têm afinidades no que diz respeito à posição no mundo do trabalho. A desvantagem é que essa classificação é imperfeita no que se refere tanto à ordenação das ocupações nos estratos, visto que existe um *overlapping* de status, quanto a uma definição pura de características afins do conteúdo e do tipo de trabalho.

Fonte de informações e universo de análise

A fonte de informações utilizada para estudar a mobilidade social foi a Pesquisa Nacional por Amostra de Domicílio (Pnad), do IBGE. Foram selecionados os anos que continham o suplemento sobre mobilidade social: 1976, 1988 e 1996.

O universo de análise foi restrito aos chefes de família e cônjuges com idade entre 30 e 55 anos que souberam responder as questões retrospectivas sobre ocupação e escolaridade do pai. Isso porque a pergunta, no questionário da Pnad, é "qual era a função, cargo ou ocupação do seu pai quando o(a) senhor(a) ...teve a primeira ocupação", no caso das Pnads de 1976 e 1988 e "...quando tinha 15 anos", na Pnad de 1996, e para garantir uma certo grau de comparabilidade entre as fases da carreira profissional do pai e do(a) filho(a) é apropriado fazer um recorte analítico na faixa etária condizente.

Com a restrição do universo à faixa etária dos 30-55 anos, o total de observações da amostra no estado do Rio de Janeiro variou entre 7.738, em 1976, e 6.418, em 1996, tendo de 60% a 70% respondido o questionário sobre mobilidade social. Esse total representava cerca de 35% do total de ocupados neste último ano.

Definição de mobilidade social intergeracional

A mobilidade social que será analisada neste capítulo é a intergeracional, que pode ser definida como a mudança de estrato ocupacional atual do(a) filho(a) na faixa etária dos 30-55 anos, comparada com o do pai. Quando se cruza o estrato ocupacional atual do(a) filho(a) com o do pai, tenta-se captar a mobilidade em fases mais maduras da carreira tanto do pai quanto do(a) filho(a). Além disso, a mobilidade reflete não só os movimentos entre gerações mas também ao longo da carreira do indivíduo (a mobilidade intrageracional, ou seja, entre a primeira ocupação e a ocupação atual do indivíduo). Isso porque ela percorre tanto a mobilidade intergeracional — entre a ocupação do pai e a primeira ocupação do filho(a) — quanto a mobilidade intrageracional. Esquematicamente, pode-se visualizar da seguinte forma:

Ocupação do pai	Primeira ocupação do filho		Ocupação atual do filho
	Mobilidade intergeracional (primeira ocupação)	Mobilidade intrageracional	
Mobilidade intergeracional (total)			

A metodologia utilizada para analisar a mobilidade social intergeracional foi a construção de matrizes de transição de status socioeconômico ou de tabelas de mobilidade social, que é uma classificação cruzada dos indivíduos de acordo com sua ocupação em dois momentos no tempo, definindo as situações de origem e de destino. Neste estudo, a origem é a categoria ocupacional do pai e o destino é a categoria ocupacional atual do(a) filho(a).

A partir dos nove estratos ocupacionais criados para representar a posição socioeconômica dos pais e dos(as) filhos(as) foi possível calcular as taxas de mobilidade com as freqüências na matriz de mobilidade social. Os movimentos entre origem (estrato do pai) e destino (estrato atual do(a) filho(a) com 30-55 anos) caracterizam a mobilidade social intergeracional. Como os estratos foram ordenados de forma crescente, quando o estrato atual dos(as) filhos(as) for maior que o do pai, define-se a mobilidade como ascendente e, quando for menor, como descendente. Para os(as) filhos(as) que permaneceram no mesmo estrato do pai, caracteriza-se a situação de imobilidade.

Assim sendo, na seção seguinte analisar-se-á a evolução das taxas absolutas de mobilidade social no estado do Rio de Janeiro, comparativamente à média brasileira, levando-se em consideração os movimentos verticais na estrutura social (mobilidade ascendente ou descendente), com o intuito de avaliar as possibilidades de movimentação dos indivíduos no sistema de estratificação social entre gerações ao longo do tempo.

Evolução das taxas de mobilidade social intergeracional

A mobilidade social no Brasil é alta, quando comparada à de outros países,[4] e cresceu entre 1976 e 1996, como se vê na tabela 2. No Rio de Janeiro, a mobilidade é ainda maior e permanece praticamente no mesmo patamar, revelando que o peso da origem familiar na determinação da posição dos indivíduos no sistema de estratificação social é, em princípio, muito pequeno. Com uma taxa de imobilidade praticamente constante no nível de 20%, isso quer dizer que, no Rio, a grande maioria (80%) dos indivíduos segue um caminho diferente do pai no mercado de trabalho, para melhor ou para pior.

Tabela 2

Mobilidade social intergeracional no Rio de Janeiro e no Brasil

(%)

	1976	1988	1996	Variação percentual (1996-76)	Variação percentual (1996-88)
Rio de Janeiro					
Imobilidade	20,2	20,4	20,6	2,1	1,0
Descendente	18,1	20,5	25,3	39,9	23,4
Ascendente	61,7	59,0	54,0	−12,4	−8,5

Continua

---

[4] Ver Pastore e Silva, 2000; e Erikson e Goldthorpe, 1993. Só para dar uma vaga idéia, já que as diferenças no número de estratos e na forma de classificação afetam essas taxas, no início dos anos 1970, a taxa de mobilidade da França era de 43%, da Itália, 37%, dos EUA, 48%, do Canadá, 50% e do Brasil, 58%.

	1976	1988	1996	Variação percentual (1996-76)	Variação percentual (1996-88)
Brasil					
Imobilidade	41,7	30,8	29,7	−28,7	−3,4
Descendente	11,5	11,8	14,7	27,9	24,2
Ascendente	46,9	57,4	55,6	18,7	−3,1
Total	100,0	100,0	100,0		

Fontes: Pnads 1976, 1988 e 1996.

No início do período, tanto a mobilidade ascendente quanto a descendente eram maiores no Rio de Janeiro. Ou seja, as possibilidades de mudança de categoria ocupacional entre as gerações de pai e filho(a) — e, portanto, de condição socioeconômica —, tanto para cima quanto para baixo, eram relativamente maiores no Rio. No final do período, porém, somente a mobilidade descendente era maior.

Em outras palavras, o Rio de Janeiro registra um comportamento temporal diferente, com a queda da taxa de mobilidade ascendente, quando comparado com a média brasileira.[5] Mas será este um comportamento realmente específico do Rio de Janeiro?

Os dados da tabela 3 sobre a mobilidade social por estado mostram que sim.[6] Somente o Rio de Janeiro teve uma queda da mobilidade ascendente e manteve a taxa de imobilidade praticamente constante. Esse poderia ser um fenômeno de ponto de partida, isto é, como o Rio tinha alta taxa de mobilidade ascendente já em 1976, as chances de cair

---

[5] Esse resultado também foi encontrado para outras formas de estratificação social, com base em uma classificação em quatro estratos (rurais, manuais, não-manuais e profissionais), e também para outra forma de classificação em nove estratos. Para este último caso, ver, por exemplo, Pero (2001). Além disso, quando se analisam essas taxas de mobilidade por sexo e cor, verifica-se que o comportamento temporal diferente do Rio de Janeiro não muda por essas características. Esses resultados são bastante fortes, já que não decorrem da forma de classificação nem do comportamento de um grupo específico.

[6] As regiões Norte e Centro-Oeste não foram consideradas por problemas de cobertura da amostra da Pnad, principalmente em relação a 1976.

seriam maiores. No entanto, verifica-se que São Paulo registrou a maior taxa de mobilidade ascendente entre os estados brasileiros em 1976 e continuou crescendo em 1996.

Tabela 3
Evolução da mobilidade social por unidade da federação
(%)

	1976			1996			Variação (1996-76)		
	Imob.	Desc.	Asc.	Imob.	Desc.	Asc.	Imob.	Desc.	Asc.
Rio de Janeiro	20,2	18,1	61,7	20,6	25,3	54,0	0,4	7,2	−7,6
Espírito Santo	39,3	7,9	52,8	35,0	11,8	53,2	−4,3	3,9	0,4
São Paulo	24,6	12,1	63,3	19,8	15,5	64,8	−4,9	3,4	1,5
Rio Grande do Norte	39,9	10,8	49,3	30,2	12,7	57,1	−9,7	1,9	7,8
Santa Catarina	45,2	7,8	47,1	33,7	11,2	55,0	−11,4	3,5	7,9
Bahia	55,2	10,3	34,5	44,4	12,2	43,4	−10,8	1,9	8,9
Rio Grande do Sul	45,6	13,5	40,9	29,7	18,0	52,4	−15,9	4,4	11,5
Minas Gerais	49,3	8,9	41,8	31,9	13,9	54,2	−17,4	5,0	12,4
Pernambuco	55,6	12,0	32,5	36,9	15,2	47,9	−18,7	3,2	15,5
Paraná	50,1	8,5	41,4	31,1	11,7	57,2	−19,0	3,3	15,7
Ceará	59,4	10,7	29,9	41,1	11,3	47,6	−18,3	0,6	17,7
Piauí	70,3	3,0	26,7	45,7	9,3	44,9	−24,5	6,3	18,2
Paraíba	64,6	5,7	29,8	38,1	9,2	52,7	−26,5	3,5	23,0
Sergipe	59,8	9,7	30,5	33,2	12,1	54,6	−26,6	2,5	24,1
Alagoas	64,4	14,7	20,9	40,6	11,9	47,5	−23,8	−2,8	26,6
Maranhão	75,9	7,0	17,1	49,5	6,4	44,0	−26,4	−0,6	27,0

Fontes: Pnads, 1976 e 1996.

Uma observação interessante que pode ser feita a partir da tabela 3 é a relação entre taxa de mobilidade e grau de desenvolvimento regional. Se os estados forem ordenados de forma crescente, de acordo com a taxa de imobilidade, percebe-se que os das regiões Sudeste e Sul têm índices menores do que os da região Nordeste. Com o intuito de ilustrar esse fato, vale ressaltar que os dois estados com as menores taxas de imobilidade em ambos os anos considerados são Rio de Janeiro e São Paulo, e aqueles com as maiores são Maranhão e Piauí.

A análise das taxas absolutas de mobilidade dos estados do Brasil revela, então, uma correlação positiva entre grau de desenvolvimento e taxa de mobilidade. Esse é um ponto forte a favor da teoria que sustenta que a transmissão intergeracional de posição social diminui com o desenvolvimento econômico, que pode ser tanto decorrente de mudanças estruturais quanto do aumento da importância de outros canais de mobilidade, como a escola, para a determinação da posição social do indivíduo.

Além disso, a mobilidade na região Nordeste, mais atrasada no contexto considerado, cresce relativamente mais, assim como a mobilidade ascendente. Essa constatação, combinada com a anterior, sugere que as mudanças de estágio de desenvolvimento produzem movimentos mais fortes na estrutura ocupacional, gerando maiores taxas de crescimento da mobilidade total, especialmente da ascendente. Ou seja, a evolução das taxas de mobilidade estaria refletindo muito mais mudanças na estrutura econômica e ocupacional do que uma melhora nos mecanismos de circulação dos indivíduos entre os estratos ou de fluidez da estrutura social, que seria um indicador mais apropriado de desigualdade de oportunidades.

Vale destacar ainda que o Rio de Janeiro, que já apresentava a maior taxa de mobilidade descendente em 1976, registra a maior taxa de crescimento, distanciando-se ainda mais dos outros estados. Só para dar uma idéia da distância, a taxa de mobilidade descendente no Rio é de 25%, enquanto o segundo lugar é representado pelo Rio Grande do Sul, com 18%.

A questão que se coloca agora é sobre as possíveis explicações para que o Rio de Janeiro apresente um comportamento temporal específico da taxa de mobilidade, com a queda da mobilidade ascendente, ou da mesma forma, com a maior taxa de crescimento da mobilidade descendente.

A tabela 4 mostra a evolução das taxas de mobilidade entre 1976 e 1996, por categorias ocupacionais, com o intuito de verificar as categorias que puxaram esse movimento específico do Rio de Janeiro. A queda da taxa de mobilidade ascendente no Rio é generalizada, exceto no estrato VII, e foi puxada principalmente pelas categorias ocupacionais de baixo status socioeconômico ou pelos estratos do setor manual (II a IV) e pelo estrato V (proprietários por conta própria). A maior queda da mobilidade ascendente ocorre na categoria II (serviços domésticos) e quer dizer que, enquanto em 1976 a maioria das pessoas naquele estrato no Rio experimentava uma mobilidade ascendente (pais no setor rural), em 1996 a maior parte tem origem em estratos superiores da estrutura social.

No Brasil, a taxa de mobilidade ascendente também registra queda nos estratos do setor manual, mas com uma intensidade bem menor que no Rio de Janeiro, e ainda com taxas de mobilidade ascendentes bastante superiores que as descendentes em 1996.

Tabela 4
Evolução da mobilidade social por estrato ocupacional
(%)

	1976			1996			Diferença (1996-76)		
	Imob.	Desc.	Asc.	Imob.	Desc.	Asc.	Imob.	Desc.	Asc.
Rio de Janeiro									
I. Trab. rurais	83,8	16,2		67,0	33,0		−16,9	16,9	0,0
II. Serv. domésticos	6,6	31,5	61,8	8,5	50,5	41,0	1,9	19,0	−20,9
III. Trab. ind. tradicionais	16,9	27,3	55,7	21,8	37,0	41,1	4,9	9,7	−14,6
IV. Trab. ind. mod./serviços	18,8	19,1	62,1	26,1	27,8	46,1	7,3	8,6	−15,9
V. Conta própria	9,1	15,2	75,6	12,2	28,9	58,9	3,1	13,6	−16,7
VI. Não-manuais rotina	22,7	12,7	64,6	23,3	14,0	62,7	0,6	1,3	−1,9
VII. Empregadores	20,0	4,9	75,2	10,8	12,4	76,8	−9,1	7,5	1,6
VIII. Administradores	9,6	5,8	84,6	12,0	6,7	81,3	2,4	0,9	−3,3
IX. Profissionais	13,4		86,6	19,0		81,0	5,6	0,0	−5,6
Brasil									
I. Trab. rurais	92,4	7,6		89,9	10,1		−2,5	2,5	0,0
II. Serv. domésticos	3,2	21,7	75,1	4,8	29,6	65,6	1,6	7,9	−9,5
III. Trab. ind. tradicionais	16,2	18,0	65,9	16,0	21,9	62,2	−0,2	3,9	−3,7
IV. Trab. ind. mod./serviços	14,0	16,5	69,4	17,9	17,9	64,2	3,9	1,3	−5,2
V. Conta própria	14,6	12,8	72,6	10,7	16,5	72,7	−3,9	3,8	0,1
VI. Não-manuais rotina	20,4	8,3	71,3	16,6	10,1	73,3	−3,8	1,8	2,0
VII. Empregadores	14,7	5,4	79,9	9,6	8,5	81,9	−5,0	3,0	2,0
VIII. Administradores	8,7	7,1	84,3	8,3	3,7	88,0	−0,4	−3,4	3,7
IX. Profissionais	16,2		83,8	14,5		85,5	−1,7	0,0	1,7

Fontes: Pnads, 1976 e 1996.

Vale destacar ainda que, no Rio de Janeiro, diferentemente da média brasileira, os estratos sociais mais privilegiados (administradores e profissionais) tiveram um aumento nas taxas de imobilidade, o que significa que essas categorias estão se tornando mais fechadas para pessoas com origem em outras categorias socioeconômicas.

Explorando possíveis explicações sobre o comportamento atípico do Rio de Janeiro

Para explorar essa questão relativa ao comportamento temporal específico do Rio de Janeiro, o primeiro caminho é analisar se o fato de o Rio estar saindo na frente no processo de transição demográfica brasileira pode ser uma explicação para a queda da mobilidade ascendente. Verifica-se que a diminuição da taxa de fecundidade no Rio de Janeiro iniciou-se mais cedo e foi mais além do que no restante do Brasil. Além disso, características históricas, como a elevada taxa de urbanização e de escolaridade da população, juntamente com a diminuição da migração têm contribuído para que o Rio de Janeiro seja o estado com a menor taxa de crescimento populacional.

O Rio, então, está à frente de um processo demográfico que caracteriza as sociedades mais desenvolvidas, qual seja, o de apresentar uma estrutura etária mais velha da população. O impacto sobre a mobilidade social é o de que, por uma característica demográfica, as pessoas na faixa etária considerada (30-55 anos) são relativamente mais numerosas e, por conseguinte, deparam-se com uma competição mais acirrada para manter a posição social dos pais.

A partir de uma simulação contrafactual é possível avaliar se a participação maior da população mais velha no Rio de Janeiro em relação a São Paulo seria um fator explicativo para as diferenças nas taxas de mobilidade e no comportamento temporal. O exercício é aplicar às taxas da matriz de mobilidade social do Rio a ponderação pela distribuição etária de São Paulo. Assim, pode-se responder a seguinte questão: qual seria a taxa de mobilidade social intergeracional no Rio, caso sua estrutura etária fosse idêntica à de São Paulo? Os resultados da simulação contrafactual apresentados na tabela 5 mostram que as taxas não mudam muito e o comportamento temporal continua o mesmo, sugerindo que as diferenças entre as estruturas etárias não explicam o comportamento específico do Rio de Janeiro.

Tabela 5
**Taxas de mobilidade social do Rio de Janeiro: observadas e
simuladas com a estrutura etária de São Paulo
(pessoas com 15 ou mais anos de idade)**

	1976 (%)	1996 (%)
Taxas observadas		
Imobilidade	24,0	21,6
Descendente	22,4	25,5
Ascendente	53,7	52,3
Taxas simuladas		
Imobilidade	24,6	22,5
Descendente	22,5	26,5
Ascendente	52,9	51,4
Total	100,0	100,0

Fontes: Pnads, 1976 e 1996.

Outro caminho é explorar o resultado como um reflexo da perda de dinamismo da economia fluminense. Essa perda foi sentida com mais intensidade com a transferência da capital para Brasília em 1960 e, principalmente, a partir da fusão do estado da Guanabara com o do Rio de Janeiro em 1975, quando não só perdeu definitivamente o "bonde da história" de um processo de diversificação industrial para São Paulo, mas também todo o circuito de geração de trabalho e renda, com a centralidade política de capital do país. Nesse caso, as mudanças na estrutura econômica e ocupacional não teriam sido capazes de manter ou melhorar as oportunidades de trabalho para as gerações mais novas e, por isso, o Rio tem um comportamento pior que os outros estados em termos de mobilidade social.

Uma hipótese geral é que as mudanças na estrutura econômica decorrentes da diminuição da participação da economia fluminense no cenário nacional e dos processos de desindustrialização e de diminuição do peso do setor público na economia geraram, juntamente com um elevado grau de desigualdade, uma estrutura de consumo que alimenta um setor de serviços de baixa qualidade, inchado e crescente, levando a uma subutilização do elevado capital humano (escolaridade), ou até mesmo um saldo migratório negativo de pessoas com alta qualificação, e uma diminuição das chances de melhorar de posição na estrutura social ao longo do tempo.

Nesse aspecto, vale mencionar alguns resultados empíricos que contribuem para testar a hipótese colocada. O primeiro refere-se ao peso bem menor da passagem rural-urbana na mobilidade ascendente no Rio de Janeiro do que na média brasileira. Como pode ser visto na tabela 6, em 1996, enquanto na média brasileira a taxa de mobilidade ascendente de filhos com pais no estrato rural representa 65%, no Rio é de 41%. Além disso, a queda dessa contribuição entre 1976 e 1996 é consideravelmente maior no Rio de Janeiro.

Tabela 6
Contribuição da mobilidade rural-urbana para
mobilidade ascendente (%)

	Rio de Janeiro	Brasil
1976	61,4	71,5
1988	49,8	68,4
1996	40,9	65,1
Variação (1996-76)	−33,5	−9,0

Fontes: Pnads, 1976, 1988 e 1996.

Outro resultado refere-se ao comportamento da contribuição de um setor muito importante na geração de trabalho e renda na história do Rio de Janeiro: a administração pública. É o setor que registra a maior queda da participação na ocupação, contrariamente ao crescimento ocorrido na média brasileira. Isso explica, pelo menos em parte, a queda do estrato VI (não-manual de rotina), que, tendo um peso importante na estrutura ocupacional, dependendo do regime de mobilidade, pode representar um degrau importante na trajetória de ascensão social.

Tabela 7

Distribuição dos ocupados por setor de atividade econômica

(%)

	Rio de Janeiro			São Paulo			Brasil		
	1976	1996	Variação	1976	1996	Variação	1976	1996	Variação
Agricultura	5,1	3,6	−29,7	14,6	6,9	−52,7	33,1	20,4	−38,2
Indústria de transformação	18,1	12,5	−31,2	24,8	21,0	−15,4	14,5	12,5	−14,2
Construção civil	9,3	8,0	−13,9	7,9	7,2	−8,1	7,3	7,0	−5,0
Outras atividades industriais	2,1	1,8	−12,4	2,1	1,1	−48,0	2,1	1,5	−25,9
Comércio	10,1	13,3	31,4	9,0	13,3	47,9	8,8	12,6	42,4
Serviços	19,1	27,0	41,5	15,0	22,3	49,0	12,5	19,0	52,4
Serviços auxiliares	3,5	4,9	39,6	3,1	4,3	39,0	2,0	3,3	63,2
Transportes/comunicações	8,9	7,2	−19,2	7,1	5,6	−21,6	5,5	4,8	−13,2
Atividades sociais	10,0	12,6	26,5	8,2	10,5	27,3	6,9	11,0	59,2
Administração pública	10,1	6,4	−37,2	4,8	4,9	2,2	5,1	5,8	14,1
Outras	3,7	2,8	−25,1	3,5	3,0	−14,9	2,1	2,1	−3,2
Total	100,0	100,0		100,0	100,0		100,0	100,0	

Fontes: Pnads, 1976 e 1996.

Esses resultados, tomados em conjunto, revelam que as explicações para a queda da taxa de mobilidade ascendente têm raízes na história do Rio como capital do país. Com a perda de dinamismo econômico quando da transferência da capital para Brasília, verificou-se uma queda mais acentuado do setor de administração pública, com reflexos sobre a diminuição da participação do estrato VI (não-manual de rotina) na ocupação total do Rio de Janeiro.

Além disso, o descompasso relativo entre a qualificação da força de trabalho e a estrutura ocupacional tem provocado mudanças mais fortes do saldo migratório no Rio de Janeiro. Entre 1980 e 1991, o saldo migratório foi negativo, ou seja, saíram mais pessoas do que entraram no Rio. A tabela 8 revela que o perfil dos emigrantes do Rio é de pessoas com escolaridade mais elevada que os imigrantes. E como o estoque de capital humano desses emigrantes cresce entre 1976 e 1996 mais rapidamente que o de São Paulo, há evidências de que está ocorrendo um aumento da intensidade de transferência de capital humano do Rio para outros lugares do Brasil, principalmente para outros estados da região Sudeste, especialmente São Paulo, e para o Distrito Federal.

Tabela 8

Número médio de anos de estudo e de pessoas por condição de migração

| | Rio de Janeiro | | | | São Paulo | | | |
| | 1976 | | 1996 | | 1976 | | 1996 | |
	Estudo	Pessoas	Estudo	Pessoas	Estudo	Pessoas	Estudo	Pessoas
Maiores de 10 anos								
Emigrantes	5,9	332.915	8,2	695.230	3,8	1.052.900	6,1	1.791.694
Imigrantes	4,5	2.392.195	6,0	2.551.421	3,5	4.741.908	5,1	7.957.012
Naturais	4,4	5.505.745	7,0	8.447.258	4,2	11.927.264	6,9	19.666.765
30 a 55 anos								
Emigrantes	6,6	132.065	9,6	303.018	3,8	477.426	6,6	797.287
Imigrantes	4,7	1.168.862	6,5	1.293.621	3,5	2.058.741	5,3	4.191.214
Naturais	5,0	1.759.812	7,8	3.415.717	4,6	4.038.158	7,6	7.470.820

Fontes: Pnads, 1976 e 1996.

Conclusão

O Rio de Janeiro tem a taxa de mobilidade social mais alta do Brasil, indicando uma sociedade bastante dinâmica, em que a posição social dos indivíduos não tem uma associação muito forte com a origem social. Os dados revelam que 80% das pessoas ocupadas em 1996 no Rio de Janeiro encontravam-se em estratos diferentes daqueles de seus pais.

No entanto, o Rio de Janeiro é o único estado do Brasil que registra diminuição da taxa de mobilidade ascendente, ou seja, uma diminuição das possibilidades de os(as) filhos(as) estarem num estrato superior ao dos pais. Esse comportamento manteve-se mesmo depois de calculadas as taxas para outras formas de estratificação social. Além disso, quando se dividiu a população por sexo e cor, verificou-se o mesmo comportamento tanto para homens e mulheres quanto para brancos e não-brancos.

Esse é um resultado forte, que caracteriza uma especificidade da sociedade fluminense, e, ao diminuir as possibilidades de as pessoas atingirem uma inserção socioeconômica melhor que a de seus pais, pode mexer na auto-estima das pessoas, com reflexos sobre comportamentos políticos e eleitorais, movimentos sociais e religiosos, violência, entre outros.

É importante destacar que a mobilidade ascendente diminuiu principalmente no caso das categorias ocupacionais com nível socioeconômico mais baixo (serviços domésticos e gerais), o que pode ser explicado, pelo menos em parte, pela perda de dinamismo da economia fluminense, o que vem ocorrendo há algumas décadas. Além disso, no outro pólo do sistema social, o peso da origem social aumenta nos estratos sociais mais privilegiados, apontando para um fechamento desse estrato para pessoas de outras origens socioeconômicas. Esse comportamento diferente da média brasileira pode indicar que, quando se atinge determinado grau de desenvolvimento associado a um nível relativamente alto de escolaridade da população como um todo, a forte competição no mercado de trabalho acaba recolocando o papel importante da origem social das pessoas para determinação da posição social.

Por fim, o comportamento temporal atípico da mobilidade social intergeracional no Rio de Janeiro está associado, em alguma medida, ao componente estrutural da perda de dinamismo da economia fluminense. Isso pode ser visto tanto pela queda do setor de administração pública, quanto pela incapacidade relativa de gerar postos de trabalho de qualidade compatível com a qualificação da força de trabalho, criando um movimento de expulsão de trabalhadores mais qualificados para outros estados do Brasil, principalmente São Paulo, e para o Distrito Federal.

Esses resultados apontam dois caminhos que devem orientar o debate sobre políticas públicas para o estado do Rio de Janeiro: a) o de melhorar a qualidade dos postos de trabalho, quer dizer, a renda por ocupação; e b) o de explorar as vantagens comparativas em termos de escolaridade, ou seja, como aproveitar esse capital humano para diminuir as desigualdades socioeconômicas, melhorando a situação dos mais pobres. Uma linha seria a da promoção do desenvolvimento local, através de um amplo leque de parcerias entre diferentes esferas do setor público, a iniciativa privada e a sociedade civil organizada, para criar um ambiente mais propício aos micros e pequenos negócios (dada a relevância do trabalho autônomo e da micro e pequena empresas no Rio de Janeiro). Outra linha seria explorar de forma mais efetiva as vantagens comparativas do estado do Rio em termos de escolaridade de sua força de trabalho e de salários para atrair investimentos capazes de gerar mais e melhores postos de trabalho.

Bibliografia

BLAU, Peter; DUNCAN, O. D. *The American occupational structure.* New York: JohnWiley, 1967.

ERIKSON, R.; GOLDTHORPE, J. H. *The constant flux:* a study of class mobility in industrial societies. Oxford: Oxford University Press, 1993.

GOLDTHORPE, J. et al. *Social mobility and class structure in modern Britain.* Oxford: Clarendon Press, 1987.

HAUSER, Robert M. et al. Occupational status, education, and social mobility in the meritocracy. In: ARROW, K.; BOWLES, S.; DURLAUF, S. (Eds.). *Meritocracy and Inequality.* Princeton: Princeton University Press, 2000.

PASTORE, J.; SILVA, N. Valle. *Mobilidade social no Brasil.* São Paulo: Makron Books, 2000.

PERO, V. *Et, à Rio, plus ça reste le même...* Tendências da mobilidade social intergeracional no Rio de Janeiro. In: ENCONTRO ANUAL DA ANPEC, 2001, Salvador. *Anais...* Salvador: Anpec, 2001.

————. *Tendências da mobilidade social no Rio de Janeiro.* 2002. Tese (Doutorado em Economia) — UFRJ, Rio de Janeiro, 2002.

SCALON, M. C. *Mobilidade social no Brasil:* padrões e tendências. Rio de Janeiro: Iuperj, Revan, 1999.

SILVA, N. Valle. *Posição social das ocupações*. Rio de Janeiro: IBGE, 1973.

————. *Atualização da escala socioeconômica de ocupações para 1980*. Rio de Janeiro: LNCC, 1985. (Relatório de pesquisa e desenvolvimento).

————. *Uma classificação ocupacional para o estudo da mobilidade e da situação do trabalho no Brasil*. Rio de Janeiro: LNCC, 1992. ms

————. Cor e realização socioeconômica no Rio de Janeiro. In: *Rio 97: o mercado de trabalho no Rio de Janeiro*. Rio de Janeiro: Prefeitura do Rio de Janeiro/Secretaria Municipal do Trabalho, 1997.

WRIGHT, Erik Olin. *Class counts*: comparative studies in class analysis. Cambridge: Cambridge University Press, 2000.

5 Mudando sem sair do lugar: emprego e estrutura ocupacional em São Paulo*

A economia brasileira, nestes últimos 20 anos, cumpriu uma trajetória de profundas mudanças, tendo como pano de fundo taxas de crescimento do produto bastante modestas. Os efeitos da combinação desses dois tipos de tendência sobre a estrutura produtiva e sobre o mercado de trabalho, como não poderia deixar de ser, são bastante ambíguos, até mesmo contraditórios em certos aspectos e conjunturas, e as tentativas de estabelecer relações de causa e efeito entre fenômenos múltiplos e simultâneos são sempre exercícios de simplificação repletos de riscos. Movimentos consistentes de modernização e atualização tecnológica de empresas andaram de braços dados com o estiolamento de segmentos das cadeias produtivas (especialmente aqueles compostos por empresas de menor porte e capital nacional), com a redução nos níveis de ocupação e remuneração da força de trabalho e com a ampliação das modali-

* Este capítulo desenvolve e atualiza trabalho originariamente realizado para a obtenção de doutorado em sociologia no Departamento de Sociologia da FFLCH-USP, defendido em 2003 e que contou com a orientação de Francisco de Oliveira. Esta versão beneficiou-se diretamente do estágio de um mês que realizei no IER, da University of Warwick, no início de 2004, especialmente das discussões com Peter Elias. Agradeço a Marcia Lima pelo trabalho de edição e revisão deste texto e a Alexandre Abdal pela atualização das tabelas e gráficos.

dades ilegais e informais de exercício das atividades econômicas. Neste último caso, produzindo efeitos não só sobre a qualidade dos vínculos empregatícios, mas também sobre a já notoriamente distorcida estrutura tributária brasileira e sobre o sistema de proteção social, na medida em que o crescimento da informalidade reduz a base contributiva, aumentando o peso da carga tributária sobre os que permanecem na legalidade e privando de acesso futuro à previdência e demais benefícios sociais aqueles que não contribuem no presente.

Este capítulo examina as mudanças no mercado de trabalho — e mais especificamente em sua estrutura sócio-ocupacional —, num período de 16 anos (de 1989 a 2004), na Região Metropolitana de São Paulo (RMSP), com o objetivo de melhor especificar as tendências (vale repetir, por vezes aparentemente contraditórias) resultantes das transformações macroeconômicas e das estratégias adaptativas das empresas a esse novo cenário. A escolha de um intervalo de tempo mais prolongado visa a isolar as tendências mais estruturais das variações conjunturais típicas da economia brasileira nesse período. O recorte espacial guia-se sobretudo pelo fato de que, sendo a RMSP o principal pólo articulador da economia brasileira e sua maior concentração industrial, nela se refletem com maior profundidade os efeitos das transformações por que passa o país. Não se trata aqui de presumir que as tendências observadas na RMSP sejam representativas do mercado de trabalho brasileiro, nem sequer do mercado de trabalho metropolitano. Antes, pelo contrário, algumas dessas tendências (como o encolhimento do emprego industrial e a expansão das ocupações nos setores de serviços produtivos) são em parte fruto das características específicas da região e do papel singular que ela desempenha em relação à economia nacional, tornando a morfologia de seu mercado de trabalho irredutível a comparações com outros mercados regionais brasileiros em muitos de seus aspectos.

Este capítulo está organizado em duas seções principais. Na primeira, as mudanças no mercado de trabalho são estudadas separando-se três dimensões analíticas, usualmente tratadas em conjunto pela literatura, ou como se fossem intercambiáveis: a) as características da força de trabalho; b) as características dos postos de trabalho; e c) os atributos dos vínculos de ocupação. Como se procurará demonstrar, essa estratégia permite uma delimitação mais adequada entre dinâmicas de natureza demográfica, econômica e organizacional das firmas, muitas vezes confundidas entre si, problematizando com isso algumas das teses disseminadas no debate sobre mercado de trabalho no Brasil. Espera-se ainda que a análise assim realizada ofereça elementos para estimar tendências futuras de ajustamento ou desajustamento entre a dinâmica da oferta e a da procura por força de trabalho na Região Metropolitana de São Paulo.

Na segunda seção, por meio de um exercício empírico de aplicação dos esquemas de mobilidade social, busca-se: a) averiguar em que medida a evolução da estrutura das ocupações na região ajuda a esclarecer o sentido das mudanças na estrutura produtiva; e b) refinar as hipóteses aventadas na primeira seção quanto aos deslocamentos setoriais das ocupações. Como se poderá ver, os significativos deslocamentos no perfil da força de trabalho e na alocação setorial das ocupações, observados na primeira seção, contrastam com a sólida estabilidade da estrutura sócio-ocupacional revelada na segunda seção. Esse aparente paradoxo é objeto de considerações nas conclusões.

Força de trabalho e mercado de trabalho: tendências centrífugas dos deslocamentos da indústria para os serviços

As análises sobre o mercado de trabalho usualmente procuram estabelecer critérios e medidas de qualidade que de alguma forma classifiquem e hierarquizem as ocupações. Freqüentemente, até por um viés imposto pelas fontes de dados existentes, três dimensões do problema tendem a ser tratadas como intercambiáveis, empírica e analiticamente, e suas variáveis combinadas na produção de indicadores de qualidade, não obstante essas distintas dimensões tenham determinações e condicionantes, senão integralmente independentes, pelo menos com dinâmicas próprias. São elas:

▸ *"a qualidade" do trabalhador*, sobretudo seu nível de instrução formal, que, combinado com atributos como "experiência profissional" — normalmente medida pela longevidade dos vínculos de trabalho —, pretende medir o "capital humano" dos indivíduos. Ou variáveis clássicas como idade, sexo e cor, capazes de estimar, por exemplo, os vieses discriminatórios do mercado de trabalho, ou os efeitos dos "ciclos de vida" sobre a distribuição dos indivíduos ocupados;

▸ *a qualidade dos postos de trabalho*, que se refere ao conjunto de atributos que se supõe serem característicos do desempenho de cada função particular, normalmente associados a um certo padrão tecnológico e organizacional, que por sua vez se relaciona com certos setores e ramos de atividade — opondo indústrias modernas a tradicionais; serviços produtivos a pessoais, e assim por diante; e critérios de hierarquia e autonomia — que distinguem atividades de comando (concepção, planejamento e organização), supostamente dotadas de conteúdos mais nobres e amplos, das atividades subordinadas de execução (na produção, nos serviços não-manuais de rotina, nas tarefas de apoio e manutenção), mais padronizadas e de conteúdo mais restrito e especializado. A definição da qualidade dos postos de trabalho, num movimento em parte circular, leva em conta e ao mesmo tempo prescreve posições de status associadas ao desempenho das funções, variável que ajuda a compor os sistemas de classificação hierárquicos;

▸ *a qualidade das ocupações*, que se refere aos atributos do vínculo de trabalho, isto é, ao conjunto de prerrogativas (direitos, benefícios, regulamentações) associadas ao exercício de determinada atividade. Está em jogo aqui a existência ou não do contrato formal de trabalho (carteira profissional, ou seu equivalente no serviço público), que indica a presença tanto dos benefícios sociais e trabalhistas típicos (férias, aposentadoria, seguro contra infortúnios pessoais etc.), quanto de remunerações indiretas, não estampadas na remuneração regular (multas rescisórias, subsídios a transporte e alimentação, sem mencionar os salários indiretos não-legais, que fazem parte das relações de trabalho em muitas empresas, públicas e privadas, como planos de saúde, ajudas de custo variadas como creche, complementação da educação formal do próprio trabalhador, cooperativas de consumo e crédito etc.), o rendimento, a estabilidade dos vínculos e a jornada de trabalho, para ficar nos fatores mais padronizáveis.

A intercambialidade dessas dimensões produz amiúde *proxies* analíticas, que sugerem que mudanças nas características de alguma delas sejam expressão de mudanças nas demais. Assim, por exemplo, quando o aumento da escolaridade média dos trabalhadores ocupados — um atributo dos indivíduos que, *a priori*, é resultado de um conjunto amplo de políticas públicas de largo prazo — aparece como indicador de melhoria da qualidade dos postos de trabalho, na suposição de que, se estes absorvem trabalhadores mais escolarizados é porque as atividades que lhes são inerentes estariam a demandar maior qualificação educacional. Ou quando o crescimento das ocupações de baixa qualificação e produtividade (como o serviço doméstico, por exemplo) é atribuído a um déficit de qualificação e produtividade dos trabalhadores. Ou ainda, quando o crescimento das modalidades mais precárias de vínculo (o assalariamento "sem carteira") surge identificado diretamente com o crescimento de atividades de baixa produtividade.

É evidente que tais aproximações analíticas são muitas vezes necessárias, seja pelas limitações inerentes às fontes de informação, seja pela necessidade de se produzirem inferências macroeconômicas ou macrossociológicas capazes de descrever sinteticamente os movimentos mais abrangentes e de longo alcance do mercado de trabalho e da economia do país. Entretanto, tais aproximações incorrem sempre no risco de atribuir correlações ou paralelismos entre fenômenos e movimentos dissonantes ou até contraditórios entre si. No primeiro dos exemplos do parágrafo anterior, o aumento da escolaridade média dos ocupados, que realmente ocorre, e de forma acentuada, no período que se analisa neste trabalho é, como tudo indica, muito mais resultado das políticas educacionais das últimas décadas — e da sucessão das coortes geracionais —, do que uma evidência de que as ocupações criadas ou preservadas pelo mercado de trabalho estariam demandando força de trabalho de maior qualificação. Prova disso, como se procurará demonstrar empiricamente adiante, é o aumento simultâneo da escolaridade em setores de alta e de baixa produtividade; em setores modernos e tradicionais; em nichos de alta e baixa remuneração; na indústria e nos serviços; entre trabalhadores formais, informais e autônomos. Num âmbito mais propriamente microeconômico (e que só pode ser mais bem flagrado por pesquisas diretas nas empresas, e não por estatísticas de emprego), a permutabilidade analítica entre características do trabalhador e do posto de trabalho, ainda que de forma velada, compartilha um certo fetichismo da tecnologia (em especial da microinformática), que supõe que por trás de máquinas mais sofisticadas estejam sempre trabalhadores mais qualificados do ponto de vista de suas faculdades cognitivas e profissionais, suposição que, no mínimo, carece de demonstração.

No segundo exemplo, que equipara a expansão de atividades de baixa qualificação a insuficiências da mão-de-obra, as contraprovas são também comezinhas. Na última década, o aumento da escolaridade média dos indivíduos ocupados em atividades antes quase exclusivamente reservadas a trabalhadores de escassa educação, como o comércio ambulante, sugere claramente que o aumento de capacitação dos trabalhadores é que avança em ritmo mais acelerado que a produtividade de boa parte das ocupações existentes no mercado, o que não impede, obviamente, que em nichos de alta especialização a demanda por trabalho qualificado não encontre suprimento adequado.

Inversamente, no terceiro exemplo, a expansão das ocupações caracterizadas pela precariedade e instabilidade dos vínculos não se deve necessariamente ao crescimento mais vigoroso de postos de trabalho (e de atividades) econômica e tecnologicamente mais atrasados. Pode ser, pelo menos em parte, como os dados sugerem, muito mais um produto da disseminação das modalidades informais de emprego nos setores modernos e capitalizados, que antes exibiam elevado grau de formalização do emprego — seja diretamente, pela redução na cobertura dos contratos de trabalho, pela diminuição dos salários e pelo aumento das jornadas de trabalho, seja indiretamente pela terceirização de atividades.

Os atributos da força de trabalho e suas principais tendências

Para tratar das características e das mudanças no perfil da força de trabalho há que se considerar, em primeiro lugar, as mudanças de cunho demográfico. A década de 1990 consolidou o intenso processo de transição que o país viveu na segunda metade do século XX. Entre as alterações mais importantes nos padrões demográficos, destaca-se a expressiva queda nas taxas de crescimento populacional, que regrediu de um patamar extremamente elevado (média anual de 3%) nos anos 1950, para uma média anual de 1,3% (menos da metade) na década de 1990. A queda na taxa de fecundidade — que era de 5,9 filhos por mulher nos anos 1950, e caiu para 2,2 no final dos anos 1990 —, somada à diminuição da mortalidade infantil — de cerca de 130 por mil, para pouco mais de 40 por mil nesse mesmo período — e ao aumento na expectativa de vida em mais de 20 anos, fez com que a pirâmide etária também sofresse importante alteração, com o envelhecimento relativo da população.[1] Como salienta Berquó (2001), em 1996, pela primeira vez o estrato populacional de crianças entre zero e quatro anos foi menor que o de crianças entre cinco e nove anos, sendo este, por sua vez, menor que o de jovens entre 10 e 15 anos. No longuíssimo prazo, essa tendência (casada com o aumento geracional expressivo da instrução formal) aponta para um cenário de menor pressão sobre a oferta de força de trabalho e de melhora nas possibilidades de inserção dos indivíduos. Enquanto isso, todavia, o miolo da pirâmide vai formando uma barriga exatamente nos estratos que compõem o grosso da população em idade ativa — 24-54 anos —, tendência que, associada às taxas ainda elevadas (embora cadentes) de ingresso precoce no mercado de trabalho (antes dos 18 anos) e à elevação da taxa de participação feminina, deverá manter forte pressão demográfica sobre a busca por ocupações nas próximas décadas.

Uma segunda transição importante resulta do intenso processo de urbanização da população brasileira. A combinação das elevadas taxas de crescimento populacional, na maior parte desse período, com o persistente movimento de êxodo rural fez com que as cidades, especialmente as grandes áreas metropolitanas, crescessem a taxas ainda muito maiores do que a da população como um todo. O país, que tinha 36% de sua população vivendo em ambiente urbano em 1950, chegou a 2000 com 81%. Nesse meio século, a população brasileira cresceu três vezes; a do estado de São Paulo, quatro vezes; e a da cidade de São Paulo, cinco vezes, passando esta de pouco mais de 2 milhões de habitantes em

---

[1] Dados extraídos de Berquó, 2001.

1950 para mais de 10 milhões em 2000. Mas a velocidade de crescimento da cidade, década a década, sofreu uma enorme desaceleração,
especialmente a partir dos anos 1980. A variação populacional da cidade foi de respectivamente 72% entre 1950 e 1960, 55% entre 1960
e 1970, 44% entre 1970 e 1980, 13% entre 1980 e 1991 e 8% entre
1991 e 2000.[2] Para esse declínio no padrão de crescimento da cidade
também colaborou de maneira decisiva a inversão dos fluxos migratórios, que, de amplamente positivos até a década de 1970, tornaram-se
negativos a partir dos anos 1980.[3]

A expressão desses movimentos em termos da conformação do
mercado de trabalho no Brasil foi a vasta substituição das ocupações no
setor primário pelas dos setores secundário e terciário. Assim, a oferta
de força de trabalho para as ocupações nesses setores cresceu sempre em
ritmo muito acelerado, pressionando o mercado urbano de trabalho,
que, não obstante, demonstrou grande capacidade de absorção até os
anos 1970, como conseqüência do forte ritmo de crescimento da economia, especialmente da indústria, com forte grau de concentração na
Região Metropolitana de São Paulo. É fato, como muitos estudos já
indicavam desde a década de 1970, que, apesar de ser o carro-chefe do
desenvolvimento naquelas décadas, a indústria nunca foi capaz de ser a
principal absorvedora desses contingentes, e o crescimento do setor terciário foi desde sempre marcado por forte heterogeneidade, combinando o crescimento de serviços e ocupações de maior conteúdo técnico e
produtividade (como em finanças, saúde e educação) com o que se cos-
tuma denominar "baixo terciário urbano", povoado por ocupações de
reduzida qualificação, capitalização e capacidade de geração de renda.
Não deixa de ser curioso que essa tendência a uma relativa polarização
no setor de serviços, muito enfatizada na literatura latino-americana dos
anos 1960 e 70 como uma característica do subdesenvolvimento, rea-
pareça em trabalhos recentes como os de Saskia Sassen (1991 e 1998) e
Manuel Castells (1999) como própria dos espaços econômicos ultrade-
senvolvidos: as metrópoles dos países centrais. Nos dois contextos, não

---

[2] Segundo censos populacionais de vários anos, disponíveis em <www.ibge.gov.br>.
[3] Jannuzzi, 2000; Brito, 2006.

obstante as radicais diferenças em todos os sentidos, a perda de importância (no caso das metrópoles dos países centrais) ou a insuficiência (no caso dos países subdesenvolvidos) dos empregos na indústria manufatureira combina-se com um cenário de polarização do mercado de trabalho e de acentuadas desigualdades salariais.

Se a pressão demográfica e migratória sobre as regiões metropolitanas se reduziu e desconcentrou nas duas últimas décadas, o ritmo de crescimento da oferta de força de trabalho foi superior ao da população como um todo (que exibiu média anual de 2,6%). Considerando os dados dos censos de 1991 e 2000, combinados com os da PED, a taxa média de crescimento anual da população em idade ativa (PIA — 10 anos ou mais) na Região Metropolitana de São Paulo foi de 3%, comparada a uma taxa média de crescimento da população economicamente ativa (PEA) ligeiramente superior, de 3,2% ao ano, e a uma taxa média de crescimento da população ocupada (PO) de apenas 2,5%. O ritmo mais acelerado de crescimento da PEA, mesmo quando comparado com a PIA, foi ainda atenuado pelo decréscimo na taxa de participação dos mais jovens. Mas, de toda forma, a defasagem entre o crescimento da PEA e da PO, expressa sobretudo pela elevação dos índices de desemprego, sinaliza uma clara alteração na capacidade, até então bastante elástica, de incorporação da força de trabalho por parte do mercado metropolitano paulista.

Um aspecto importante na caracterização dos atributos da força de trabalho é a tendência histórica de aumento na taxa de participação feminina, embora em ritmo declinante. Tal tendência se manteve ao longo dos anos 1990, não chegando a ser compensada pela redução na taxa de participação observada no universo masculino, mais intensamente afetado pela diminuição na participação dos estratos mais jovens (tabela 1).

Sempre considerando a RMSP (e utilizando os dados da PED), entre 1989 e 2004, a taxa de participação dos homens na força de trabalho recuou de 77,3% para 72,9%; enquanto a taxa de participação feminina expandiu-se de 46,1% para 55,5%. Essas alterações modificaram de forma importante a composição da força de trabalho, reduzindo em 10 pontos percentuais a diferença entre homens e mulheres. Em 1989, os homens representavam 61,6% dos ocupados, contra 38,4% de mulheres; em 2004, os homens somavam 55,8% dos ocupados, para 44,2% de mulheres.

Em relação à idade, não obstante a taxa de participação masculina ter se reduzido em todos os estratos, conforme indica a tabela 1, essa redução ocorreu de forma especialmente notável entre os mais jovens (abaixo dos 18 anos), mantendo-se, por outro lado, bastante elevada entre aqueles com mais de 50 anos. Entre as mulheres mais jovens também se observa uma redução importante na taxa de participação, que já partira, no entanto, de patamares bem inferiores. Mas tanto num caso quanto noutro é de se observar que a taxa de participação entre os 14 e os 17 anos, faixa etária a que corresponderia o cumprimento da formação escolar secundária, é ainda extremamente elevada: 38% para os homens e 36,3% para as mulheres. No extremo oposto, as mulheres com mais de 50 anos, embora também tenham exibido aumento de participação, mantêm-se em um patamar muito inferior ao dos homens, perto da metade. A participação feminina, portanto, ainda é bastante mais concentrada nos estratos intermediários de idade do que a dos homens, embora a inclinação futura pareça ser de convergência ou pelo menos de atenuação das diferenças de perfis entre ambos.

Tabela 1

Taxa de participação por sexo e faixa de idade: RMSP, 1989 e 2004

(%)

	Homens		Mulheres	
	1989	2004	1989	2004
10-13 anos	13,0	4,1	5,6	2,7
14-17 anos	66,3	38,0	47,4	36,3
18-24 anos	90,4	88,9	66,6	77,1
25-40 anos	94,3	93,6	57,5	74,9
41-50 anos	90,5	89,3	48,4	66,2
51 anos ou mais	54,0	53,5	19,8	27,3
Total	75,8	72,6	45,5	55,4

Fonte: Seade-Dieese, PED, elaboração própria.

O incremento de escolaridade é certamente o grande fator de mudança no perfil da força de trabalho na RMSP nesse período. Não fosse pelo patamar de partida ser tão baixo (quase dois terços da população economicamente ativa e da população ocupada tinham menos que o fundamental completo em 1989) e pelo fato de a expansão da educação ter-se feito, em parte, em detrimento de sua qualidade, e estaríamos diante de uma formidável mudança. A tabela 2 é suficientemente eloqüente.[4] No espaço de uma década e meia, a proporção de indivíduos — na PEA e na PO — com menos que o fundamental completo (ou seja, com menos de oito anos completos de escolarização) caiu à metade, de cerca de dois terços para pouco menos de um terço. No sentido inverso, mais do que dobrou a participação de indivíduos com pelo menos o ensino médio completo (ou seja, com pelo menos 11 anos de escolarização), e cresceu também de forma expressiva a participação de indivíduos com nível superior completo. O que deve despertar o interesse na tabela 2, contudo, é a enorme semelhança nas proporções e nas mudanças no universo dos economicamente ativos e no dos ocupados. Fosse o crescimento da escolaridade dos ocupados um reflexo de uma alteração para cima no patamar de exigência por escolaridade dos postos de trabalho criados ou preservados nesse período, e pelo menos algum nível de discrepância deveria ser esperado em relação ao universo total de indivíduos no mercado de trabalho. Por mera dedução, não é necessário mostrar os dados sobre desemprego para afirmar que não foram apenas os empregados que se tornaram mais escolarizados; também os desempregados — e na mesmíssima proporção que os empregados — tiveram uma elevação expressiva no nível escolar. Embora isso não anule a possibilidade de que em muitos nichos ocupacionais as exigências de maior escolarização derivem de reais incrementos nos processos de trabalho, o crescimento médio da escolaridade observado no mercado de trabalho metropolitano paulista se deve antes a mudanças demográficas (sucessão de coortes) e aos efeitos da ampliação das políticas públicas na área

---

[4] Nesta tabela, os indivíduos com ensino médio incompleto foram somados ao grupo com fundamental completo, e os com nível superior incompleto, ao grupo dos com ensino médio completo.

da educação do que a determinantes da demanda de força de trabalho. Vale observar que, como são os mais jovens que colaboram para a elevação da escolaridade média da força de trabalho, esse movimento poderia ter sido ainda mais expressivo não tivesse havido a já apontada queda na taxa de participação dos mais jovens, que além disso compõem os estratos com os mais altos índices de desemprego.

Tabela 2

**Composição da PEA e da PO por grau de instrução:
Região Metropolitana de São Paulo, 1989 e 2004**

(%)

	1989		2004	
	PEA	PO	PEA	PO
Fundamental incompleto	58,9	58,0	32,4	32,2
Fundamental completo	17,7	17,4	19,9	17,9
Médio completo	15,3	15,9	35,5	35,8
Superior completo	8,2	8,7	12,3	14,1

Fonte: Seade-Dieese, PED, elaboração própria.

A ascensão educacional também é um fator de destaque na dinâmica de inserção feminina no mercado de trabalho. À medida que aumenta o nível de escolaridade, a taxa de participação feminina cresce e tende a se aproximar bastante da masculina (tabela 3). Sendo já as mulheres, em média, mais escolarizadas do que os homens, o crescimento de sua taxa de participação também colabora para a elevação geral da escolaridade entre os que compõem a oferta de força de trabalho. A instrução parece ainda compensar, nos estratos mais altos de escolarização, as condições menos favoráveis de inserção das mulheres no mercado de trabalho, mas, quando se observam outras variáveis, como inserção setorial, renda e posição na ocupação, parece razoável sustentar que as maiores credenciais femininas em termos educacionais não se traduzem em recompensa correspondente no mercado de trabalho. Ou, em outras palavras, a concentração de mulheres mais escolarizadas em posições de menor qualificação sugere que, pelo menos em parte, estejamos diante de um fenômeno de sobreescolarização da força de trabalho em relação ao mercado de trabalho (trabalhadores mais qualificados do que seus postos de trabalho). Esse tipo de configuração é, obviamente, favorecido pelo fato de a taxa de desemprego nesse período haver praticamente dobrado, saltando de um patamar inferior a 10% em 1989, para algo em torno de 17% a 20% nos últimos anos.[5]

Tabela 3

Taxa de participação por sexo e grau de instrução: RMSP, 1989 e 2004

(%)

	Homens		Mulheres	
	1989	2004	1989	2004
Fundamental incompleto	70,5	57,5	37,4	36,7
Fundamental completo	87,9	75,8	57,0	57,2
Médio completo	91,0	90,0	66,7	76,0
Superior completo	93,8	91,0	80,9	82,9
Taxa de participação total de homens e mulheres	77,1	72,9	46,0	55,5

Fonte: Seade-Dieese, PED, elaboração própria.

A qualidade dos postos: deslocamentos intersetoriais e efeitos da "terciarização" do emprego

O processo de "terciarização" das atividades e ocupações é um fenômeno que caracteriza as economias capitalistas avançadas em suas etapas maduras. Essa é uma tendência que também se observa no Brasil no

---

[5] Por economia de espaço não trataremos aqui do fenômeno do desemprego, até porque essa tem sido uma das dimensões mais trabalhadas entre os especialistas em mercado de trabalho, com farta exibição na mídia, e dessa forma é certamente mais bem conhecida do leitor. Mas os dados podem ser facilmente obtidos no site da Fundação Seade: <www.seade.gov.br>.

período em estudo; todavia, é importante salientar que processos que levaram décadas para se consumar naqueles países, envolvendo a sucessão de coortes geracionais, aqui se desenrolaram com extraordinária velocidade. Para uma vasta parcela dos trabalhadores brasileiros o processo de industrialização, que constituiu uma importante porta de transição do universo rural para o urbano, significou uma metamorfose (não apenas ocupacional, mas de todo o modo de vida), que só muito lentamente foi encontrando algum suporte nas políticas públicas, especialmente educacionais. O maior ativo acumulado por essa classe operária que se formou nos anos 1950 a 70 foi a aquisição da experiência profissional oriunda do trabalho fabril, muito mais do que a educação formal, cuja massificação alcançaria apenas, e na melhor das hipóteses, seus filhos.[6] Assim, a substituição maciça das ocupações industriais por ocupações nos serviços trouxe consigo conseqüências de enorme significado para os indivíduos, independentemente das conseqüências macroeconômicas. Em primeiro lugar, para uma parcela ainda expressiva de trabalhadores, esse trânsito implicou uma segunda metamorfose em vida, certamente menos radical do que aquela que marca a vinda do campo para a cidade, mas igualmente depositada sobre seus próprios ombros, uma vez que, possuindo bagagem educacional reduzida ou nula, tiveram que se "reconverter" profissionalmente sem o apoio de uma rede realmente abrangente e articulada de políticas públicas de requalificação profissional, seguro-desemprego e recolocação no mercado de trabalho, políticas estas que, além de recentes no Brasil, têm alcance limitado e desigual.[7] Em segundo lugar, o trânsito entre setores de atividade tem significados bastante distintos conforme o tipo de ocupação. O longo acúmulo de experiência em posições qualificadas na indústria — como torneiros mecânicos ou operadores petroquímicos —, que representava importante capital profissional, dificilmente se translada para os setores do

---

[6] Dá lastro a essa afirmação o fato de que, ainda nos anos 1990, os estratos mais qualificados dos setores mais modernos da indústria, que compõem o complexo automobilístico, portavam níveis bastante baixos de instrução formal. Ver Comin, Cardoso e Campos, 1997.

[7] Ver, por exemplo, a respeito do seguro-desemprego, Comin e Guimarães, 2002.

comércio e dos serviços, para onde se viram atraídos aqueles que foram expelidos da indústria nesse período, pelo menos não conservando o mesmo valor que possuíam naquelas indústrias.

Para explorar mais finamente as diferenças entre os setores de atividade e o possível significado dos deslocamentos do emprego entre eles no que diz respeito à qualidade dos postos de trabalho e dos empregos, é necessário adotar algum modelo de classificação. Barros e Mendonça (1995) realizam um exercício de estimação da qualidade dos empregos no Brasil, com base na PME,[8] construindo uma classificação dos setores de atividade econômica, com base em critérios de similaridade, que apresenta resultados bastante consistentes em termos da estratificação ou segmentação do mercado de trabalho. Os critérios de similaridade são duplos e recorrem a uma abordagem distinta para os setores industriais e os de serviços. No caso da indústria, são levadas em consideração as características dos processos produtivos, como tipo de tecnologia e insumos utilizados.[9] No caso dos serviços, é a natureza do produto (ou mais propriamente do serviço prestado) que constitui a base para o estabelecimento de similaridades entre as atividades.[10]

Os autores constroem dois níveis de agregação a partir das cerca de 150 atividades definidas pela CNAE e utilizadas na PME, um mais aberto, com 25 setores, 12 correspondentes à indústria manufatureira, um à construção civil, 10 a serviços, um a atividades governamentais e um a atividades residuais ("outras atividades não classificadas sob outras epígrafes"); estes dois últimos setores foram desprezados na análise que realizaram. Num segundo nível mais condensado de agregação, os autores reagrupam os 23 setores de atividade com que trabalham, em sete ramos. Como a principal preocupação aqui não é o cotejamento das diferenças entre os setores da indústria, mas principalmente destes em relação aos demais setores terciários, e também por razões de maior clareza expositiva, optou-se por trabalhar com esses sete ramos, mais

---

[8] Pesquisa Mensal de Emprego, realizada pelo IBGE.
[9] Neste caso, os autores se apóiam em Lanzana, 1987.
[10] A referência, neste caso, é a Browning e Singelmann, 1975.

os dois setores desprezados pelos autores. Os nove grupos de atividades assim resultantes são os seguintes:

1. Indústria moderna (I. mod.): complexos metal-mecânico, eletroeletrônico e de material de transportes; química, petroquímica, farmacêutica e perfumaria; papel, celulose e borracha.

2. Indústria tradicional (I. trad.): minerais não-metálicos, madeira e mobiliário, têxtil e calçados, alimentos e fumo, editorial e gráfica.

3. Construção civil (C. civ.).

4. Serviços distributivos (S. dist.): transportes e comércio.

5. Serviços produtivos (S. prod.): financeiro, utilidade pública (água, luz, telefonia, radiodifusão), e técnico-profissionais (contabilidade, publicidade, serviços jurídicos).

6. Serviços sociais (S. soc.): saúde, educação, serviços comunitários.

7. Serviços pessoais (S. pes.): reparação e conservação de veículos e edifícios, hospedagem e alimentação, limpeza e conservação.

8. Serviços governamentais (Gov.): administração pública.

9. Outras atividades (Out.): agropecuária e outras atividades mal definidas ou não-classificáveis em outras rubricas.[11]

Aplicando essa classificação à PED de São Paulo para o período 1989-2004, as variações na composição da ocupação, segundo os ramos de atividade (tabela 4), revelam que os setores mais afetados negativamente foram os industriais. A *indústria moderna* apresentou uma redução de quase 50% em seu peso relativo e a *indústria tradicional* um encolhimento de aproximadamente um terço. Os *serviços governamentais* e a *construção civil* apresentaram recuos mais moderados (pouco mais de 10%); os *serviços distributivos* exibiram pequeno crescimento relativo (menos de 10%); e os *serviços produtivos*, os *serviços pessoais* e os *serviços*

---

[11] As atividades agropastoris não são tratadas como um segmento à parte porque tanto a PME (utilizada por Barros e Mendonça, 1995) quanto a PED (aqui utilizada) cobrem apenas ambientes metropolitanos, onde essas atividades são residuais.

sociais foram os setores que aumentaram de forma significativa sua participação relativa: 35,8%, 34,7% e 38,5%, respectivamente. Examinemos então as características das ocupações nesses ramos de atividade.

Tabela 4
Evolução da composição da ocupação segundo os ramos de atividade:
RMSP, 1989-2004
(%)

Anos	Ramos de atividade								
	I. mod.	I. trad.	C. civ.	S. dist.	S. prod.	S. soc.	S. pes.	Gov.	Out.
1989	18,7	14,2	5,5	19,1	14,0	7,1	16,9	3,4	0,9
1990	18,1	13,1	5,0	20,3	14,4	7,6	16,8	3,5	0,9
1991	15,8	12,5	5,1	20,6	14,6	8,1	19,2	3,5	0,7
1992	14,3	12,1	5,2	20,8	15,3	8,5	19,5	3,5	0,7
1993	13,2	12,0	5,1	20,7	15,9	9,2	19,6	3,5	0,6
1994	13,4	11,9	5,1	21,2	16,1	8,7	19,5	3,4	0,6
1995	13,3	11,4	5,0	21,3	16,2	9,0	20,3	3,0	0,6
1996	11,7	10,9	5,4	21,6	16,5	9,2	21,1	3,0	0,6
1997	11,0	10,0	5,6	21,7	17,6	9,1	21,4	2,9	0,6
1998	10,6	9,2	5,6	21,4	18,1	9,5	22,0	3,0	0,5
1999	9,9	9,6	5,3	20,9	18,9	9,6	22,3	3,0	0,5
2000	10,0	9,8	5,3	20,8	18,8	9,7	22,0	3,0	0,7
2001	10,2	9,7	5,3	20,8	18,9	9,5	22,2	2,8	0,6
2002	10,0	10,0	5,2	20,8	18,2	9,5	22,6	3,0	0,6
2003	9,7	9,5	5,2	20,9	18,6	9,8	22,8	3,0	0,5
2004	9,7	9,3	4,8	20,7	19,0	9,9	22,8	3,0	0,7
Razão (%) 2001/1989	52,0	65,6	86,7	108,8	135,8	138,5	134,7	87,3	71,8

Fonte: Seade-Dieese, PED, elaboração própria.

Considerando a média dos rendimentos por ramo de atividade para os anos de 1995 a 2004 (tabela 5 e gráfico 1),[12] destaca-se que: a) a renda média recuou em todos os setores de atividades, mas foi relativamente menor no setor de "atividades governamentais" e nos "serviços sociais" (que incluem basicamente educação, saúde e assistência social, atividades nas quais os governos também são empregadores importantes); b) a "indústria moderna" (que perdeu participação entre os ocupados) e os "serviços produtivos" (que ganharam) têm as melhores médias salariais (excetuando o setor governamental) em todo o período e experimentaram queda nos rendimentos da mesma ordem que a média geral dos ocupados, em torno de 30%; c) a "indústria tradicional" (forte queda na participação no emprego) e "serviços distributivos" (pequeno crescimento) apresentam médias salariais sempre próximas da média geral, mas o declínio da renda nos "serviços distributivos" foi mais acentuado do que na "indústria tradicional"; d) finalmente, com rendimentos mais de 20% abaixo da média dos ocupados, está o setor de "construção civil" (que perdeu participação relativa) e, oscilando numa faixa um pouco acima dos 50% da renda média dos ocupados, encontram-se as atividades de "serviços pessoais" (com expressivo crescimento no volume de ocupações).

O diferencial entre os dois ramos situados nos extremos da escala de rendimentos médios, as "atividades governamentais" (mais elevado) e os "serviços pessoais" (o mais baixo) é de cerca de três vezes e se mantém ao longo do tempo. Quase todos os ramos experimentaram ganhos de rendimento nos primeiros três ou quatro anos após o Plano Real, mas todos sofreram perdas ainda mais expressivas nos anos seguintes. De modo geral, a estrutura das desigualdades setoriais de renda pouco se alterou, a despeito do intenso deslocamento da força de trabalho. O único setor que apresentou um avanço expressivo em relação aos demais foi o dos "serviços sociais".

---

[12] No uso da variável renda optou-se por trabalhar apenas com o período pós-real para evitar as distorções causadas pelo deflacionamento de valores nominais de salários em períodos de inflação muito acelerada e de constantes mudanças de moeda. O deflator utilizado foi o ICV-Dieese e todos os valores foram alinhados com o real de dezembro de 2004.

Tabela 5
**Renda média das ocupações por setor de atividade,
variação e média setorial: RMSP, 1995-2004
(R$ de dezembro de 2004)***

Setor	Anos											Média
	1995	1996	1997	1998	1999	2000	2001	2002	2003	2004	2004/1995	
I. mod.	1.897	1.942	1.941	1.838	1.740	1.613	1.525	1.423	1.343	1.359	70,8	1.691
I. trad.	1.292	1.351	1.421	1.378	1.253	1.256	1.048	974	927	918	71,7	1.196
C. civ.	1.261	1.289	1.204	1.174	1.049	975	909	861	797	800	63,2	1.043
S. dist.	1.469	1.404	1.392	1.276	1.198	1.133	1.026	952	880	885	59,9	1.173
S. prod.	2.143	2.094	2.139	2.099	2.003	1.837	1.632	1.511	1.455	1.439	67,9	1.841
S. soc.	1.473	1.597	1.673	1.723	1.634	1.561	1.446	1.312	1.223	1.352	83,0	1.505
S. pes.	850	852	795	775	730	694	667	596	534	535	62,8	704
Gov.	2.129	2.196	2.195	2.283	2.210	1.991	1.880	1.762	1.667	1.688	78,3	2.013
Out.	1.203	1.244	1.465	1.208	1.315	888	1.011	656	863	714	71,7	1.055
Média	1.500	1.495	1.498	1.449	1.369	1.285	1.172	1.074	1.005	1.020	67,0	1.296

Fonte: Seade-Dieese, PED, elaboração própria.
* Renda bruta do trabalho em reais de dezembro de 2004. O deflator utilizado foi o ICV-Dieese.

Gráfico 1
**Razão entre a renda dos ocupados e a média, segundo o setor econômico:
RMSP, 1995-2004
(média = 100)**

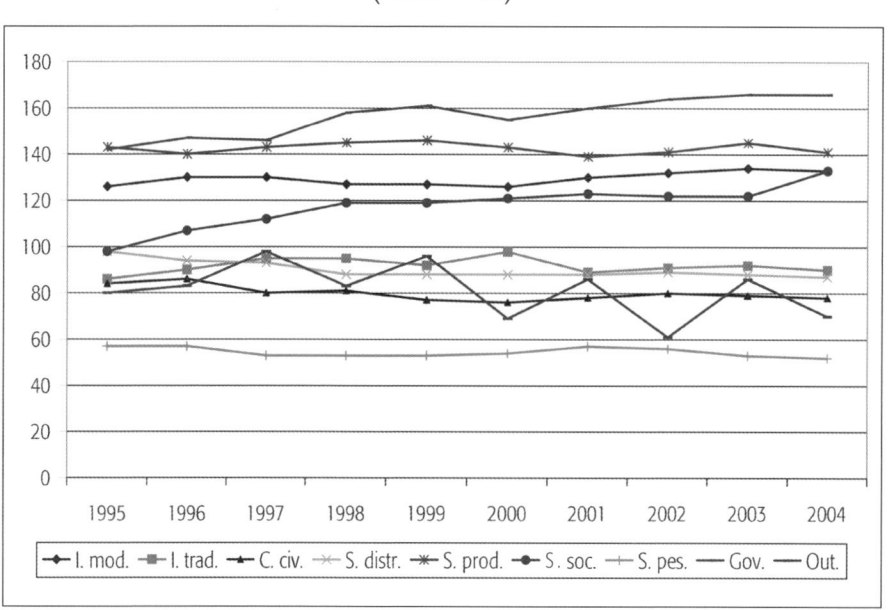

Uma segunda variável importante para qualificar os setores de atividades em termos das ocupações que geram é a taxa de formalização dos vínculos de trabalho. O vínculo formal de trabalho no Brasil, como se sabe, agrega à relação de trabalho um amplo leque de direitos e remunerações indiretas, e está associado a maiores salários médios e maior longevidade dos vínculos. A taxa de assalariamento formal de um setor, em si mesma, não revela a qualidade intrínseca dos postos de trabalho, mas aponta o grau de estruturação do setor e das firmas.

A tabela 6 mostra claramente as enormes disparidades entre os ramos de atividade no que diz respeito à formalização dos vínculos de trabalho, bem como uma deterioração relativa em praticamente todos os ramos ao longo do período. O único setor discrepante é o das atividades governamentais, que pela própria natureza do regime do serviço público no Brasil, apresenta, de forma quase inalterada, taxas de formalização praticamente integrais. Entre os demais setores, a indústria moderna é de longe a que apresenta os maiores índices de formalização do emprego: até 1990, acima dos 90%, taxa que, no entanto, regrediu para 77,1% em 2004. Redução muito significativa quando se considera que é no universo dessas indústrias que se concentram em maior proporção as empresas de grande porte que, historicamente, mantêm maiores médias salariais e de estabilidade no emprego.

Também apresentam, no início do período, taxas de formalização elevadas os serviços sociais (79,2%) — provavelmente por força da grande presença dos governos como empregadores; os serviços produtivos (73,2%), entre os quais se encontram as grandes empresas do setor financeiro e de utilidades públicas (estas últimas também com forte presença estatal no princípio, mas quase todas privatizadas ao longo da década de 1990); e as indústrias tradicionais (70,6%). No caso dos serviços sociais, o declínio na taxa de formalização foi relativamente tênue, mas no das indústrias tradicionais e dos serviços produtivos, este foi da ordem de 20% a 25%, maior inclusive do que no setor industrial moderno. Em qualquer dos casos, trata-se de setores ou diretamente respaldados pelo Estado, ou compostos por empresas e atividades com maior densidade de capital e tecnologia, muitos deles bastante internacionalizados e, presumivelmente, com maior produtividade média.

Os serviços distributivos e a construção civil são setores híbridos do ponto de vista das relações de trabalho, uma vez que reúnem, em muito maior proporção do que os setores anteriormente mencionados, pequenos empreendimentos, trabalhadores autônomos e por conta própria e empreendimentos familiares, com níveis presumivelmente menores de produtividade, menos intensivos em capital e tecnologia. São setores que não só concentram maior parcela de vínculos informais de assalariamento, como também formas de ocupação que não se caracterizam pela compra e venda de força de trabalho, não sujeitas, assim, à mesma normatividade. Todavia, mesmo nesses setores, e de modo mais enfático no da construção civil, o encolhimento do emprego formal foi muito expressivo, como se pode ver na tabela 6. Por fim, o setor de serviços pessoais, majoritariamente composto pelos serviços domésticos (e nos quais a imensa maioria dos ocupados são mulheres), apresenta baixíssimas taxas de formalização, situação que não se altera ao longo do período 1989-2004, nem mesmo pelo fato de a Constituição de 1988 ter estendido aos empregados domésticos boa parte dos direitos trabalhistas já assegurados às demais profissões.

Tabela 6

Evolução da proporção de vínculos formais na composição da ocupação, segundo os ramos de atividade: RMSP, 1989-2004

(%)

Anos	Ramos de atividade							
	I. mod.	I. trad.	C. civ.	S. dist.	S. prod.	S. soc.	S. pes.	Gov.
1989	91,0	70,6	42,7	51,8	73,2	79,2	30,2	90,2
1990	91,5	71,7	42,6	52,0	73,0	80,5	31,0	92,3
1991	89,2	68,0	36,0	47,2	67,4	78,6	29,0	92,6
1992	88,3	66,6	37,5	46,7	66,5	76,2	30,4	90,9
1993	86,0	66,1	35,1	45,3	65,8	74,4	29,0	92,0
1994	85,7	65,0	35,0	44,2	62,8	76,4	29,9	92,0
1995	84,5	64,2	28,2	44,2	60,8	72,9	31,7	91,1
1996	82,1	62,1	30,1	42,2	56,9	72,4	32,7	91,6
1997	80,3	59,1	27,0	41,0	56,6	69,1	32,7	91,0
1998	79,7	59,3	28,3	41,6	56,2	70,9	34,9	90,9
1999	77,5	54,7	27,1	41,3	56,5	69,7	33,3	92,6
2000	76,5	55,0	25,5	41,2	53,2	69,7	33,1	85,2
2001	76,7	55,5	26,1	42,5	55,3	69,9	32,3	87,8
2002	76,3	54,3	24,9	42,4	54,2	69,5	33,1	85,5
2003	77,3	52,7	27,7	42,0	53,6	70,7	34,1	86,2
2004	77,1	53,4	25,9	43,1	53,9	70,5	33,6	84,1

Fonte: Seade-Dieese, PED, elaboração própria.

Considerando assim os deslocamentos intersetoriais das ocupações, tendo em vista a média dos rendimentos e a taxa de formalização do emprego, o que se desenha é um movimento centrífugo, isto é, dos setores em posição intermediária ou um pouco acima da média para os extremos superior e inferior. O setor com maior perda de participação em termos relativos no mercado de trabalho — a indústria moderna — apresenta perfil acima da média em termos de rendimentos e o melhor perfil no que tange à taxa de formalização dos vínculos de trabalho. Os setores que funcionaram como absorvedores de mão-de-obra estão dispostos nos pólos das escalas. Cresceram os serviços de melhor qualidade relativa, como os serviços produtivos (crescimento significativo, num setor que tem uma das melhores médias salariais e posição intermediária em termos de formalização) e sociais (crescimento elevado, apresentando níveis salariais e taxa de formalização acima da média). E cresceram também os setores de pior perfil relativo: os serviços pessoais (maior crescimento em termos da ocupação, piores rendimentos e menor taxa de formalização do emprego). Conforme já se observou de passagem no início deste capítulo, embora os dados apresentados aqui não sejam suficientes para afirmações mais taxativas, o declínio do emprego industrial, pelo menos nos contextos em que ele atingiu patamares muito expressivos — como nos países mais avançados e, no caso do Brasil, na Região Metropolitana de São Paulo —, parece colaborar para compor um quadro de polarização no mercado de trabalho em moldes análogos aos sugeridos, por exemplo, por Saskia Sassen (1991 e 1998).

Os atributos dos vínculos: mudanças nas formas de ocupação e de relação de trabalho

A clivagem formal/informal foi e continua sendo central nos estudos sobre o mercado de trabalho no Brasil. Cumpre assinalar aqui que as diferentes formas de ocupação estão, primeiramente, ligadas à qualidade dos postos de trabalho e refletem características das próprias atividades econômicas, como grau de capitalização dos setores e tipos de empresas, características tecnológicas dos processos de produção, posições distintas nas cadeias produtivas, tamanho dos empreendimentos e relação com o Estado. Mas estão também diretamente relacionadas com as clivagens típicas dos mercados de trabalho, que são estabelecidas pelas desigualdades entre os sexos, as coortes geracionais, as origens regionais, as etnias e cores e os diversos níveis educacionais de que são portadores os indivíduos. Expressam, assim, tanto o formato jurídico das relações de trabalho, a existência ou não de uma contratualidade legalmente suportada pelo Estado, quanto formas distintas de relação de produção e de propriedade, assim como heranças de estratificação social cujos nexos não repousam diretamente em relações econômicas, mas em outros vetores das relações sociais.[13]

O pressuposto assumido aqui é o de que as diferenças jurídicas (notadamente a presença ou não da carteira de trabalho como lastro da relação de trabalho), e tudo o que estas implicam em termos do direito social, assumem formas específicas e refletem as assimetrias nas relações sociais de produção. Não são, portanto, em si mesmas, definidoras do caráter formal ou informal da relação. A clivagem formal/informal ("com" ou "sem carteira") é extremamente importante para a análise dos efeitos das transformações no mercado de trabalho, e por isso mesmo deve ser qualificada de acordo com a natureza das atividades e relações de produção.

O primeiro recorte saliente é aquele que separa os vendedores diretos de força de trabalho, os assalariados, das demais formas de inserção. O vínculo formal de trabalho no Brasil, como se sabe, agrega à relação de trabalho um amplo leque de direitos e remunerações indiretas, como FGTS, aposentadoria, férias remuneradas e acrescidas de 33%, licenças maternidade e paternidade, multas rescisórias, proteção contra infortúnios pessoais e mesmo o seguro-desemprego, já que este está atrelado à existência recente de um vínculo formal prévio à situação de desemprego.[14] O emprego formal está também associado a maiores rendimentos médios e estabilidade de vínculos. Isso sem falar que é em torno do segmento dos assalariados formais (dos setores público e privado) que se organizam as entidades de representação sindical, que têm no Brasil

---

[13] Ver Portes, 1999; e Filgueira, 2001.
[14] Ver Comin e Guimarães, 2002.

recente papel de relevo na melhoria das condições de trabalho e de remuneração de seus representados. Em contrapartida, o vínculo formal
acarreta ônus contributivos e custos indiretos tanto para empregados
(o imposto sobre a renda, a contribuição para a previdência social e o
imposto sindical, para ficar nos exemplos mais familiares), quanto para
empregadores (contribuição previdenciária, FGTS, multas e ressarci-
mentos indenizatórios em caso de demissão, entre outros).

A condição do assalariado informal (sem registro em carteira) inse-
re-se na modalidade mais típica de relação de produção capitalista, que
é a da venda da força de trabalho, mas escapa em diversos sentidos ao
processo histórico de regulação do intercâmbio dessa mercadoria e de
construção de parâmetros sociais, jurídica ou tacitamente estabelecidos,
para a sua utilização (legislação sanitária, proibição do trabalho infantil,
salário mínimo etc.). Do ponto de vista econômico tende a estar associada ao baixo grau de capitalização e produtividade de empreendimentos
de pequeno porte.[15] Do ângulo jurídico, resulta ser mais propriamente
ilegal que informal,[16] e sua ampla ocorrência no Brasil (que não se res-
tringe às empresas muito pequenas) é, em grande medida, produto do
baixo grau de capilaridade das instituições responsáveis pela aplicação
das normas legais, sejam as instituições diretamente públicas, Executivo
e Judiciário, sejam órgãos de representação sindical.

O trabalho autônomo ou por conta própria expressa um tipo de
relação social de produção e apropriação de renda (na verdade vários)
distinto do assalariamento. Expurgadas as "impurezas" da definição,
reflete relações nas quais os indivíduos não vendem diretamente sua
força de trabalho, e sim, algum tipo de produto ou serviço resultante de
seu trabalho, normalmente realizado com instrumentos próprios (não
importa o quão toscos ou sofisticados eles sejam), sem o recurso — ou
com recurso apenas marginal — ao emprego de outros trabalhadores.
Distingue-se, assim, do empregador, por não depender sua atividade
da compra sistemática de força de trabalho alheia e, de modo geral, por

---

[15] Mizrahi, 1987; Portes, 1999.
[16] Para uma interessante discussão sobre as ambiguidades dos pares de oposição que cer-
cam esse debate, formal-informal, legal-ilegal, justo-injusto, ver Noronha, 2001.

não ser fonte de acumulação, mas tão-somente de subsistência pessoal e familiar. É bem verdade que muitos microempreendimentos, não obstante dependerem da exploração do trabalho assalariado para funcionar e possuírem personalidade jurídica efetiva, não produzem mais do que rendas de subsistência para seus proprietários, mas, de qualquer forma, para além da necessidade de estabelecer parâmetros conceituais mais claros, as diferenças entre autônomos e pequenos empregadores no que diz respeito a renda e instrução, por exemplo, são suficientemente robustas e persistentes no tempo para sustentar a premissa analítica de que se trate de estratos sociais distintos. Não é outra a razão pela qual nos estudos sobre estratificação e mobilidade social a posse de meios de produção e o uso de força de trabalho alheia remunerada são sempre fatores distintivos a separar empresários (ainda que pequenos) de auto-empregados.[17]

No caso dos trabalhadores autônomos, os critérios que permitem falar em formalidade e informalidade ou legalidade e ilegalidade são mais variados, e por vezes ambíguos, do que no caso dos assalariados — e as "impurezas" relativas ao conceito, muito mais embaraçosas. Se, por um lado, o trabalho assalariado implica tipicamente arranjos rotineiros e preestabelecidos quanto ao tempo e à localização do exercício do trabalho, e uma hierarquia clara na definição de como, o que e quanto se produz (sendo essas decisões em última instância prerrogativas privadas dos proprietários de empreendimentos ou de seus prepostos); e, por outro lado, se nesses casos o valor da remuneração que se aufere pela venda do trabalho também é preestabelecido e relativamente permanente, algo diverso ocorre com o trabalho autônomo. Nesse caso, em princípio, o vínculo que o trabalhador estabelece entre seu próprio trabalho e o "mercado", ou seja, os indivíduos e as empresas com os quais realiza suas trocas, não lhe impõe a aceitação de cláusulas espaço-temporais permanentes, nem altera intrinsecamente a natureza da atividade que realiza, que se mantém diretamente subordinada a seu modo e ritmo de trabalho. Em compensação, não gera em sua clien-

---

[17] Para abordagens de matrizes teóricas distintas, mas relativamente coincidentes nesse aspecto, ver Goldthorpe e Erikson, 1991; e Wright, 1989.

tela o compromisso permanente de adquirir seus produtos e serviços e, desse modo, não constitui fonte perene de renda direta, nem traz consigo rendas indiretas e benefícios, como no assalariamento formal. Em outras palavras, o trabalhador autônomo, como contrapartida pela sua "autonomia", tem que viver cotidianamente exposto aos azares do mercado. Pode eventualmente ganhar mais do que como assalariado, mas estará sujeito à instabilidade e à incerteza da renda e, em caso de infortúnio pessoal, não terá retaguarda securitária que lhe reponha os meios de subsistência. Desse ponto de vista, da regulação do exercício da ocupação e dos direitos e garantias a ela associados, os elementos que permitem falar em legalidade ou formalidade são de natureza diversa e, vale repetir, bem mais difíceis de captar através das estatísticas existentes. Há registros na PED que permitem algumas aproximações sugestivas. No que diz respeito aos ônus contributivos, os trabalhadores autônomos estão sujeitos, como quaisquer outros, a uma série de obrigações e a contrapartidas em termos de direitos sociais, entre elas a previdência social. Entretanto, ao contrário do que ocorre com os trabalhadores do setor formal, para os quais o desconto é compulsório, no caso dos autônomos o mecanismo de recolhimento é voluntário. A PED permite avaliar a efetividade desse mecanismo (ver mais adiante o gráfico 5). Há outros aspectos que seriam importantes para estabelecer o grau de formalização/legalidade das atividades autônomas (e mesmo das microempresas), como o registro no Cadastro Nacional de Pessoas Jurídicas, a participação no imposto de renda e no imposto sobre serviços ou a posse de licença para o exercício de atividades comerciais em logradouros públicos (no caso do comércio ambulante), por exemplo, mas infelizmente não são informações que possam ser compatibilizadas com a fonte principal com que se trabalha aqui.

A noção de trabalho "autônomo" não implica, pelo menos em boa parte dos casos, um tipo de relação de trabalho neutra quanto a relações hierárquicas. Nem muito menos que este seja um universo homogêneo e pouco estratificado. Muito pelo contrário: as relações que se estabelecem são de natureza eminentemente heterogênea porque os agentes envolvidos também o são. Trabalhadores autônomos que prestam serviços exclusiva ou principalmente para empresas estão, em princípio, inseridos num circuito gerador de renda mais dinâmico, cumprem um papel acessório, mas presumivelmente indispensável para o funcionamento dos empreendimentos que demandam seus produtos ou serviços e têm, assim, possibilidades mais elásticas de se apropriar de renda. O que, aliás, condiz com os dados da PED, que apontam patamares de rendimento médio bem mais elevados para "autônomos que trabalham para empresas" quando comparados com os "autônomos que trabalham para o público". Por outro lado, os autônomos que prestam serviços para empresas estão certamente tão mais constrangidos, seja na definição espaço-temporal do exercício de suas atividades, seja no que diz respeito às determinações técnicas do trabalho (ritmo e intensidade, materiais empregados, especificações emanadas de outros profissionais etc.), que tenderão a se subordinar às necessidades impostas pela contratante. Por fim, quanto mais complexos e refinados os serviços e produtos a serem realizados, tanto maior o conteúdo em termos de habilidades e conhecimentos exigidos do trabalhador, assim como, nos casos em que isso se aplique, maior o investimento necessário em equipamentos, ferramentas e materiais.[18]

Situação distinta é a daqueles trabalhadores autônomos que se relacionam com um público indefinido e flutuante ao qual oferecem, de forma descontinuada ou apenas ocasional, produtos ou serviços mais padronizados ou menos complexos e de menor valor agregado.[19] Normalmente concorrendo com o comércio regularmente estabelecido ou com empresas de prestação de serviços, presumivelmente têm nos estratos de mais baixa renda seu mercado consumidor e, por isso mesmo, o circuito de rendas em que estão inseridos é bem menos dinâmico e muito mais vulnerável às oscilações da economia e do mercado de trabalho. Sua própria renda é gerada por apropriação de parcela das rendas

---

[18] A referência empírica aqui são ocupações especializadas de reparação e instalação de máquinas e equipamentos, serviços mais sofisticados de manutenção predial e de instalações, assessorias e suportes técnicos, representação comercial etc.

[19] Os exemplos que se deve ter em mente aqui são os trabalhadores no comércio ambulante, nos serviços mais comezinhos de reparação e manutenção doméstica, como jardineiros e pintores de paredes, os biscateiros e marreteiros e atividades congêneres.

de estratos sociais muitas vezes coincidentes ou contíguos ao seu, o que a condiciona à elasticidade destas.

O trabalho doméstico constitui uma categoria peculiar, que, de certo modo, reúne os aspectos de maior vulnerabilidade das demais formas de ocupação. Representava quase 10% do total de ocupações (quase 20% das ocupações femininas) em 2004, na Região Metropolitana de São Paulo. Possui características do assalariamento informal, especialmente no caso das empregadas domésticas mensalistas, cujo vínculo é continuado (e às vezes muito longevo) e a remuneração previamente fixada, realiza-se em local e sob condições estabelecidas pelo contratador, tem elevadas jornadas médias de trabalho e, na maior parte dos casos, nenhum dos benefícios e garantias da legislação trabalhista, além das menores médias de rendimento entre todas as categorias, exceção feita às domésticas diaristas. Estas, por sua vez, estão submetidas a algumas das instabilidades típicas do trabalho autônomo, como receber exclusivamente pelo trabalhado realizado e possuir vínculos descontinuados ou eventuais com diversos empregadores.

As diferentes situações ocupacionais guardam, assim, importante conexão com a qualidade das próprias ocupações, expressando de forma consistente aspectos da estratificação destas. Embutem não só diferenças no formato jurídico das relações de trabalho, mas também formas distintas de relação de produção e de propriedade e assimetrias nas formas de incorporação dos diferentes estratos sociais.

O gráfico 2 apresenta as mudanças na composição do mercado de trabalho metropolitano paulista ao longo do período aqui estudado. Para que reflita mais precisamente as mudanças nas formas de participação dos ocupados, considera apenas as ocupações no setor privado da economia, uma vez que, no setor público, o assalariamento formal é a modalidade amplamente dominante e as demais modalidades de ocupação estão excluídas quase que por definição.

Como se pode ver, entre 1989 e 2004, as formas propriamente assalariadas de ocupação têm sua participação no conjunto do mercado de trabalho reduzida na ordem de 10 pontos percentuais: somados, os assalariados formais e os informais representavam 70% dos ocupados em 1989, recuando para perto de 60% em 2004. Muito mais expressivo, contudo, é o contínuo encolhimento da participação do assalariamento formal. No total dos assalariados, os vínculos formais representavam seis em cada sete ocupações em 1989, passando em 2004 a representar apenas três em cada quatro. No que diz respeito ao conjunto das ocupações, sua participação cai de 60% para cerca de 45%.

Gráfico 2
Composição dos ocupados no setor privado, segundo posição na ocupação: RMSP, 1989-2004

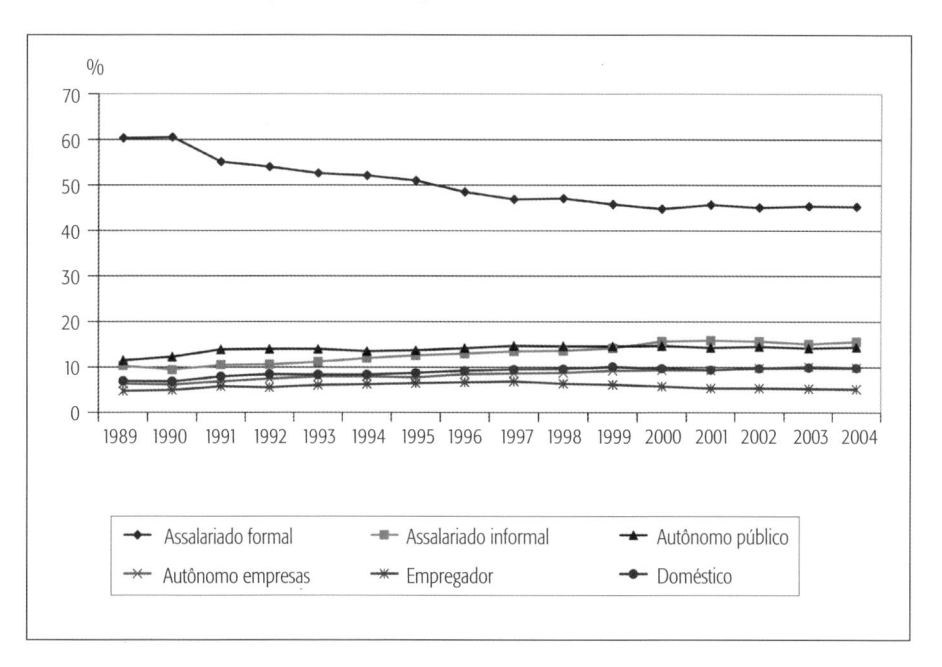

Todas as demais formas de ocupação ganham em participação. O assalariamento informal experimenta um crescimento de 50%, chegando a 15,6% do total. As ocupações autônomas ou por conta própria, que já representavam 17,8% em 1989, passam a representar quase um quarto do total das ocupações, sendo quase 60% delas de "autônomos para o público". O emprego doméstico, que sob todos os pontos de vista se situa na base da pirâmide ocupacional, cresce de 6,9% para 9,8%. E o número de empregadores exibe um crescimento um pouco mais modesto, mas não desprezível, da ordem de 10%, indo de 4,7% para 5,1%.

Gráfico 3
**Rendimento médio, segundo
posição na ocupação: RMSP, 1995-2004
(em R$ de dez. de 2004)**

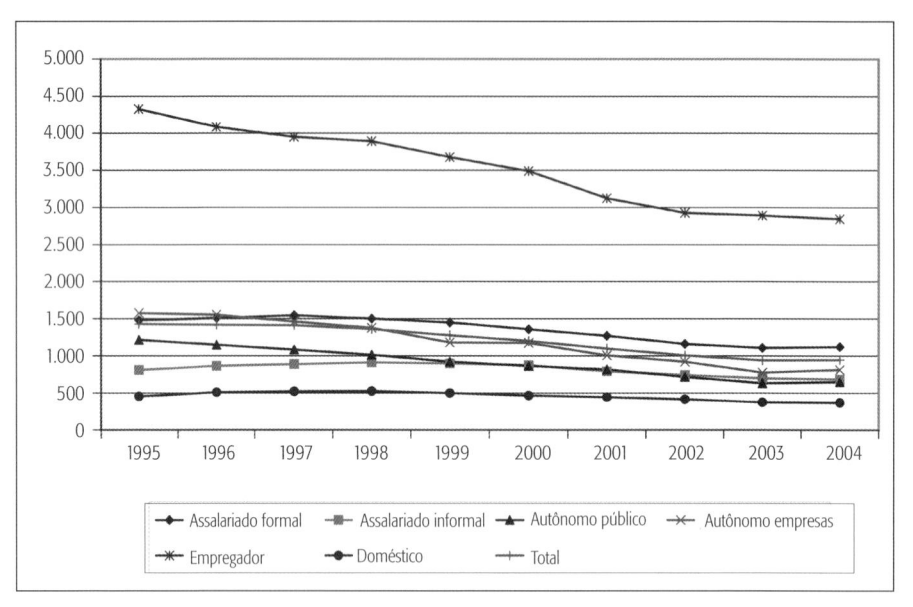

Às distintas posições ocupacionais correspondem níveis médios de rendimento bastante discrepantes (gráfico 3). No período 1995-2004, a média dos rendimentos de todos os ocupados na RMSP esteve em torno dos R$ 1.200,00, mas, considerando os extremos do intervalo, exibiu uma queda da ordem de 34%, tendo recuado de R$ 1.427,00 para R$ 947,00. Sempre falando em termos de médias (que, é importante que se diga, atenuam muito a dispersão dos rendimentos — grande no Brasil), a diferença entre o menor rendimento, o dos trabalhadores domésticos (média de R$ 458,00 em todo o período), e o maior, dos empregadores (R$ 3.520,00), é de 7,6 vezes. Excluídos os empregadores, foram os assalariados formais os que possuíram o maior rendimento médio ao longo de todo o período e foram também os que experimentaram as menores perdas (25%). Todas as categorias sofreram perdas: os autônomos para empresas da ordem de 49%, os autônomos para o público, de 48%, e os empregadores, de 35%. Tomando os rendimentos dos assalariados formais como parâmetro fixo (por ser a maior categoria, possuir os maiores rendimentos entre os não-proprietários e por ter experimentado maior estabilidade relativa), os autônomos viram seus rendimentos se distanciarem relativamente aos assalariados formais. De qualquer forma, é interessante observar as diferenças de renda entre os dois segmentos de auto-empregados. Não obstante estas terem diminuído um pouco ao longo do período, há uma clara estratificação entre ambos, os autônomos para empresas exibindo maior semelhança com os assalariados formais e os autônomos para o público com os assalariados informais (gráfico 4). Os empregadores tiveram sua vantagem sobre os assalariados formais reduzida, mas ganhavam, mesmo no final do período, mais do que o dobro destes. Os assalariados informais e domésticos viram o fosso que os separa dos assalariados formais se reduzir um pouco, representando os rendimentos dos primeiros, em 2004, cerca de dois terços e o dos segundos um terço dos formais.

Gráfico 4
Relação entre a renda média de cada estrato e a dos assalariados formais do setor privado: RMSP, 1995-2004
(Média = 100)

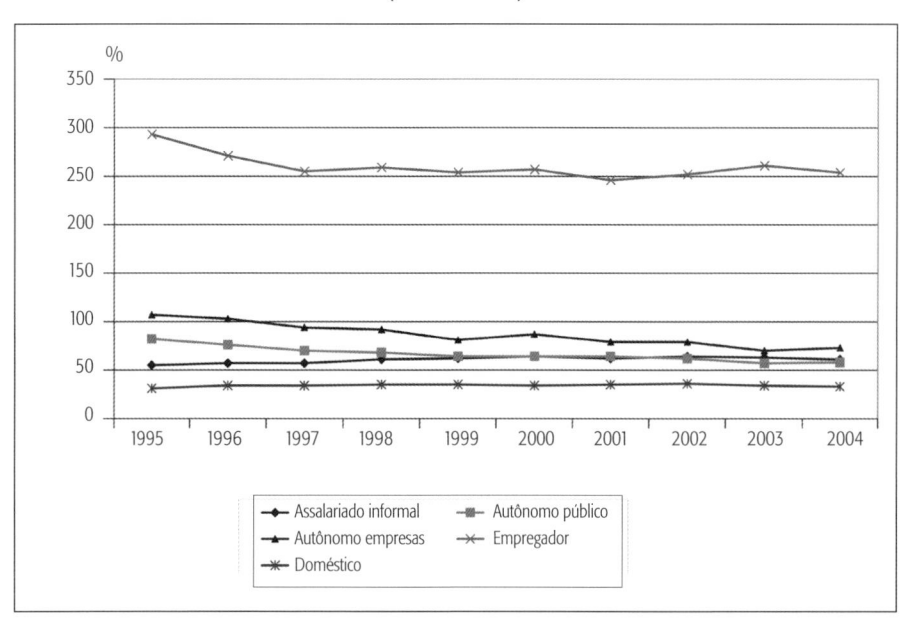

Como se pode ver na tabela 7, o assalariamento formal tinha nos setores industriais sua grande base de concentração: somadas, em 1989, as indústrias modernas e as tradicionais concentravam 51,1% dos contratos formais de trabalho no setor privado, 20 pontos percentuais a mais do que em 2004 (31,1%). Essa diferença se distribuiu pelos demais setores de serviços, não apresentando preferência específica pelos mais modernos, como se poderia esperar. Cresceu o peso do assalariamento formal nos serviços produtivos e sociais, assim como também nos serviços mais tradicionais, distributivos e pessoais. O grande crescimento das ocupações nos serviços produtivos se deu, sobretudo, através das modalidades informais de ocupação: somados, os assalariados sem carteira, os autônomos para o público e os autônomos para empresas tinham, nesse setor, 35,3% de sua participação relativa em 1989, passando a representar 59,1% em 2004. Assim, o importante declínio dos empregos industriais, claro responsável pela expressiva diminuição das ocupações formais, não foi compensado em qualidade pelas ocupações surgidas nos demais setores, nem mesmo nos serviços produtivos, que, do ponto de vista das atividades que reúne, deveria concentrar segmentos mais estruturados de empresas e ocupações mais qualificadas do que os serviços distributivos e pessoais. É muito provável, como procurei argumentar em outro trabalho,[20] que parte importante desse crescimento dos serviços produtivos seja reflexo direto dos movimentos de terceirização de atividades menos complexas por parte das indústrias, que, coerentemente com os objetivos de reduzir custos que motivaram essas terceirizações, se tenham traduzido também em modalidades mais precárias de ocupação. Se essa interpretação estiver, pelo menos em parte, correta, os deslocamentos da ocupação da indústria para os serviços não são evidência de um processo de desindustrialização da Região Metropolitana de São Paulo, e

---

[20] Ver Comin e Amitrano, 2003.

sim, reflexo do que autores como Luciano Coutinho qualificaram de reestruturação defensiva das indústrias.[21] Do ponto de vista de sua funcionalidade, essas novas ocupações que foram se transferindo para os serviços mantiveram-se ligadas à produção manufatureira; estatisticamente, elas foram deslocadas da indústria para os serviços, e, para os ocupados, perderam qualidade em termos do vínculo, mas não foram o produto de uma genuína transição de uma economia industrial para uma economia dos serviços, fenômeno que de fato caracterizou a trajetória das chamadas metrópoles globais, localizadas nos países mais avançados. Essa hipótese é reforçada pela análise da evolução da estrutura sócio-ocupacional, tal como se verá na segunda seção. Antes, porém, uma última observação sobre as mudanças nas modalidades de vínculo de trabalho.

É difícil mensurar todas as conseqüências dessa substituição maciça de empregos assalariados formais pelas demais modalidades de ocupação. Muito se tem insistido no Brasil que um importante (se não o principal) entrave à geração de empregos formais e de boa qualidade seria o elevado custo trabalhista associado a esse tipo de vínculo. Não obstante, as empresas, mesmo aquelas situadas em segmentos mais nobres, isto é, mais capitalizadas e de maior porte, têm-se utilizado crescentemente do assalariamento informal e dos serviços de autônomos sem que isso tenha proporcionado a dinamização na geração de empregos.[22] Pelo contrário, o aumento do desemprego andou de braços dados com o crescimento das ocupações sem custos indiretos para o empregador. Pelo que se viu através dos indicadores

---

[21] Coutinho e Ferraz, 1994.

[22] É interessante notar que, no período pós-2004, nos momentos em que a economia brasileira e a indústria em particular apresentaram crescimento, foram os empregos formais (e principalmente nos estratos de menor remuneração) que exibiram melhor trajetória, não tendo havido, como se sabe, nenhuma reforma na legislação trabalhista que explicasse o fenômeno pelo lado dos custos de contratação. Ainda não há estudos conclusivos, mas a ação fiscalizadora do Ministério do Trabalho tem sido apontada como uma das explicações para esse comportamento do mercado de trabalho.

de renda, esses custos indiretos tampouco se converteram em remuneração direta para os trabalhadores que se tornaram autônomos para empresas. Mas se os efeitos da "redução de custos" dessa informalização das ocupações ainda não se refletiram positivamente nem sobre o volume de empregos nem sobre as remunerações, podem vir a ser bastante críticos no que diz respeito a um dos pilares das políticas sociais: a previdência social. O gráfico 5 reúne todas as formas de ocupação, exceto os trabalhadores com registro em carteira no setor privado e os servidores públicos, para os quais assume-se que as contribuições previdenciárias sejam sempre cumpridas.[23] Entre os demais grupos, para os quais a contribuição é voluntária, o que se vê é que a proporção dos que efetivamente contribuem, que era de pouco mais de um terço em 1989, recuou sistematicamente ao longo do período até atingir o patamar dos 20%, um quinto apenas dos que poderiam e, na verdade, deveriam contribuir. Adicionalmente, a percentagem dos que contribuem é inversamente proporcional à posição das ocupações nas escalas de renda e instrução, com a única exceção das trabalhadoras domésticas. São os empregadores a categoria com maior taxa de contribuição para o sistema previdenciário, seguidos de longe pelos autônomos para empresas e pelos autônomos para o público. Entre os assalariados informais, a parcela dos que contribuem é quase residual, e entre as domésticas chega a um terço, com modesta tendência de crescimento no período. Entre empregadores e autônomos para as empresas a proporção de contribuintes declinou dramaticamente.[24]

---

[23] O que se sabe não ser inteiramente verdadeiro, pois muitas empresas, inclusive do setor público, sonegam essa contribuição.

[24] A decisão de contribuir ou não parece estar muito relacionada com a maior estabilidade nas ocupações: entre aqueles para os quais a contribuição é voluntária, os que efetivamente a fazem têm em média mais que o dobro do tempo de ocupação (88 meses) que os que não contribuem (40 meses). Esses dados não são apresentados aqui, mas podem ser consultados no site da Fundação Seade: <www.seade.gov.br>.

Tabela 7
Composição da ocupação, por ramo de atividade e posição na ocupação no setor privado: RMSP, 1989 e 2004 (%)

	Ramo	Assalariamento formal	Assalalariamento informal	Autônomo público	Autônomo empresas	Empregador	Doméstico	Total
1989	I. mod.	32,1	9,7	0,6	7,8	7,7	0,0	21,3
	I. trad.	19,0	17,8	5,2	23,9	15,4	0,0	16,1
	C. civ.	4,5	10,2	15,3	7,0	7,0	0,0	6,3
	S. dist.	17,3	24,0	34,7	29,7	29,0	0,0	20,1
	S. prod.	15,6	12,8	9,2	13,3	13,9	0,0	13,2
	S. soc.	4,9	5,5	1,5	2,4	3,2	0,0	4,0
	S. pes.	6,7	20,0	33,5	15,9	23,8	100,0	19,0
	Total	29.518	4.994	5.618	3.025	2.284	3.412	48.851
2004	I. mod.	18,7	9,2	1,1	6,5	5,3	0,0	11,0
	I. trad.	12,4	12,5	5,8	14,8	11,2	0,0	10,4
	C. civ.	3,1	4,7	15,9	8,3	3,9	0,0	5,4
	S. dist.	21,8	25,2	32,4	26,6	30,4	0,0	22,6
	S. prod.	23,1	22,8	13,5	22,8	21,3	0,0	19,3
	S. soc.	8,8	7,7	0,8	3,1	4,3	0,0	5,8
	S. pes.	12,0	18,0	30,5	18,0	23,6	100,0	25,5
	Total	18.275	6.222	5.787	3.931	2.049	3.967	40.231

Fonte: Seade-Dieese, PED, elaboração própria

Gráfico 5
Percentagem dos que contribuem para a previdência, por tipo de ocupação: RMSP, 1989-2004

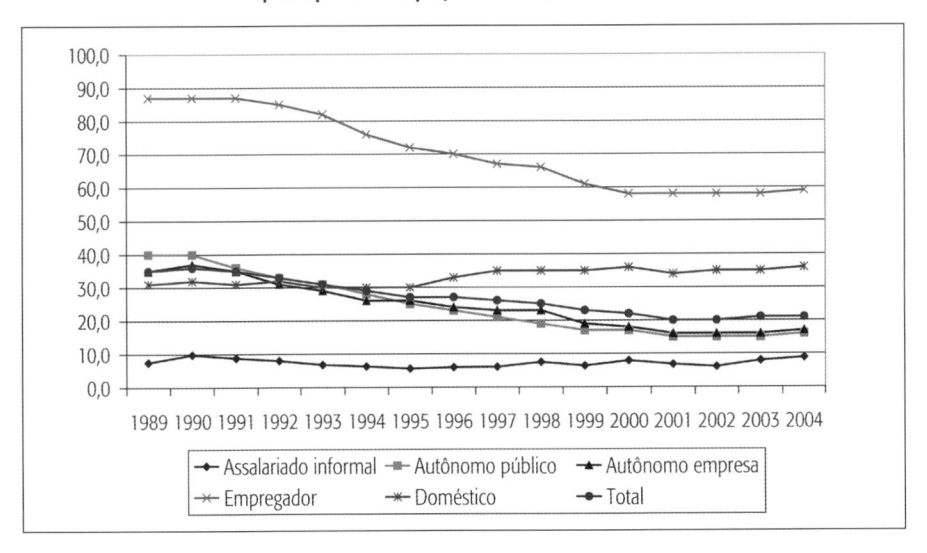

Estrutura ocupacional e estrutura social

Esta seção tem o intuito de aferir os impactos das mudanças na estrutura produtiva sobre a estrutura sócio-ocupacional da demanda por força de trabalho na Região Metropolitana de São Paulo. O interesse aqui é avaliar o que ocorreu com a estrutura ocupacional da região e o que isso pode representar em termos de adequação às mudanças no perfil da força de trabalho, tal como analisada na seção anterior.

Quanto às opções metodológicas, foram utilizadas as escalas sócio-ocupacionais aplicadas aos esquemas de mobilidade social como parâmetros para a estratificação dos ocupados. Vale enfatizar que o que se pretende não é uma análise da mobilidade social, uma vez que a fonte de dados utilizada não foi produzida para esse tipo de análise. O exercício que será apresentado parte do mesmo pressuposto desses estudos no que diz respeito à necessidade de estabelecer sistemas de classificações ocupacionais que permitam a discriminação de estratos mais ou menos homogêneos, de acordo com critérios predefinidos e aceitáveis. Além disso, esses estratos devem ser também hierarquizáveis entre si e suficientemente robustos para sobreviver a intervalos longos de tempo.

O modelo que será utilizado nessa análise foi desenvolvido por Scalon (1999). Ele se apóia no sistema de classificação criado por Silva (1992) e empregado também por Hasenbalg (1993), que agrupou as 342 ocupações da Classificação Brasileira de Ocupações (CBO) utilizadas na Pnad em 18 classes sócio-ocupacionais. Os princípios de agrupamento são complexos e levam em conta diversas dimensões do universo ocupacional e das classes sociais. Destacam-se as divisões entre proprietários e não-proprietários, ocupações manuais e não-manuais, e setores urbano e rural. E também, mais recentemente, dimensões mais refinadas, como a distinção entre trabalho qualificado e não-qualificado, autonomia e dependência, autoridade e subordinação.[25] A partir do modelo log-linear de quase-independência desenvolvido por Goodman (1981), a autora condensa as 18 categorias originais de Silva em nove novas classes, a saber:

---

[25] Scalon, 1999.

1. Profissionais
2. Administradores e gerentes
3. Proprietários empregadores
4. Não-manual de rotina
5. Proprietários por conta própria
6. Manual-qualificado
7. Manual não-qualificado
8. Empregadores rurais
9. Empregados rurais

Dessas nove categorias, optou-se aqui por trabalhar com apenas cinco. Em primeiro lugar, as categorias 8 e 9 foram desprezadas porque as atividades rurais na Região Metropolitana de São Paulo são completamente residuais. Em segundo lugar, os proprietários empregadores, também em número muito pequeno, foram classificados juntamente com os administradores e gerentes, e a sua condição de proprietários será resgatada no cruzamento com a variável "posição na ocupação". Finalmente, os trabalhadores identificados como "conta própria", que não possuem empregados permanentes (no máximo utilizam mão-de-obra familiar ou auxiliares eventuais), foram classificados segundo a natureza de suas ocupações (um mecânico por conta própria, por exemplo, é classificado como mecânico) e, tal como no caso dos proprietários, sua condição de autônomo aparece na variável "posição na ocupação". Dessa forma, a análise que se segue será composta pelas categorias: (i) profissionais; (ii) administradores e gerentes; (iii) não-manual de rotina; (iv) manual qualificado; e (v) manual não-qualificado.

Perfil e evolução dos estratos

Apesar das importantes mudanças em termos dos setores de atividade e da natureza dos vínculos de trabalho, do ponto de vista sócio-ocupacional, a estrutura do mercado de trabalho na Região Metropolitana de São Paulo revela-se bem mais rígida do que os movimentos já estudados fariam supor. O gráfico 6 permite observar claramente que, ao longo dos 16 anos estudados, as mudanças na composição do mercado de trabalho metropolitano em São Paulo mantiveram praticamente inalterada a sua estrutura em termos da escala adotada. As mudanças se limitam a um ligeiro encolhimento (da ordem de dois pontos percentuais) na base da escala — os trabalhadores manuais não-qualificados — e no segundo estrato, de administradores e gerentes (um ponto de queda), que se redistribuem entre os outros três estratos. Assim, é possível dizer que, apesar dos enormes deslocamentos que se verificaram nesse período, notadamente o trânsito de centenas de milhares de indivíduos do setor industrial para o setor de serviços, e do expressivo aumento médio do nível de instrução da força de trabalho, do ponto de vista da hierarquia das ocupações disponíveis o mercado se mostrou quase inflexível, não favorecendo, portanto, nenhuma alteração, nem para melhor nem para pior, nas possibilidades de mobilidade estrutural dos indivíduos. Mas, mais importante do que isso para o que aqui nos interessa, é que se a escala aplicada de fato é capaz de hierarquizar as ocupações, esses resultados sugerem que a demanda por força de trabalho não deve ter sofrido alterações muito significativas do ponto de vista da natureza dos postos de trabalho, que seguem se concentrando na base da pirâmide. Os trabalhadores manuais, com alta ou baixa qualificação, somam quase dois terços da força de trabalho ocupada tanto no início quanto no fim do período.

Se Barros e Mendonça (1995) tinham razão quando afirmavam que a estrutura ocupacional brasileira andara mais rápido do que a evolução da qualidade da força de trabalho no Brasil até os anos 1980, nesse período recente talvez seja mais apropriado afirmar que ocorre uma inversão, e o aumento do nível médio de instrução da força de trabalho é que não encontra correspondência na evolução da estrutura ocupacional do mercado de trabalho.

A tabela 8 apresenta dados sugestivos a esse respeito. Como seria de esperar, os indivíduos com o grau mais baixo de instrução — menos que o fundamental —, cuja participação no mercado de trabalho declinou aceleradamente ao longo do período, tendem a se concentrar cada vez mais nos estratos sócio-ocupacionais inferiores. Entretanto, os indivíduos com níveis intermediários de educação (fundamental completo e médio completo), grupos que mais cresceram relativa e absolutamente, também tendem a se concentrar nas classes mais baixas. Para esses indivíduos, portanto, o aumento médio de escolaridade não significou melhores condições de inserção no mercado de trabalho; ou, dizendo de outra forma, as mesmas ocupações de menor status e qualificação passaram a ser ocupadas por indivíduos com melhor formação escolar, ao mesmo tempo em que, como já se viu na seção anterior, a qualidade média dessas ocupações em termos de remuneração pouco se alterou, mas a qualidade dos vínculos tendeu a declinar.

Gráfico 6
Evolução da composição dos estratos ocupacionais: RMSP, 1989-2004

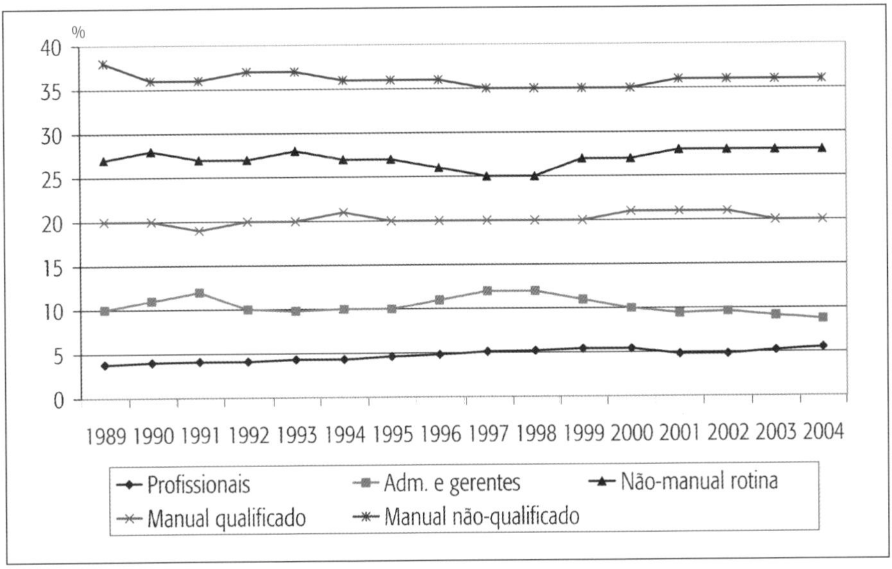

Fonte: Seade-Dieese, PED, elaboração própria.

No topo da pirâmide educacional, onde estão os indivíduos com instrução superior completa, as alterações foram de pequena monta, e sua forte concentração nos estratos sócio-ocupacionais mais elevados sinaliza claramente ser este ainda um nicho mais protegido do mercado de trabalho. De qualquer maneira, mesmo entre estes, observou-se a tendência a uma maior participação no grupo dos trabalhadores não-manuais de rotina.[26] Claro que o aumento generalizado na escolaridade média, diante de uma estrutura ocupacional estabilizada, só poderia redundar no aumento de escolaridade nos níveis inferiores, especialmente num cenário de elevado desemprego, que faz com que quem demanda força de trabalho se permita exercer um padrão de seletividade muito mais rigoroso. A abundância de oferta de mão-de-obra e a escassez de postos de trabalho facultam ao empregador contratar indivíduos mais escolarizados mesmo para os postos de pior qualidade e remuneração. Contudo, sendo a estrutura do mercado de trabalho metropolitano paulista muito adensada nos estratos inferiores, o resultado é que o retorno pelo aumento de instrução dos indivíduos em termos de rendimentos, esperado pelos que advogam a elevação da instrução como fator de redução das desigualdades no mercado de trabalho, não se cumpre.

Tabela 8

Distribuição dos ocupados, por estrato ocupacional e instrução: RMSP, 1989 e 2004

(%)

	Estrato ocupacional	Fundamental incompleto	Fundamental completo	Médio completo	Superior completo	Total
1989	Profissionais	0,1	0,5	3,1	34,4	3,8
	Administradoes e gerentes	5,5	9,8	19,4	28,2	10,5
	Não-manual de rotina	14,4	40,8	55,8	31,9	27,2
	Manual qualificado	26,1	22,4	8,3	1,2	20,4
	Manual não-qualificado	53,9	26,5	13,3	4,3	38,1
	Número total	29.218	8.890	8.197	4.596	50.901
2004	Profissionais	0,0	0,1	0,4	36,2	5,5
	Administradores e gerentes	2,7	5,4	10,1	22,5	8,7
	Não-manual de rotina	8,1	22,5	46,3	35,4	28,5
	Manual qualificado	26,3	29,9	19,1	1,9	20,7
	Manual não-qualificado	62,9	42,1	24,1	4,0	36,5
	Número total	13.470	7.416	15.375	6.312	42.573

Fonte: Seade-Dieese, PED, elaboração própria.

[26] Como é óbvio, é na classe dos manuais de rotina que boa parte das mulheres com instrução superior vem encontrando lugar no mercado de trabalho, ou seja, em ocupações de menor qualificação, remuneração e prestígio.

Ramos de atividade

Os serviços produtivos e os serviços sociais, nos quais o emprego cresceu, e as atividades governamentais, que se reduziram ligeiramente, são os que concentram relativamente mais ocupações no topo da escala — os profissionais — e menos na base. São, portanto, setores cujo crescimento deveria, tendencialmente, favorecer o adensamento do topo da pirâmide ocupacional em seu conjunto. Não é o que se vê, porém, e a explicação só pode vir do fato de que as atividades de serviços nas quais cresce a demanda por força de trabalho o fazem sem maiores alterações na natureza técnico-organizacional dessas atividades. Aqui, novamente, os dados não permitem a afirmação, mas a título de especulação, tal fenômeno pode estar ligado, pelo menos em parte, ao fato de muitas atividades de serviços crescerem por efeito de terceirização de atividades industriais, o que ajudaria a explicar como o emprego industrial pôde encolher de tal forma nesse intervalo de tempo, sem que as atividades industriais — medidas pelo faturamento das empresas ou pelo valor fiscal adicionado[27] — tivessem encolhido. No outro extremo, a construção civil (volume de ocupação estável) e os serviços pessoais (forte crescimento) concentram grande quantidade de trabalhadores manuais sem qualificação. Na construção civil, eles oscilam de 71,3% para 78,1%, nos serviços pessoais, de 59,1% para 50,5%, com baixa participação dos estratos muito qualificados e sem grandes alterações que sugiram enriquecimento e modernização dos postos de trabalho. A indústria moderna (a que mais perdeu empregos) é o setor que concentra maior proporção de trabalhadores qualificados, mas, mesmo com as inúmeras transformações associadas à reestruturação das firmas, seu perfil quase não se alterou com o tempo. A indústria tradicional (significativa perda de empregos) e os serviços distributivos (emprego estável), apresentam perfil intermediário, igualmente sem grandes alterações.

---

[27] Ver Comin e Amitrano, 2003.

Tabela 9
Distribuição dos ocupados, por estrato ocupacional e ramo
de atividade: RMSP, 1989 e 2004 (%)

	Estrato ocupacional	I. mod.	I. trad.	C. civ.	S. dist.	S. prod.	S. soc.	S. pes.	Gov.	Out.	Total
1989	Profissionais	3,2	1,4	2,1	0,7	8,2	17,5	0,1	9,8	3,2	3,8
	Administradores e gerentes	7,3	9,0	4,5	17,6	15,8	2,8	8,2	11,3	7,5	10,5
	Não-manual de rotina	27,9	19,6	14,5	18,2	52,5	62,8	6,3	56,7	40,5	27,1
	Manual qualificado	37,5	16,3	7,6	20,9	9,2	5,0	26,2	11,3	11,1	20,5
	Manual não-qualificado	24,1	53,7	71,3	42,6	14,3	11,8	59,1	10,9	37,6	38,2
	Número total	9.615	7.187	2.967	10.056	6.988	3.632	9.097	1.723	279	51.544
2004	Profissionais	4,3	1,8	2,5	0,8	11,2	22,5	0,3	9,1	2,8	5,5
	Administradores e gerentes	8,9	9,9	3,0	10,2	15,7	3,1	4,1	13,1	20,6	8,7
	Não-manual de rotina	24,9	20,6	11,2	17,6	49,2	60,3	11,7	62,9	31,8	28,4
	Manual qualificado	38,4	17,3	5,2	23,5	8,4	6,0	33,4	7,1	16,8	20,7
	Manual não-qualificado	23,5	50,4	78,1	47,8	15,4	8,1	50,5	7,8	28,0	36,6
	Número total	4.318	4.036	2.154	8.996	7.914	4.180	9.671	1.303	107	42.679

Fonte: Seade-Dieese, PED, elaboração própria.

Posição na ocupação

O assalariamento informal e as ocupações por conta própria, que no início do período eram predominantemente a condição dos trabalhadores manuais sem qualificação, claramente colonizaram os estratos ocupacionais intermediários e, no caso dos assalariados informais, se estenderam até mesmo para profissionais, gerentes e administradores (tabela 10). O grupo dos assalariados formais, embora tenha encolhido bastante no período, não sofreu alterações muito importantes na sua distribuição. Mas os empregadores, que antes se concentravam quase todos no topo da escala, já aparecem em proporção mais significativa no fim.

Tabela 10
**Distribuição dos ocupados, por estrato ocupacional
e posição na ocupação: RMSP, 1989 e 2004**
(%)

	Estrato ocupacional	Assalariado formal	Assalariado informal	Autônomo público	Autônomo empresas	Empregador	Doméstico	Total
1989	Profissionais	3,3	1,1	1,1	2,7	4,1	0,0	2,6
	Adm. e gerentes	7,0	2,5	18,0	11,2	77,0	0,0	11,1
	Não-manual de rotina	34,0	22,4	7,2	7,5	3,1	0,0	24,0
	Manual qualificado	25,5	21,4	19,5	20,0	6,1	0,0	21,2
	Manual não-qualificado	30,2	52,6	54,2	58,6	9,7	100,0	41,2
	Número total	27.254	4.429	5.313	2.799	2.268	3.412	45.475
2004	Profissionais	4,6	3,5	0,5	2,8	7,4	0,0	3,4
	Adm. e gerentes	7,2	4,5	5,4	10,4	60,8	0,0	9,1
	Não-manual de rotina	37,1	33,9	9,9	14,5	6,7	0,9	25,5
	Manual qualificado	23,3	23,2	31,4	25,0	13,5	2,9	22,1
	Manual não-qualificado	27,7	34,8	52,7	47,3	11,6	96,3	39,9
	Número total	17.549	5.726	5.346	3.588	2.042	3.638	37.889

Fonte: Seade-Dieese, PED, elaboração própria.

Renda e desigualdade

Do ponto de vista da renda, a escala sócio-ocupacional claramente se divide em dois estratos: no topo, muito acima dos demais, estão profissionais e gerentes e administradores, nessa ordem. Apesar disso, estes últimos experimentaram perdas relativas mais acentuadas do que qualquer outro estrato (gráfico 7). Na base da pirâmide se encontram os trabalhadores manuais não-qualificados, com renda média em torno de um quinto do que ganham os profissionais. Importante notar que as diferenças de renda, levando em conta a razão entre a renda do estrato mais alto e a dos demais, aumentaram no período, a tal ponto que a distância se ampliou mesmo entre os dois estratos mais altos (gráfico 8).

Gráfico 7
Evolução da renda média, por estrato ocupacional: RMSP, 1995-2004 (R$)

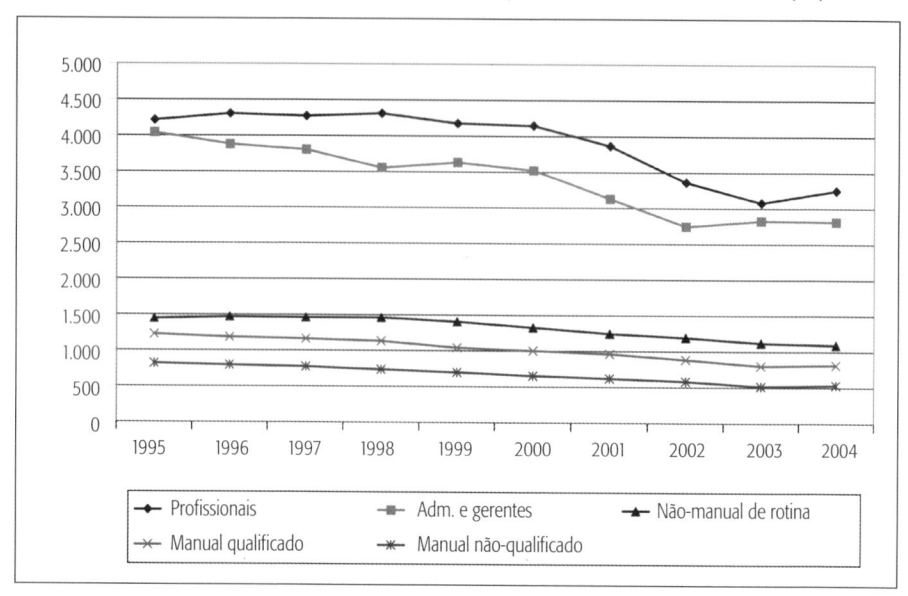

Gráfico 8
**Relação entre renda das classes e a renda dos profissionais RMSP, 1995-2004
(média = 100)**

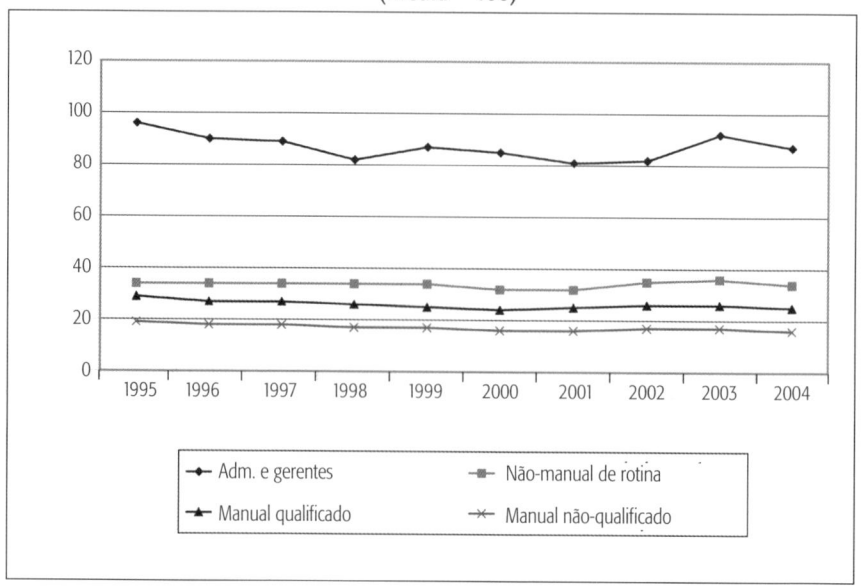

Conclusões

O padrão de mobilidade social no Brasil foi extraordinariamente extensivo e acelerado no tempo. No espaço de poucas décadas, uma população que era majoritariamente constituída de pequenos agricultores e trabalhadores rurais se converteu em um vasto proletariado urbano, composto pelo operariado fabril e pelos trabalhadores ocupados nas mais diversas oposições nos serviços e no comércio. Uma parcela menos numerosa, mas não desprezível, dessas camadas urbanas se converteu em uma classe média composta de técnicos, profissionais liberais, funcionários públicos, gerentes, administradores, bancários, pequenos e médios empresários.

O grosso desse processo de mobilidade se deveu ao crescimento e à transformação da economia brasileira, que de predominantemente agrária até os anos 1940, se transformou em uma das maiores economias industriais do mundo. Foi, sobretudo por força das mudanças na estrutura produtiva e, logo, na estrutura das ocupações que os indivíduos trocaram de posições, na maior parte dos casos em direção ascensional no gradiente social. Como essas transformações se distribuíram de modo muito heterogêneo pelo espaço nacional, essa nova estrutura social atingiu sua maior complexidade em alguns poucos centros urbanos, notadamente no entorno da cidade de São Paulo.

Esse padrão de desenvolvimento, embora tenha até magnificado as desigualdades sociais, pelo seu caráter concentrador, que fez com que muitos melhorassem um pouco de vida e poucos melhorassem muitíssimo, significou um amplo movimento de integração às formas propriamente capitalistas de produção e reprodução da vida. O sentido dessa integração é repleto de ambigüidades conceituais, mas também substantivas. É muito provável, especialmente no presente, que muitos pobres urbanos não estejam em absoluto convencidos de que suas vidas sejam melhores ou mais dignas e as oportunidades abertas a seus filhos sejam mais promissoras em São Paulo do que em suas antigas regiões de origem. Não deve ser outra a razão que levou à inversão do fluxo migratório, que de historicamente positivo, tornou-se negativo nas últimas duas décadas na Região Metropolitana de São Paulo.

A interrupção do longo ciclo de crescimento, primeiro como resultado da crise de endividamento e, depois, pela mudança no paradigma de inserção internacional da economia brasileira, não apenas fez estancar o intenso processo de mobilidade ascendente, como abriu o duto pelo qual os indivíduos passaram a realizar o caminho oposto.

Analisando a estrutura sócio-ocupacional do mercado de trabalho em São Paulo, o que se verifica é que esta parece efetivamente ter estacionado, antes que se completasse o processo que levou a uma quase universalização do assalariamento e a uma relativa homogeneização social nos países mais desenvolvidos. O fruto amadureceu antes de se ter desenvolvido por completo. Vista do ângulo da natureza das ocupações, essa estrutura ocupacional, não obstante o elevado grau de industrialização da região, ainda se apresenta excessivamente concentrada nos estratos de menor qualificação, produtividade e renda. E essa configuração permaneceu basicamente inalterada ao longo do período coberto por este capítulo.

Cessadas ou muito reduzidas as chances de mobilidade social pela transformação da estrutura de oportunidades, resta aos indivíduos aquilo que a literatura sobre o assunto chama de mobilidade circular, ou seja, por troca de posições entre os indivíduos. Nessas condições, claro que as características dos indivíduos (tal como na teoria do capital humano), mas também suas condições específicas de inserção social (família, circuitos e redes de sociabilidade de toda ordem: étnica, religiosa, político-sindical etc.) passam a ser ainda mais decisivas. Nesse caso, contudo, as enormes diferenças preexistentes na distribuição da renda, da educação formal, do acesso a políticas públicas, por exemplo, redundam em oportunidades igualmente muito mal distribuídas, anulando ou reduzindo muito o impacto positivo esperado de certos progressos, como na própria educação. A extensão do ensino fundamental e médio às camadas mais pobres da população da região, longe de lhes ampliar as chances de galgar melhores posições no mercado de trabalho, parece apenas ter elevado a linha de corte de instrução que separa os "bons" e os "maus" empregos, pela simples razão de que os primeiros continuam sendo escassos.

O setor industrial, pelo menos no caso da RMSP, parece ter cumprido um importante papel — talvez não devidamente analisado até agora — na constituição do mercado de trabalho, na medida em que favoreceu o adensamento de suas camadas intermediárias. Operários qualificados, com vínculos formais e mais estáveis, em atividades de maior produtividade e melhor remuneração são personagens típicos dessas camadas. Mas, por estarem dentro das mesmas empresas e setores industriais, profissões e ocupações tanto de menor quanto de maior qualificação — cozinheiros e eletricistas ou engenheiros e advogados — desfrutaram de condições de trabalho análogas aos dos trabalhadores propriamente produtivos dessas mesmas indústrias, condições estas que muito se deveram também ao ativismo sindical desses operários. O setor industrial sustentou, durante as décadas passadas, uma espécie de "combinação ótima" das três dimensões utilizadas aqui para descrever o mercado de trabalho: a) mesmo não contando com uma oferta de força de trabalho adequadamente escolarizada, a indústria formou várias gerações de trabalhadores especializados e bastante qualificados, capazes de sustentar o extraordinário crescimento econômico que o país exibiu até o fim da década de 1970; b) essa classe operária, somada a técnicos e profissionais de média e alta formação escolar, alimentou a demanda real por funções associadas ao maior nível tecnológico das indústrias quando comparadas às atividades agrícolas, mas também a boa parte dos serviços, que cresceram respondendo às exigências dessa mesma indústria e ao processo de urbanização de forma mais geral; c) finalmente, foi em grande parte nessas indústrias que as instituições trabalhistas próprias do chamado período fordista se tornaram realidade no Brasil (na verdade essas instituições foram criadas com o propósito de alavancar o crescimento industrial nos anos 1940).

Nesse sentido, o declínio dos empregos no setor industrial, por mais que não tenha se devido a um declínio da atividade industrial na RMSP, tem implicações que vão muito além da simples reconfiguração setorial do mercado de trabalho. Numa sociedade já marcada historicamente por rígidas desigualdades, tem o efeito de esvaziar segmentos intermediários do mercado de trabalho, destinando à base da pirâmide uma parcela importante de sua força de trabalho. O desenvolvimento do heterogêneo setor de serviços, numa tendência que parece coetânea com processos típicos das economias mais avançadas, por mais que responda por uma demanda crescente por força de trabalho, capaz eventualmente até de compensar quantitativamente as perdas sofridas no setor secundário, cumpre, do ponto de vista da estrutura ocupacional e, logo, da estrutura social, papel muito distinto, favorecendo uma polarização ainda maior do mercado de trabalho.

Bibliografia

BARROS, R. Paes de; MENDONÇA, R. *Uma avaliação da qualidade do emprego no Brasil.* Rio de Janeiro: Ipea, 1995. ms.

BERQUÓ, Elza S. Evolução demográfica. In: SACHS, I.; WILHEIM, J.; PINHEIRO, P. S. (Orgs.) *Brasil:* um século de transformações. São Paulo: Companhia das Letras, 2001. p. 14-35.

BRITO, Fausto. O deslocamento da população brasileira para as metrópoles. *Estudos Avançados*, v. 20, n. 57, p. 221-236, maio/ago. 2006.

BROWNING, H. L.; SINGELMANN, J. *The emergence of a service society:* demographic and sociological aspects of the sectoral transformation of the labor force in the USA. Springfield: National Technical Information Service, 1975.

CAMARGO, José Márcio (Org.). *Flexibilidade no mercado de trabalho no Brasil.* Rio de Janeiro: FGV, 1996.

CANO, Wilson. Concentração e desconcentração econômica regional no Brasil. *Economia e Sociedade*, Campinas, n. 8, p. 101-141, jun. 1997.

CASTELLS, Manuel. *A sociedade em rede.* São Paulo: Paz e Terra, 1999.

———; PORTES, Alejandro. World underneath: the origins, dynamics and effects of informal economy. In: PORTES, A.; CASTELLS, M.; BENTON, L. A. *The informal economy:* studies in advanced and less developed countries. Baltimore: Johns Hopkins University Press, 1989.

CASTRO, Nadya A. *Trabalho, empregabilidade e direitos.* Rio de Janeiro: Iuperj, 1997. ms.

COMIN, Alvaro A. *Mudanças na estrutura sócio-ocupacional do mercado de trabalho em São Paulo.* 2003. Tese (Doutorado em Sociologia) — Faculdade de Filosofia, Letras e Ciências Humanas/Universidade de São Paulo, 2003.

————; AMITRANO, Cláudio. Economia e emprego: a trajetória recente da Região Metropolitana de São Paulo. *Novos Estudos Cebrap*, n. 66, jul., 2003.

————; GUIMARÃES, Nadya A. Vicissitudes do trabalho no Brasil nos anos 90: mobilidade setorial, diversidade de gênero e acesso ao seguro-desemprego. In: LAVINAS, Lena; LEON, Francisco (Coords.). *Emprego feminino no Brasil:* mudanças institucionais e novas inserções no mercado de trabalho. Santiago: Cepal, 2002. v. 2. (Serie Políticas Sociales, 60).

————; CARDOSO, Adalberto; CAMPOS, André. As bases sociais do sindicalismo metalúrgico: rumo a um novo novo-sindicalismo? In: ARBIX, G.; ZILBOVICIUS, M. (Orgs.). *De JK a FHC:* 40 anos de indústria automobilística no Brasil. São Paulo: Scritta, 1997.

COUTINHO, Luciano; FERRAZ, João Carlos. *Estudo da competitividade da indústria brasileira.* Campinas: Papirus, Unicamp, 1994.

FILGUEIRA, Carlos. *La actualidad de viejas temáticas:* sobre los estudios de clase, estratificación y movilidad social en América Latina. Santiago: Cepal, 2001. (Serie Políticas Sociales, 51).

GOLDTHORPE, John; ERIKSON, Robert. *The constant flux:* a study of class mobility in industrial societies. Oxford: Claredon Press, 1991.

GOODMAN, Leo. Criteria for determining whether certain categories in a cross-classification table should be combined, with special reference to occupational categories in an occupational mobility table. *American Journal of Sociology*, v. 87, n. 3, p. 612-650, 1981.

HASENBALG, Carlos. Perspectivas sobre raza y clase en Brasil. Trabalho apresentado na conferência *Black Brasil: culture, identity, social mobilazation.* Gainsville, University of Florida, 1993.

JANNUZZI, Paulo de M. *Migração e mobilidade social:* migrantes no mercado de trabalho paulista. Campinas: Autores Associados, 2000.

KOWARICK, Lúcio. *Capitalismo e marginalidade na América Latina.* Rio de Janeiro: Paz e Terra, 1975.

LANZANA, A. E. T. *Diferenciais de salários na economia brasileira:* uma análise do período 1960-1983. São Paulo: IPE/USP, 1987.

LOPES, Juarez R. Brandão. *Desenvolvimento e mudança social:* formação da sociedade urbano-industrial no Brasil. São Paulo: Nacional, 1976.

MENEZES FILHO, Naércio A. A evolução da educação no Brasil e seu impacto sobre o mercado de trabalho. São Paulo: Departamento de Economia/FEA-USP, 2002. (Relatório de pesquisa). ms.

MIZRAHI, Roberto. Economía del sector informal: la dinámica de las pequeñas unidades y su viabilidad. *Desarrollo Económico,* Buenos Aires, v. 26, n. 104, ene./mar. 1987.

NORONHA, Eduardo. Informal, ilegal, injusto: percepções do mercado de trabalho no Brasil. In: ENCONTRO ANUAL DA ANPOCS, 25., 2001. *Anais...* Caxambu, out. 2001. ms.

PORTES, Alejandro. La economía informal e sus paradojas. In: CARPIO, Jorge; KLEIN, Emilio; NOVACOVSKY, Irene (Comp.). *Informalidad y exclusión social.* Buenos Aires: Siempro/OIT, 1999.

SASSEN, Saskia. *The global city:* New York, London, Tokyo. Princeton, NJ: Princeton University Press, 1991.

———. *As cidades na economia mundial.* São Paulo: Studio Nobel, 1998.

SCALON, Celi. *Mobilidade social no Brasil.* Rio de Janeiro: Revan, 1999.

SILVA, Nelson do V. *Uma classificação ocupacional para o estudo da mobilidade e da situação do trabalho no Brasil.* Rio de Janeiro: LNCC, 1992. ms.

TINOCO, Alexandre. Integração ou fragmentação: o impasse gerado pelo fetichismo da desconcentração. *Espaço & Debates,* n. 41, 2001.

WRIGHT, Erik. *The debate on classes.* London: Verso, 1989.

6 Mobilidade dos indivíduos de baixa renda: uma perspectiva de trajetória de vida ocupacional*

*Abigail McKnight***

Este capítulo interpreta um conjunto de dados de histórias de eventos para examinar a vida ocupacional de indivíduos em ocupações de baixa renda. A análise enfoca a evolução dos índices de emprego durante o ciclo de vida, para cinco coortes etárias, comparando os padrões de trabalho dos indivíduos em empregos de baixa renda com os daqueles em empregos de remuneração mais elevada. Demonstra-se que homens e mulheres com baixa remuneração têm, em média, experimentado índices menores de emprego e que, em geral, as mulheres com remuneração mais baixa estiveram afastadas da força de trabalho durante intervalos de tempo mais longos nos anos de formação da família. Foi construído um indicador de classificação de empregos de baixa renda, fundamentado na ocupação, que utiliza históricos ocupacionais detalhados para

* Tradução de Patricia Tate e revisão técnica de Adalberto Cardoso.
** Agradeço especialmente a Peter Elias pelos comentários encorajadores, que muito me auxiliaram durante toda a elaboração deste ensaio. Agradeço também a Mary Gregory e aos participantes da conferência *Low-wage Employment Research Network* (Rede de Pesquisa de Emprego de Baixa Renda), em Bordeaux, em janeiro de 1997, por seus comentários e sugestões. Esta pesquisa foi parcialmente financiada pelo Department of the Environment, Transport and the Regions.

mapear a evolução do emprego de baixa renda no decorrer do tempo. A avaliação do percentual de empregos de baixa renda, constituído por períodos de longa duração, mostra que esse tipo de emprego nada tem de temporário. Para os indivíduos em ocupações de baixa renda, a probabilidade de término do emprego é afetada tanto pelas características pessoais quanto pelas variáveis históricas relacionadas aos períodos anteriores de emprego de baixa renda e pelos períodos de desemprego.

Embora o interesse pelas causas e conseqüências do emprego de baixa renda seja antigo, esse tema ganhou força após mudanças importantes na distribuição salarial (especialmente na distribuição de renda) em muitos países nas duas últimas décadas. No Reino Unido, os principais aspectos dessa mudança têm sido, primeiro, uma diminuição na desigualdade de renda em meados dos anos 1970 e, depois, um aumento. Esse aumento dos diferenciais de renda é comum em muitos países da OECD, apesar de o grau de desigualdade ter variado de país para país. Os Estados Unidos talvez sejam o caso extremo em que os salários reais do estrato mais baixo da distribuição de renda tenham efetivamente caído.[1] No Reino Unido, os salários do estrato mais baixo aumentaram apenas marginalmente no período 1985-95. Em outros países, as desigualdades não cresceram de forma tão significativa, apesar das comparações internacionais nessa área terem que ser vistas com cautela.

As tendências na desigualdade de renda vêm despertando preocupação quanto às mudanças nos empregos mais mal remunerados, na medida em que a ampliação da desigualdade, no Reino Unido, parece ter sido impulsionada pelo crescimento da estagnação salarial no extremo mais baixo da distribuição e não por alterações no topo.

Enquanto a posição relativa da baixa remuneração e o número de trabalhadores que se enquadram nessa categoria preocupam, diversos estudos vêm examinando se o emprego de baixa renda é um fenômeno temporário ou se há evidências de permanência. Tais estudos revelam uma combinação tanto de mobilidade ascendente considerável quanto de inércia significativa para outros grupos de trabalhadores. Outros es-

---

[1] OECD, 1996.

tudos identificaram as características dos "que se deslocam" e dos "estagnados". Este capítulo adota uma nova abordagem, explorando um conjunto de dados de história de eventos, o *Family and Working Lives Survey* (FWLS — Levantamento sobre a Vida Familiar e Ocupacional), tanto para mapear a evolução do emprego de baixa renda no decorrer do tempo, quanto para estimar os fatores que afetam a probabilidade de uma pessoa abandonar um período de emprego desse tipo.

A primeira seção é descritiva e avalia a qualidade das informações salariais do FWLS. Segue-se, então, uma introdução à análise de coortes etárias e a apresentação dos perfis empregatício e etário das cinco coortes etárias aqui estudadas. As vidas ocupacionais de pessoas em empregos de baixa renda no final de 1994 ou início de 1995, quando o levantamento foi realizado, foram comparadas às de pessoas que não se encontravam em empregos desse tipo no mesmo período. Esse tipo de análise descritiva permite observar se as pessoas que tinham empregos de baixa renda no momento em que os dados da pesquisa foram coletados haviam experimentado diferenças importantes em seus históricos de trabalho em comparação com os trabalhadores de remuneração mais elevada.

Se o emprego de baixa renda for uma experiência temporária para as pessoas, haverá menos motivo para preocupação do que na situação oposta, na qual é improvável que, uma vez tendo ingressado em um emprego desse tipo, as pessoas consigam melhorar de condição. Apesar do FWLS não conter registros históricos da renda individual, foi construído um "indicador" do emprego de baixa renda, usando-se as informações sobre as ocupações. A partir de dados do *Labour Force Survey* (LFS — Levantamento sobre a Força de Trabalho), os salários médios dos empregados em tempo integral em cada um dos grupos de ocupação[2] foram usados para classificar as ocupações e identificar os grupos ocupacionais com salários mais baixos, com média de renda semanal bruta inferior a 68% da renda média total.[3] Essa abordagem foi verificada

---

[2] Setenta e sete grupos inferiores (dois dígitos) na *Standard Occupational Classification* (SOC — Classificação Padrão de Ocupações).
[3] Esse percentual constitui o "Limiar de Decência do Conselho da Europa" (*The Council of Europe Decency Threshold*).

mediante a análise de diferenciais de renda ocupacional, após o controle da idade e do domicílio, juntamente com o percentual de empregados de baixa renda de uma ocupação específica. A identificação de grupos com baixa remuneração ocupacional foi realizada separando homens e mulheres, o que gerou um conceito relativo de baixa renda.

A partir do histórico ocupacional de vida útil fornecido por cada indivíduo da pesquisa, o mapeamento das ocupações de baixa renda fornece um registro histórico de movimentos de entrada e saída dessas ocupações. Na primeira parte do capítulo, a análise de coorte desses movimentos afere a razão média de um grupo etário em ocupações de baixa renda em cada um dos meses do histórico de trabalho das coortes. A análise de coortes permite mapear a evolução da experiência de baixa renda ocupacional de pessoas nascidas em períodos de tempo distintos, além de explorar os efeitos do intervalo de tempo transcorrido sobre as chances de mobilidade dos indivíduos. Além disso, obteve-se uma média de permanência em ocupações de baixa renda examinando-se a proporção de indivíduos que permanecem em um emprego desse tipo por três anos ou mais.

A segunda seção examina, de diversas formas, a mobilidade de saída de ocupações de baixa renda. Deu-se ênfase especial à relação entre desemprego e emprego de baixa renda. Técnicas econométricas foram usadas para investigar se os períodos e a duração do desemprego aumentam a probabilidade de um indivíduo sair de um período de emprego de baixa renda.

Os dados

A análise foi feita com base em um banco de dados de história de eventos de uma pesquisa domiciliar conduzida no Reino Unido em 1994/95. O levantamento coletou informações sobre as "circunstâncias atuais" dos respondentes (emprego, moradia, família, benefícios, localização geográfica), o "histórico" de cada respondente (nível de instrução e classe social dos pais) e o histórico detalhado relativo às seis principais áreas de suas vidas.[4] Este ensaio fundamenta-se nas informações

---

[4] Foram coletadas histórias de eventos para: emprego, estado civil, filhos, instrução e treinamento, domicílio e benefícios.

retrospectivas coletadas sobre as ocupações, conhecidas como histórias de vida ocupacional. Solicitou-se às pessoas que registrassem as datas de eventos relacionados com emprego, desemprego e períodos passados fora da força de trabalho. Para cada evento de emprego foram coletadas informações suplementares sobre status do emprego, ocupação, setor, filiação sindical e tamanho da instituição empregadora. Além das mudanças de empregador, também foram registradas as mudanças de ocupação durante a permanência com o mesmo empregador, o que criou um registro sistemático de todas as ocupações desempenhadas. Foram coletadas histórias de trabalho a partir do momento em que a pessoa deixou o ensino obrigatório até a data da entrevista (1994/95).

O uso de dados de história de eventos resolve alguns dos problemas relacionados aos dados de painel e aos dados oriundos de pesquisa transversal, mas apresenta um problema específico: o erro de memória. O grau em que os erros de memória afetam a validade dos dados de história de eventos ainda não foi bem entendido e pode suscitar algumas dúvidas quanto à confiabilidade das informações sobre os eventos ocorridos algum tempo antes da entrevista. Em ensaio importante, Elias (1997) salientou as discrepâncias entre o índice de desemprego calculado com dados de história de eventos e os registrados em pesquisas transversais, como o LFS, que coleta informações em um ponto no tempo. A principal descoberta parece ser que curtos períodos de desemprego não são lembrados após transcorridos dois anos, o que influencia os dados quanto à lembrança de longos períodos de desemprego (os longos períodos de desemprego também costumam ser registrados superficialmente). Esse problema mostrou-se particularmente sério no caso das mulheres, que parecem classificar curtos períodos de desemprego como inatividade, e no caso dos grupos de faixa etária mais avançada.

Pessoas com baixos salários no Levantamento sobre a Vida Familiar e Ocupacional

Avaliou-se a qualidade das informações sobre a renda no FWLS comparando-as com os dois levantamentos nacionais mais freqüentemente usados na análise de rendimentos: o *New Earnings Survey* (NES — Levantamento de Novos Rendimentos) e o LFS.

O NES é uma amostra aproximada de 1% dos empregados cujas informações sobre renda são fornecidas pelos respectivos empregadores. Os empregadores de indivíduos com número de seguro social válido são identificados através do sistema tributário Paye (*Pay-as-you-earn*). Portanto, os empregados cuja remuneração fica abaixo do limiar de pagamento de impostos podem não ser incluídos, caso não existam registros do pagamento ou do número de seu seguro nacional. Isso acarreta uma significativa sub-representação dos indivíduos que ganham baixos salários e daqueles em empregos de meio expediente.[5]

Em 1993, o LFS começou a coletar informações salariais dos respondentes dos questionários. Como essa é uma pesquisa domiciliar, não há um limite inferior relacionado com a identificação de indivíduos através de registros tributários, mas sempre há dúvidas quanto à confiabilidade da renda auto-relatada, principalmente entre os que se encontram nas faixas de renda mais elevadas.

Os gráficos 1 e 2 mostram, para homens e mulheres, a distribuição de renda dos empregados segundo o LFS, o FWLS e o NES, no período 1994/95. No NES está clara a sub-representação de indivíduos com baixos salários. O LFS registra 15% de empregadas na faixa de renda de £0-49, em comparação com os 8% do NES. Da mesma forma, os homens com baixos níveis de remuneração semanal estão sub-representados no NES em comparação com o LFS, apesar de o problema ser menos grave porque um número menor de homens ocupava postos de trabalho de meio expediente.

A distribuição da renda semanal bruta do FWLS aproxima-se mais da observada no LFS. As diferenças não são grandes e podem ser explicadas em termos do momento de realização do levantamento, de diferenças no desenho das perguntas etc. Tal evidência sugere que as informações salariais do FWLS são mais confiáveis e que a pesquisa encontrou empregados com baixos salários.

---

[5] Evidências recentes revelam um aumento no número de registros de indivíduos situados abaixo do limiar, a partir da introdução de sistemas computadorizados de folha de pagamento. No entanto, é preciso ter cautela quanto a tais dados, porque estes provavelmente apresentem a tendência de considerar mais os empregados em grandes empresas, onde são maiores as probabilidades de uso de computadores.

Gráfico 1

Distribuição da renda semanal bruta de empregados do sexo masculino, segundo o LFS, o FWLS e o NES — 1994/95

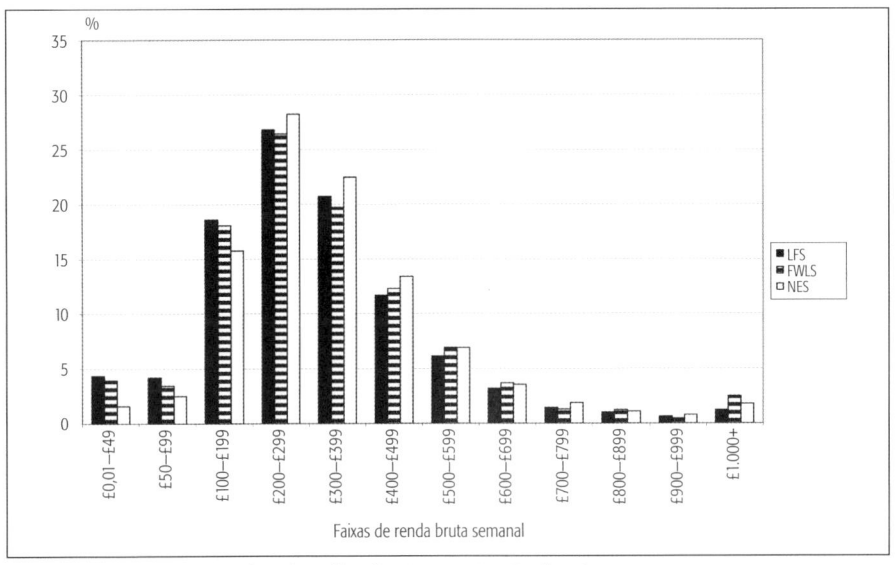

Fonte: *Labour Force Survey, Family and Working Lives Survey* e *New Earnings Survey.*

Gráfico 2

Distribuição da renda semanal bruta de empregados do sexo feminino, segundo o LFS, o FWLS e o NES — 1994/95

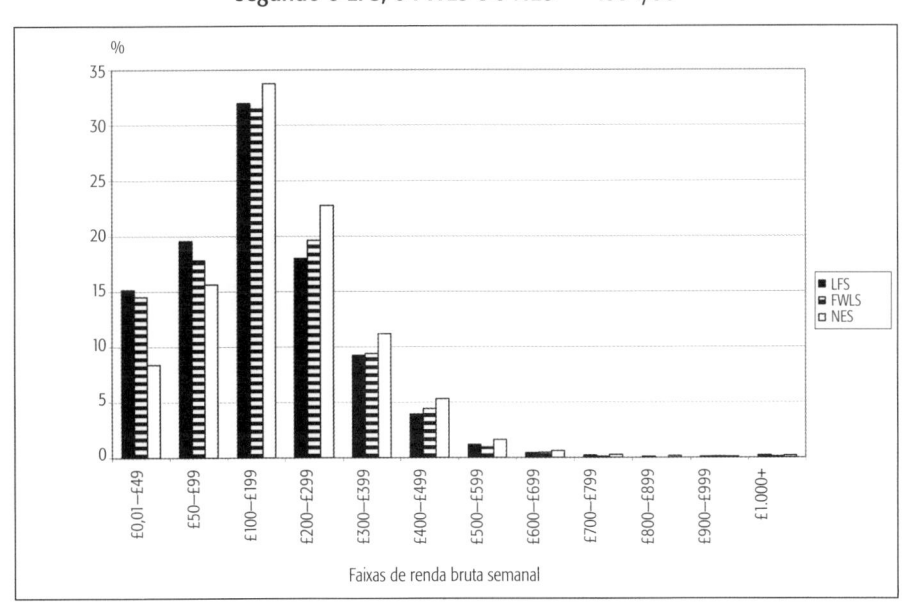

Fonte: *Labour Force Survey, Family and Working Lives Survey* e *New Earnings Survey.*

Histórias de vida empregatícia no Levantamento sobre a Vida Familiar e Ocupacional

As informações sobre a história de vida ocupacional foram reconstruídas em um arquivo tipo calendário, o que possibilita caracterizar cada mês da vida empregatícia de um respondente em termos do status do emprego ocupado. Foram coletadas informações sobre a história ocupacional de 8.650 indivíduos. Retirando-se os que apresentavam histórico incompleto, a amostra foi reduzida a 8.373. Uma pesquisa preliminar indica que tal redução não gerou qualquer viés significativo. Nesta seção, o percentual de respondentes empregados foi mapeado no decorrer do tempo, decompondo-se a amostra por sexo e cinco coortes etárias (16-24, 25-34, 35-44, 45-54 e 55-64 anos), nas quais a idade é definida na data do levantamento.

Os gráficos 3 e 4 mostram o perfil da participação da mão-de-obra por idade nas cinco coortes etárias, para homens e mulheres, respectivamente. A categoria "ocupados" abrange assalariados e autônomos. Esses gráficos mostram o percentual da coorte etária/sexo ocupada em cada idade, à medida que a coorte envelhece. Há diferenças claras nas experiências de homens e mulheres durante o ciclo de vida. A entrada gradual das mulheres no mercado de trabalho é seguida de perto por sua saída nos anos de formação da família, e depois por seu reingresso até que a coorte alcance a idade da aposentadoria. No caso das mulheres, o percentual de pessoas ocupadas chega ao ápice entre as idades 17 e 20 anos, para todas as coortes. No caso dos homens, os índices de ocupação são consistentemente mais elevados e não apresentam o perfil de participação em formato de M característico das mulheres. As coortes experimentaram as mudanças ocorridas na economia e no mercado de trabalho em idades distintas, sendo membros distintos de cada coorte expostos a elas em idades diferentes, devido à agregação das histórias ocupacionais. Isso pode levar a variações na resposta a tais alterações.

Comparações entre as coortes etárias mostram menores índices de atividade nas coortes mais jovens durante os anos de entrada no mercado de trabalho. É provável que isso esteja associado a uma maior permanência na escola e a uma maior participação da formação superior e complementar. Com exceção da coorte etária dos 55-64 anos, os perfis etário/empregatício dos homens (gráfico 3) mostram, para cada idade específica, índices de ocupação sucessivamente menores para as coortes etárias mais jovens, a partir de sua entrada no mercado de trabalho. O menor percentual de ocupados entre as idades 16 e 22 anos pode ser explicado pelo fato de uma maior proporção de indivíduos ainda participar do sistema educacional.

O padrão para os homens mostra uma mudança drástica nos índices (bem mais elevados) de participação na força de trabalho das duas coortes mais velhas (45-54 e 35-44 anos) quando tinham idades entre 16 e 19 anos, e índices muito menores entre as duas coortes etárias mais jovens (25-34 e 16-24 anos), quando na mesma faixa etária. A diferença entre esses dois grupos é de cerca de 30%. São as baixas taxas de ocupação após essa idade, para as coortes mais jovens, que mais chamam a atenção. Parte da diferença pode ser explicada por ciclo econômico, erros de lembrança e maior participação na instrução em todas as idades, mas parece que existe a tendência de que coortes masculinas mais jovens sejam caracterizadas por índices declinantes de ocupação. A queda no índice de participação da coorte mais velha, quando sua idade variava entre 17 e 26 anos, parece estar relacionada à II Guerra Mundial. A recessão do início dos anos 1990 pode ajudar a explicar o declínio muito rápido (e talvez precoce) no índice de participação da coorte dos 55-64 anos e a "depressão" da coorte dos 16-24 anos entre os 18 e os 24 anos. Parece que a coorte masculina de 25-34 anos obteve os maiores ganhos nesse período, com o aumento da participação na força de trabalho em um momento em que outras coortes experimentaram declínio. A coorte dos 35-44 anos parece ter experimentado o declínio mais abrupto nos índices de participação no final do período.

Para as mulheres (gráfico 4), a coorte mais jovem apresenta taxas de ocupação sucessivamente mais elevadas durante os anos de formação da família do que suas contrapartes mais velhas, o que sustenta evidências recentes de tendência a taxas mais elevadas de emprego durante os anos de formação da família,[6] apesar de essa tendência parecer ter sido freada pela recessão do começo dos anos 1990.

---

[6] Harkness, 1996.

Gráfico 3

Perfis etário/empregatício de homens por coorte etária

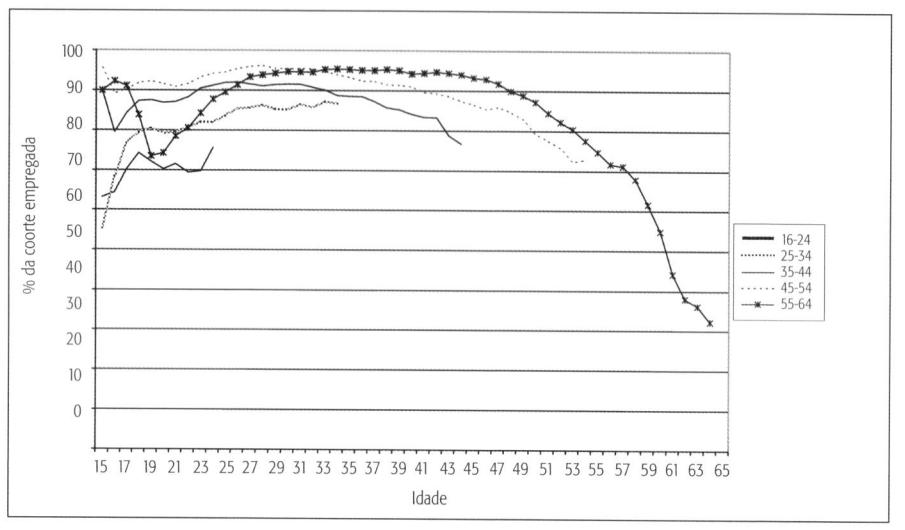

Fonte: *Family and Working Lives Survey*, 1994/95.

Gráfico 4

Perfis etário/empregatício de mulheres por coorte etária

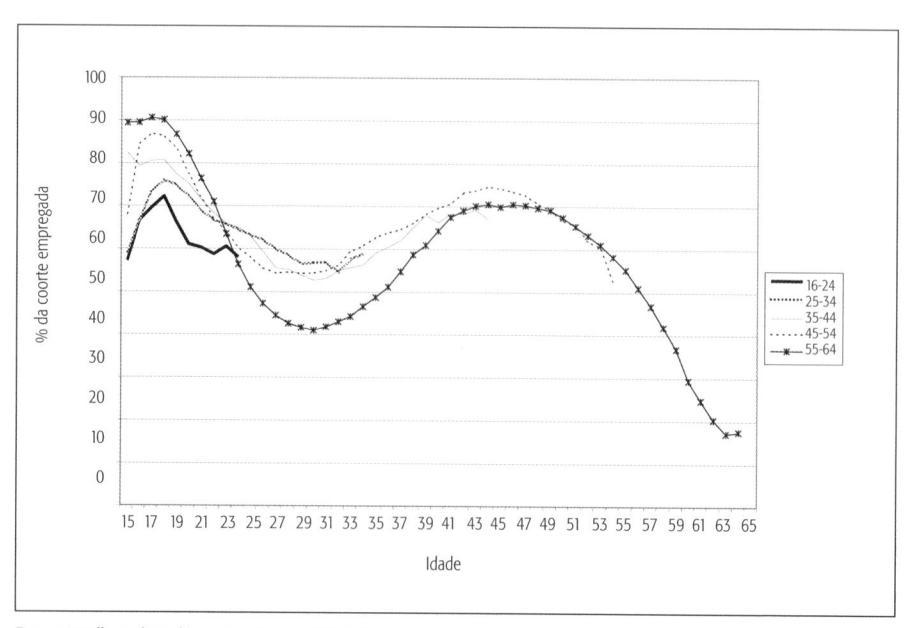

Fonte: *Family and Working Lives Survey*, 1994/95.

Como o enfoque deste estudo é a experiência de indivíduos com baixa remuneração, torna-se, portanto, interessante propor a pergunta: os indivíduos em empregos de baixa renda na época do levantamento experimentaram vidas empregatícias distintas daqueles que recebiam remuneração superior ao limiar dos baixos salários? O gráfico 5 compara as taxas de ocupação dos empregados com remuneração inferior ao terceiro decil (30% mais pobres) da distribuição salarial (área em preto) com a dos que tinham remuneração acima de tal nível (linha). Esses gráficos mapeiam a evolução da ocupação, ou seja, a proporção da coorte ocupada em cada mês, para cada coorte etária no decorrer do tempo. Vale observar que, como tais indivíduos tinham que estar empregados no momento da pesquisa, seus históricos ocupacionais não são representativos de uma amostra de indivíduos que inclua desempregados e indivíduos fora da força de trabalho. Para aumentar a confiabilidade estatística, as informações foram filtradas quando havia menos de 100 observações em um mês. Como a maior parte de cada coorte está empregada acima do limiar de baixos salários, o resultado é esta série tender a começar em uma data anterior.

A comparação dos históricos de trabalho dos homens (coluna da esquerda) que tinham empregos de baixa renda na época do levantamento com os homens com salários mais elevados mostra que os que recebiam salários menores apresentavam menores taxas de emprego no decorrer do tempo do que os com salários mais elevados. A linha preta, que representa os índices de ocupação dos homens com salários mais elevados, está sempre acima da área em preto, que representa os índices de ocupação dos homens com salários mais baixos. Isso ocorre nas cinco coortes etárias. Apesar de haver dúvidas quanto à confiabilidade dos curtos períodos de desemprego que foram lembrados, não há motivos para suspeitar que estes sejam diferentes para esses dois grupos. Isso significa que é provável que as comparações sejam mais confiáveis do que se nos ativermos aos índices de emprego efetivamente observados.

Gráfico 5

Histórico de trabalho de homens e mulheres com empregos de baixa renda na época do levantamento e daqueles com empregos melhor remunerados, em cinco coortes etárias (%)

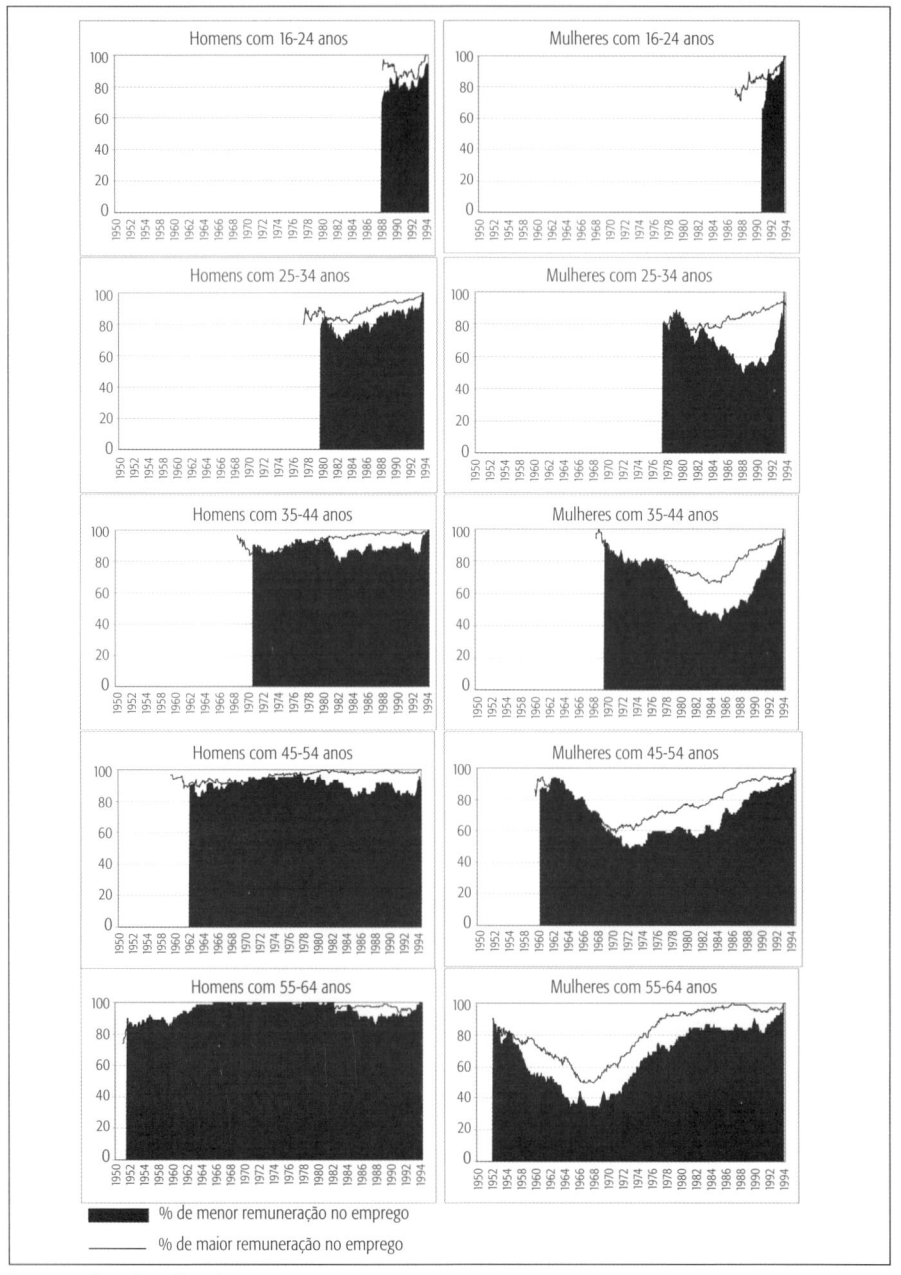

Fonte: *Family and Working Lives Survey*, 1994/95.

A coluna de gráficos à direita revela uma experiência contrastante para as mulheres com salários baixos, se comparadas com as mulheres com remuneração mais elevada. Os índices de ocupação, com o passar do tempo, não são apenas menores para as que tinham empregos com salários mais baixos no momento do levantamento, mas uma parcela maior desse grupo se retirou do mercado de trabalho durante os anos de formação da família e, em média, ficou afastado mais tempo. Esse padrão é particularmente manifestado nas coortes etárias mais jovens. O índice de ocupação das mulheres com 25-34 anos de idade, nos empregos com remuneração mais elevada, continuou a crescer até a data do levantamento, enquanto as que recebiam remuneração menor experimentaram um declínio acentuado nos índices de ocupação. Isso pode resultar da combinação de dois processos: de um lado, os empregos de baixa renda estavam sendo ocupados por "mulheres que voltavam ao trabalho"; de outro, as mulheres com remuneração mais elevada permaneceram no mercado de trabalho, combinando carreira profissional com criação dos filhos. Em um estudo sobre mulheres com qualificação elevada, Corti, Laurie e Dex (1995) encontraram o mesmo padrão. Greenhalgh e Stewart (1985) encontraram evidências de que as mulheres que passam por interrupções na experiência ocupacional ganham, em média, substancialmente menos. As mulheres que auferem salários mais elevados defrontam-se com maiores custos de oportunidade, têm maiores possibilidades de pagar creches e maior probabilidade de ficar apenas um tempo mínimo afastadas do mercado de trabalho. As mulheres que recebem remuneração menor e as que ficaram mais tempo afastadas da força de trabalho acumularam menos experiência profissional e podem vivenciar a depreciação de suas qualificações. Portanto, mulheres com baixa remuneração podem estar percebendo salários menores em decorrência de longos períodos de afastamento da força de trabalho.

A ocupação como indicador de emprego de baixa renda

A distribuição da remuneração média por ocupação apresenta um amplo grau de dispersão. Parte dessa dispersão é, inquestionavelmente, resultante das diferenças de composição entre os grupos. Por exemplo: em um grupo ocupacional dominado por jovens, os salários relativos parecem baixos, mesmo que para tais jovens a remuneração seja equivalente à de outros jovens. Nesta seção será mostrado, porém, que, após o controle por local de domicílio e idade, há uma variação significativa nos diferenciais de remuneração ocupacional. Essa relação entre ocupações e remuneração, e sua aparente estabilidade em longos intervalos de tempo, torna a ocupação um indicador adequado de emprego de baixa renda quando não há informações disponíveis sobre salários. A classificação dos grupos LOW (*low occupational wage* — baixa renda ocupacional) foi elaborada a partir de um estudo de diferenciais de remuneração ocupacional, usando diversas fontes de informação sobre essa remuneração.

A estabilidade da relação entre remuneração e ocupação foi anteriormente explorada em diversos estudos. Nickell (1982) usou a remuneração média de cada grupo ocupacional para classificar as ocupações e criar uma hierarquia ocupacional. Essa hierarquia foi usada para investigar os determinantes da posição de um indivíduo na hierarquia e para determinar fatores e eventos que levavam ao "sucesso" ocupacional. Nickell estava interessado em estudar o sucesso ocupacional *per se* e não o grupo com menor remuneração em particular; por isso não distingue as diversas posições da hierarquia de ocupações.

Elias e Blanchflower (1989) usaram a remuneração ocupacional como um indicador do bem-estar econômico relativo das pessoas. Utilizaram as informações da história ocupacional do *National Child Development Survey* (Levantamento Nacional de Desenvolvimento da Criança — varredura 4) para observar a relação entre posição ocupacional, histórico familiar, capacitação e histórico ocupacional. Usaram a remuneração média do grupo ocupacional no qual o indivíduo estava empregado (ou do emprego anterior, para os que não estavam empregados na época do levantamento) para descrever a posição relativa dos indivíduos no mercado de trabalho. Da mesma forma, Greenhalgh e Stewart (1985) usaram a remuneração média nos grupos ocupacionais para aferir o status e a mobilidade ocupacionais, utilizando um banco de dados de história de eventos.

A classificação de emprego de baixa renda tomando a ocupação como indicador foi concebida com base em diversas fontes de informação sobre diferenciais de renda ocupacional. As principais fontes de dados usadas classificaram as informações ocupacionais segundo a SOC. Aqui, foram usadas as informações correspondentes ao menor agrupamento dessa classificação (77 grupos ocupacionais).[7] Foram utilizadas informações salariais do LFS e sete rodadas dessa pesquisa foram agrupadas para aumentar o tamanho da amostra (primavera de 1993 a outono de 1994, no hemisfério Norte). A informação salarial utilizada foi a renda semanal bruta de empregados em tempo integral. É necessário ter em mente que o efeito de definir a baixa renda em relação à média da remuneração de homens e mulheres separadamente é que as mulheres com menor remuneração, definidas dessa forma, ganham, em média, significativamente menos que os homens. Este estudo explora a baixa remuneração em relação à remuneração média do "próprio sexo". Os motivos subjacentes aos diferenciais observados não são explorados em maiores detalhes aqui; a baixa renda é definida em termos da "norma" de cada grupo.

Elaboração da classificação de baixa renda ocupacional

A definição de baixa renda é, de certa forma, arbitrária. A literatura apresenta muitas definições distintas de baixa remuneração. A definição adotada aqui foi o Limiar de Decência do Conselho da Europa (*Council of Europe Decency Threshold*), fixado como 68% da média salarial total. A remuneração média nos grupos ocupacionais inferiores foi classificada em ordem ascendente e as ocupações com rendimento médio inferior a 68% do salário semanal bruto foram definidas como ocupações de baixa renda (gráficos 6 e 7). No entanto, a remuneração média ignora as diferenças de composição entre os grupos de ocupação

---

[7] Inicialmente, considerou-se um nível ocupacional mais detalhado (371 grupos ocupacionais). Contudo, amostras pequenas significam que, para um grande número de grupos ocupacionais, as estimativas não seriam estatisticamente robustas.

e, não havendo o controle de fatores como idade e local de domicílio, os grupos com baixa remuneração ocupacional podem ser identificados como predominantes entre os trabalhadores jovens e inexperientes, ou concentrados em regiões nas quais os diferenciais de salários regionais são menores. Para identificar os grupos com menor salário ocupacional, após considerar tais fatores, foram estimadas equações de renda individual que incluem os fatores de controle etário necessários, juntamente com um conjunto de variáveis ocupacionais *dummy* para representar as categorias dos grupos inferiores. Os coeficientes das *dummies* ocupacionais foram transformados em diferenciais percentuais de renda relativos a um grupo ocupacional de referência.[8] Classificar os diferenciais em ordem ascendente permitiu examinar os movimentos dos grupos ocupacionais na classificação após o controle de outros fatores. Esses diferenciais mostram que, mesmo após o controle por idade e região de domicílio, há grandes disparidades de renda atribuíveis à ocupação na qual o indivíduo está empregado. Essa análise motivou a inclusão de algumas ocupações adicionais no grupo de salários mais baixos e a exclusão de outras, que haviam se deslocado ascendentemente na distribuição. As colunas pretas denotam os grupos ocupacionais identificados por esse esquema de classificação de baixos salários.

Foi introduzido um controle adicional, calculando-se a proporção de empregados em tempo integral em um grupo ocupacional que percebia renda inferior a 68% do salário médio bruto (sem controles). Os gráficos 8 e 9 traçam tais percentuais para homens e mulheres, respectivamente. Pode-se observar, por exemplo, que cerca de 75% dos homens empregados em tempo integral no grupo 72 (*assistentes de vendas e operadores de caixa*) ganham menos de 68% da média de salários brutos, e que 90% das mulheres empregadas em tempo integral no grupo 66 (*cabeleireiras, esteticistas e outras ocupações relacionadas*) recebem, similarmente, baixa remuneração. Todos os grupos inferiores incluídos no método de classificação apresentam mais de 50% de empregados com salários baixos.

---

[8] Os diferenciais de rendimento das ocupações podem ser encontrados no anexo 1.

Gráfico 6
Média classificada da renda semanal bruta dos homens empregados em tempo integral nos grupos inferiores da SOC

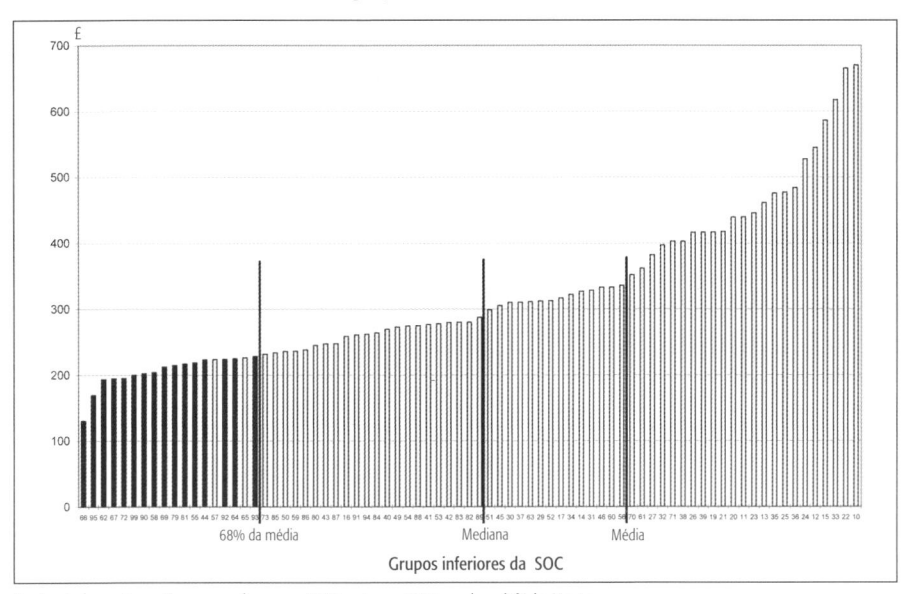

Fonte: *Labour Force Surveys*, primavera 1993-outono 1994, no hemisfério Norte.

Gráfico 7
Média classificada da renda semanal bruta das mulheres empregadas em tempo integral nos grupos inferiores da SOC

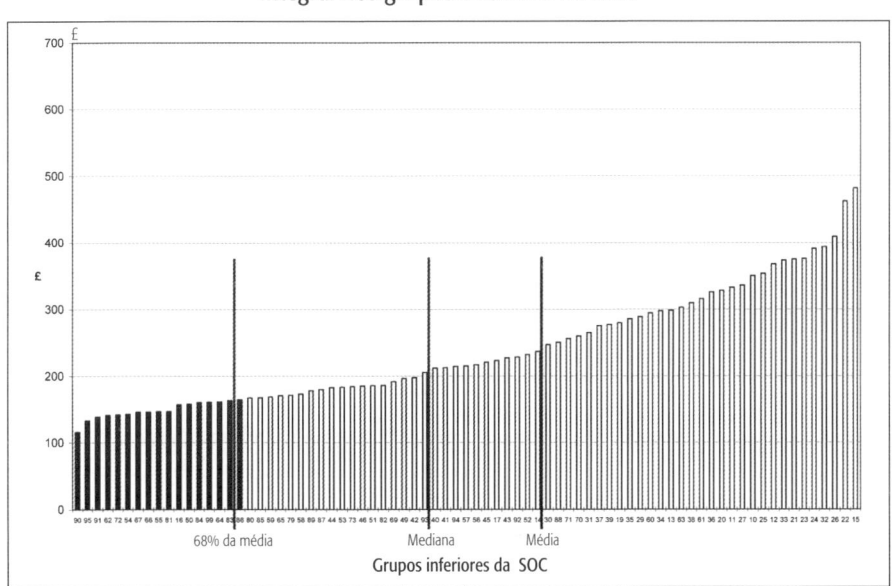

Fonte: *Labour Force Surveys*, primavera 1993-outono 1994, no hemisfério Norte.

Gráfico 8

Percentual de homens em empregos de tempo integral com rendimento inferior a 68% do salário médio bruto para o sexo masculino

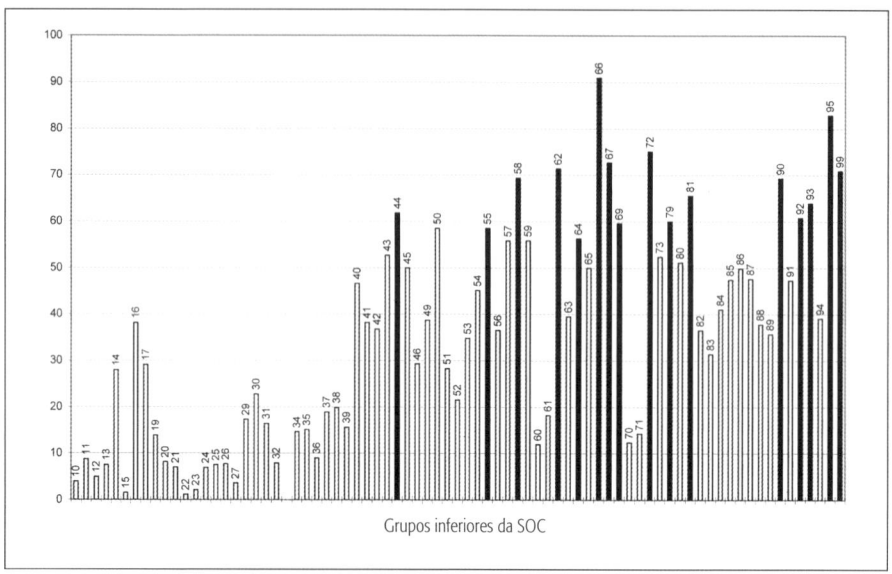

Fonte: *Labour Force Surveys*, primavera 1993-outono 1994, no hemisfério Norte.

Gráfico 9

Percentual de mulheres em empregos de tempo integral com rendimento inferior a 68% do salário médio bruto para o sexo feminino

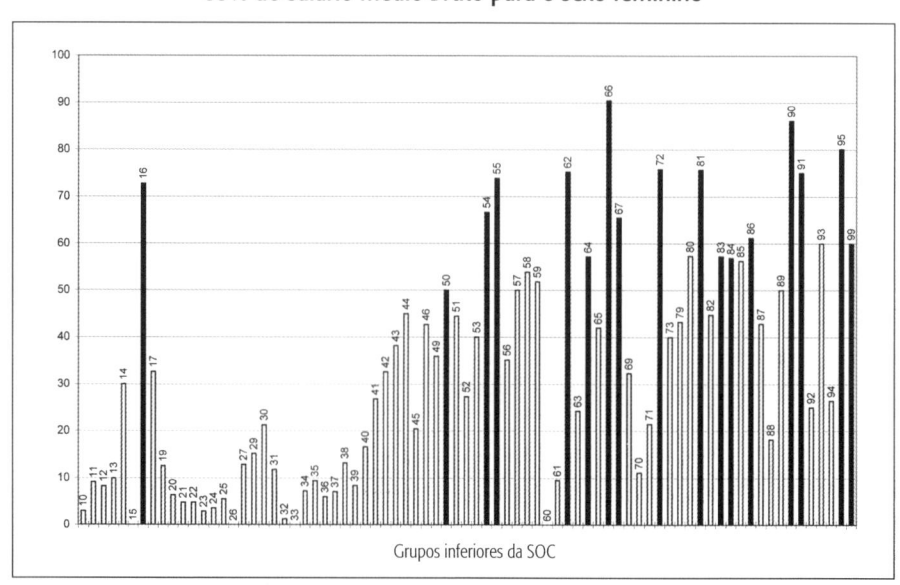

Fonte: *Labour Force Surveys*, primavera 1993-outono 1994, no hemisfério Norte.

Quando os conjuntos de ocupações de baixa renda foram identificados, ficou claro que aproximadamente dois terços das categorias ocupacionais eram comuns a homens e mulheres. Diante disso, tentou-se construir um único grupo de ocupações de baixa renda, tentativa rejeitada porque as concessões envolvidas seriam grandes demais para serem justificadas. Parece haver alguns grupos ocupacionais nos quais, mesmo após se levar em consideração a menor média salarial recebida pelas mulheres, elas ganham significativamente menos do que seus contrapartes homens (inclusive em termos relativos). Os diversos padrões de emprego de homens e mulheres nas diferentes ocupações também tornariam inadequado um único esquema de classificação de baixa renda.

A tabela 1 apresenta a composição da classificação de baixa renda para homens e mulheres, descrevendo os grupos ocupacionais que a compõem.

Tabela 1

Os grupos inferiores da SOC definidos como grupos de baixa renda ocupacional

Homens		Mulheres	
44	Balconistas, auxiliares administrativos, lojistas	16	Administradoras em agricultura, horticultura, silvicultura e pesca
55	Ocupações relacionadas a produtos têxteis e vestuário	50	Ocupações relacionadas à construção
58	Ocupações relacionadas ao preparo de alimentos	54	Ocupações relacionadas a veículos
62	Ocupações relacionadas ao fornecimento de alimentos e bebidas	55	Ocupações relacionadas a processos têxteis e vestuário
64	Ocupações relacionadas à saúde	62	Ocupações relacionadas ao fornecimento de alimentos e bebidas
66	Cabeleireiros, esteticistas e outras ocupações correlacionadas	64	Ocupações relacionadas à saúde
67	Empregados domésticos e ocupações correlacionadas	66	Cabeleireiras, esteticistas e outras ocupações correlacionadas
69	Ocupações relacionadas a serviços de proteção e pessoal	67	Empregadas domésticas e ocupações correlacionadas

Continua

Homens		Mulheres	
72	Assistentes de vendas e operadores de caixa	72	Assistentes de vendas e operadoras de caixa
79	Ocupações relacionadas a vendas	81	Operadoras de processos têxteis e da indústria de couro
81	Operadores de processos têxteis e da indústria de couro	83	Operadoras de processos de fabricação e tratamento de metais
90	Outras ocupações de agricultura, silvicultura e pesca	84	Operadoras de processos de trabalho em metal
92	Outras ocupações na construção	86	Operadoras de outros tipos de processos
93	Outras ocupações em transportes	90	Outras ocupações em agricultura, silvicultura e pesca
95	Outras ocupações em vendas e serviços	91	Outras ocupações em mineração e fabricação
99	Outras ocupações	95	Outras ocupações em vendas e serviços
		99	Outras ocupações

Fonte: *Family and Working Lives Survey*, 1994/95.

Como funciona a classificação LOW?

Até aqui, a classificação de baixa renda foi definida com base nos empregados em tempo integral, mas está claro que é provável que tanto empregados por meio expediente quanto autônomos constituam uma parcela significativa dos indivíduos com baixa remuneração. Isso significa que qualquer classificação deve ser capaz de identificar tais grupos. Esta seção aplica a classificação LOW e avalia sua capacidade para identificar os que recebem baixos salários, comparando a distribuição dos rendimentos daqueles identificados pelo método de classificação como de baixa remuneração com o restante da população trabalhadora no LFS e no FWLS.

Identificar indivíduos de baixa renda por meio de sua associação a um grupo de baixa renda de acordo com a remuneração típica auferida em suas ocupações resulta na inclusão de indivíduos com renda acima do limiar de salários baixos e na exclusão de outros, que, em função da remuneração característica de sua ocupação, recebem baixos salários. Para testar quão bem o indicador de baixa renda identifica indivíduos que de fato recebem baixos salários, a distribuição efetiva dos incluídos no grupo de baixa renda foi comparada com todos os que foram excluídos de tal grupo. A tabela 2 apresenta a distribuição da renda a partir do LFS e do FWLS, para esses dois grupos.

A distribuição de renda entre as mulheres, que, no LFS, estão classificadas como LOW em termos de emprego, é fortemente enviesada em direção à extremidade inferior da distribuição, em comparação com o restante. O grupo modal tem como renda semanal bruta £50-99. As três primeiras faixas de renda representam mais de 80% de todas as que foram classificadas como LOW, em comparação com cerca de 28% das que não o foram (para as quais o grupo modal de renda é £150-199). Os homens classificados como LOW apresentam o grupo modal de renda de £150-199 (que ilustra a maior remuneração dos homens em relação às mulheres), com aproximadamente 73% nessa faixa de renda ou abaixo dela. Dos homens não classificados como LOW, cerca de 24% encontram-se nessa faixa ou abaixo dela, e o grupo modal é £200-249. Ao todo, 15% dos homens e 34% das mulheres empregados foram identificados como estando em ocupações de baixa renda.

Os dados do FWLS para as mulheres apresentam um panorama semelhante, com os rendimentos do grupo LOW concentrados na extremidade inferior da distribuição, com os grupos modais (31%) na segunda faixa de renda (salário semanal bruto de £50-99). Tal como o LFS, nem todos os indivíduos da primeira faixa (£0-49 semanais) foram detectados pela classificação. Caso similar ocorre com os homens. Novamente, é a quarta faixa de renda (£150-199) que contém a maior proporção de indivíduos LOW, apesar da distribuição de renda para os homens estar concentrada um pouco mais acima na distribuição de renda. Ao todo, 14% dos homens e 33% das mulheres empregados foram identificados como em ocupações de baixa renda.

Tabela 2
Distribuições de renda comparando-se indivíduos que têm e que
não têm empregos LOW

£	Levantamento sobre a Força de Trabalho (LFS), primavera de 1994				Levantamento sobre a Vida Familiar e Ocupacional (FWLS)			
	Homens		Mulheres		Homens		Mulheres	
	LOW %	Não-LOW %	LOW	Não-LOW %	LOW %	Não-LOW %	LOW %	Não-LOW %
0-49	14,3	2,2	27,1	6,1	12,6	3,5	29,4	7,4
50-99	16,6	3,6	31,0	9,2	11,6	1,9	30,9	11,1
100-149	19,9	6,8	22,6	12,9	17,9	4,7	22,5	13,4
150-199	22,4	11,1	11,3	17,4	22,7	9,6	10,9	18,0
200-249	11,5	14,9	3,9	14,2	17,4	12,3	3,8	13,9
250-299	6,4	13,2	2,1	12,1	5,8	14,5	1,2	13,1
300-349	6,0	13,1	1,2	9,4	5,8	12,8	0,8	7,9
350-399	0,9	9,1	0,3	6,3	2,9	10,3	0,2	6,0
400-449	0,9	7,1	0,3	4,9	1,9	8,8	0,0	4,9
450-499	0,3	5,3	0,0	2,8	1,0	6,2	0,2	1,8
500+	0,7	13,7	0,0	4,7	0,5	15,4	0,0	2,5
100%	669	3.898	1.589	3.096	207	1.266	521	1.083

Fonte: *Family and Working Lives Survey*, 1994/95.

A evolução do emprego LOW

A evolução do emprego de baixa renda (LOW) foi mapeada usando-se os detalhes das histórias de vida ocupacional para mostrar a proporção de indivíduos que trabalham em ocupações de baixa renda, em distintos momentos de sua vida empregatícia. O interesse aqui é observar se a proporção de respondentes que trabalham em empregos LOW mudou com o passar do tempo em todos os grupos etários (efeitos estruturais), e se a proporção dos que trabalham e que estão em empregos LOW apresenta padrões característicos entre coortes etárias (efeitos de coorte), além de observar o ciclo de vida (efeitos do ciclo de vida), ou seja: os indivíduos começam em empregos LOW e depois se deslocam ascendentemente na hierarquia de ocupações, para trabalhos mais bem remunerados? Se a resposta for afirmativa, que proporção permanece nesse grupo à medida que a coorte envelhece? Como a experiência no mercado de trabalho é muito diferente para homens e mulheres, essa análise foi realizada separadamente para cada sexo. Isso nos permite ver o efeito dos níveis crescentes de participação das mulheres no mercado de trabalho, identificar os efeitos dos ciclos de vida e como estes podem ter mudado.

O gráfico 10 mostra a proporção de ocupações de cada coorte de sexo/idade constituída por empregos LOW. A taxa de ocupação LOW é indicada pela linha preta. Além disso, apresenta-se a proporção da ocupação total constituída por empregos LOW de longa duração, identificada como eventos de emprego LOW que duram 36 meses ou mais. O padrão geral para homens e mulheres é tal que uma proporção significativa de jovens é admitida em ocupações de baixa renda nos primeiros empregos, diminuindo essa parcela à medida que a coorte envelhece. É provável que o ingresso no mercado de trabalho em ocupações mais bem classificadas decorra de uma combinação de entrada diferida de jovens mais capacitados, que dão continuidade à instrução, complementar ou superior, e que entram no mercado de trabalho em empregos mais bem pagos, diminuindo o índice de empregos LOW, juntamente com o movimento ascendente na hierarquia ocupacional, à medida que a coorte ganha experiência. Esses gráficos deixam claro que uma parcela substancial do emprego, principalmente para as mulheres, é composta de empregos de baixa renda em anos posteriores da vida ocupacional, o que demonstra que o emprego de baixa renda não está de forma alguma concentrado nos recém-chegados à força de trabalho.

A experiência das diferentes coortes revela que, em anos mais recentes, grande parte dos jovens vem ingressando no mercado de trabalho em ocupações de baixa renda, em comparação com as coortes de idade mais avançada. Isso pode ser parcialmente explicado por um aumento nos índices de permanência na escola e pelos índices mais elevados de participação na educação complementar e superior, o que permite que indivíduos menos capacitados e menos experientes encontrem emprego (apesar de ser sabido que uma parte significativa está desempregada ou em programas governamentais de treinamento). Além disso, o aumento das contribuições dos jovens para o financiamento da própria educação através da renda do trabalho pode ser uma explicação, uma vez que tais empregos costumam ser mal remunerados. Talvez seja encorajador observar que a maioria dos que encontram emprego não se encontra em ocupações de baixa renda.

Os homens das coortes de 16-24 anos e 25-34 anos apresentam um aumento inicial na proporção de empregos LOW. De fato, a proporção para a coorte etária dos 16-24 anos ainda não tinha começado a declinar à época da pesquisa. Na coorte etária dos 35-44 anos, o declínio inicial é seguido de um aumento.

O aspecto mais impressionante da evolução do emprego LOW feminino é que sua proporção é muito mais elevada do que a registrada para os homens, em todas as coortes etárias. À medida que cada coorte envelhece, a proporção de mulheres em empregos LOW declina e, depois, começa a crescer. É provável que a diminuição esteja associada à maior probabilidade de que mães com menor qualificação deixem a força de trabalho durante os anos de formação da família, o que permite que as mulheres que demoram mais para ter filhos subam mais na hierarquia ocupacional, assim como as mulheres mais qualificadas, que têm maior probabilidade de manter contato com o mercado de trabalho durante esse período. À medida que as mulheres retornam ao mercado de trabalho, a proporção empregada em ocupações com baixa remuneração aumenta novamente e permanece elevada. Tal como ocorre com os homens, a proporção da coorte etária dos 16-24 anos parece mais elevada do que as das coortes mais velhas (com a possível exceção da coorte dos 55-64 anos), mas, em vez de aumentar durante o período de tempo observado, a proporção diminui. A coorte etária dos 25-34 anos apresenta um declínio drástico durante os 12 primeiros anos no mercado de trabalho, de cerca de 60% para 25%, após o que a proporção começa a aumentar. As coortes etárias mais velhas mostram que, após cerca de 20 anos no mercado de trabalho, a proporção em ocupações LOW se estabiliza, apresentando pouquíssimas flutuações, aproximadamente 30% para as coortes etárias dos 35-44 anos e dos 45-54 anos, e 35% para a coorte etária dos 55-64 anos.

A probabilidade de que indivíduos que ingressam em ocupações de baixa renda aí permaneçam por um período de tempo significativamente longo pode ser medida de diversas formas. A abordagem aqui adotada observa a proporção de indivíduos em ocupações LOW que estiveram continuamente empregados em ocupações desse tipo durante três anos ou mais. Durante esse período, um indivíduo pode até ter mudado de trabalho, desde que para outra ocupação de baixa renda. Essa medição de emprego LOW de longa duração está representada no gráfico 10 pela área em preto para cada coorte e para homens e mulheres separadamente. Esses gráficos revelam que, especificamente no caso das coortes com idade mais avançada, quase todo o emprego LOW é de longa duração. Durante os primeiros anos de experiência no mercado de trabalho, a duração parece ser menor, mas à medida que a estabilidade no emprego aumenta, a duração parece se estender. Esse padrão é comum a todas as coortes etárias.

Tal fração elevada de emprego LOW de longa duração mostra que esse tipo de emprego não é, de modo algum, temporário para muitas pessoas e que não pode ser visto como um degrau na escada da hierarquia ocupacional para muitos dos que conseguem esse tipo de emprego. Esses gráficos mostram uma permanência considerável no emprego de baixa renda.

Deve-se observar que, como as ocupações foram usadas como indicador de baixa renda, indivíduos que permanecem em um mesmo grupo ocupacional podem ter experimentado progressão em seus rendimentos, uma vez que existe uma distribuição de renda dentro das ocupações. No contexto geral, para a maioria dos grupos, a remuneração aumentou em termos reais nas duas últimas décadas, porém aumentou menos para os que recebem renda menor.

Gráfico 10
Evolução do percentual do emprego em ocupações de menor remuneração

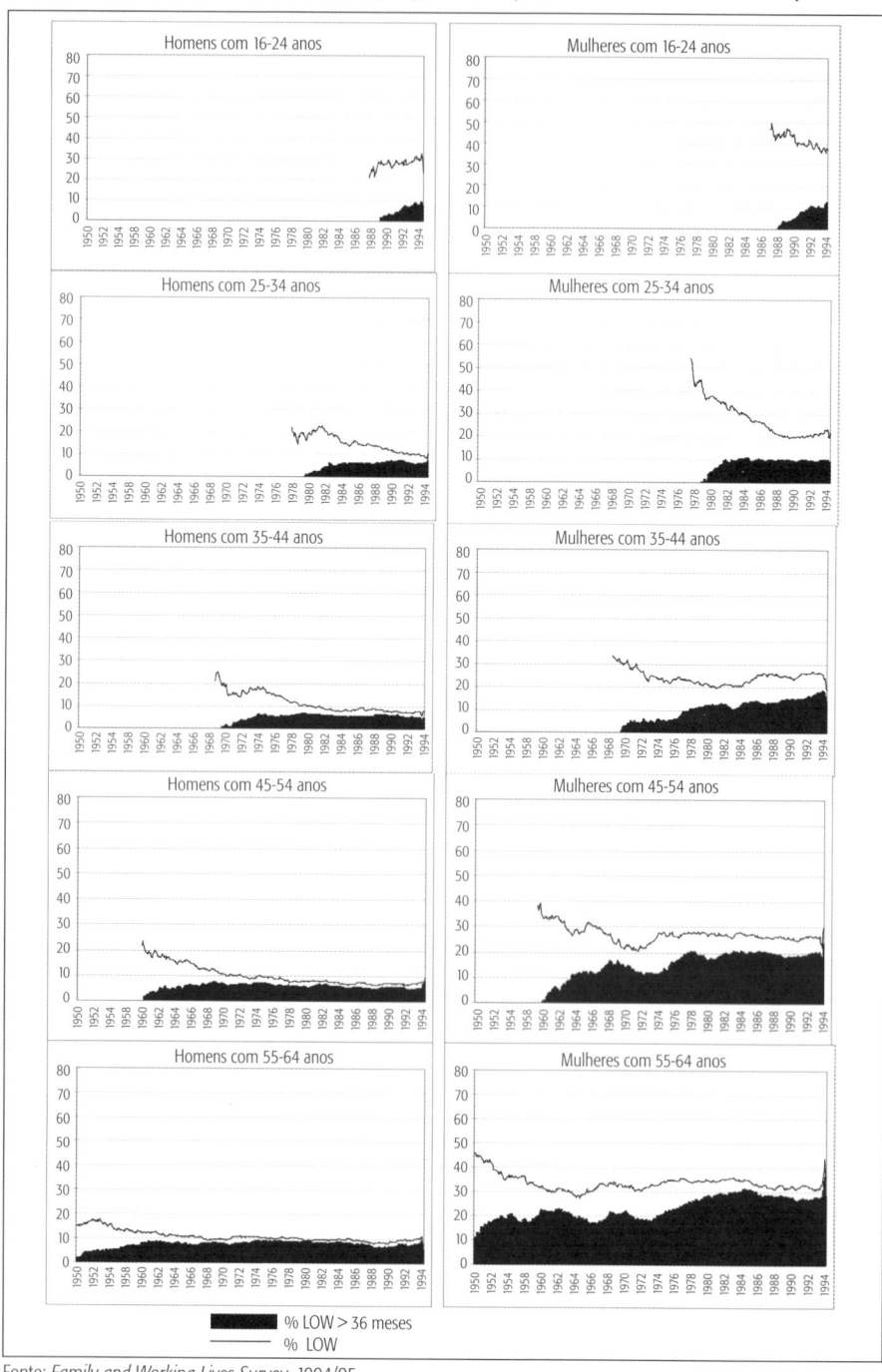

Fonte: *Family and Working Lives Survey*, 1994/95.

Mobilidade de saída de ocupações de baixa renda

As informações de história de vida ocupacional coletadas pelo FWLS podem ser vistas como uma série de episódios que compõem a vida ocupacional de um indivíduo. A vida ocupacional é constituída por eventos de emprego, desemprego e períodos fora da força de trabalho (FFT). O uso da classificação de ocupações de baixa renda ajuda a distinguir os períodos passados nessas ocupações dos demais períodos. Isso gera quatro tipos potenciais de eventos e um tipo adicional para períodos de desemprego, nos quais o tipo de ocupação não é conhecido (NC).

Para os períodos de tempo *concluídos* é possível caracterizar cada evento por um estado de origem e outro de destino. A tabela 3 apresenta todos os eventos concluídos definidos dessa forma para homens e a tabela 4 para mulheres.

Tabela 3

Estados de origem e destino dos períodos de tempo concluídos para homens

Origem	Destino					
	LOW	Não-LOW	Ocupação NC	Desemprego	FFT	Total
	%	%	%	%	%	= 100%
LOW		45,3	8,4	21,4	24,9	1.560
Não-LOW	15,5		15,3	32,6	36,5	3.027
Ocupação NC	11,3	53,2		15,0	20,5	1.127
Desemprego	21,2	63,1	9,3		6,4	1.429
FFT	18,2	60,7	12,3	8,8		1.796
Total	13,7	36,9	10,6	18,4	20,3	8.939

Fonte: *Family and Working Lives Survey*, 1994/95.

Por definição, um evento concluído não pode ter como destino o mesmo estado de origem; conseqüentemente, não há observações na diagonal. A primeira linha da tabela mostra o percentual de todos os episódios concluídos de emprego LOW, terminando em emprego não-LOW, ocupação não conhecida, desemprego, fora da força de trabalho. A última coluna apresenta o número total de eventos concluídos em emprego LOW. Para os homens, o valor é de 1.560 e, para as mulheres, de 3.523, o que indica que as mulheres experimentaram maiores mudanças de estado. Isso parece ter sido impulsionado pelo número considerável de movimentos das mulheres entrando e saindo da força de trabalho; 35% de todos os destinos de eventos concluídos para as mulheres foram para fora da força de trabalho (os homens ficaram em 20%). Ao todo, o número médio de eventos concluídos para as mulheres é de 3,2 e um valor um pouco menor para os homens, 2,4.

Tabela 4

Estados de origem e destino dos períodos de tempo concluídos para mulheres

Origem	Destino					
	LOW	Não-LOW	Ocupação NC	Desemprego	FFT	Total
	%	%	%	%	%	= 100%
LOW		24,7	8,9	11,3	55,1	3.523
Não-LOW	14,6		12,4	11,0	62,0	4.371
Ocupação NC	18,3	38,9		7,0	35,8	1.598
Desemprego	35,0	43,7	8,7		12,7	1.113
FFT	36,1	48,7	11,0	4,1		4.585
Total	19,6	27,7	9,6	7,8	35,3	15.190

Fonte: *Family and Working Lives Survey*, 1994/95.

Enquanto as mulheres apresentam uma proporção maior de mudanças no sentido de deixar a força de trabalho, é mais provável que os homens se desloquem do emprego para o desemprego. Os homens também parecem mais propensos a experimentar a mobilidade ascendente, deslocando-se do emprego de baixa renda para ocupações mais bem remuneradas, totalizando 45% de todos os movimentos a partir de empregos de baixa renda. O indicador para as mulheres é muito menor: 25%. Os eventos concluídos não revelam uma probabilidade maior de que um evento de emprego de baixa renda termine em um evento de desemprego em comparação com um emprego com remuneração não-LOW. Para os homens, uma parte maior dos eventos não-LOW termina em desemprego, em comparação com os eventos LOW, mas isso ocorre principalmente em conseqüência do elevado percentual dos eventos

LOW que terminam em empregos não-LOW. Aproximadamente um quinto de todos os eventos de desemprego concluídos para os homens termina em empregos de baixa renda. Para as mulheres, mais de um terço dos eventos de desemprego concluídos termina em empregos LOW e 36% dos movimentos oriundos de fora da força de trabalho são para ocupações com baixa remuneração.

A análise a seguir usa todos os eventos em ocupações de baixa renda, incluindo os eventos incompletos. Como o emprego de baixa renda foi definido de forma relativa, a análise foi realizada separadamente para homens e mulheres.

A persistência de um evento de baixa renda e evidências de inércia cumulativa

Os dados de histórias de eventos podem ser usados para investigar se o emprego de baixa renda constitui uma armadilha da qual é difícil um indivíduo sair. A persistência no emprego de baixa renda pode ocorrer devido a uma série de fatores: o nível de qualificação do indivíduo, a idade, o local de residência, a origem social, a demanda de mão-de-obra. Além disso, um episódio de emprego de baixa renda pode, por si mesmo, afetar a probabilidade de término de um evento. Pode haver uma inércia cumulativa, na qual quanto mais um indivíduo permanece em um emprego de baixa renda, menor a probabilidade de sair dele. Por outro lado, os empregadores podem relutar em recrutar, para trabalhos de remuneração maior, pessoas que tenham um longo histórico de emprego de baixa renda. Os padrões históricos de trabalho também podem afetar a probabilidade de término de um evento, como por exemplo o tempo acumulado em empregos de baixa renda e o número de eventos. Já foi demonstrado em outros trabalhos que, mesmo após o controle da heterogeneidade individual, o efeito cumulativo de desemprego e emprego de baixa renda pode afetar a obtenção de moradia, aumentando a probabilidade de se viver em um conjunto habitacional público.[9]

---

[9] McKnight e Elias, 1997.

Também é interessante explorar a relação entre o desemprego e o emprego de baixa renda para ver se o tempo de desemprego e o número de eventos de desemprego afetam a probabilidade de saída.

Utilizou-se uma regressão logística para modelar a probabilidade de término de um evento de emprego LOW, dado que o indivíduo se encontra em um emprego desse tipo, e para estimar o efeito de diversas variáveis explicativas sobre essa probabilidade. Algumas variáveis mudam em função do tempo (duração do evento etc.), e outras são constantes ao longo do tempo (coorte etária, origem social). Como um indivíduo tem que estar em um evento de emprego LOW, o conjunto de risco (*risk set*) é constituído por todos os eventos de emprego de baixa renda e, conseqüentemente, por todos os que estiverem em "risco" de terminar um evento. A taxa de risco (*hazard rate*) é a probabilidade de que um evento ocorra em um momento específico (mês) para determinado indivíduo, desde que esse indivíduo esteja em risco naquele momento. Nesse tipo de análise, a variável dependente é uma variável "zero-um", onde zero indica que o indivíduo está em um evento de emprego de baixa renda em determinado mês, e um indica que um evento de emprego de baixa renda foi encerrado em um mês específico.

Investigar dessa forma as probabilidades de saída de todos os eventos de emprego de baixa renda não distingue os eventos que terminam com mobilidade ascendente, saída da força de trabalho, desemprego e os que são "censurados à direita".[10] Aqui, interessa saber se a duração do emprego de baixa renda afeta a probabilidade de saída, o que indicaria algum tipo de inércia cumulativa. A análise de diferentes destinos será objeto de outro estudo.

Tal como qualquer tipo de análise de duração, este estudo enfrenta o problema usual de heterogeneidade individual observada e não observada. A inclusão de padrões históricos de trabalho ajuda, de certa forma, a controlar a heterogeneidade, porém, ainda assim, parte da relação entre duração e probabilidade de saída provavelmente se deva às diferenças de características dos indivíduos. No caso de um declínio da

---

[10] Eventos censurados à direita são eventos incompletos na data da pesquisa, ou seja, seu resultado foi censurado pela data de aplicação do questionário.

probabilidade de saída à medida que se prolongue o evento de emprego de baixa renda, isso pode decorrer de:

- *hierarquização* — os indivíduos com baixa capacitação ficam mais tempo em um evento. Os indivíduos mais capacitados que caem na baixa remuneração deixam-na após períodos mais curtos;
- *dependência verdadeira* — a experiência da baixa remuneração reduz a probabilidade de saída de um indivíduo à medida que a duração do evento aumenta como resultado direto da experiência de baixa remuneração.

A probabilidade de término de um evento de emprego de baixa renda é estimada utilizando-se uma regressão logística:

$$\log\left[\frac{P(y=1)}{1-P(y=1)}\right] = \beta_0 + \beta_1(t) + \sum_{k_1=1}^{K_1}\beta_{k_1}x_{k_1} + \sum_{k_2=1}^{K_2}\beta_{k_2}x_{k_2} + \sum_{k_3=1}^{K_3}\beta_{k_3}x_{k_3}$$

onde: k_1 refere-se a características pessoais como idade no momento da pesquisa, a mais alta qualificação atingida, origem social; k_2 diz respeito a variáveis relacionadas ao evento "atual" (duração do evento); e k_3 são variáveis que contêm informações históricas, como número de eventos e duração cumulativa de empregos LOW, número de eventos e duração cumulativa no desemprego, tempo de permanência no emprego.

As variáveis relacionadas às características pessoais de um indivíduo, as variáveis de duração e as variáveis históricas determinam apenas parcialmente a probabilidade de saída de qualquer evento de emprego de baixa renda. Em condições ideais, informações sobre o setor de emprego, sobre o entorno, e outros eventos tais como instrução, treinamento e ciclo econômico podem afetar a probabilidade de término de um evento específico. Estudos adicionais devem incluir o desenvolvimento de tais variáveis e sua incorporação ao modelo. No momento, apenas uma tendência temporal (mês) foi incluída, sendo introduzida de forma linear, não conseguindo, portanto, captar as flutuações ao longo do tempo.

São apresentados resultados para dois modelos. O modelo A inclui o nível mais alto de qualificação, enquanto o modelo B contém instrução e classe social[11] dos pais dos indivíduos quando estes tinham 16 anos. É provável que os históricos de classe social e instrução estejam relacionados, mas esse conjunto de variáveis foi incluído para averiguar se há persistência em baixa remuneração de uma geração à outra, após o controle de instrução e de outras características. Se essa hipótese for verdadeira, então espera-se encontrar que o histórico de classe social baixa esteja relacionado à menor probabilidade de saída de um evento de emprego LOW. Outra análise (não apresentada aqui) revelou que o histórico de classe social era o que exercia a maior influência sobre se um indivíduo iniciaria um evento de emprego LOW. As classes sociais mais baixas estavam relacionadas a uma maior probabilidade de entrada em um período de emprego LOW.

O modelo foi estimado separadamente para dois grupos etários: 16-24 anos e 25-49 anos. O grupo etário dos 16-24 anos foi modelado em separado, uma vez que é bem sabido que os jovens, por diversos motivos, mudam de emprego mais freqüentemente do que os trabalhadores mais velhos. O segundo grupo etário foi limitado aos 49 anos, porque, conforme mostram os gráficos 3 e 4, a participação na força de trabalho declina rapidamente após essa idade. O resultado é que os fatores que afetam a saída de um evento de emprego LOW podem ser influenciados por alterações na taxa de participação.

Recapitulando

Examinando-se primeiro os resultados do modelo A para homens (tabela 5) de 16-24 anos, a probabilidade de término de um evento de emprego LOW depende do mais alto nível de qualificação atingido; a probabilidade de término de um evento é maior no caso de homens mais qualificados, em comparação com os que têm uma qualificação inferior ao nível O (ou equivalente). Como muitos homens dessa coorte têm pouca experiência no mercado de trabalho, não é de surpreender

---

[11] Ver anexo 2 para uma descrição da classificação.

que as variáveis de história de vida ocupacional sejam, em grande parte, não significativas. Porém, a extensão cumulativa de tempo de desemprego influencia positivamente a probabilidade de saída de um período de emprego LOW. Quando se inclui o histórico de classe social (modelo B), uma quantidade menor de variáveis de instrução passa a ser significativa. Ter uma qualificação de nível A (ou equivalente) não produz mais um efeito significativo na probabilidade de saída em comparação com os homens com qualificação inferior ao nível O (categoria de referência da análise). O histórico de classe social parece ser importante; se os pais do indivíduo estiverem nas classes C1 ou E, há um efeito negativo na probabilidade de saída de um evento LOW em comparação com a classe A. O efeito cumulativo sobre o tempo de desemprego continua a ter influência positiva.

As variáveis de história de vida ocupacional para os homens na faixa etária dos 25-49 anos são mais importantes. No modelo A, tanto a duração de um evento de emprego LOW quanto o tempo cumulativo em empregos LOW afetam negativamente a probabilidade de saída de um evento. Um coeficiente negativo (estatisticamente significativo) associado à variável que representa a duração do evento de emprego LOW indica uma menor probabilidade de término do evento, à medida que tal duração aumenta. Por outro lado, o efeito positivo do quadrado desse coeficiente indica que isso ocorre a uma taxa crescente, à medida que a duração aumenta. Ambos os efeitos fornecem, pois, evidências de inércia cumulativa. Isso sugere que períodos maiores de emprego LOW estão relacionados a menores probabilidades de saída (mesmo após o controle do nível de instrução). Porém, nesse estágio da análise, não é possível dizer se isso se deve à heterogeneidade individual ou à dependência verdadeira de estado.

O número de eventos anteriores de desemprego e de empregos LOW influencia positivamente a probabilidade de término de um evento; isso sugere uma alta relação de rotatividade entre emprego de baixa renda e desemprego para alguns indivíduos. Incluir o histórico de classe social (modelo B) parece ter pouco efeito. Nenhuma dessas variáveis é significativa e o padrão global fica inalterado. Esse resultado sugere que o histórico de classe social dos homens mais velhos tem pouco impacto sobre a saída destes de um evento de emprego LOW, após o controle de seu nível de instrução. Os históricos de trabalho e outras características pessoais parecem desempenhar um papel mais importante.

Tabela 5

Estimativa de modelo logit para a probabilidade de término de um evento de emprego de baixa renda, por coorte etária, homens

	16-24 anos				25-49 anos			
	Modelo A		Modelo B		Modelo A		Modelo B	
	Coef.	E.P.	Coef.	E.P.	Coef.	E.P.	Coef.	E.P.
Constante	−6,832	2,762*	−6,601	2,829*	−2,577	0,616*	−2,107	0,716*
Mês	0,004	0,004	0,005	0,005	−0,002	0,001	−0,002	−0,001*
Características pessoais								
Idade na data do levantamento								
16-19 anos	ref.		ref.					
20-24 anos	0,399	0,267	0,422	0,278				
25-29 anos					ref.		ref.	
30-34 anos					−0,159	0,118	−0,156	0,121
35-39 anos					−0,331	0,165*	−0,370	0,167*
40-44 anos					−0,637	0,232*	−0,689	0,235*
45-49 anos					−0,667	0,300*	−0,734	0,303*
Qualificação mais elevada								
Pós-graduação	2,450	0,652*	1,729	0,766*	0,600	0,433	0,389	0,454
Superior	0,891	0,369*	0,555	0,412	1,014	0,153*	0,910	0,159*
Colegial (nível A)	0,585	0,302*	0,346	0,337	0,471	0,125*	0,374	0,131*
Intermediário	0,639	0,315*	0,557	0,327*	0,261	0,138*	0,228	0,141
Primário (nível O)	0,565	0,269*	0,581	0,286*	0,046	0,080	0,004	0,082
Inferior ao nível O	ref.		ref.		ref.		ref.	
Classe social dos pais								
A			ref.				ref.	

Continua

	16-24 anos				25-49 anos			
	Modelo A		Modelo B		Modelo A		Modelo B	
	Coef.	E.P.	Coef.	E.P.	Coef.	E.P.	Coef.	E.P.
B			−0,432	0,529			−0,018	0,297
C1			−0,575	0,558			−0,157	0,297
C2			−1,047	0,564*			−0,372	0,293
D			−0,731	0,579			−0,319	0,295
E			−1,557	0,709*			−0,148	0,334
Sem trabalhar			−0,826	0,654			−0,207	0,334
Não conhecida			−1,089	0,821			−0,245	0,398
Características do período de emprego LOW								
Duração do evento (LOW)	0,001	0,020	0,006	0,021	−0,005	0,003*	−0,005	0,003*
Duração do evento (LOW) ao quadrado	−1,0E-04	2,0E-04	−1,0E-04	2,0E-04	1,8E-05	9,3E-06*	1,7E-05	9,3E-06*
Variáveis históricas								
Duração cumulativa em LOW	−0,010	0,016	−0,011	0,016	−0,006	0,002*	−0,006	0,002*
Eventos em emprego LOW	0,188	0,226	0,205	0,242	0,177	0,067*	0,170	0,067*
Tempo de permanência no emprego	−8,2E-05	0,007	−0,004	0,007	0,001	0,001	0,002	0,001
Desemprego cumulativo	0,022	0,012*	0,025	0,012*	6,0E-05	0,004	2,0E-04	0,004
Eventos de desemprego	−0,047	0,266	0,027	0,281	0,131	0,060*	0,143	0,061*
n	5.505		5.505		46.799		46.799	
Qui-quadrado do modelo	53,30		64,85		330,81		342,58	
Graus de liberdade	14		21		17		24	

Fonte: *Family and Working Lives Survey*, 1994/95.
* Indica estatística significativa no nível de significância de 5%.
Obs.: "ref." indica a categoria de referência em um conjunto de variáveis dummy; E.P. indica o erro-padrão do coeficiente estimado.

Tabela 6

Estimativa de modelo logit para a probabilidade de término de um evento de emprego de baixa renda, por coorte etária, mulheres

| | 16-24 anos | | | | 25-49 anos | | | |
| | Modelo A | | Modelo B | | Modelo A | | Modelo B | |
	Coef.	E.P.	Coef.	E.P.	Coef.	E.P.	Coef.	E.P.
Constante	−8,095	2,023*	−8,940	2,124*	−3,242	0,276*	−2,709	0,366*
Mês	0,007	0,003*	0,008	0,003*	−0,001	0,001	−0,001	5,0E-04*
Características pessoais								
Idade na data do levantamento								
16-19 anos	ref.		ref.					
20-24 anos	0,557	0,208*	0,653	0,214*				
25-29 anos					ref.		ref.	
30-34 anos					−0,175	0,073*	−0,182	0,073*
35-39 anos					−0,224	0,090*	−0,249	0,091*
40-44 anos					−0,380	0,113*	−0,402	0,114*
45-49 anos					−0,498	0,135*	−0,528	0,136*
Qualificação mais elevada								
Pós-graduação	1,594	1,178	1,845	1,181	0,422	0,418	0,320	0,421
Superior	0,499	0,254*	0,385	0,284	1,014	0,127*	0,932	0,130*
Colegial (nível A)	−0,095	0,233	−0,206	0,252	0,560	0,085*	0,488	0,088*
Intermediário	−0,562	0,249*	−0,627	0,259*	0,177	0,111	0,150	0,112
Primário (nível O)	−0,412	0,184*	−0,411	0,194*	0,104	0,053*	0,082	0,055
Inferior ao nível O	ref.		ref.		ref.		ref.	
Classe social dos pais								
A			ref.				ref.	
B			0,560	0,414			−0,167	0,245
C1			0,450	0,415			−0,417	0,239*
C2			−0,003	0,405			−0,436	0,236*
D			0,305	0,415			−0,485	0,237*
E			0,538	0,442			−0,560	0,252*
Sem trabalhar			0,490	0,441			−0,472	0,258*
Não conhecida			1,178	0,674*			−0,494	0,316

	16-24 anos				25-49 anos			
	Modelo A		Modelo B		Modelo A		Modelo B	
	Coef.	E.P.	Coef.	E.P.	Coef.	E.P.	Coef.	E.P.
Características do período de emprego LOW								
Duração do evento (LOW)	0,022	0,015	0,022	0,015	0,001	0,002	0,001	0,002
Duração do evento (LOW) ao quadrado	−6,2E-05	1,0E-04	−5,0E-05	1,0E-04	−6,8E-07	7,3E-06	−1,3E-06	7,3E-06
Variáveis históricas								
Duração cumulativa em LOW	−0,023	0,013*	−0,021	0,013	−0,004	0,001*	−0,003	0,001*
Eventos de emprego LOW	0,535	0,181*	0,506	0,181*	0,165	0,041*	0,164	0,041*
Tempo de permanência no emprego	−0,009	0,007	−0,011	0,007	−0,003	0,001*	−0,003	0,001*
Desemprego cumulativo	0,019	0,014	0,017	0,014	−3,0E-04	0,002	−0,001	0,002
Eventos de desemprego	−0,048	0,221	−0,021	0,221	0,114	0,053*	0,124	0,053*
n	9.487		9.487		102.794		102.794	
Qui-quadrado do modelo	64,52		81,12		502,74		518,61	
Graus de liberdade	14		21		17		24	

Fonte: *Family and Working Lives Survey*, 1994/95.
* Indica estatística significativa no nível de significância de 5%.
Obs.: "ref." indica a categoria de referência em um conjunto de variáveis *dummy*; E.P. indica o erro-padrão do coeficiente estimado.

As mulheres do grupo etário mais jovem (tabela 6) no modelo sem histórico de classe social (modelo A) apresentam resultados interessantes em relação ao nível de instrução. Em relação a um nível de qualificação inferior ao nível O, a qualificação mais elevada entre os níveis O e A tem um efeito negativo sobre a probabilidade de saída de um evento de emprego LOW. Por outro lado, a qualificação de nível superior tem efeito positivo. A interpretação correta dessas variáveis não é evidente. Uma explicação é que as mulheres com maior qualificação apresentam maior probabilidade de experimentar menores períodos de emprego LOW, enquanto as mulheres com menor qualificação apresentam maior probabilidade de saída da força de trabalho nessa etapa do ciclo de vida do que as mulheres com qualificação de nível intermediário ou O.

O histórico de classe social (modelo B) não parece ter efeito significativo nas mulheres jovens (16-24 anos).

No caso das mulheres do grupo etário dos 25-49 anos, a instrução afeta positivamente a probabilidade de saída de um evento de emprego LOW, em comparação com as mulheres com níveis de instrução muito baixos. Os resultados das variáveis históricas mostram que o tempo acumulado despendido em emprego LOW tem efeito negativo sobre a probabilidade de saída. Ademais, tanto o número de eventos de emprego LOW, quanto de desemprego aumentam a probabilidade de saída de um período de emprego LOW. O histórico de classe social (modelo B) tem um efeito significativo nessas mulheres mais velhas em relação às duas categorias mais elevadas de classe; a probabilidade de saída de um evento de emprego LOW é reduzida para todas as outras classes conhecidas. As variáveis de história de vida ocupacional e instrução continuam sendo importantes. É provável que os coeficientes negativos das variáveis de grupo etário em relação ao grupo etário mais jovem (25-29 anos) estejam associados a níveis mais elevados de afastamento de mulheres nas idades apresentadas no gráfico 4.

Instrução e classe social de origem afetam a probabilidade de término de um evento de emprego de baixa renda. A classe social de origem parece ser mais importante para as mulheres mais velhas (25-49 anos), sendo menos importante do que para os homens. As informações relacionadas ao atual evento de emprego LOW e as variáveis de história ocupacional indicam dois aspectos principais:

- À medida que aumenta a duração de um evento de emprego de baixa renda, a probabilidade de término do evento decresce a uma taxa ascendente para os homens da faixa dos 25-49 anos. O tempo acumulado em um emprego de baixa renda durante a vida ocupacional de um indivíduo reduz a probabilidade de saída, apesar de isso ser menos importante para homens jovens com vida ocupacional mais curta.

- Os indivíduos que experimentaram um número maior de eventos de desemprego e emprego de baixa renda (na coorte etária mais velha) apresentam maior probabilidade de término de um evento de emprego de baixa renda.

Esses resultados revelam tanto a persistência do emprego de baixa renda, quanto o fato de que a ocorrência de um número maior de eventos de desemprego e de um número maior de eventos de emprego de baixa renda está relacionada à maior probabilidade de término de um evento de emprego de baixa renda. Isso indica um padrão menos estável de conexão com o mercado de trabalho por parte de um grupo de trabalhadores.

Conclusões

Este capítulo sobre empregos de baixa renda revelou diversas características-chave relacionadas às vidas ocupacionais dos indivíduos que ocupam esses empregos. A identificação de um conjunto de indivíduos com baixa remuneração em uma pesquisa transversal ignora importantes diferenças de história ocupacional entre tais indivíduos e os que se encontram em trabalhos mais bem remunerados. Foi demonstrado que os homens com menor remuneração experimentaram menores índices de emprego durante suas vidas ocupacionais, e diferenças mais acentuadas ficaram evidentes nos históricos de trabalho de mulheres com baixa remuneração, em comparação com as que se encontravam em empregos mais bem remunerados. As mulheres com menor remuneração apresentavam maior probabilidade de ficar fora do mercado de trabalho durante os anos de formação familiar do que as mulheres com remuneração mais elevada, tendo tais eventos duração maior.

A elaboração de uma classificação aproximada de emprego de baixa renda com base na ocupação permitiu explorar dados de histórias de eventos. Na ausência de informações retrospectivas sobre a renda, usou-se a classificação baseada na ocupação para dividir os eventos de emprego entre aqueles com alta e baixa remuneração. Isso permitiu mapear a evolução do emprego de baixa renda, no decorrer do tempo, por coorte etária. As principais conclusões foram: a incidência de índices muito mais elevados de emprego de baixa renda entre as mulheres, e o aumento do emprego de baixa renda para as coortes etárias mais jovens, para ambos os sexos. Ao definir-se emprego de baixa renda de longa duração como aquele que dura três anos ou mais, ficou claro que uma parcela substancial do emprego de baixa renda é composta de eventos longos, principalmente para os grupos etários mais velhos.

Foi usada uma regressão logística para investigar a possível inércia cumulativa. Apesar de, nesse estágio, não ser possível distinguir entre heterogeneidade e verdadeira dependência de estado, esses resultados iniciais revelam que a probabilidade de término de um evento de emprego de baixa renda cai à medida que a duração desse evento aumenta e à medida que aumenta a duração cumulativa da vida ocupacional do indivíduo. Um resultado interessante, revelado por essa análise, é que tanto o número de eventos de emprego de baixa renda ou de desemprego quanto a duração do desemprego aumentam a probabilidade de término de um evento de baixa renda após o controle do nível de instrução e da classe social de origem, identificando um padrão menos estável de conexão com o mercado de trabalho para certo grupo de trabalhadores. Para as mulheres mais velhas (25-49 anos) foi demonstrado que a probabilidade de saída de um evento de emprego LOW é influenciada pela classe social de origem, mesmo após o controle do nível de instrução e das diferenças em termos de histórias de vida ocupacional.

Bibliografia

CORTI, L.; LAURIE, H.; DEX, S. *Highly qualified women*. Sheffield: Employment Department, 1995. (Research Series, 50).

ELIAS, P. *Who forgot they were unemployed?* Essex: University of Essex, 1997. (Working Papers of the ESRC Research Centre on Micro-social Change, 97-19).

————; BLANCHFLOWER, D. *The occupations, earnings and work histories of young adults* — who gets the good jobs? London: Department of Employment, 1989. (Research Paper, 68).

GREENHALGH, C. A.; STEWART, M. B. The occupational status and mobility of British men and women. *Oxford Economic Papers*, n. 37, p. 40-71, 1985.

HARKNESS, S. The gender earnings gap: evidence from the UK. *Fiscal Studies*, v. 17, n. 2, p. 1-36, 1996.

McKNIGHT, A.; ELIAS, P. Unemployment, low wage employment and housing tenure. In: *Housing, family and working lives.* Coventry: University of Warwick, Institute for Employment Research, 1997.

NICKELL, S. J. The determinants of occupational success in Great Britain. *Review of Economic Studies,* v. 49, p. 45-53, 1982.

OECD. *Employment outlook.* Paris: OECD, July 1996.

STEWART, M. B.; GREENHALGH, C. A. Work history patterns and the occupational attainment of women. *Economic Journal,* v. 94, p. 493-519, 1984.

Anexo 1

Diferenciais de remuneração ocupacional de homens empregados em tempo integral, após o controle por local de domicílio e idade:

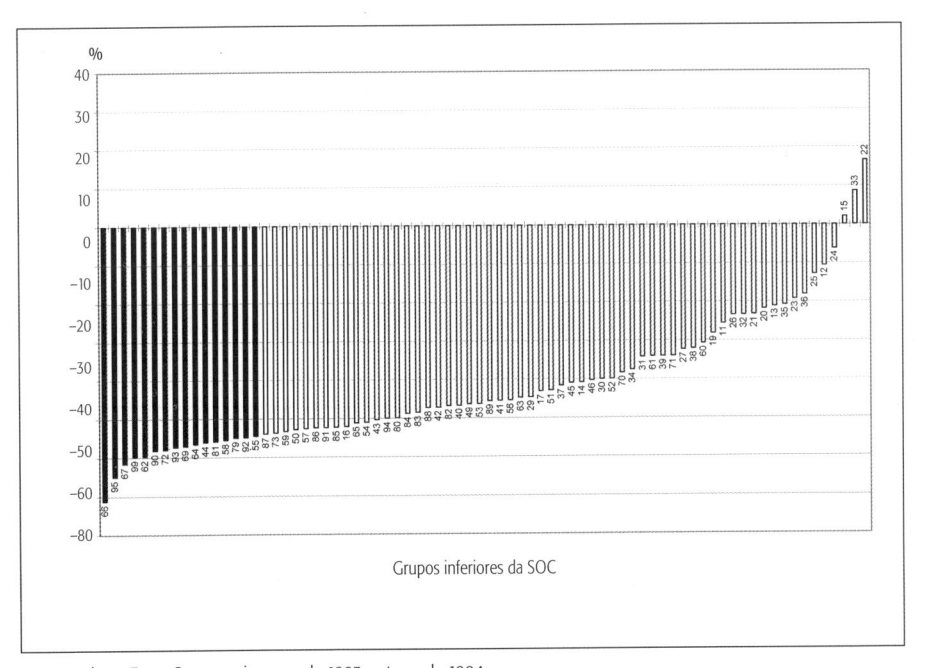

Fonte: *Labour Force Survey*, primavera de 1993-outono de 1994.

Diferenciais de remuneração ocupacional de mulheres empregadas em tempo integral, após o controle por local de domicílio e idade:

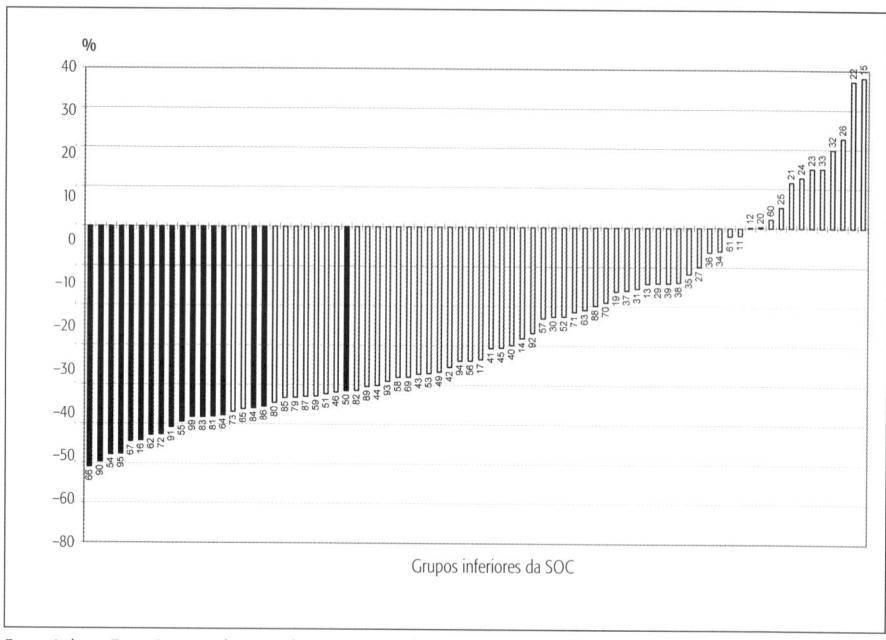

Fonte: *Labour Force Survey*, primavera de 1993-outono de 1994.

Anexo 2

Classes	Grupos de ocupação
A	Profissionais e gerentes seniores em atividades comerciais ou de negócios, ou funcionários públicos de alto escalão.
B	Executivos de médio escalão de grandes organizações. Altos funcionários da administração pública. Diretores ou proprietários de pequenos negócios, instituições educacionais e empresas de serviços.
C1	Gerentes juniores, proprietários de pequenas empresas e todos os demais em funções administrativas.

C2 Todos os operários qualificados e os operários qualificados responsáveis por outros trabalhadores.

D Todos os operários com baixa qualificação e não-qualificados, estagiários e aprendizes de operários qualificados.

E Trabalhadores temporários e todos aqueles sem renda estável.

Parte III

Desigualdades

7 Segregação espacial e discriminação no mercado de trabalho: o caso das favelas do Rio de Janeiro

Adalberto Cardoso
Peter Elias
Valéria Pero

A segregação espacial de determinados grupos étnicos, culturais ou econômicos é um fenômeno duradouro e profundo nas sociedades urbanas. Uma literatura cada vez mais extensa tem se dedicado aos impactos sociais da segregação residencial em termos de performance econômica; padrões de consumo; acesso a direitos sociais, políticos e civis; realização pessoal; reprodução de padrões de desigualdade e de bem-estar em diversas dimensões, incluindo saúde, educação, saneamento, violência social etc.[1] Entre os padrões observados de segregação em comunidades urbanas está a noção de segregação espacial — processo pelo qual se considera que membros de uma dada comunidade compartilham determinadas características positivas ou negativas associadas à reputação da comunidade espacialmente identificada.

Ao contrário de outras formas de intolerância social (como racismo ou xenofobia), a segregação espacial indica fronteiras identificáveis numa comunidade, ou seja, uma geografia clara da distribuição de recursos sociais e econômicos entre membros de uma comunidade que

---

[1] Ver, entre outros, Szwarcwald et al., 2000; Daley, 1999; Gilbert e Crankshaw, 1999; Cameron e Filed, 2000; Glytsos, 1997; Preston, McLafferty e Liu, 1998; Walklate, 2001; Friedrichs, 1998; Meerman, 2001.

segrega e por vezes estigmatiza grupos específicos de pessoas. Exemplos típicos são os guetos negros nos Estados Unidos[2] e, até recentemente, o regime estatal do *apartheid* na África do Sul.[3] Comunidades espacialmente segregadas tendem a ser socialmente discriminadas também em termos de acesso a recursos e serviços públicos e privados.

Durante décadas, as favelas da cidade do Rio de Janeiro têm sido estudadas como um caso particular de segregação espacial associado a discriminação social ou cultural, devido em parte a sua história e em parte a puro preconceito e a informações equivocadas. Na verdade, a história tortuosa do processo de favelização é permeada pela idéia de discriminação espacial em pelo menos três formas interligadas.

Primeiro, a combinação de programas de regeneração urbana da cidade na primeira metade do século XX, sem nenhuma política habitacional estruturada que abrigasse as comunidades pobres, levou à ocupação de morros vazios adjacentes a oportunidades de trabalho, tanto no centro da cidade quanto nos bairros vizinhos, que começavam a ser ocupados. Esse processo ganhou força com o crescente fluxo migratório das regiões mais pobres e agrícolas do Brasil para centros urbanos e industriais, como o Rio, o que acelerou o crescimento das favelas nas décadas de 1940 e 50. Dali em diante, apesar de algumas iniciativas do governo com a intenção de remover parte da população para "parques proletários", as autoridades públicas simplesmente fecharam os olhos e ignoraram o rápido crescimento da população nas favelas. Interesses políticos combinados à funcionalidade de se ter mão-de-obra barata vivendo próxima dos centros industriais emergentes levaram à consolidação do ciclo de "pobreza, migração rural-urbana e favelização" e à associação de favelas com pobreza.[4]

Segundo, a transferência da capital do Brasil para Brasília em 1960 contribuiu para a perda de dinamismo econômico do Rio de Janeiro, culminando na profunda crise da década de 1980, quando a economia do Rio teve um desempenho pior que o da maioria do país. É impor-

---

[2] Ver Demissie, 1994; Wacquant, 1998 e 2001.
[3] Ver Christopher, 1990; Kraak, 1995.
[4] Um excelente estudo sobre isso é Valladares, 2005.

tante observar que, pela primeira vez desde o início da existência de registros confiáveis, essa década registrou migração *negativa* para o Rio e, no entanto, as favelas continuaram a crescer de forma constante.

Terceiro, as favelas sempre foram o berço do samba — demonstrado no Carnaval carioca — e o local de origem de uma cultura popular vibrante, epítetos que melhoraram seu status aos olhos da população. No entanto, em anos mais recentes, o tráfico de drogas e uma maior violência social contribuíram para criar uma imagem preconceituosa das favelas como locais de dissipação e crime, como um "território de um Estado paralelo", cujas leis são decididas por cidadãos particulares e aplicadas por armas privadas.

O ponto de partida deste capítulo é a idéia incontestе de que as favelas do Rio são segregadas espacialmente.[5] No entanto, seus habitantes são *trabalhadores* que buscam e encontram empregos principalmente *fora* das favelas, ou seja, na cidade, o que significa que seus laços sociais e econômicos vão além das fronteiras do lugar em que vivem. Temos razões para acreditar que os habitantes das favelas podem ser discriminados no mercado de trabalho *porque* moram em favelas. Essa é a principal hipótese a ser abordada aqui. Tentaremos mostrar que, analisando-se uma variedade de influências possíveis na prosperidade econômica, aparentemente há um custo econômico de se viver nas favelas no Rio de Janeiro que *discrimina* e *desfavorece* seus habitantes em termos de oportunidades de emprego e renda. Além disso, tentaremos mostrar que esse é um fenômeno abrangente (que engloba quase todas as favelas existentes) e duradouro.

As favelas e a mudança demográfica no Rio de Janeiro

Desde 1950 o censo demográfico brasileiro traz uma variável que permite a identificação de "aglomerados urbanos subnormais", o que, na

---

[5] Ver Valladares, 2005; Ribeiro, 2004.

cidade do Rio de Janeiro, indica principalmente favelas, devido ao pa-drão específico de urbanização e dispersão da população na geografia da cidade.[6] O mapa mostra a distribuição das favelas no espaço urbano do Rio. Pode-se observar que as favelas estão bastante espalhadas nesse es-paço e que seu tamanho e densidade populacional variam intensamente de acordo com as regiões geográficas definidas para este estudo.[7]

Figura 1

Favelas na Cidade do Rio de Janeiro — 2003

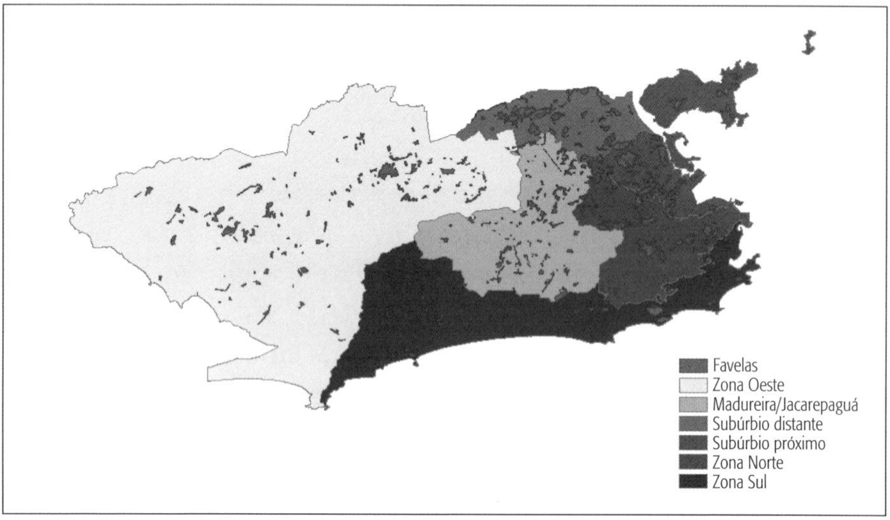

Fontes: Favelas — Câmara de Vereadores do Rio de Janeiro/IPP/Sabren; Regiões – Câmara dos Vereadores do Rio de Janeiro/Pnud/Ilpea/Ibge.

[6] Valladares e Preteceille, 2000. O conceito de "subnormal" é construído de maneira ne-gativa e se refere às condições tanto legais quanto físicas dos domicílios, que são definidos como barracos ou casebres construídos sem permissão do governo em terra de terceiros ou de propriedade desconhecida, ausência de infra-estrutura e/ou serviços públicos, entre outras características não-existentes. O conceito também indica que as favelas são locais de pobreza, definida basicamente como a ausência ou falta de recursos econômicos e materiais, uma visão que foi revisada e questionada na literatura mais recente sobre o assunto, devido a sua simplificação de um fenômeno complexo. Ver Pino (1997:38) e Valladares (2005), que considera a associação entre pobreza e favela um dos muitos mitos construídos ao longo da história sobre esse espaço segregado.

[7] Gostaríamos de agradecer a Sergio Besserman, diretor do Instituto Pereira Passos (IPP), e a Fernando Cavallieri, também do IPP, pela produção do mapa de distribuição das favelas na cidade do Rio de Janeiro.

Comparemos a situação no mercado de trabalho de residentes e não-residentes nas favelas do Rio de Janeiro, usando dados dos censos de 1991 e 2000. A tabela 1 mostra a população do Rio de Janeiro e as mudanças por que passou, de acordo com o registrado nos dois censos populacionais. Havia alguma evidência de subquantificação da população das favelas em 1991,[8] mas a impressionante concentração de crescimento populacional nelas é muito evidente nesse período. Nos nove anos que separam 1991 de 2000, a população total do Rio de Janeiro cresceu à taxa geométrica de 0,7% ao ano. Em áreas não-favelizadas, o crescimento foi de 0,4% ao ano, enquanto nas favelas a taxa de crescimento foi seis vezes maior, de 2,4% ao ano. A tabela também mostra as taxas de emprego nesses dois períodos para residentes e não-residentes em favelas. No total, a taxa de emprego caiu levemente, um declínio sentido tanto por moradores quanto por não-moradores de favelas. A taxa de emprego nas favelas é um pouco mais alta que no restante da cidade, e os números se aproximam no final do período. A primeira conclusão a que se pode chegar nesse caso é que, com base apenas nesses números, não parece que morar em favelas tenha impacto negativo significativo na probabilidade de se estar empregado. A taxa de emprego dos residentes de favelas é mais alta do que a de não-residentes.

Tabela 1

Estimativas selecionadas da população do Rio de Janeiro, 1991 e 2000

Estimativas	1991	2000	Crescimento anual (%)
Moram fora das favelas			
População (milhares)	4.598	4.759	0,4
Faixas etárias			
0 a 9 anos	698	646	
10 a 19 anos	753	738	
20 a 29 anos	781	779	

Continua

---

[8] Besserman e Cavallieri (2004) argumentam que pelo menos 16 mil indivíduos registrados como não-moradores de favelas em 1991 na realidade viviam em áreas favelizadas.

Estimativas	1991	2000	Crescimento anual (%)
30 a 39 anos	771	730	
40 anos ou mais	1.594	1.867	
Anos de moradia no Rio (%)			
Sempre morou no Rio	69,9	71,5	
Menos de 10 anos	7,0	7,3	
10 anos ou mais	23,2	21,2	
Taxa de emprego (10 anos ou mais) (%)	48,0	46,5	
Moram em favelas			
População (milhares)	882	1.093	2,4
Faixas etárias			
0 a 9 anos	200	235	
10 a 19 anos	182	208	
20 a 29 anos	172	211	
30 a 39 anos	139	173	
40 anos ou mais	188	265	
Anos de moradia no Rio (%)			
Sempre morou no Rio	69,3	67,7	
Menos de 10 anos	7,5	10,6	
10 anos ou mais	23,2	21,7	
Taxa de emprego (10 anos ou mais) (%)	50,3	47,2	

Fonte: Dados dos censos de 1991 e 2000, do IBGE.

A convergência, em nove anos, das taxas de emprego de moradores e não-moradores de favelas provavelmente reflete uma mudança na metodologia do censo. Em 1991, as pessoas recenseadas foram indagadas se haviam tido um emprego no *ano* anterior, enquanto, em 2000, a pergunta se referia ao *mês* anterior, tornando difícil a comparação entre os dois períodos. No entanto, a mudança na definição de emprego/desemprego revela algumas diferenças marcantes na estrutura do emprego. O gráfico 1 mostra a distribuição de taxas de emprego por faixas etárias e gênero para moradores e não-moradores de favelas. Pode-se ver que as taxas de emprego variam de maneira bastante significativa segundo a idade e o gênero em ambos os casos.

Gráfico 1

Taxas de emprego de homens e mulheres, favelados e não-favelados, 1991 e 2000

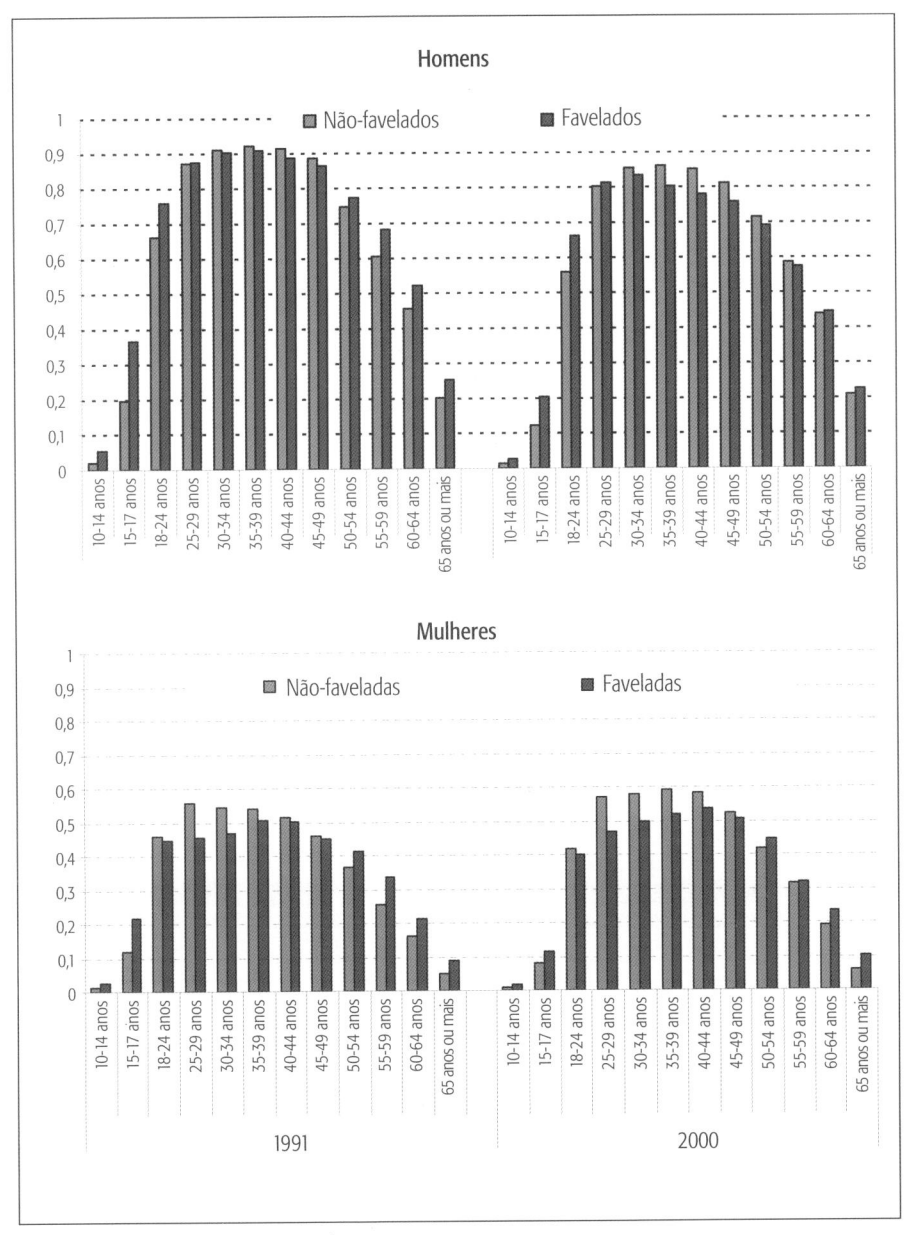

Fonte: Dados dos censos de 1991 e 2000, do IBGE.

Obs.: Favelas situadas na Zona Oeste, em Madureira-Jacarepaguá, subúrbios distantes, subúrbios próximos, Zona Norte e Zona Sul.

Examinando-se, em primeiro lugar, a situação, em 1991, dos homens na faixa etária dos 25-49 anos, tanto os moradores quanto os não-moradores de favelas tinham taxa de ocupação muito semelhante. No entanto, a taxa de ocupação dos jovens (24 anos ou menos) favelados era bem mais alta do que a dos não-favelados. O mesmo era verdade para os mais velhos (50 anos ou mais). As diferenças iam na mesma direção no caso das mulheres, embora não de maneira tão intensa quanto no dos homens. Levando-se em consideração apenas os números de 1991, seríamos levados à conclusão de que, nas favelas, as pessoas entram no mercado de trabalho mais cedo e saem dele mais tarde. No entanto, se observarmos os números para 2000, as diferenças nessas duas faixas etárias polares não são tão marcantes, seja no caso dos homens, seja no das mulheres. Por outro lado, as taxas de emprego dos homens na faixa etária dos 25-49 anos, moradores e não-moradores de favelas, não estavam tão próximas quanto em 1991. Esses padrões diferentes, capturados pela mudança na metodologia, podem refletir diferenças nas oportunidades do mercado de trabalho para favelados e não-favelados, no sentido de que os membros mais jovens e mais velhos das famílias que vivem em favelas são levados a entrar (ou permanecer) na força de trabalho de forma sazonal, talvez para complementar o orçamento familiar.

Essa pode ser uma condição comum nas famílias pobres, não sendo exclusiva dos moradores de favelas. Por isso precisamos seguir em frente, agregando mais evidências de possível discriminação no mercado de trabalho. A segunda importante fonte de evidência nesse sentido está relacionada aos ganhos por hora do emprego principal da população empregada. O gráfico 2 mostra que, independentemente do nível de escolaridade do indivíduo, os moradores de favelas sempre recebem menos por seu investimento em capital humano.[9] Ainda mais importante é que a diferença de retornos à escolaridade aumenta com os anos de estudo. A tendência é bastante clara, no entanto, e parece indicar que o

---

[9] Há evidência de aumento na variabilidade dessas estimativas por volta dos 14 anos de escolaridade, o que resulta de uma grande redução no número de casos da amostra do censo. Por isso decidimos apresentar os dados para até 13 anos de escolaridade apenas.

investimento em educação formal é aparentemente mais recompensa-dor para não-moradores de favela, e a diferença aumenta de acordo com o montante do investimento.

Gráfico 2

Razão entre renda horária média de moradores e não-moradores de favelas: Rio de Janeiro, 1991 e 2000

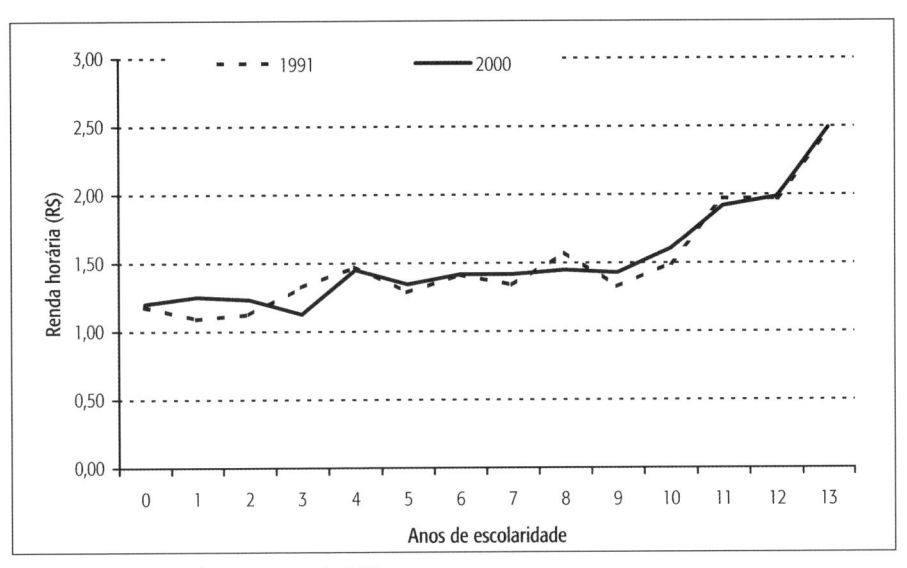

Fonte: Dados dos censos de 1991 e 2000, do IBGE.

Essa diferença é consistente com a hipótese de discriminação no mercado de trabalho contra moradores de favela. Mas também pode ser o resultado de associações espúrias entre dimensões não mensuradas pelo censo demográfico. Por exemplo, o capital social pode ser me-nor nas favelas do que fora delas, fazendo com que pessoas com nível de escolaridade mais alto tenham maiores dificuldades em tornar suas credenciais valiosas para os empregadores.[10] Por outro lado, os dados

---

[10] Granovetter (1974) desenvolveu os conceitos de laços fortes e fracos em redes de rela-cionamento social, mostrando que aqueles com mais laços fracos têm melhores chances de conseguir um emprego quando comparados com aqueles com laços predominantemente fortes, porque suas redes de relacionamento social se expandiriam por uma área mais vasta

do censo não nos informam sobre o tipo de universidade cursada pelas pessoas, se públicas ou privadas, melhores ou piores. Pode ser que a população das favelas tenha escolhido (ou tenha sido forçada a escolher, por razões econômicas) universidades menos valorizadas.

Qualquer que seja o caso, quando analisamos a escolha de carreiras que exigem um nível de escolaridade mais alto, as diferenças entre moradores e não-moradores das favelas permanecem. Por exemplo, de acordo com os dados do censo de 2000, engenheiros civis não-favelados ganhavam oito vezes mais do que os favelados.[11] As diferenças de renda correspondiam a 1,7 vezes para advogados, 3,3 para economistas, 2,3 para médicos, 5 para agrônomos e 2,6 para geólogos. Considerando-se os 58 grupos profissionais/ocupacionais registrados pelo censo em 2000, em apenas cinco deles os moradores de favela ganhavam mais do que os não-moradores.

A terceira fonte de evidência consistente com a noção de discriminação contra os moradores de favelas são os ganhos por hora segundo a posição na ocupação. Para essa análise destacamos quatro tipos de emprego: a) empregados formais, que incluem servidores públicos e assalariados do setor privado com carteira; b) empregados informais, que abrangem trabalhadores não registrados do setor privado, inclusive em serviço doméstico; c) profissionais autônomos, incluindo profissionais liberais sem empregados; e d) empregadores, ou seja, pessoas que declararam que tinham pelo menos um empregado assistindo-as em sua atividade econômica. Também desagregamos geograficamente os dados, para uma melhor apreensão das diferenças internas à malha urbana carioca.

De fato, há muito tempo se argumenta que as favelas não são um fenômeno homogêneo no Rio de Janeiro.[12] Em mais de 100 anos de história, os padrões de habitação no espaço urbano variaram intensa-

---

do que o local onde vivem, permitindo um mapeamento melhor de oportunidades de vida e de carreira. Alvito (1998) mostra de maneira convincente que os laços sociais são muito fortes nas favelas do Rio e, por isso, as amizades, os casamentos e a solidariedade social são todos muito relacionados.

[11] Para as chances de os moradores de favela chegarem à faculdade, ver Silva (2000).

[12] Silva, 1967; Abreu, 1994; Pino, 1997; Valladares, 1998; Valladares e Preteceille, 2000.

mente de acordo com: ciclos econômicos, ondas de migração, políticas públicas voltadas para a remoção de favelas ou para a melhoria de sua infra-estrutura, estrutura dos mercados de trabalho locais, distância relativa do centro da cidade, para enumerar apenas algumas das influências mais importantes. Alguns autores chegaram a argumentar que as condições socioeconômicas não variam o suficiente para que seja possível distinguir as favelas de outras áreas pobres, porém não-favelizadas, do Rio de Janeiro. Valladares (1998), por exemplo, insiste que, se as favelas são locais de pobreza, não são os únicos locais de pobreza na Região Metropolitana do Rio de Janeiro. Silva (1967) argumentou que as favelas são internamente diferentes também, e que nem todos os que nelas moram são pobres. De modo a levar esses argumentos em consideração e a lidar com a heterogeneidade da cidade, e seguindo Barros (2000), dividimos a cidade do Rio de Janeiro em seis áreas geográficas, nelas destacando moradores e não-moradores de favelas. A tabela 2 mostra a renda média segundo esses estratos.

Tabela 2

Renda horária no emprego principal de moradores e não-moradores de favelas, por tipo de emprego e zonas geográficas da cidade do Rio de Janeiro, 1991 e 2000 (R$)

1991	Tipo de emprego			
Não moram em favelas	Trabalhador formal	Trabalhador informal	Autônomo	Empregador
Zona Sul	11,8	4,5	14,0	23,6
Zona Norte	6,4	3,0	5,8	10,0
Subúrbios adjacentes	4,2	2,2	4,4	9,3
Subúrbios distantes	3,3	2,0	3,6	7,1
Jacarepaguá-Madureira	4,2	2,2	4,0	9,1
Zona Oeste	2,8	1,6	2,7	6,3
Moram em favelas	Trabalhador formal	Trabalhador informal	Autônomo	Empregador
Zona Sul	2,1	1,6	2,5	4,1
Zona Norte	1,8	1,4	2,5	3,4
Subúrbios adjacentes	1,7	1,5	2,1	3,2
Subúrbios distantes	1,7	1,2	2,3	4,2
Jacarepaguá-Madureira	1,6	1,1	1,9	3,3
Zona Oeste	1,7	1,4	2,0	4,2

2000	Tipo de emprego			
Não moram em favelas	Trabalhador formal	Trabalhador informal	Autônomo	Empregador
Zona Sul	17,2	12,7	23,8	43,4
Zona Norte	10,0	6,6	10,9	23,1
Subúrbios adjacentes	6,6	4,4	7,4	18,7
Subúrbios distantes	5,7	3,9	5,6	12,9
Jacarepaguá-Madureira	6,9	4,5	7,3	17,3
Zona Oeste	4,5	3,0	4,4	15,4
Moram em favelas	Trabalhador formal	Trabalhador informal	Autônomo	Empregador
Zona Sul	3,1	3,0	3,9	11,4
Zona Norte	2,6	2,4	3,4	10,7
Subúrbios adjacentes	2,7	2,2	3,5	5,8
Subúrbios distantes	2,8	2,3	3,2	6,0
Jacarepaguá-Madureira	3,5	2,3	3,9	5,8
Zona Oeste	3,0	2,3	2,9	5,5

Fonte: Dados dos censo, 1991 e 2000, do IBGE.

O primeiro fato a ser observado é que, em cada status por categoria de emprego, os moradores de favelas geram muito menos renda do que os não-moradores, tanto em 1991 quanto em 2000, independentemente da região geográfica. A segunda descoberta é que o coeficiente de variação de moradores de favelas dentro de cada tipo de emprego é muito pequeno em termos não só absolutos (dentro das favelas) como relativos (comparados com áreas não-favelizadas). Por exemplo, enquanto a renda de empregados formais não-favelados teve um desvio-padrão de 4,7 em 2000, nas favelas esse desvio foi de apenas 0,3. As diferenças são mais ou menos as mesmas para as outras duas categorias de trabalhadores (os desvios para empregados informais e trabalhadores autônomos favelados foram de 0,3 e 0,4, respectivamente).

Quando examinamos os dados mais cuidadosamente, podemos ver que a baixa renda não é exclusiva dos residentes em favelas. Por exemplo, empregados *informais* nas áreas não-favelizadas da Zona Oeste ganham menos que empregados *formais* que moram na maioria das favelas, tanto em 1991 quanto em 2000. Eles ganham menos do que a maioria dos trabalhadores autônomos residentes em favelas também. Na verdade, a Zona Oeste foi, de longe, a área mais pobre do Rio nos 10 anos englobados pelos dois censos. Na direção oposta, também podemos ver que morar numa favela nessa área pobre é melhor, em termos da renda média dos residentes, do que viver numa favela na área de Jacarepaguá-Madureira, embora seja melhor viver lá se a pessoa escolher uma área não-favelizada. Da mesma maneira, trabalhadores autônomos residentes nas favelas na Zona Sul ganham mais do que alguns trabalhadores informais que moram em áreas não-favelizadas. Morar ou não na favela parece determinar a renda, mas o tipo de emprego também parece ser importante, às vezes reduzindo o impacto do local onde se vive. Aparentemente, a distribuição geográfica das favelas é também importante para a renda quando analisamos a posição na ocupação (ou tipo de emprego).

As características de favelados e não-favelados em 1991 e 2000

A tabela 3 traz algumas características demográficas selecionadas de moradores e não-moradores de favelas no Rio de Janeiro em 1991 e 2000. Pode-se dizer que, com a exceção do gênero, a maioria das diferenças nas características entre os dois grupos de áreas geográficas *diminuiu* com o tempo, embora em ritmo muito lento. Os habitantes de favelas são predominantemente não-brancos, enquanto os das áreas não-favelizadas são predominantemente brancos, mas a diferença é menor em 2000 do que era em 1991. As favelas têm 33% mais jovens (10-29 anos) do que as áreas não-favelizadas, e proporcionalmente menos habitantes idosos (43% menos).[13] Esses números permaneceram exatamente

---

[13] Sabemos que a proporção maior de jovens e não-brancos poderia explicar parcialmente as diferenças de renda entre moradores e não-moradores de favelas. Mas também deve-se observar que a proporção relativamente pequena de habitantes idosos nas favelas pode corrigir o efeito dos jovens. Esses efeitos serão analisados na seção seguinte.

iguais em ambos os períodos, mas na categoria intermediária (30-49 anos) as proporções de favelados e não-favelados tornaram-se idênticas. As proporções de chefes e cônjuges nas famílias também estão aumentando nas favelas, mas as mudanças são pequenas. Ou seja, os residentes nas favelas são, em média, significativamente diferentes daqueles que vivem em áreas não-favelizadas, em termos de raça, idade e composição demográfica das famílias.

Tabela 3

Distribuição de pessoas entre moradores e não-moradores de favelas, por posição na família, gênero, raça e faixa etária, no Rio de Janeiro

(%)

Categorias	1991			2000		
	Não-moradores	Moradores	Razão não-moradores/moradores	Não-moradores	Moradores	Razão não-moradores/moradores
Raça						
Branca	64,3	39,0	0,61	63,6	42,0	0,66
Não-branca	35,7	61,0	1,71	36,4	58,0	1,59
Gênero						
Mulheres	53,3	51,3	0,96	53,6	51,4	0,96
Homens	46,7	48,7	1,04	46,4	48,6	1,05
Faixa etária						
10-29 anos	39,2	52,1	1,33	36,8	48,9	1,33
30-49 anos	34,6	32,9	0,95	34,6	34,9	1,01
50 ou mais	26,1	14,9	0,57	28,6	16,3	0,57
Posição na família						
Chefe	29,1	24,8	0,85	31,7	28,0	0,88
Cônjuge	19,3	17,4	0,90	19,3	18,2	0,94
Filho/filha	36,2	43,2	1,19	36,3	41,7	1,15
Outros	15,4	14,6	0,95	12,7	12,1	0,95

Fonte: Dados dos censos de 1991 e 2000, do IBGE.

Grande parte das pesquisas anteriores sobre exclusão social no Brasil acentua o papel das desigualdades educacionais na explicação de desigualdades de renda e pobreza no país.[14] O nível de escolaridade da população com 15 anos ou mais foi de 5,9 anos em 1998,[15] taxa bastante baixa, mesmo quando comparada a outros países latino-americanos.[16] Além disso, a educação se distribuía de forma desigual por gênero e renda. Na verdade, quanto mais pobre a família, menor o nível médio de escolaridade. Outra pesquisa mostrou que existe um processo de transmissão intergeracional de pobreza no país:[17] quanto maior o nível de escolaridade alcançado, mais a renda familiar afeta a probabilidade de melhoria na escolaridade.[18]

A população do Rio de Janeiro tem, tradicionalmente, níveis de educação melhores quando comparada com o restate do país. A média de anos de escolaridade da população adulta do Rio de Janeiro era de 8,5 em 2000. No entanto, há uma grande lacuna em termos de performance educacional entre moradores e não-moradores de favelas, como pode ser visto na tabela 4. É verdade que essa lacuna está diminuindo com o tempo, mas, mais uma vez, isso está acontecendo num ritmo muito lento. A taxa de analfabetismo dos adultos favelados do Rio caiu de 15% para 10%, enquanto a queda entre não-favelados foi proporcionalmente menor (de 4% para 3%), o que reduziu a diferença de 11 para 7 pontos percentuais, embora a razão entre as proporções tenha mudado muito pouco. A média dos anos de escolaridade de adultos

---

[14] Uma revisão da literatura sobre esse tema pode ser encontrada em Menezes Filho, 2001. Esse não é um processo exclusivo, é claro. A literatura sobre a América Latina é muito extensa em relação ao assunto. Para o caso do México, ver Cortez, 2001. Encontra-se uma boa seleção de textos em Morales Gómez e Torres, 1992.

[15] Silva, 2003:107.

[16] No México, esse número foi de 7,3 anos em 2000 (dados disponíveis em <www.inegi.gov.mx>). Para uma comparação entre países latino-americanos, ver Unesco/Orealc, 2001; e Schwartzman, 2004.

[17] Barros, Mendonça, Santos e Quintaes, 2001.

[18] Silva (2003:132-133). Para efeitos da renda familiar na perspectiva de escolaridade das crianças, ver Hasenbalg, 2003. Barros e Mendonça (1995) mostraram que a contribuição da desigualdade na educação para a desigualdade de renda no Brasil é uma das mais altas no mundo.

também teve sua razão diminuída, de 1,95 para 1,70 em favor dos que não moram em favelas.

Tabela 4
Características educacionais de moradores e não-moradores de favelas no Rio de Janeiro, 1991-2000

Categorias	1991		2000		Razão não-moradores/ moradores	
	Não-moradores	Moradores	Não-moradores	Moradores	1991	2000
Educação dos adultos						
Média de escolaridade em anos (pessoas com 25 anos ou mais)	8,2	4,2	9,0	5,3	1,95	1,70
Taxa de analfabetismo em % (15 anos ou mais)	4,2	15,1	2,9	9,8	0,28	0,30
Grupos de anos de estudo (25 anos ou mais)						
Menos de 9 anos	54,4	89,2	47,0	82,80	0,61	0,57
9-10 anos	3,6	2,6	5,1	4,6	1,38	1,11
11 anos	20,9	6,7	23,9	10,6	3,12	2,25
12 anos ou mais	20,7	1,4	24,4	2,2	14,79	11,09
Educação infantil						
Taxa de alfabetização (10-14 anos)	97,7	92,4	98,7	96,8	1,06	1,02
Proporção de crianças de 10-14 anos na escola	94,2	85,1	97,7	94,2	1,11	1,04
Proporção com defasagem de mais de dois anos entre a idade e a série (10-14 anos)	23,5	46,9	10,1	17,1	0,50	0,59
Média de defasagem em anos (10-14 anos)	1,57	2,75	0,83	1,34	0,57	0,62

Fonte: Dados dos censos de 1991 e 2000, do IBGE.

Esses números indicam que, em 1991, aqueles que não moravam em favelas tinham 95% mais anos de escolaridade, em média, do que os moradores de favelas. Em 2000, essa diferença caíra para 70%. Mas, quando observamos melhor essas tendências, um padrão interessante parece estar se formando com o tempo. Tanto moradores quanto não-moradores adultos de favelas melhoraram seu nível de instrução em 10 anos. A proporção de adultos com menor escolaridade caiu em ambos os grupos, e a camada da população que mais contribuiu para isso foi a daqueles com mais de oito anos de escolaridade. As taxas de alfabetização e de freqüência escolar estão convergindo. A melhoria na performance das favelas é impressionante no que respeita à proporção de crianças com defasagem de mais de dois anos entre idade e série que freqüentam.[19] Apesar disso, a distância ainda é grande e as crianças das favelas se saem pior em todas as categorias analisadas.

É importante observar que, ao contrário da renda, os números referentes à escolaridade não variam significativamente entre favelas em áreas geográficas diferentes. Em 2000, a média de anos de escolaridade de pessoas de 25 anos ou mais variava de um mínimo de 5,6 em Jacarepaguá-Madureira para um máximo de 5,8 nos subúrbios adjacentes e distantes. A taxa de analfabetismo[20] variou de forma mais intensa, de 8,4 (Zona Oeste) para 10,2 (Zona Sul), mas os números ainda estão bastante próximos.[21]

---

[19] A defasagem entre a idade e a série é definida pela diferença entre a série em que a criança se encontra e aquela em que deveria estar numa determinada idade (seis anos = um ano de escolaridade, sete anos = dois anos, e assim por diante). Para um exame profundo dos efeitos da melhora do sistema escolar sobre a performance das crianças na escola e sobre sua freqüência escolar, comparados a outros efeitos socioeconômicos (como a melhora da situação econômica da família), de 1988 a 1998, ver Silva e Hasenbalg (2000). Aparentemente, as políticas sociais e o incentivo do Estado à educação das crianças estão afetando positivamente os moradores de favelas também. Schwartzman (2004) mostra que a defasagem entre a idade e a série no Brasil é mais alta do que em muitos países da América Latina.

[20] A taxa de analfabetismo, aqui, é definida para moradores de 15 anos ou mais que disseram não saber ler *e* escrever.

[21] A pequena variação no nível de escolaridade nas favelas permanece mesmo quando desagregamos ainda mais as áreas geográficas. Considerando-se as 32 zonas administrativas da cidade, tal como definidas pela prefeitura, a média mínima de anos de escolaridade para pessoas de 25 anos ou mais era de 4,1 (Guaratiba), enquanto a máxima era de 6,2 (Botafogo). Nas áreas não-favelizadas as estatísticas eram 5,2 (parte não-favelizada da Maré) e 12,5 (Lagoa), respectivamente.

A última evidência relativa às diferenças existentes entre moradores e não-moradores de favelas a ser discutida aqui é a estratificação social. A tabela 5 mostra a distribuição de 13 categorias socioeconômicas nas diferentes áreas geográficas do Rio de Janeiro, separando áreas de favelas e não-favelizadas. Os dados são do ano 2000 e a estratificação social baseia-se em Ribeiro (2002).[22] Pode-se identificar, em primeiro lugar, uma importante diferença entre moradores e não-moradores de favelas: estes últimos têm uma composição social muito mais heterogênea. Por exemplo, duas categorias modais em algumas áreas favelizadas não são suficientes para descrever quase 50% de seus residentes. Esse é o caso das Zonas Sul e Oeste, sendo a primeira composta principalmente de trabalhadores não-manuais de nível baixo, englobando formais e informais, e a segunda de trabalhadores informais, manuais ou não. Estas duas últimas categorias sociais também compõem 44% das favelas na região de Madureira-Jacarepaguá e 43% nos subúrbios distantes. O segundo dado importante a ser mencionado é que profissionais e empreendedores estão virtualmente ausentes das favelas, mas há uma forte concentração de favelados na camada social mais baixa, aquela composta por trabalhadores manuais e não-manuais do setor informal. As favelas também abrigam trabalhadores manuais (qualificados ou não) numa proporção bem maior do que a das áreas não-favelizadas. Em outras palavras, e de acordo com o esperado, a distribuição por classe social dos não-moradores de favelas inclina-se consistentemente para as camadas mais altas da estratificação social, enquanto a de moradores de favelas inclina-se para as camadas mais baixas.

---

[22] Gostaríamos de agradecer a Carlos Antônio Costa Ribeiro, do Iuperj, que gentilmente cedeu o arquivo de sintaxe SPSS com o qual pudemos reconstruir as 13 categorias socioeconômicas com as quais ele tem trabalhado em sua pesquisa sobre mobilidade social no Brasil. As categorias são inspiradas em Erikson, Goldthorpe e Portocarero (EGP) e são construídas a partir do novo código de ocupação brasileiro (que é compatível com o ISCO88) utilizado no censo de 2000.

Tabela 5

Estratificação socioeconômica de moradores e não-moradores de favelas, por zonas do Rio de Janeiro, 2000

Classificação socioeconômica	Zona Sul		Zona Norte		Subúrbios próximos		Subúrbios distantes		Jacarepaguá-Madureira		Zona Oeste	
	Não-morador	Morador	Não-morador	Morador	Não-morador	Morador	Não-morador	Morador	Não-morador	Morador	Não-morador	Morador
Profissionais de alto nível	33,9	3,1	19,9	2,3	10,8	1,9	7,4	1,9	11,0	1,7	4,7	1,7
Profissionais de baixo nível	12,0	2,3	14,8	3,0	11,8	3,3	11,1	4,0	13,4	3,6	8,7	3,6
Setor formal rotina não-manual alto nível	13,1	9,0	20,7	11,8	20,9	12,6	21,2	10,5	19,6	8,7	14,9	9,2
Setor formal rotina não-manual baixo nível	11,4	29,3	10,4	25,6	12,5	18,7	12,5	17,8	12,6	20,8	14,5	16,1
Empreendedores com empregados	6,7	0,6	4,0	0,3	2,9	0,4	2,0	0,5	2,5	0,4	1,4	0,2
Empreendedores sem empregados	6,8	1,2	4,8	1,1	3,6	1,2	3,0	1,2	3,8	1,1	2,1	1,0
Fazendeiros	0,2	0,3	0,2	0,5	0,2	0,4	0,2	0,3	0,1	0,3	0,3	0,4
Supervisores de trabalhadores manuais	0,0	0,0	0,1	0,0	0,2	0,1	0,2	0,4	0,2	0,3	0,2	0,1
Trabalhadores manuais qualificados setor formal	1,5	9,0	2,6	7,1	4,5	9,0	5,0	8,0	3,9	8,4	6,6	8,7
Trabalhadores manuais pouco ou não-qualificados setor formal	2,4	8,5	2,8	12,2	5,0	12,4	5,7	12,4	4,6	10,5	7,5	9,9
Trabalhadores agrícolas	0,3	0,5	0,2	0,1	0,2	0,4	0,2	0,3	0,2	0,5	0,8	0,8
Trabalhadores rotina não-manuais setor informal	7,0	19,8	10,4	20,9	13,9	20,1	16,3	21,6	14,5	21,4	19,4	24,3
Trabalhadores manuais pouco ou não-qualificados setor informal	4,7	16,5	9,1	15,0	13,5	19,6	15,2	21,2	13,8	22,4	19,0	24,1

Fonte: Dados do censo de 2000, do IBGE.

Também é possível identificar diferenças importantes dentro das favelas quando comparamos diferentes regiões geográficas. Trabalhadores informais manuais e não-manuais foram a categoria modal em todas elas, mas na Zona Sul quase 30% dos moradores de favelas eram trabalhadores não-manuais de nível baixo. Na Zona Oeste, esse número não passava de 16%. Isso significa que, quando vamos para o lado direito da tabela 5, as favelas tornam-se mais homogêneas em termos sociais, com quase 50% dos trabalhadores das favelas da Zona Oeste em trabalhos informais e de baixa qualificação.

Levando-se em conta os números que já examinamos até aqui pode-se dizer que os moradores de favelas são demográfica e socialmente diferentes dos não-moradores nas seis regiões geográficas definidas para esta análise. Os moradores de favelas são mais jovens, não-brancos em maior proporção e têm menos escolaridade do que os não-moradores. Eles também se encontram em camadas mais baixas da estratificação social. Esses são indicadores tradicionais de renda mais baixa no Brasil.[23] Pode ser que os moradores de favela ganhem menos por causa dessas características e não porque vivam nas favelas. Na próxima seção, portanto, investigaremos se há evidências empiricamente relevantes de diferenças de renda devido ao fato de as pessoas viverem em favelas. Em resumo, investigaremos se existe um custo de morar em favelas, expresso em discriminação no mercado de trabalho contra favelados.

Decifrando as diferenças de renda

Vimos, nas seções anteriores, que existem diferenças significativas entre moradores e não-moradores de favelas. Pode-se argumentar, com base

---

[23] Outras importantes diferenças que não estão detalhadas no texto: moradores de favelas têm uma taxa de participação maior na força de trabalho (63% contra 57% dos não-moradores) e trabalham 2,4 mais horas por semana do que os outros habitantes da cidade. Seus salários correpondiam a R$ 4,37 por hora em 2000, enquanto o dos não-moradores, a R$ 13,37. Em outras palavras, mais favelados trabalham muito mais tempo para ganhar muito menos.

em pesquisas qualitativas,[24] que os moradores de favelas ganham menos porque um grande número deles trabalha dentro das favelas e, como estas são comunidades de baixa renda, isso leva a salários comparativamente menores. Para verificar essa hipótese analisaremos os dados de uma pesquisa feita em 51 favelas durante 1998 e 2000, como parte do Favela-Bairro, política de regeneração urbana encetada no Rio de Janeiro nos anos 1990 e 2000.[25] Na pesquisa, chamada PCBR,[26] foram entrevistadas quase 82 mil pessoas. Não se trata de amostra desenhada para ser representativa dos moradores de todas as favelas cariocas, pois apenas favelas com até 4 mil habitantes foram incluídas nessa fase do programa de regeneração. Apesar disso, as distribuições demográficas das características dessas 51 comunidades são bastante parecidas com aquelas que encontramos no censo de 2000,[27] o que sugere que a pesquisa é uma boa representação da realidade das favelas do Rio de Janeiro.

Segundo a PCBR, 5,6% dos moradores em idade ativa das 51 favelas (ou 11% da população realmente empregada) trabalhavam dentro das favelas (tabela 6). Esta não é de forma alguma uma proporção residual, especialmente se a renda desse grupo específico for pequena o suficiente para reduzir de forma significativa a renda média dos moradores de favelas. Mas esse não é o caso. Embora as diferenças de renda entre pessoas que trabalham dentro e fora das comunidades não sejam pequenas (20%), isso não basta para afetar de maneira importante a renda média global por hora dos trabalhadores das favelas. Se os moradores de favelas trabalhassem apenas fora das favelas sua renda média seria de R$ 2,16 por hora. Quando consideramos os 11% deles que

---

[24] Valladares, 1991; Alvito, 1998; Pino, 1997.

[25] Parte da literatura sobre essa política deve incluir necessariamente Burgos (1998); Acioly Jr. (2001); Riley, Fiori e Ramirez (2001), e Pamuk e Cavallieri (2001).

[26] A sigla significa Pesquisa em Comunidades de Baixa Renda e foi conduzida pela Escola Nacional de Ciências Estatísticas (Ence) do IBGE. A metodologia pode ser encontrada em <www.iets.org.br/IMG/ppt/doc-127.ppt>.

[27] Testes T de amostras independentes comparando "idade" e "ocupação" dos dados da PCBR e do censo de 2000 não encontraram diferenças entre elas. As médias de "ganhos por hora" (2,9 no censo e 2,1 na PCBR) e de "anos de escolaridade" (5,4 e 5,2, respectivamente) diferem apenas levemente em termos estatísticos.

trabalham dentro das comunidades essa média é reduzida em apenas 1,9%, para R$ 2,12 por hora. Essa evidência parece conclusiva o suficiente para descartar a hipótese de que diferenças de renda entre moradores e não-moradores de favelas resultam do fato de que os moradores trabalham dentro das próprias comunidades. Os moradores são de fato segregados espacialmente em termos do local *onde vivem*, mas não em termos do local *onde trabalham*. O que queremos sugerir é que a segregação espacial está possivelmente causando a discriminação daqueles que trabalham *fora* das favelas.

Tabela 6
Lugar de trabalho e renda média por hora de moradores de favela de 10 anos ou mais

Lugar de trabalho	Freqüência	%	Renda média por hora (R$)
Não sabe	2,274	3,6	—
Na comunidade	3,611	5,6	1,80
Fora da comunidade	26,555	41,5	2,16
Não trabalha	31,607	49,3	—
Total	64,047	100,0	2,12

Fonte: PCBR, 1999-2001.

Para investigar essa hipótese, ajustamos uma equação OLS multivariada, tendo a renda horária como variável dependente. A virtude de um modelo linear múltiplo é que ele permite o isolamento do efeito independente de uma variável de interesse, enquanto controla outras variáveis que (teoricamente) têm impacto sobre os processos examinados. As questões a serem respondidas são simples: existem diferenças de renda entre moradores e não-moradores de favelas quando analisamos características individuais e geográficas de habitantes da cidade do Rio de Janeiro? Em caso afirmativo, quão estáveis são essas diferenças com o passar do tempo? E, finalmente, essas diferenças podem ser atribuídas à discriminação no mercado de trabalho contra moradores de favelas?

Formalmente, façamos com que a equação a seguir represente as interações entre a renda horária w e um grupo de variáveis relativas ao indivíduo i:

$$Ln\ (w_i) = \alpha + \beta\ X_i + u_i$$

onde β é um vetor de coeficientes e X é o vetor de variáveis independentes. O modelo inclui o seguinte grupo de variáveis *dummy*:[28]

- gênero;
- raça (branco ou não-branco);[29]
- religião (católica ou outras);
- ter ou não deficiência física;
- crianças de quatro anos ou menos na família;
- área geográfica (separadas entre áreas favelizadas e não-favelizadas);
- nível de escolaridade;
- faixa etária;[30]
- tipo de emprego (posição na ocupação).

A tabela 7 apresenta os modelos para os anos de 1991 e 2000. Mostra também as distribuições de freqüência para cada variável no modelo e indica se os coeficientes para 1991 e 2000 têm intervalos de confiança de 95% sobrepostos. De modo geral, pode-se dizer que há

---

[28] Normalmente, a idade e os anos de escolaridade são utilizados em regressões sobre a renda como variáveis contínuas. Aqui, e tendo em vista o fato de que a amostra do censo é grande o suficiente, transformamos esses indicadores em variáveis *dummy*, para analisar com mais eficiência os efeitos não-lineares de ambos sobre a elasticidade da renda.

[29] O grupo de "brancos" é representado por aqueles que responderam que são brancos ou "asiáticos" nos censos de 1991 e 2000. O grupo de "não-brancos" inclui aqueles que declararam ser negros, mulatos ou indígenas. Essa dicotomização é consagrada na literatura sobre o assunto. Ver Silva e Hasenbalg, 1992.

[30] Depois de fazer uma série de testes de especificação, decidimos restringir o modelo a trabalhadores com 70 anos de idade ou menos. Isso representou uma redução de 4,8% na amostra de 2000 e de 3,6% na amostra de 1991.

uma impressionante estabilidade nos processos sociais que sustentam as estatísticas. Virtualmente todos os efeitos das variáveis têm o mesmo sentido, seja positivo ou negativo. E, o que é mais importante, muitos deles têm *a mesma intensidade ou uma intensidade muito próxima* em ambos os anos de referência. Isso ocorre nos casos de raça, religião, deficiência física e existência de crianças de quatro anos ou menos na família. Como a coluna "confiança sobreposta" indica, as mudanças na intensidade do impacto dessas variáveis se incluem dentro dos intervalos de confiança de 95% das estimativas, o que significa que não se pode rejeitar a hipótese nula de que não houve qualquer mudança nesses 10 anos. Então, tanto em 1991 quanto em 2000, mulheres, não-brancos, deficientes físicos e católicos, todos ganharam menos do que homens, brancos, não-deficientes e de outras religiões, e a intensidade do impacto das três últimas variáveis foi estatisticamente a mesma. Também se pode observar a estabilidade das estimativas para a presença de crianças nas famílias. Aqui, o pequeno efeito positivo reflete provavelmente decisões de vida de jovens casais, que tendem a procriar quando a condição econômica da família é considerada suficientemente estável.

Tabela 7

Fatores associados aos ganhos por hora dos trabalhadores no Rio de Janeiro, 1991 e 2000 (regressão linear múltipla de mínimos quadrados; variável dependente: renda horária no emprego principal)

Variáveis	1991		2000		1991	2000	Confiança sobreposta
	B	t	B	t	Proporções		
Gênero							
Homens (referência)							
Mulheres	−0,286	−259,4	−0,240	−77,6	52,9	53,1	
Raça							
Não-branca (referência)							
Branca	0,124	108,4	0,119	36,1	59,3	59,5	*
Religião							
Católica	−0,016	−14,3	−0,024	−7,6	69,8	61,2	*
Outras (referência)							

Continua

Variáveis	1991		2000		1991	2000	Confiança sobreposta
	B	t	B	t	Proporções		
Faixa etária							
10-17 anos	−0,546	−159,3	−0,515	−42,3	17,3	15,7	*
18-24 anos	−0,447	−269,8	−0,375	−77,4	14,9	15,8	
25-29 anos	−0,208	−126,1	−0,159	−32,0	11,2	10,1	
30-39 anos (referência)					20,9	19,4	
40-70 anos	0,184	136,7	0,149	38,9	35,7	39,1	
Nível de escolaridade							
0 ano (referência)					11,6	16,2	
1 ano	0,067	4,4	0,030	1,9	3,8	3,0	*
2 anos	0,099	7,7	0,073	5,2	4,4	3,6	*
3 anos	0,179	16,0	0,129	10,4	5,4	4,9	*
4 anos	0,253	29,0	0,157	15,1	15,4	11,6	
5 anos	0,334	27,8	0,218	18,2	3,8	4,6	
6 anos	0,385	31,0	0,262	20,9	3,3	3,9	
7 anos	0,415	35,2	0,302	25,3	3,4	4,2	
8 anos	0,542	59,9	0,369	35,8	10,4	10,3	
9 anos	0,593	43,2	0,451	34,7	2,0	2,9	
10 anos	0,701	56,9	0,508	42,4	2,5	3,5	
11 anos	0,969	109,9	0,748	75,2	13,8	16,6	
12 anos	1,222	78,1	1,065	76,7	1,0	1,5	
13 anos	1,305	89,3	1,136	83,4	1,2	1,5	
14 anos	1,370	92,6	1,249	92,4	1,1	1,5	
15 anos	1,602	164,2	1,463	136,0	5,5	5,6	
16 anos	1,756	153,3	1,607	135,9	2,4	2,8	
17 anos ou mais	1,939	134,5	1,879	144,1	1,0	1,5	
Nível de escolaridade desconhecido	0,280	3,7	0,338	14,1	8,0	0,4	*
Área geográfica de residência							
Zona Sul (referência)					11,8	11,5	
Zona Norte	−0,299	−154,3	−0,271	−47,4	15,9	13,7	
Subúrbios próximos	−0,378	−164,5	−0,380	−56,2	9,2	8,6	*
Subúrbios distantes	−0,467	−213,4	−0,443	−73,0	12,5	15,3	*

Continua

Variáveis	1991		2000		1991	2000	Confiança sobreposta
	B	t	B	t	Proporções		
Zona Oeste	−0,541	−267,7	−0,522	−88,0	21,6	20,5	*
Favela na Zona Sul	−0,494	−113,0	−0,449	−41,2	1,7	2,2	*
Favela na Zona Norte	−0,526	−130,4	−0,581	−48,5	2,2	2,0	
Favela nos subúrbios próximos	−0,594	−211,5	−0,595	−71,9	5,5	5,4	*
Favela nos subúrbios distantes	−0,559	−155,7	−0,620	−62,6	2,9	3,7	
Favela em Madureira-Jacarepaguá	−0,626	−150,3	−0,537	−50,3	1,9	2,7	
Favela na Zona Oeste	−0,616	−163,3	−0,621	−55,6	2,7	2,7	*
Deficiência física	*−0,167*	*−21,1*	*−0,169*	*−6,7*	*1,2*	*0,8*	*
Crianças com quatro anos ou menos na família	0,038	28,6	0,032	8,2	24,4	23,5	*
Tipo de emprego							
Trabalhadores formais (referência)					64,4	56,2	
Trabalhadores informais	−0,202	−124,0	−0,148	−35,4	14,7	18,5	
Autônomos	0,089	60,9	0,022	5,5	16,8	21,5	
Empregadores	0,466	171,7	0,537	65,5	4,2	3,8	
(Constante)	0,612	179,0	1,177	103,1			
R2	0,50		0,50				
N	2.174.417		2.329.329		2.174.417	2.329.329	

Fonte: Dados dos censos de 1991 e 2000, do IBGE.

A estabilidade também está presente nos impactos da região geográfica sobre a renda em pelo menos um aspecto importante: as estimativas para habitantes de áreas mais pobres da cidade também têm intervalos de confiança de 95% sobrepostos, o que significa que não são estatisticamente distintas. Em outras palavras, morar nos subúrbios próximos e nos distantes, e também na Zona Oeste, tem o mesmo efeito negativo sobre a renda se comparado a morar na Zona Sul, tanto em 1991 quanto em 2000. Em três das seis áreas faveliza-das as estimativas também foram estatisticamente iguais. Da mesma maneira, as estimativas são estáveis para os três primeiros anos de escolaridade e para as pessoas de 10 a 17 anos de idade. Em outras palavras: apesar das significativas mudanças verificadas no mercado de trabalho da cidade em 10 anos, que resultaram, entre outras coisas, na deterioração geral da qualidade da maior parte dos empregos,[31] a elasticidade da distribuição de renda ainda é basicamente determinada pelas mesmas características individuais e geográficas. Onde ocorreram mudanças, elas não foram intensas o bastante para cancelar essa afirmação geral.

Nesse amplo contexto de estabilidade, algumas importantes mudanças podem ser destacadas com o passar do tempo. Os retornos dos investimentos em capital humano caíram um pouco a cada ano de escolaridade, mas as distâncias entre os anos completos aumentaram. Por exemplo, o efeito de haver alcançado o nível superior foi cinco vezes mais alto do que o de haver terminado os oito anos de educação fundamental em 2000.[32] Para 1991 essa taxa foi de 3,6 vezes. Em comparação com o colegial, ter nível universitário resultava em renda 2,5 vezes mais alta em 2000 e 2 vezes em 1991. Ou seja, as pessoas recebiam, em 2000, um pouco menos por seu investimento em capital humano.

Por outro lado, o mercado de trabalho valorizou a idade menos intensamente em 2000. O efeito negativo de se ter entre 18 e 24 anos foi 16% menor em 2000 do que em 1991 e 24% menor para a faixa etária dos 25-29 anos. É importante lembrar que a categoria de referência para essas estimativas é ter entre 30 e 39 anos, o ápice da distribuição de renda tanto para homens quanto para mulheres, como vimos no gráfico 1. Os trabalhadores mais velhos ainda ganham mais, mas as diferenças diminuíram um pouco em 10 anos.

Importantes mudanças também ocorreram no efeito do local onde se vive, principal questão discutida aqui. Antes de a analisarmos melhor, vale acentuar algumas tendências gerais. A categoria de referência da variável *dummy* "área geográfica" é a Zona Sul, que mostrou ser a área mais rica da cidade. Quando controlamos pelas outras dimensões individuais, fica claro que a cidade do Rio de Janeiro é um conglomerado

---

[31] Sabóia, 2004.
[32] Chega-se a esse número dividindo-se a estimativa para 17 anos ou mais de escolaridade (1,88) por oito anos (0,37).

urbano heterogêneo em termos de oportunidades de renda para pessoas que vivem em áreas geográficas diferentes. Parece haver uma divisão profunda entre áreas favelizadas e não-favelizadas. Não há dúvida de que viver numa favela indica que um indivíduo terá menor renda, em comparação a não viver nesse espaço geográfico. E mesmo que morar na Zona Oeste seja pior, em termos de renda, do que morar numa favela da Zona Sul, ainda é melhor do que viver em qualquer outra favela. Para colocar de maneira mais descritiva: uma mulher branca e católica, sem deficiências e filhos, que tenha entre 18 e 24 anos de idade, um emprego formal e oito anos de escolaridade, ganhará menos se viver numa favela do que em qualquer outra região da cidade, exceto, talvez, a Zona Oeste. Quando se analisam todas essas características individuais, fica claro que realmente existe um custo em se viver nas favelas que reduz as probabilidades de renda de seus moradores, se comparados a não-moradores. Ou seja, o modelo linear multivariado de mínimos quadrados isolou claramente o efeito negativo sobre a renda decorrente de se viver em favelas no Rio de Janeiro.

Além dessa grande divisão entre áreas favelizadas e não-favelizadas, pode-se identificar algumas importantes diferenças entre as favelas nas diferentes áreas geográficas. Os moradores de favelas da Zona Sul estão em situação claramente melhor que os das outras favelas, especialmente em 2000. Aqui, as favelas dos subúrbios distantes e da Zona Oeste são as que apresentam as piores estimativas. No entanto, as favelas se tornaram mais homogêneas com o passar do tempo em termos de seu impacto negativo sobre a renda, exceto no caso das localizadas na Zona Sul. O gráfico 3 representa os intervalos de confiança de 95% das estimativas para áreas favelizadas em 1991 e 2000. Pode-se observar que, em 2000, exceto em Madureira-Jacarepaguá e na Zona Sul, as outras quatro áreas em que há favelas têm estimativas bastante sobrepostas. A sobreposição também ocorreu em 1991, mas não com a mesma intensidade. Em resumo: o custo de se viver numa favela diminuiu um pouco na área de Madureira-Jacarepaguá e na Zona Sul, e aumentou ou permaneceu igual nas outras quatro áreas geográficas, o que ajudou a aproximar seu efeito negativo sobre a renda com o passar do tempo.

Gráfico 3

Intervalos de confiança (95%) das estimativas de regressão para as diferenças de renda em áreas favelizadas, 1991 e 2000

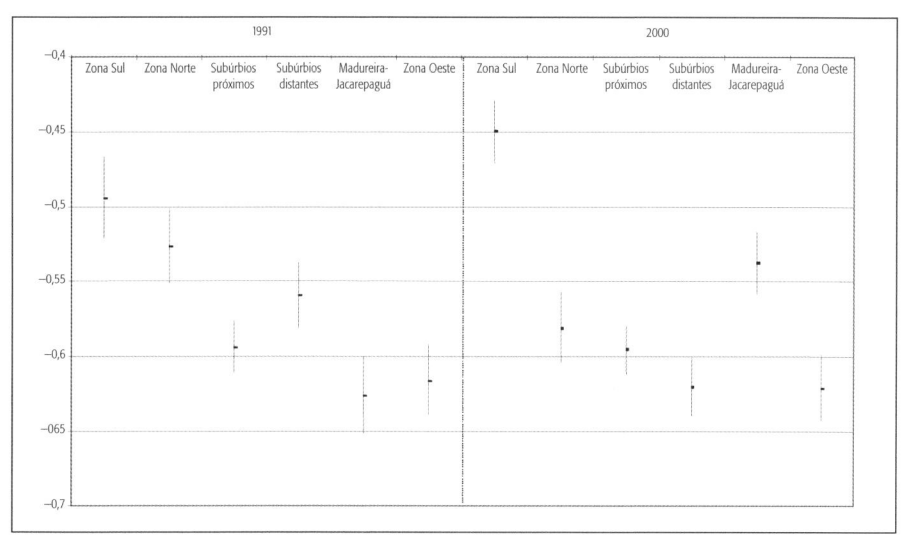

Fonte: Dados dos censos de 1991 e 2000, do IBGE.
Obs.: A categoria de referência é a Zona Sul, não-favelizada.

É sempre possível que a especificação de uma função linear de renda esteja sujeita a uma variedade de vieses de seleção, que mascaram a interpretação dos coeficientes mostrados na tabela 7. Em especial, pode ser que certos fatores que têm forte impacto sobre a renda sejam diretamente associados com a decisão de viver ou não em favelas. Os "efeitos favela" mostrados no gráfico 3 poderiam, portanto, indicar o impacto de uma decisão de localização residencial. Entre esses fatores, os principais talvez sejam a decisão de migrar para a Região Metropolitana do Rio de Janeiro e o tempo vivido na cidade. Pode ser que as favelas absorvam migrantes chegados ao Rio recentemente e que, com o tempo, esses migrantes se mudem das favelas para as áreas metropolitanas ao redor ou mesmo para regiões não-favelizadas, "selecionando" com isso em negativo os que permanecem nas favelas. Para testar se esse processo está influenciando os resultados, usamos um procedimento de estimação em duas etapas. A primeira etapa foi modelar o status residencial, usando como variável dependente o fato de a pessoa morar ou não em favela.

As variáveis usadas nessa etapa foram: raça, religião, gênero, situação empregatícia, situação de migração (isto é, se a pessoa nasceu ou não na cidade do Rio de Janeiro) e o número de anos vividos no Rio. Isso gerou uma probabilidade estimada de se morar numa favela, que foi utilizada como variável independente numa reestimação das funções de renda mostradas na tabela. Esse procedimento produziu resultados esperados na primeira etapa (isto é, indicadores robustos de probabilidade de se viver em favela), mas nenhum impacto significativo foi observado em nenhum dos fatores mostrados na tabela 7, com a exceção do efeito da raça na renda, que foi ligeiramente reduzido.[33]

Conclusões

Neste capítulo partimos da idéia de que as favelas são regiões espacial-mente segregadas da cidade do Rio de Janeiro. Nosso objetivo foi in-vestigar se esse fenômeno duradouro está produzindo discriminação no mercado de trabalho contra moradores de favelas. Mostramos evidên-cias de que os favelados são social e economicamente distinguíveis dos não-favelados. Eles são mais jovens, não-brancos em maior proporção, têm menor escolaridade, estão concentrados nas camadas socioeconô-micas mais baixas, trabalham mais horas por semana e ganham bem menos. A questão complicada, é claro, tem a ver com a direção do pro-cesso causal: os trabalhadores vivem nas favelas porque ganham menos ou ganham menos porque vivem nas favelas?

Essa questão não pode ser respondida com base nos dados disponí-veis. Além de características individuais, muitas outras dimensões não avaliadas podem estar afetando as diferenças de renda entre moradores e não-moradores de favelas. Os modelos para 1991 e 2000 explicaram 50% da variação na renda. Esses são números impressionantes, é claro, mas também significam que os dados do censo não são suficientes para descrever por completo o processo que tentamos medir. Pode ser que,

---

[33] Detalhes desse procedimento de correção de possível viés de seleção estão disponíveis com os autores, a pedido.

por exemplo, os habitantes das favelas, especialmente em áreas mais distantes, sejam forçados a trabalhar em mercados de trabalho locais (embora não necessariamente dentro das favelas) e mais pobres. Os custos de transporte são altos no Rio em relação à renda e isso pode ser um problema para trabalhadores informais e autônomos. Em vez de um "custo favela", pode-se descrever este como um "custo distância", que impediria os trabalhadores de chegar a mercados de trabalho mais ricos. Existe alguma evidência de que pode haver um efeito interativo operando nesse caso, pois quanto mais distante é uma área favelizada (subúrbios distantes e Zona Oeste), mais alto é o chamado "custo favela" em termos de renda.

Em segundo lugar, o impacto da qualidade da educação na renda aumenta juntamente com o nível de escolaridade. Isso é particularmente importante quando consideramos o acesso à universidade. Se, por razões econômicas ou sociais, os moradores das favelas podem ter mais dificuldade de acesso a escolas e universidades de alto nível, isso certamente terá efeitos negativos sobre sua renda, já que a tendência é que eles tenham empregos de baixa qualidade, independentemente do nível de escolaridade. Um tópico relacionado, já mencionado, é que as barreiras ao ingresso em universidades melhores são maiores quanto maior o prestígio da carreira. Os moradores de favelas podem ser forçados a escolher carreiras de nível mais baixo, perpetuando assim um processo de segregação baseado em barreiras socioeconômicas que afetam negativamente a renda.

Em terceiro lugar, é importante levar em consideração a possibilidade de que uma síndrome de vieses de seleção esteja contribuindo para compor o "custo favela" que identificamos aqui. Por exemplo, pode ser que uma pessoa que alcança um nível de escolaridade mais alto simplesmente deixe as favelas. Também pode ser que, ao chegar num certo nível de renda, a pessoa também deixe a favela. Em qualquer caso, os moradores de favelas seriam um grupo "selecionado" que ganha menos porque os moradores mais bem-sucedidos vão viver em outro lugar quando se tornam instruídos o bastante ou quando têm dinheiro suficiente.

Se isso for verdade, a hipótese do viés de seleção baseia-se em pelo menos uma suposição central: a idéia de que, se pudessem escolher, as pessoas deixariam as favelas. Então, se estão lá, é porque não podem escolher sair. Portanto, argumentar que pode haver um viés de seleção pressupõe a segregação espacial como resultado de injunções econômicas. O que queremos sugerir aqui é que esse duradouro processo de segregação espacial de pessoas que não podem deixar as favelas (por qualquer motivo) pode ser parte, e talvez uma parte muito importante, da explicação das diferenças de renda entre moradores e não-moradores de favelas. Vimos que, quando analisamos o tipo de emprego, os moradores de favelas sempre ganham menos do que os não-moradores. Isso também ocorre em todos os grupos socioeconômicos, independentemente da área geográfica. Por outro lado, se parece ser plausível falar de um "custo distância" enfrentado por aqueles que vivem longe de mercados mais ricos, também é verdade que, em áreas distantes, aqueles que vivem em favelas estão em situação muito pior do que aqueles que não vivem. Aparentemente, estamos diante de um ciclo vicioso no qual a segregação espacial força as pessoas mais pobres a viver em favelas, e viver em favelas reduz as oportunidades em termos de realização social e econômica. Essa hipótese não pode ser inteiramente provada pelos dados discutidos aqui, mas tampouco pode ser rejeitada. Ela requer maior atenção, tanto pública quanto acadêmica.

Bibliografia

ABREU, M. Reconstruindo uma história esquecida: origem e expansão inicial das favelas do Rio. *Espaço e Debates*, v. 14, n. 37, p. 34-46, 1994.

ACIOLY JR., C. Reviewing urban revitalisation strategies in Rio de Janeiro: from urban project to urban management approaches. *Geoforum*, v. 32, n. 4, p. 509-520, Nov. 2001.

ALVITO, M. Um bicho-de-sete-cabeças. In: ZALUAR, A.; ALVITO, M. (Orgs.). *Um século de favela*. Rio de Janeiro: FGV, 1998. p. 181-208.

BARROS, R. P. *Human development report of the city of Rio de Janeiro*. Rio de Janeiro: Pnud, Ipea, Prefeitura do Rio de Janeiro, 2000. ms.

————; MENDONÇA, R. *Os determinantes da desigualdade no Brasil.* Rio de Janeiro: Ipea, 1995. (Texto para Discussão, 377).

————; HENRIQUES, R.; MENDONÇA, R. Education and equitable economic development. *Economia*, v. 1, p. 111-144, 2000.

————; MENDONÇA, R.; SANTOS, D.; QUINTAES, G. *Determinantes do desempenho educacional no Brasil.* Rio de Janeiro: Ipea, 2001. (Texto para Discussão, 834).

BEHRMAN, J.; BIRDSALL, N.; SZÉKELY, M. Intergenerational mobility in Latin America: deeper markets and better schools make a difference. In: BIRD-SALL, N.; GRAHAM, C. (Eds.). *New markets, new opportunities?* Economic and social mobility in a changing world. New York: Brooking Institution Press, 2000.

————; GAVIRIA, A.; SZÉKELY, M. Intergenerational mobility in Latin America. *Economia*, v. 2, n. 1, 2001.

BESSERMAN, Sergio; CAVALLIERI, Fernando. NOTA TÉCNICA SOBRE O CRESCIMENTO DA POPULAÇÃO FAVELADA ENTRE 1991 E 2000 NA CIDADE DO RIO DE JANEIRO. Disponível em: <www.armazemdedados.rio.rj.gov.br/arquivos/51_crescimento%20da%20populaçã o%20e%20favelas.PDF>. Acesso em: abr. 2006.

BURGOS, M. B. Dos parques proletários ao Favela-Bairro — as políticas públicas nas favelas do Rio de Janeiro. In: ZALUAR, A.; ALVITO, M. (Orgs.). *Um século de favela.* Rio de Janeiro: FGV, 1998. p. 25-60.

CAMERON, Stuart; FIELD, Andrew. Community, ethnicity and neighbourhood. *Housing Studies*, v. 15, n. 6, p. 827-843, 2000.

CHRISTOPHER, A. J. Apartheid and urban segregation levels in South Africa. *Urban Studies*, v. 27, n. 3, p. 421-440, June 1990.

CORTEZ, W. W. What is behind increasing wage inequality in Mexico? *World Development*, v. 29, n. 11, p. 1905-1922, Nov. 2001.

DEMISSIE, F. American apartheid: segregation and the making of the underclass. *Urban Studies*, v. 31, n. 7, p. 1232-1234, Aug. 1994.

FERREIRA, F. H. G.; BARROS, R. P. The slippery slope: explaining the increase in extreme poverty in urban Brazil, 1976-96. *Brazilian Review of Econometrics*, v. 19, n. 2, 1999.

FRIEDRICHS, Jürgen. Ethnic segregation in Cologne, Germany, 1984-94. *Urban Studies*, v. 35, n. 10, p. 1745-1763, 1998.

GLYTSOS, Nicholas P. Great Immigrants in Australia: demographic developments and economic integration. *International Migration*, v. 35, n. 3, p. 421-448, 1997.

GRANOVETTER, M. *Getting a job*. Harvard: Harvard University Press, 1974.

HASENBALG, C. A distribuição dos recursos familiares. In: HASENBALG, C.; SILVA, N. V. *Origens e destinos:* desigualdades sociais ao longo da vida. Rio de Janeiro: Top Books, 2003. p. 55-83.

————; SILVA, N. V. *Origens e destinos:* desigualdades sociais ao longo da vida. Rio de Janeiro: Top Books, 2003.

KRAAK, A. South Africa's segmented labour markets: skill formation and occupational mobility under apartheid, 1979-1993. *Work, Employment & Society*, v. 9, n. 4, p. 657-687, Dec. 1995.

LAGO, L. C. *Desigualdade e segregação na metrópole:* o Rio de Janeiro em tempo de crise. Rio de Janeiro: Revan, Fase, 2000.

MEERMAN, Jacob. Poverty and mobility in low-status minorities: the Cuban case in international perspective. *World Development*, v. 29, n. 9, p. 1457-1482, 2001.

MENEZES FILHO, N. A. Educação e desigualdade. In: *Microeconomia e sociedade no Brasil*. Rio de Janeiro: FGV, 2001.

MORALES GÓMEZ, D. A.; TORRES, A. (Eds.). *Education, policy and social change:* experiences from Latin America. Westport, London: Praeger, 1992.

O'DALEY, Patricia. Black africans in Great Britain: spatial concentration and segregation. *Urban Studies*, v. 35, n. 10, p. 1703-1724, 1999.

PAMUK, A.; CAVALLIERI, P. F. A. Alleviating urban poverty in a global city — a case study from suburban Rio de Janeiro. *Habitat International*, v. 22, n. 4, p. 449-462, Dec. 1998.

PINO, J. C. *Family and favela; the reproduction of poverty in Rio de Janeiro*. Westport, London: Greenwood Press, 1997.

PRESTON, Valerie; McLAFFERTY, S.; LIU, X. F. Geographical barriers to employment for American-born and immigrant workers. *Urban Studies*, v. 35, n. 3, p. 529-545, 1998.

REZENDE, M. A.; BURGOS, M. B. Notas sobre o trabalho em favelas do Rio de Janeiro. In: *Rio 97:* o mercado de trabalho no Rio de Janeiro. Rio de Janeiro: Prefeitura da Cidade do Rio de Janeiro, Secretaria Municipal do Trabalho, 1997.

RIBEIRO, C. A. C. *The Brazilian social structure.* 2002. Thesis (PhD in Sociology) — Columbia University, New York, 2002. (Supervised by Charles Tilly).

RIBEIRO, Luiz C. Q. Segregação, acumulação urbana e poder: classes e desigualdades na metrópole do Rio de Janeiro. *Cadernos IPPUR/ UFRJ*, Lapa/ Rio de Janeiro, p. 79-103, 2004.

RILEY, E.; FIORI, J.; RAMIREZ, R. Favela-Bairro and a new generation of housing programmes for the urban poor. *Geoforum*, v. 32, n. 4, p. 521-531, Nov. 2001.

SABÓIA, J. Mercado de trabalho no Rio de Janeiro. In: CARDOSO, A. M. (Coord.). *Desenvolvimento humano no Rio de Janeiro.* Rio de Janeiro: IPP/ Iuperj, 2004. ms.

SCHWARTZMAN, S. *Acceso y retrasos en la educación en América Latina:* sistemas de informaciones de tendencias educativas en América Latina. Buenos Aires: Unesco-IIPE-CEI, 2004.

SILVA, J. S. *Por que uns e não outros?* A caminhada de estudantes da Maré para a universidade. 1999. Tese (Doutorado em Educação) — PUC-Rio, Rio de Janeiro, 2000.

SILVA, L. A. Machado da. A política na favela. *Cadernos Brasileiros*, v. 9, n. 3, p. 35-47, 1967.

SILVA, N. V. Expansão escolar e estratificação educacional no Brasil. In: HASENBALG, C.; SILVA, N. V. *Origens e destinos:* desigualdades sociais ao longo da vida. Rio de Janeiro: Top Books, 2003.p. 105-146.

————; HASENBALG, C. *Relações raciais no Brasil contemporâneo.* Rio de Janeiro: Rio Fundo, 1992.

————; ————. Tendências da desigualdade educacional no Brasil. *Dados*, n. 43, p. 423-445, 2000.

SZWARCWALD et al. Health conditions and residential concentration of poverty: a study in Rio de Janeiro, Brazil. *Epidemiol Community Health*, n. 54, p. 530-536, 2000.

SOUTO, J. *Barreiras, transgressões e invenções de mercado:* a inserção econômica dos jovens pobres. 2000. Tese (Doutorado) — Universidade Estadual do Rio de Janeiro (Uerj), Rio de Janeiro, 2000.

UNESCO/OREALC. *Balance de los 20 años del proyecto principal de educación en América Latina y el Caribe.* Santiago: Oficina Regional de Educación de la Unesco para América Latina y el Caribe, 2001.

VALLADARES, L. Family and child work in the favela. In: DATTA, S. (Ed.). *Third World urbanization:* reappraisals and new perspectives. Stockholm: HSFR, 1991.

————. Revisitando a favela carioca: a produção anterior às ciências sociais. In: ENCONTRO ANUAL DA ANPOCS, 21., 1998. *Anais...* Caxambu, out. 1998. 35p.

————. A invenção da favela: do mito de origem a Favela.com. Rio de Janeiro: FGV, 2005.

————; PRETECEILLE, E. Favela, favelas: unidade ou diversidade da favela carioca. In: RIBEIRO, L. C. (Org.). *O futuro das metrópoles:* desigualdades e governabilidade. Rio de Janeiro: Revan, 2000.

WACQUANT, L. A black city within the white: revisiting America's dark ghetto. *Black Renaissance — Renaissance Noire*, v. 2, n. 1, p. 141-151, 1998.

————. Deadly symbiosis: when ghetto and prison meet and mesh. *Punishment and Society*, v. 3, n. 1, p. 95-134, 2001.

WALKLATE, Sandra L. Fearful Communities? *Urban Studies*, v. 38, n. 5-6, p. 929-939, 2001.

8 Gênero e insegurança no trabalho no Reino Unido*

Kate Purcell

No Reino Unido, a progressiva desregulamentação do emprego nos anos 1980 criou uma situação na qual trabalhadores com menos de dois anos contínuos de trabalho com o mesmo empregador não têm direitos legais de segurança no emprego, não importando o tipo de contrato. Como na maioria dos países desenvolvidos, tendências à participação das mulheres no mercado de trabalho formal têm refletido (e, até certo ponto, continuam a refletir) seus diferentes papéis reprodutivos e as normas e valores sociais que surgiram ou evoluíram como resultado dessas diferenças. A segregação de gênero, tanto horizontal quanto vertical, diminuiu levemente na segunda metade do século XX, quando as mulheres ingressaram em ocupações antes de domínio masculino e, em menor grau, galgaram postos mais elevados nas hierarquias organizacional e ocupacional. Contudo, o emprego das mulheres permanece mais concentrado do que o dos homens em termos de sua distribuição entre setores e ocupações, e a diferença entre os salários de homens e mulheres, após um estreitamento inicial, depois da introdução da Lei

* Tradução de Beatriz Weidenveiden Back e revisão técnica de Susana Bornéo Funck e Nadya Guimarães. Uma versão anterior deste texto foi publicada como: Gender insecurity? In: Heery, Edmund; Salmon, John (Eds.). *The insecure workforce*. London: Routledge, 2000. p. 112-139.

de Igualdade de Remuneração e Igualdade de Oportunidades, na década de 1970, permanece por volta de 18% para trabalhadores de período integral.

Mas o retorno financeiro não é o único indicador de qualidade de trabalho, muito embora aspectos intrínsecos do emprego estejam geralmente correlacionados com vantagens extrínsecas: um trabalho seguro e gratificante, com perspectivas de crescimento na carreira, tende a apresentar melhores termos e condições de emprego do que um trabalho rotineiro e inseguro. Tem-se argumentado que a progressiva desigualdade de salário e a mudança das relações contratuais entre empregadores e empregados — principalmente a ampliação da terceirização e o uso crescente de intermediadores de emprego — têm, efetivamente, desacelerado o progresso em direção a uma maior igualdade de oportunidades de emprego.[1] O objetivo deste capítulo é explorar a dimensão de gênero na *insegurança* do emprego no Reino Unido, focalizando, para tanto, as recentes tendências do trabalho temporário, que incluem o de prazo fixo, o sazonal, o sem vínculo empregatício, o contratado através de agência, o ocasional e outros tipos de trabalho temporário. Essas formas de trabalho são, inequivocamente, inseguras, sejam elas livremente escolhidas ou não.

A primeira seção deste capítulo trata das pressões e resistências que têm, cumulativamente, levado à atual participação das mulheres no trabalho remunerado. Examinam-se, em seguida, as recentes tendências nos padrões de emprego no Reino Unido, com especial referência às diferenças entre mulheres em idade de trabalho, bem como à incidência e à distribuição do trabalho de meio período. As tendências recentes e as diferenças de gênero no trabalho temporário são, assim, consideradas à luz desse contexto mais amplo. Finalmente, esses achados são confrontados com os argumentos de que o emprego atípico cria oportunidades para um aumento da participação da mulher na força de trabalho e para uma conciliação prática entre o emprego e os papéis de relacionamentos familiares.

---

[1] Grimshaw e Rubery, 2001.

Mulheres e emprego

Para entender as recentes tendências de feminização do emprego temporário, é preciso considerar a evolução da participação da mulher na força de trabalho, principalmente no contexto da reestruturação da indústria e da força de trabalho. Um dos principais temas na literatura sobre emprego feminino tem sido o impacto da distinção histórica e simbólica entre o público e o privado: a família e as instituições do espaço público. As enquetes e pesquisas de opinião continuam a usar afirmações como "lugar de mulher é em casa" como um indicador social de atitudes de gênero, e minorias não desprezíveis de respondentes (embora mais homens do que mulheres) continuam a concordar com elas.[2] Na maioria dos países — e, certamente, em todos os países desenvolvidos na maior parte do século XX —, os papéis de gênero têm enfatizado a preeminência de mulheres na esfera privada e de homens na esfera pública. O corolário disso é que as mulheres têm freqüentemente sido vistas, e visto a si mesmas, como membros tangenciais da força de trabalho. Esse tem sido, particularmente, o caso nas indústrias e em ocupações onde há muito mais homens do que mulheres. A resistência masculina e seu ressentimento quanto a colegas mulheres, e a insegurança psicológica e o assédio sofridos por mulheres em trabalhos atípicos quanto ao gênero, têm sido bem documentados.[3] De maneira mais geral, há ampla evidência quanto à percepção gerencial[4] e sindical[5] sobre um comprometimento supostamente menor (e, implicitamente, do direito) das mulheres com o trabalho remunerado. O "salário-família" baseava-se na percepção de que os homens eram os provedores primários, e muitas provisões da seguridade social continuam assumindo as "tradicionais" divisões de trabalho por gênero nas famílias "tradicionais" de pai e mãe.

---

[2] Scott, Alwin e Braun, 1996:486.
[3] Collinson e Collinson, 1996; Cockburn, 1991; Hearn, Shepherd, Tancred-Sheriff e Burrell, 1989.
[4] Collinson, Knights e Collinson, 1990.
[5] Cunnison e Stageman, 1993.

A concepção marxista de que as mulheres com trabalhos remunerados constituíam um amplo exército de reserva, para ser requisitado
em tempos de mão-de-obra escassa e desestimulado de participar da
força de trabalho em períodos de superabundância — portanto, geralmente sujeitas, por definição, a uma maior insegurança no emprego do que os homens —,[6] proporcionou uma boa abordagem sobre
as tendências das atividades econômicas das mulheres em relação aos
grandes desafios à oferta de trabalho, tais como a guerra.[7] Contudo, a
transformação tecnológica e a reestruturação industrial, bem como as
pressões demográficas, causaram um aumento na demanda do trabalho
feminino e, em alguns casos, a preferência dos empregadores por mulheres.[8] A retração do emprego industrial, acompanhada pela expansão
do setor de serviços, foi caracterizada pelo declínio progressivo do trabalho em período integral, tradicionalmente exercido por homens, e
pelo aumento do trabalho de meio período, preenchido principalmente
por mulheres. A mão-de-obra feminina tem sido, historicamente, mais
barata do que a masculina, graças ao modelo de provedor masculino da
casa: apesar da lei de igualdade de oportunidades e de remuneração, os
ganhos médios femininos e a hora de trabalho paga à mulher permanecem substancialmente abaixo da média dos homens,[9] e poucos empregadores têm feito algum progresso para fazer valer o espírito das leis.[10] A
probabilidade de encontrar mulheres em empregos de salários baixos é
duas vezes maior do que a de encontrar homens, e os baixos salários estão concentrados em setores numericamente dominados por mulheres,
como o varejo e a hotelaria.[11] Não há dúvida de que tem havido uma
substituição do trabalho masculino pelo feminino, com base nos custos
e na representação de novos empregos como "empregos de mulheres",
de modo a minimizar o custo do trabalho. A feminização de ocupações

---

[6] Beechey, 1987; Bruegel, 1979.
[7] Riley, 1984; Summerfield, 1984.
[8] Humphries e Rubery, 1992; Glucksman, 1990.
[9] Grimshaw e Rubery, 2001.
[10] Morrell, Boyland, Munns e Astbury, 2001.
[11] Metcalf, 1998:7.

tem sido acompanhada pela perda de status e de salário relativo — do que é um exemplo-chave o movimento de transformação do emprego de "colarinho branco" em "rosa", no trabalho de escritório e de secretaria, desde o início do século.[12] O impacto polarizante da tecnologia e da reestruturação do emprego tem tido o efeito de qualificar alguns trabalhos administrativos e de secretaria, enquanto elimina, intensifica ou desqualifica muitos outros.[13]

Humphries e Rubery (1992) argumentam que o efeito final da reestruturação industrial e da desregulamentação do mercado de trabalho do Reino Unido foi uma maior integração, diferenciação e polarização da posição da mulher no mercado de trabalho. Por um lado, embora as taxas de atividade da mulher tenham aumentado, a mão-de-obra feminina permanece consideravelmente mais concentrada do que a masculina, tanto em empregos pouco remunerados como de "salário complementar",[14] quanto em empregos considerados femininos, que explicitamente requerem atributos tidos como mais típicos de mulheres, por derivarem de aptidões "naturais" ou adquiridas através da socialização de gênero.[15] Por exemplo, no setor de serviços, em expansão, tem-se argumentado que a sexualidade[16] e a capacidade e vontade de engajar-se no trabalho emocional[17] são pré-requisitos implícitos em um grande número de empregos considerados femininos,[18] uma grande proporção dos quais são também empregos de baixa remuneração e predominantemente de meio turno. Por outro lado, um número substancial de mulheres ingressou no emprego gerencial e profissional na década de 1980, e mais da metade do aumento no número de empregos de mulheres entre 1983 e 1990 enquadrava-se nessas categorias.[19] Em um contexto ocupacional mais amplo, há evidências de que a segmentação

---

[12] Crompton, 1988.
[13] Greenbaum, 1998; Warhurst e Thompson, 1998.
[14] Siltanen, 1994.
[15] Crompton e Sanderson, 1992.
[16] Adkins, 1996.
[17] Hochschild, 1983.
[18] Purcell, 1996.
[19] Humphries e Rubery, 1992:245.

ocupacional por gênero tem-se tornado menos pronunciada[20] conforme as mulheres vão ocupando uma variedade cada vez maior de posições e vão galgando postos mais elevados nas hierarquias ocupacionais em um ritmo sem precedentes, embora ainda de forma modesta. Entretanto, ainda é rara a ultrapassagem, pelas mulheres, do "teto de vidro" que separa as funções de média e alta gerência,[21] observando-se que o ingresso de mulheres em posições profissionais e gerenciais tende a se concentrar em nichos ocupacionais geralmente mais associados ao conhecimento do que ao poder.[22]

Rubery e Fagan (1994:40), após uma análise detalhada da segregação ocupacional em seis áreas — professores, profissionais de computação, bancários, funcionários públicos em funções administrativas e de escritório, trabalhadores de serviços de alimentação e motoristas —, concluíram que a mudança na composição de gênero no nível ocupacional agregado não indica uma redução substancial na segregação de gênero:

> a entrada de mulheres em áreas de trabalho anteriormente dominadas por homens geralmente envolve uma transformação na organização dessa ocupação. A evidência de mudanças na proporção entre os sexos em uma certa ocupação não implica necessariamente um movimento em direção à integração, mas pode anunciar a emergência de uma nova subdivisão ocupacional ou, de fato, uma tendência, no longo prazo, em direção à feminização.

Lindley (1994:116-117) indica que a expansão do emprego feminino tem causado uma reestruturação ocupacional e organizacional, envolvendo a reclassificação dos cargos administrativos em escritórios; o alongamento dos cargos de nível médio, com o que se reduzem as oportunidades de promoção; a feminização seletiva de algumas áreas; e que isso ocorreu de modo desproporcional nos setores onde as remunerações são relativamente pequenas e o status é baixo.

---

[20] Hakim, 1994.
[21] Wajcman, 1996.
[22] Crompton e Le Feuvre, 1996; Savage, 1992.

Os argumentos se deslocaram, então, da justaposição polarizada entre explicações alternativas, fundadas predominantemente na oferta ou na demanda de mão-de-obra, para a segmentação ocupacional de gênero e para a menor atividade econômica das mulheres *vis-à-vis* a dos homens — "os dois papéis das mulheres"[23] *versus* "a construção social de empregos".[24] As taxas de atividade de homens e mulheres têm se mostrado convergentes na maioria dos países desenvolvidos nas quatro últimas décadas. As mulheres, agora, constituem mais de 40% da força de trabalho na maioria dos países desenvolvidos e quase a metade em vários deles, incluindo o Reino Unido. Neste último, as estatísticas do Labour Force Survey (LSF — Levantamento sobre a Força de Trabalho) indicam que mais de 70% das mulheres e 84% dos homens em idade ativa tinham ocupações remuneradas em 1997. As taxas de atividade de homens e mulheres e suas histórias ocupacionais vêm convergindo substancialmente.[25] Mesmo assim, é claro que, embora a norma cultural de que as mulheres devam ter responsabilidade primária pela reprodução social possa ter se tornado consideravelmente mais fraca em comparação com décadas anteriores, e que a participação da mulher na força de trabalho seja vista como normal e não como atividade minoritária, a relação entre emprego e trabalho doméstico não-remunerado permanece muito mais forte no caso da mulher,[26] como revela a análise subseqüente sobre as recentes tendências de emprego no Reino Unido.

O emprego no Reino Unido

John MacInnes (1998:2) definiu o sistema do provedor primário como:

> o processo pelo qual os homens ingressavam no mercado de trabalho
> ao concluir os estudos e nele permaneciam de forma permanente até

---

[23] Myrdal e Klein, 1956.
[24] Beechey e Perkins, 1986.
[25] Bridgewood e Savage, 1993; Thomas, Goddard, Hickman e Hunter, 1994.
[26] Baxter, 1992.

a aposentadoria, buscando geralmente empregos de período integral e por tempo indeterminado; enquanto as mulheres em idade ativa priorizavam ou eram levadas a priorizar seja a reprodução cotidiana de seus companheiros, seja a reprodução geracional da força de trabalho, combinada com a necessidade de cuidar dos outros membros dependentes da família, em detrimento de sua própria carreira no mercado de trabalho.

Essa, afirma MacInnes, era a explicação para a tendência mais acentuada entre as mulheres a, no passado, trabalhar meio período ou a participar intermitentemente do mercado de trabalho. Entretanto, isso já não se aplica aos grupos de mulheres mais jovens. O padrão bimodal de atividade econômica que caracterizou as gerações anteriores de mulheres no Reino Unido desapareceu, refletindo-se no controle cada vez mais efetivo da fecundidade, na igualdade de oportunidades na educação e nas mudanças das normas sociais relativas ao trabalho da mulher — tanto premidas pela oferta quanto pela demanda —, um assunto complexo que será abordado ao longo deste capítulo.

No que diz respeito às bases estruturais das relações de gênero e da divisão do trabalho doméstico, o Reino Unido tem-se caracterizado por seu sistema de "provedor modificado",[27] com pressões contraditórias sobre a propensão das mulheres a serem economicamente ativas após o ciclo de vida familiar. Políticas de igualdade de oportunidades e impostos individuais coexistem com benefícios como o *means-test* [28] e com a provisão de cuidados infantis em horário não-escolar.[29] Até o início da década de 1980, a maioria das mulheres britânicas tendia a ser economicamente ativa até o nascimento do primeiro filho, a

---

[27] Rubery, Smith e Turner, 1996.

[28] N. do T.: *Means-test* é a prova de disponibilidade de recursos financeiros que o desempregado deve fazer quando finda o seu benefício do seguro-desemprego, de modo a se avaliar sua elegibilidade para vir a receber novos pagamentos provenientes de outros fundos.

[29] Perrons e Hurstfield, 1998:125-126.

deixar o trabalho assalariado durante parte substancial do período de construção da sua família e a reingressar no mercado de trabalho ao considerar que o filho mais jovem já estava integrado à escola. Porém, esse padrão "bimodal" vem se tornando progressivamente menos perceptível, a ponto de, em 1988, cerca de dois terços das mães serem economicamente ativas e metade das que haviam tido filhos voltarem ao trabalho em apenas nove meses.[30]

O aumento significativo nas taxas de atividade das mulheres na última década deu-se entre as mães com filhos menores de cinco anos, embora o trabalho contínuo em tempo integral permaneça menos comum entre mulheres com filhos pequenos. A atividade econômica e o fato de a mulher trabalhar em período integral ou meio período estão claramente correlacionados com as qualificações ocupacional e educacional.[31] Em 1997, 86% das mulheres com qualificação de nível igual ou superior a A eram economicamente ativas, contra 52% daquelas sem qualificação formal.[32] Entre as mães cujo filho dependente mais jovem tinha menos de cinco anos, 55% eram economicamente ativas e, destas, menos de um terço estava em um trabalho de período integral e aproximadamente dois terços eram trabalhadoras de meio período. Isso é comparável aos dados relativos ao conjunto das mulheres: 71% eram economicamente ativas, das quais quase 60% trabalhavam em período integral. A tabela 1 mostra como a atividade econômica das mulheres, embora claramente relacionada à responsabilidade pelos filhos dependentes, tem continuamente aumentado nos últimos 10 anos, principalmente entre as mulheres com filhos pequenos e dependentes, enquanto as taxas de atividade dos homens declinaram. Como mostra a tabela, há não só diferenças substanciais entre a propensão de mulheres e homens a serem economicamente ativos e a trabalharem em período integral ou meio período, mas também diferenças sistemáticas no âmbito da população feminina.

---

[30] McRae, 1991.
[31] Corti, Heather e Dex, 1995; Dale e Egerton, 1997.
[32] Sly, Thair e Ridson, 1998:113.

Tabela 1

Status econômico por idade do filho dependente mais jovem:
Reino Unido, primavera de 1987, 1992 e 1997
(não ajustado sazonalmente)

	Todas as mulheres	Filho de 0-4 anos	Filho de 5-10 anos	Nenhum filho dependente	Todos os homens
Primavera de 1987					
Economicamente ativo	*68,9*	*42,4*	*67,2*	*76,1*	*87,6*
Em trabalho	61,7	32,3	59,8	69,3	77,7
Tempo integral	35,4	10,0	16,2	49,1	74,1
Meio período	26,2	22,3	43,5	20,1	3,5
Mesmo emprego	4,2	4,0	5,9	3,5	12,1
Treinamento fornecido pelo governo	1,1	–	–	1,8	1,8
Desempregado	7,2	10,0	7,4	6,8	9,9
Economicamente inativo	*31,1*	*57,6*	*32,8*	*23,9*	*12,4*
Primavera de 1992					
Economicamente ativo	*70,6*	*48,4*	*70,9*	*75,7*	*86,3*
Em trabalho	65,4	42,4	64,7	70,5	76,3
Tempo integral	37,5	13,5	21,4	48,6	71,8
Meio período	27,8	28,9	43,2	21,9	4,4
Mesmo emprego	4,3	3,9	5,8	3,8	12,7
Treinamento fornecido pelo governo	0,8	–	–	1,2	1,4
Família de trabalhador não-remunerado	0,6	0,9	0,7	0,4	0,2
Desempregado	5,3	6,0	6,2	5,2	10,1
Economicamente inativo	*29,4*	*51,6*	*29,1*	*24,3*	*13,7*
Primavera de 1997					
Economicamente ativo	*71,4*	*55,0*	*70,9*	*75,1*	*84,4*
Em trabalho	67,2	51,1	65,9	70,7	77,4
Tempo integral	37,9	17,9	22,8	48,1	71,2
Meio período	29,2	33,2	43,0	22,7	6,2
Mesmo emprego	4,6	4,6	6,1	4,0	12,6
Treinamento fornecido pelo governo	0,5	–	–	0,7	0,7
Família de trabalhador não-remunerado	0,4	0,5	0,5	0,3	0,2
Desempregado	4,2	3,9	5,0	4,3	6,9
Economicamente inativo	*28,6*	*45,0*	*29,1*	*24,9*	*15,6*

A análise em que se sustenta esta tabela também revelou que as co-ortes de mães mais jovens trabalham continuamente durante o período em que constroem suas famílias. Um quinto das mulheres cujos filhos mais jovens estavam abaixo da idade escolar permaneceu no emprego e, provavelmente, usufruiu da licença-maternidade, durante mais ou menos tempo, nos períodos pré e pós, e mais de 40% permaneceram com seus empregadores daquele momento por mais de cinco anos.[33] Isso contrasta com uma incidência muito baixa de empregos de mães com filhos muito pequenos, incidência esta que cresceu muito pouco entre o pós-II Guerra Mundial e o final da década de 1970.[34] Dois pontos se destacam em termos de mudança de padrão nos empregos. O trabalho de meio período cresceu mais entre mães com filhos menores de cinco anos do que o trabalho integral; e o trabalho de meio período masculino quase dobrou, embora a partir de uma base pequena. Os homens são consideravelmente mais propensos a trabalhar meio período se tiverem menos de 24 anos ou, em menor proporção, acima de 50 anos. Mães com filhos menores de 10 anos tendem a trabalhar poucas horas e isso vem acompanhado da tendência de o pai trabalhar muitas horas.[35]

A taxa de atividade das mulheres no Reino Unido, como de maneira geral, está ligada à ampliação do trabalho em tempo parcial.[36] Recentemente, reacendeu-se o debate sobre a menor centralidade do trabalho e do desenvolvimento de uma carreira para mulheres e sobre a possibilidade de que elas escolham entre histórias de trabalho contínuo e de período integral ou um emprego mais flexível, que lhes possibilite priorizar seus papéis familiares[37] ou tender (com ou sem seu consentimento) para trajetórias profissionais particulares como resultado de suas escolhas ocupacionais e de suas restrições domésticas.[38] Mulheres altamente qualificadas (que têm maior propensão ao trabalho contínuo e em período integral ao longo de toda a vida profissional) tendem a ter acesso a uma carreira, em vez de apenas oportunidades de emprego, e tendem também a ter acesso a ganhos na qualidade de provedoras. Elas

---

[33] Sly, Thair e Ridson, 1998:102.
[34] Brannen, 1998:77.
[35] Ibid., p. 78-79.
[36] Fagan e O'Reilly, 1998.
[37] Hakim, 1996; Hakim e Jacobs, 1997.
[38] Crompton e Le Feuvre, 1996.

têm mais chance de ter companheiros igualmente bem qualificados (e com salários mais altos),[39] o que lhes possibilita contratar trabalho doméstico e serviços de alta qualidade relativos a cuidado de crianças.[40]

Entre os trabalhadores de tempo parcial na primavera de 1997, 10% das mulheres com 16-59 anos de idade e 28% dos homens com 16-64 anos só estavam nesse tipo de emprego porque não haviam encontrado um trabalho de período integral. No que concerne às mulheres, a proporção era mais alta entre aquelas que não tinham filhos dependentes, mas não se pode supor que as mulheres que não procuravam emprego em tempo integral por causa das obrigações impostas pelos dependentes não preferissem trabalhar em período integral ou optar pela inatividade econômica. Pesquisas anteriores sugerem que proporções significativas de mulheres em empregos de meio período prefeririam empregos de período integral[41] e que muitas são impedidas pelas responsabilidades domésticas[42] e não por uma preferência pelo trabalho em tempo parcial.

O fato de ter havido crescimento do emprego em tempo parcial masculino no mesmo período é indicativo de uma reestruturação da força de trabalho nos dois extremos da pirâmide etária. Mudanças tanto na escala quanto nos financiamentos dos estudos universitários têm gerado um aumento na proporção de alunos que ingressam no ensino superior em vez de ingressarem diretamente no mercado de trabalho, e estes passam a buscar empregos de jornada compatível com seus estudos. A combinação de dificuldade financeira[43] e crescente preferência dos empregadores pelo recrutamento de graduados com experiência de trabalho[44] ampliou essa oferta de trabalhadores em tempo parcial e de alta qualidade, e os empregadores de alguns setores, principalmente hotela-

---

[39] Paci e Joshi, 1996.
[40] Gregson e Lowe, 1994.
[41] Rubery e Fagan, 1994.
[42] McRae, 1991.
[43] Lucas, 1997.
[44] Harvey, Geall e Moon, 1998.

ria e alimentação, têm se aproveitado disso com entusiasmo.[45] A maioria dos homens em empregos de meio período que não são estudantes são trabalhadores mais velhos que se aposentaram cedo ou que negociaram trabalhar em tempo parcial até a aposentadoria. A participação desses membros periféricos da força de trabalho tem vantagens tanto para o empregador quanto para os trabalhadores envolvidos, mas pode reduzir a disponibilidade de trabalho para candidatos tradicionais com baixa qualificação e ameaçar a qualidade geral dos empregos.[46]

A definição de emprego em tempo parcial varia[47] e, no caso dos dados do LFS, deriva da autoclassificação dos respondentes, refletindo as horas semanais variáveis e fixas, que vão de menos de cinco até mais de 32 horas. O trabalho em tempo parcial não é, por definição, um emprego inseguro; mas um emprego em que o bem-estar do trabalhador, nos longo e curto prazos, é, ao fim e ao cabo, dependente de sua contínua disponibilidade para o trabalho, não deixa de ser inerentemente inseguro. Aqueles que trabalham relativamente poucas horas semanais ou cujos ganhos estão abaixo de um nível específico (64 libras esterlinas por semana em 1998) estão sujeitos a serem excluídos do Sistema Nacional de Seguridade. Há evidências de que empregadores e empregados são coniventes na negociação das horas de trabalho que ficam abaixo dos limites do Sistema Nacional de Seguridade e dos impostos, e de que a maioria dos empregados envolvidos são mulheres.[48] Há, certamente, benefícios financeiros para os empregadores e, no curto prazo, para os trabalhadores. Para alguns empregados, cujo trabalho remunerado é claramente contingente a outros aspectos de suas vidas (como estudantes ou trabalhadores com salário secundário), a inelegibilidade para os benefícios pode não apresentar problemas imediatos. Contudo, ao reforçar a dependência das mulheres, tais arranjos têm custos potenciais a médio e longo prazos que podem ser catastróficos quando a separação marital ocorre ou quando aqueles em empregos "flexíveis"

---

[45] Purcell, Hogarth e Simm, 1999.
[46] Rubery, 1998.
[47] Blossfield e Hakim, 1997; Fagan e O'Reilly, 1998.
[48] McKnight, Elias e Wilson, 1998; Ginn e Arber, 1998.

e vulneráveis são dispensados no momento em que as organizações reduzem gastos ou perdem contratos para competidores. Entre os grupos de empregados com menor vantagem e os desempregados, a Lei de Seguridade Social reforça a dependência das mulheres[49] e o resultado é que, mesmo entre os grupos mais privilegiados, os padrões de emprego feminino fazem com que as mulheres tenham acesso a pensões menores não-estatais do que os homens.[50] Pesquisas sucessivas revelam que, no passado, o trabalho de tempo parcial era associado a uma queda na mobilidade ocupacional. Embora o emprego em tempo parcial tenha sido quase sempre incluído na discussão do emprego não-padronizado e flexível, assinalou-se que,[51] enquanto os empregados em tempo parcial são mais propensos do que os de período integral a serem empregados em um sistema temporário, mais de 60% dos trabalhadores de meio período estão em empregos permanentes. Como 45% das mulheres e só menos de um quarto do total de empregados trabalham em regime de tempo parcial (muitos como um elemento essencial e estável nos locais de trabalho onde os trabalhadores de tempo parcial constituem uma significativa proporção), isso está se tornando, paradoxalmente, uma crescente forma padrão de trabalho — principalmente em atividades como o varejo.[52] O emprego em tempo parcial é, certamente, um dos mecanismos usados pelos empregadores para obter flexibilidade numérica e adequar o quadro de pessoal à demanda máxima de bens ou serviços, sendo igualmente o principal caminho pelo qual aqueles cujas responsabilidades outras ou agendas excluem o emprego de tempo integral têm podido assumir trabalho remunerado no Reino Unido.

O emprego em tempo parcial, contudo, é mais comum entre aqueles cuja ligação com o mercado de trabalho é mais tênue. É mais comum tanto entre mulheres quanto entre homens em empregos sem vínculo empregatício, sazonais e outros trabalhos temporários, e raramente encontrado entre homens com contratos de trabalho por prazo fixo,

---

[49] Duncan, Giles e Webb, 1994.
[50] Ginn e Arber, 1998.
[51] Por exemplo, Gallie e White, 1995.
[52] Perrons e Hurstfield, 1998; Reynolds, 1998.

permanente e temporário de agência. As colocações através de agências são uma anomalia interessante, na medida em que estas estão claramente preocupadas com a provisão de trabalhadores temporários em período integral — embora, mesmo aqui, 37% das mulheres trabalhem em tempo parcial. Os trabalhadores temporários do sexo masculino são mais propensos a serem empregados de período integral, a menos que estejam ocupados sem vínculo empregatício, categoria em que 70% de homens trabalhavam meio período, comparando-se ao outro extremo, de apenas 16% daqueles com contratos de prazo fixo. Mulheres em empregos temporários, inversamente, são mais propensas a trabalhar meio período, mesmo com contratos de prazo fixo (51% delas trabalhavam meio período), e mais que dois terços das mulheres em empregos sem vínculo e sazonais trabalhavam meio período. O gráfico 1 demonstra claramente que o trabalho em tempo parcial é, primariamente, um padrão de trabalho feminino e que está concentrado principalmente em ocupações menos prestigiadas e qualificadas.

Gráfico 1

Percentagem de grupos ocupacionais com empregos de meio período, por gênero

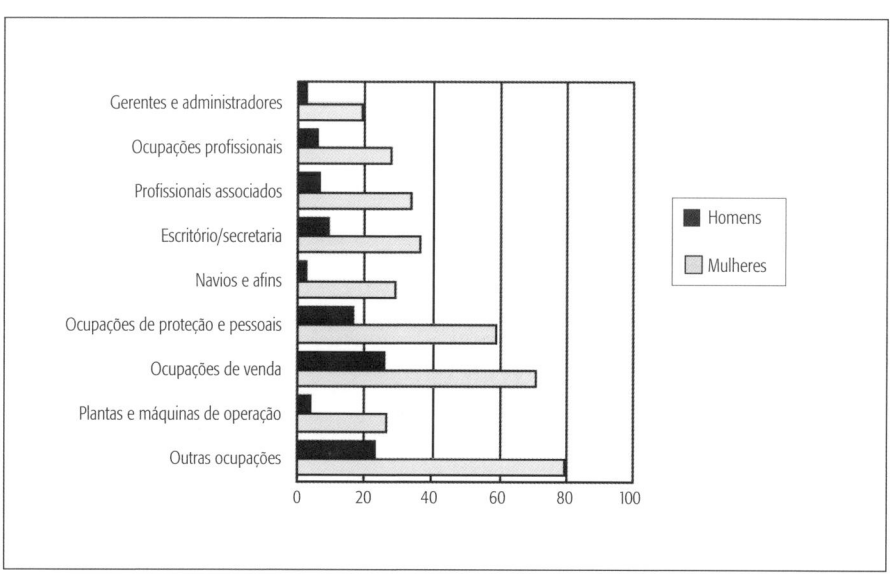

Fonte: LFS, 1996.

Empregados em tempo parcial proporcionam uma forma mais estruturada de flexibilidade, embora possam ser considerados pelos empregadores o componente menos flexível de sua força de trabalho.[53] Não obstante, o emprego de tempo parcial quase sempre propicia aos empregadores vantagens de custos, mesmo quando regulados por prazos e condições de emprego *pro rata*, e pelas diretrizes da Comunidade Européia sobre o emprego de tempo parcial. Intervalos para refeições e outros "benefícios" tão ambíguos são raramente pagos e os trabalhadores de meio período parecem estar sujeitos tanto a receber menos treinamento e melhorias, quanto a exigir mais atenção a fim de operarem de maneira mais efetiva.[54]

Emprego temporário

O emprego temporário é inequivocamente inseguro. Enquanto o emprego permanente, entre os homens, e o trabalho em tempo integral, para o conjunto dos ocupados, diminuíram, o emprego temporário, principalmente o de contrato por tempo determinado, cresceu significativamente, refletindo mudanças na administração do setor público e, talvez, o tratamento mais formal que lhe tem sido conferido, de sorte que o trabalho que antes era tido como de tipo sazonal ou sem vínculo empregatício passou a ser definido como de prazo fixo. Essas tendências indicam que o emprego temporário não é uma categoria homogênea. O gráfico 2 mostra a distribuição de homens e mulheres entre os tipos de trabalho temporário reconhecidos pela classificação do LFS.

Como a tabela 1 mostra, os homens têm mais chance de trabalhar mediante contratos por tempo determinado, ao passo que as mulheres parecem mais propensas a integrar outras categorias, geralmente aquelas em que o vínculo é ainda mais transitório. Tanto a distribuição de empregos temporários entre essas categorias quanto, e em especial, a forma de autoclassificação adotada pelo LFS — permanente e "de alguma ma-

---

[53] Edwards e Robinson, 1998; Purcell, Hogarth e Simm, 1999.
[54] Edwards e Robinson, 1998.

neira não-permanente" — precisam ser levadas em conta com especial cuidado, dadas as fronteiras variáveis entre as organizações.[55] Candidatos recrutados por empresas subcontratadas para trabalhar em tarefas específicas em um mercado de produtos inseguros podem não firmar contratos por tempo determinado, muito embora seu emprego contínuo esteja contingenciado pela exigência do cliente. O uso crescente de contratos para o suprimento de força de trabalho entre empregadores e intermediários, como agências de emprego, torna complexa a relação de emprego. A maioria das agências não emprega o pessoal que fornece aos clientes, embora algumas — incluindo a Manpower, uma das maiores — empreguem diretamente muitos de seus "temporários". Fazendo um balanço da situação, esse relacionamento cada vez mais complexo entre organizações, envolvendo o trabalho a ser realizado e as pessoas que efetivamente o realizarão, quase certamente leve a uma subestimação do emprego temporário, o qual não pode incluir todos os trabalhadores contingentes e vulneráveis, quando se almeja uma definição operacional adequada.

Gráfico 2

Tipo de emprego temporário, por gênero

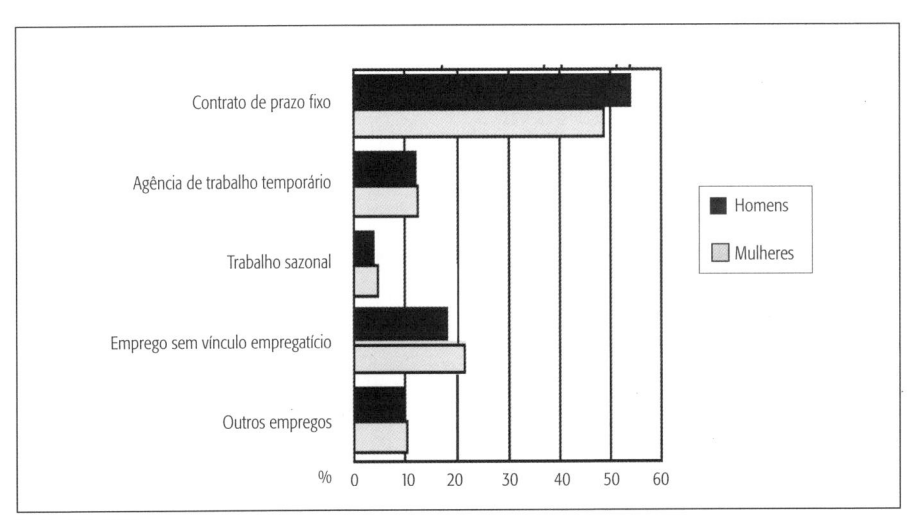

Fonte: LFS, 1996.

---

[55] Colling, 1995.

Como seria de esperar, a incidência dos tipos de emprego temporário varia consideravelmente entre os setores da atividade econômica e, no interior destes, entre mulheres e homens. O emprego temporário como um todo constituía uma proporção virtualmente estável da força de trabalho até o início da década de 1980,[56] mas cresceu substancialmente desde então, a partir de uma base de 5-6%. O gráfico 3 mostra as mudanças, entre 1992 e 1996, na distribuição de homens e mulheres segundo as várias categorias de empregos temporários, reiterando as diferenças de gênero já ilustradas no gráfico 2. O crescimento e a inflexão nos contratos de trabalho por tempo determinado mostram claramente o impacto da *compulsory competitive tendering* (CCT)[57] adotada no setor público, a reestruturação administrativa do serviço de saúde e outras restrições sofridas pelos gastos do governo: uma descoberta de resto reiterada pelo exame dos perfis de emprego temporário próprios do setor em questão. Assim, para os homens, é duas vezes mais provável que tenham contratos por tempo determinado do que as mulheres na saúde e no serviço social, enquanto o crescimento seguido por declínio de empregos de contrato por tempo determinado em outros serviços comunitários e pessoais parece ter sido acompanhado pelos recentes aumentos substanciais do emprego ocasional entre homens e, mais ainda, entre mulheres.

A incidência do trabalho temporário e seus tipos variam consideravelmente dependendo do setor. O crescimento dessa forma de emprego desde o início da década de 1990 tem sido maior naqueles setores em processo de transformação — indicativo de reestruturação industrial ou de mudanças ocupacionais, organizacionais ou técnicas, que conduzem (ou que se espera que conduzam) por vezes a um aumento, por vezes a um declínio na demanda de trabalho.[58] Isso poderia indi-

---

[56] Beatson, 1995.

[57] N. do T.: Trata-se de uma inovação gerencial adotada pelo governo inglês. Em razão dela, a administração governamental deixou de ser provedora nata de serviços públicos, estando obrigada a concorrer com os provedores privados que se habilitassem a fornecer esses mesmos serviços, de modo a assegurar que estava capacitada a prestá-los em patamares superiores de eficiência e preço. Quando órgãos do governo eram derrotados nessas concorrências, com freqüência seus funcionários eram dispensados e recrutados pelas entidades privadas vitoriosas, que os contratavam por salários menores.

[58] Purcell, 1998.

car uma flutuação temporária da confiança, ou um recrutamento cada vez mais cauteloso por parte dos empregadores, em vez de um declínio na demanda de longo prazo por trabalho mais seguro; e há evidências de que os dois fatores são relevantes em alguns contextos de emprego. Assim, indústrias extrativas e primárias (como a agricultura), serviços privatizados (eletricidade, gás e fornecimento de água), outras áreas predominantemente de atuação do setor público (como educação), hotelaria e serviços de alimentação, outros serviços pessoais e comunitários, pesquisa e desenvolvimento, computação e serviços administrativos, todos tinham proporções de empregos temporários acima da média, evidenciando crescimento da parcela da força de trabalho empregada em bases temporárias entre 1992 e 2000, exceto em hotelaria e serviços de alimentação, cuja força de trabalho temporária permaneceu bastante estável, representando cerca de 10% do total dos empregos do setor. O emprego masculino em serviços administrativos e de computação foi o que apresentou crescimento mais consistente, em todos os tipos de categorias de emprego temporário, ao longo da década de 1990.

O gráfico 4 mostra o peso proporcional do trabalho temporário no emprego total, em cada uma das amplas classes da atividade econômica, nelas comparando as proporções de temporários homens e mulheres. O enorme crescimento do emprego temporário nos setores de água e energia reflete a privatização do setor público e a forma como ele tem sido administrado; entretanto, deve-se levar em consideração que tanto nesse caso, quanto na agricultura e pesca, a proporção da força de trabalho empregada é pequena e vem caindo há muitas décadas. Contudo, é notável que em todos os setores as mulheres tenham mais chances de estar empregadas temporariamente. Esse é claramente o caso na indústria — principalmente em trabalhos ocasionais ou contratados através de agências, os quais flutuaram intensamente nos últimos cinco anos, possivelmente indicando uma recomposição entre categorias. A semelhança nas proporções de homens e mulheres temporários na construção civil é em princípio surpreendente, mas se torna compreensível quando lembramos que as mulheres representam menos que 10% da força de trabalho da construção civil.[59]

---

[59] Briscoe, 1998.

Gráfico 3

Empregados temporários como percentagem de todos os empregados, todos os setores

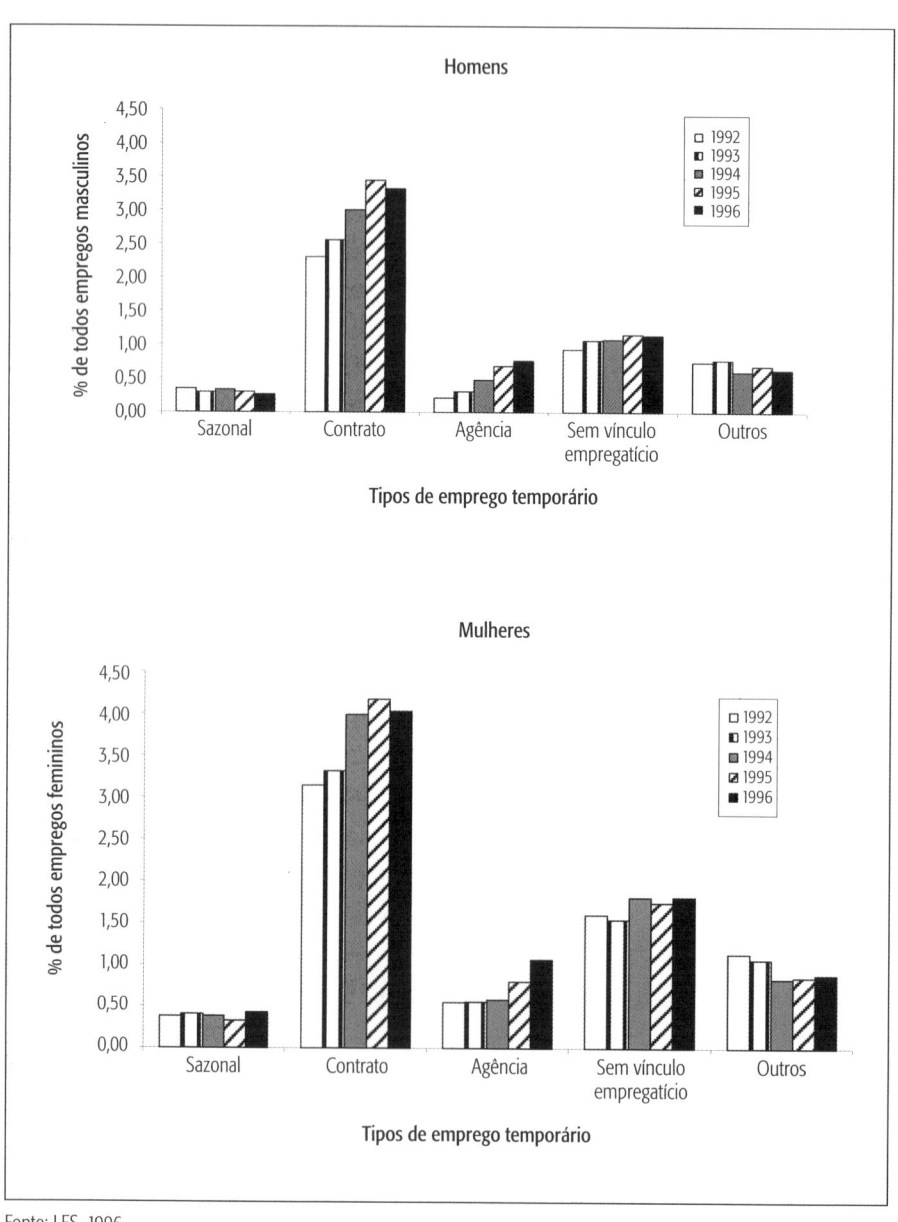

Fonte: LFS, 1996.

Gráfico 4

Proporção da força de trabalho em empregos temporários, por setor e gênero

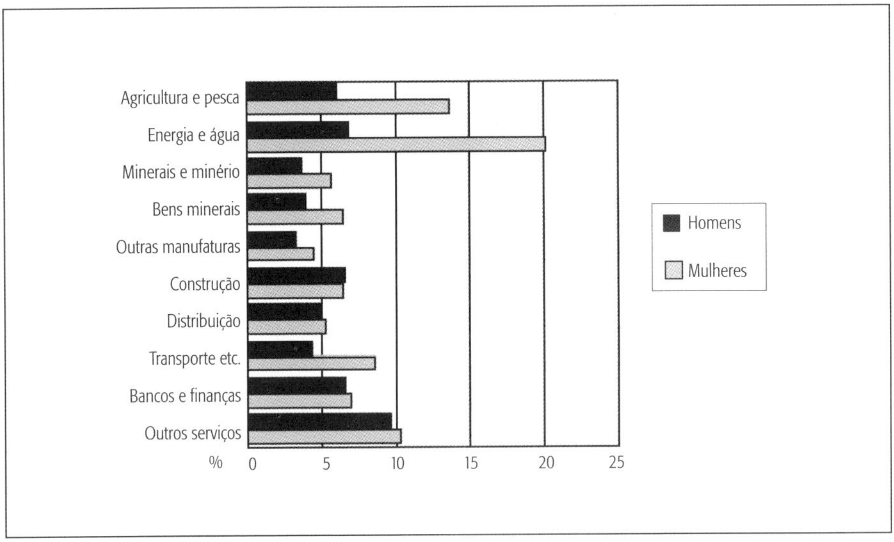

Fonte: LFS, 1996.

As atividades de distribuição formam uma categoria geral e desigual, cujos subsetores componentes compartilham padrões de demanda que flutuam ao longo do ano, da semana e do dia de trabalho. A flexibilidade no emprego tem sido cada vez mais alcançada:

▶ pelo uso de trabalho em tempo parcial em vez do emprego temporário, no que concerne ao setor de distribuição no varejo, predominantemente feminino;

▶ através do trabalho variável nas indústrias de transporte, predominantemente masculinas;

▶ através seja do emprego temporário, seja de tempo parcial em serviços de hotelaria e alimentação.

Como já observado, é certo que o emprego temporário permaneceu notavelmente estável durante o período estudado, embora tenha havido flutuações entre as diferentes categorias de temporários. Essa é uma das áreas em que o emprego masculino ocasional parece estar sendo substituído por um emprego feminino de tipo similar, apesar do fato de ser este um setor caracterizado já pela feminização.[60] Os serviços de hotelaria e alimentação são peculiares, visto que mais da metade de todos os seus empregados temporários é formada por trabalhadores ocasionais, com uma proporção mais alta de sazonais do que em qualquer outro setor.

Em contraste, a busca pelo emprego flexível nos serviços financeiros é uma tendência relativamente recente, refletindo mudanças radicais no mercado e nas dinâmicas organizacional e tecnológica no setor. Os anos mais recentes mostram mudanças dramáticas, principalmente no uso de empregados temporários contratados através de agências, o que reflete um significativo declínio do trabalho permanente no setor, mediado e seguido pelo aumento da subcontratação, das televendas e dos serviços de escritório rotineiros exercidos mediante contratos de provimento de trabalho firmados com agências de intermediação de empregos. Vê-se com clareza que há novos padrões de uso do trabalho em desenvolvimento no setor, com uma possível substituição de empregados com contratos permanentes por homens e mulheres contratados através de agências e pessoal masculino com contratos de prazo fixo. Por outro lado, esse crescimento de empregos é finito e a maioria das categorias de trabalho que tendem a ser preenchidas por empregados temporários deve diminuir, na medida em que uma tecnologia "de terceira geração" venha a possibilitar que a tomada de decisões e as transações ocorram diretamente com o cliente, reduzindo a demanda por mão-de-obra.

No que concerne ao ramo dos outros serviços, dos serviços de computação e administrativos, verifica-se outro padrão de gênero na composição da força de trabalho temporária; uma tendência maior ao emprego de homens mediante contratos por prazo fixo e de mulheres em empregos ocasionais ou via agência, provavelmente em postos de nível mais baixo. Em relação aos homens, há uma clara propensão ao crescimento dos contratos fixos, do emprego ocasional e via agências, enquanto para as mulheres a tendência parece apontar mais no sentido

---

[60] Purcell, 1996.

de uma recomposição entre as várias categorias do que para um crescimento na demanda por empregados temporários.

Quanto ao setor de saúde e assistência social, a dimensão da força de trabalho feminina é consideravelmente maior do que a masculina, e a proporção entre emprego temporário e permanente é maior do que na maioria dos outros setores, refletindo a administração da saúde do Reino Unido em um contexto altamente complexo. Os homens têm ali maior probabilidade de estar empregados com contratos de prazo fixo do que as mulheres, que ocupam empregos de tipo ocasional. O setor "outros serviços comunitários e pessoais" é também dominado por mulheres, com proporções relativamente altas de empregos temporários em relação aos permanentes; os homens, mais do que as mulheres, tendem a estar nos diversos tipos de empregos temporários, exceto no trabalho contratado via agências.

Para se ter uma visão mais clara da relativa insegurança no trabalho, é necessário atentar para as diferenças ocupacionais. As maiores concentrações de emprego temporário masculino se encontram em ocupações profissionais, categorias manuais e de escritório. As mulheres tendem a estar em serviços de proteção e pessoais, de escritório e nos serviços profissionais — "nichos de gênero",[61] mesmo entre as profissionais, que, em sua imensa maioria, se concentram em carreiras nos campos da educação e da saúde. Se analisarmos por categorias ocupacionais, saltará aos olhos essa realidade da organização por gênero do emprego temporário. O gráfico 5 mostra as proporções de empregados não-permanentes de ambos os sexos em cada categoria ocupacional. Mostra muito claramente que mulheres profissionais — isto é, mulheres altamente qualificadas que investiram na aquisição de capital humano — são quase duas vezes mais propensas a estar em empregos temporários do que seus colegas homens. Embora haja uma gama cada vez maior de empregados em trabalhos temporários, desde pessoal administrativo e profissional até empregados ocasionais menos qualifica-

---

[61] Crompton e Sanderson, 1992.

dos, as estatísticas do LFS revelaram que a maioria, principalmente no caso das mulheres, permanece na faixa mais baixa das hierarquias de qualificação e de remuneração. Dessa forma, o trabalho flexível demandado pelo empregador se aplica principalmente a mulheres de baixa remuneração, aumentando a sua dependência econômica e sua vulnerabilidade no mercado. Quando mulheres altamente qualificadas trabalham em tempo parcial, o resultado é similar, embora não necessariamente precarizante. Entre os homens, os ocupados em empregos de escritório e secretaria (um grupo relativamente pequeno) e em outras ocupações (isto é, em empregos predominantemente não-qualificados) são os únicos mais propensos do que suas colegas mulheres à ocupação de tipo temporário.

Gráfico 5

Percentagem do grupo ocupacional em emprego temporário, por gênero

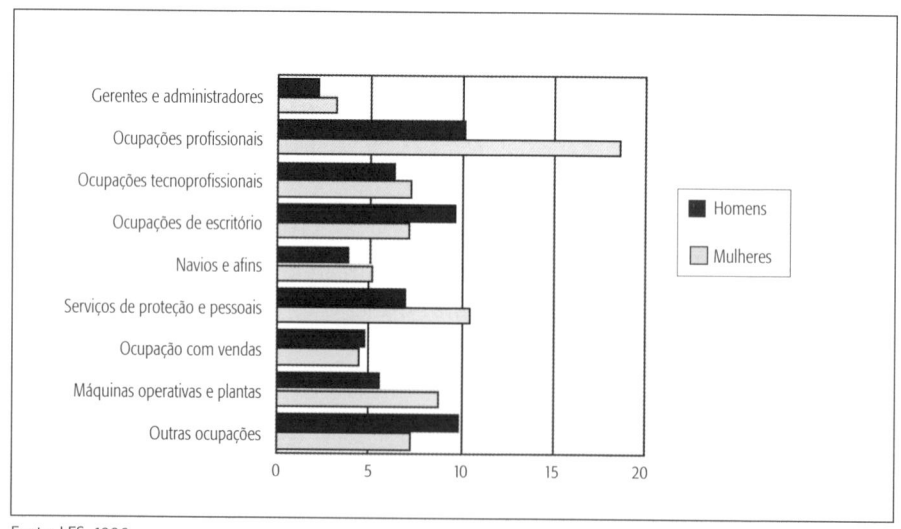

Fonte: LFS, 1996.

O significado da idade em relação ao emprego temporário

Um exame da distribuição etária dos empregados temporários permite tecer algumas considerações e esclarecer melhor alguns desses padrões. A tabela 2 mostra as principais razões para aceitar um emprego temporário por idade e gênero, enquanto a tabela 3 apresenta uma comparação entre tipos de contrato e arranjos de jornada de trabalho também por gênero.

Tabela 2

Razões para escolher um emprego temporário, por idade e gênero

(%)

Idade do grupo	Contrato com treinamento		Não conseguem achar trabalho permanente		Não queriam uma ocupação permanente		Outros	
	Homens	Mulheres	Homens	Mulheres	Homens	Mulheres	Homens	Mulheres
Menos de 22 anos	11,3	7,1	31,8	25,6	38,4	44,7	18,5	22,6
23-25 anos	10,2	12,3	47,8	46,0	21,3	20,2	20,8	21,5
26-30 anos	8,0	6,9	46,5	43,5	12,6	22,6	32,9	27,0
31-35 anos	7,3	4,0	52,8	32,6	9,2	27,0	30,7	36,4
36-40 anos	4,4	3,3	60,9	34,9	8,7	32,7	26,0	29,0
41-50 anos	3,8	1,0	52,3	41,0	13,9	32,1	30,0	25,8
51-60 anos	0,7	0,3	55,1	28,4	23,2	48,0	21,0	23,2
Mais de 60 anos	0,0	0,0	14,1	9,8	57,0	61,9	28,9	28,3

Fonte: LFS, 1997.

Quase um quarto dos homens em empregos temporários tinha até 22 anos, enquanto 30% deles tinham mais de 40 anos; um terço das mulheres em contratos temporários tinha mais de 40 anos. Os grupos com menor probabilidade de trabalhar em empregos temporários são significativamente diferentes: mulheres entre 23 e 25 anos e homens entre 36 e 40 anos. Suas principais razões para escolher um emprego temporário mostram uma diferença previsível nas proporções daqueles que não encontraram e não quiseram (ou não se consideravam em condições de querer) um emprego permanente. Mas essas respostas variam significativamente conforme a faixa etária. Empregados mais velhos e mais jovens, de ambos os sexos, tendem voluntariamente a ser temporários, e uma significativa proporção daqueles entre 23 e 40 anos, de ambos os sexos, afirma que ali está porque não conseguiu achar um emprego permanente. Os homens mais velhos eram significativamente mais propensos do que as mulheres a estar involuntariamente no trabalho temporário, mas tanto homens quanto mulheres entre 41 e 50 anos tendiam, em sua maioria, a ter na faixa etária a principal razão para haverem aceitado um trabalho temporário.

Tabela 3

Tipo de contrato de emprego por tipo de trabalho, por gênero

(%)

	Permanente		Contrato fixo		Agência temporária		Outros	
	Homens	Mulheres	Homens	Mulheres	Homens	Mulheres	Homens	Mulheres
Tempo flexível	8,6	11,6	14,4	12,6	7,0	9,2	5,2	8,7
Horas anuais	4,2	3,9	3,6	4,4	2,2	0,8	0,8	1,0
Duração do trabalho	1,1	6,4	4,5	23,4	1,3	1,8	4,7	13,4
Divisão do trabalho	0,1	1,3	0,2	2,0	0,0	0,8	0,0	0,9
Quinzena de nove dias	0,5	0,1	0,4	0,1	0,0	0,3	0,0	0,0
Quatro dias e meio por semana	2,6	1,6	2,1	0,7	3,4	0,4	1,8	0,4
Zero hora	0,6	0,6	1,3	1,0	4,0	4,8	3,8	5,2
Nenhum destes	82,3	74,8	73,4	55,9	82,6	81,9	82,3	70,5

Fonte: LFS, 1997.

Homens sem qualificação formal ou com qualificação baixa (nível NVQ 1[62] ou nem mesmo esse nível) são o grupo que mais freqüentemente alude à dificuldade de encontrar emprego permanente como a razão para a ocupação atual sob contrato temporário, sendo, nesse as-

---

[62] N. do T.: O sistema britânico de hierarquização de qualificações organiza-se segundo níveis de qualificação (NVQ), que correspondem a diplomas do sistema de ensino, indo desde o mais elementar (NVQ 1) até o mais elevado (NVQ 5), que supõe titulação pós-graduada.

pecto, seguidos de perto pelos grupos mais altamente qualificados (nível NVQ 5). Talvez esses sejam os "trabalhadores com portfólio" a que se referia Handy (1995); entretanto, observando-se a estrutura ocupacional depreende-se que eles tendem a ser profissionais mais jovens no setor de serviço e/ou em emprego público, em áreas como educação ou saúde. Tal padrão é bastante similar entre as mulheres; nos níveis intermediários elas são menos propensas a estar involuntariamente em empregos temporários e mais freqüentemente afirmam que não procuravam um emprego permanente. Mas, tanto entre as menos qualificadas quanto entre as mais qualificadas, as mulheres mostram maior tendência a ocupar empregos não-permanentes.

Discutindo os achados

As evidências do LFS indicam, dessa forma, que tanto as relações contratuais padrão quanto aquelas consideradas atípicas, e portanto a insegurança do trabalho, são marcadas por importantes especificidades de gênero. Bernard Casey, Hilary Metcalf e Neil Millward (1997), além de examinarem os dados do LFS no início da década de 1990, compararam as pesquisas das Workplace Industrial Relations (Wirs — Relações Industriais do Local de Trabalho) de 1984 e de 1990 sobre o uso do trabalho flexível por empregadores, e realizaram estudos de caso em 25 estabelecimentos. A partir dos achados obtidos nessas três fontes, os autores concluíram que a utilização pelos empregadores de formas flexíveis de trabalho havia aumentado principalmente em grandes e médias empresas. Identificaram também um aumento em áreas de emprego mais novas e intensivas em mão-de-obra, as quais tendem a empregar grandes proporções de mulheres. Suas descobertas nos estudos de caso revelaram que as formas de recursos flexíveis usadas por empregadores dependiam significativamente do componente de gênero da força de trabalho. Vale dizer, na concepção dos postos de trabalho estava implícita a consideração da divisão do trabalho e da responsabilidade doméstica, segundo o gênero. Desse modo, parece plausível presumir que as responsabilidades de "provedores", de homens e de mulheres, estão fadadas a permanecer assimétricas.

As implicações para a igualdade de oportunidades

Em uma análise comparativa sobre emprego, flexibilidade e gênero nos países-membros da União Européia, Eileen Drew e Ruth Emerek (1998) argumentam que o principal determinante da mudança no mercado de trabalho tem sido a redivisão dos empregos entre, por um lado, agricultura e indústria e, por outro, o setor de serviços; neste último, os autores reconhecem que existiriam maiores variações, tanto inerentes quanto potenciais, na demanda semanal e diária por mão-de-obra. Eles sobretudo concluem que o efeito do aumento da atividade econômica entre as mulheres foi o surgimento do modelo de família provedora dual, com maior ou menor intensidade em diferentes países europeus, dependendo da estrutura econômica e das tradições, normas, culturas e formas de regulamentação do mercado de trabalho de cada país. Sua análise sugere que a inclusão em formas de trabalho atípico tem sido uma importante característica do aumento da participação da mulher no mercado de trabalho na maioria dos países estudados e que, de fato, o crescimento das modalidades atípicas de trabalho está fortemente correlacionado com os as taxas de atividade feminina. Drew e Emerek (1998:89) sugerem principalmente que o crescimento dos ramos do setor de serviços que requerem um horário extenso de operação com demandas flutuantes de trabalho foi especialmente responsável pelo surgimento do trabalho em tempo parcial e, nesse sentido, pelo crescimento do emprego feminino. Suas conclusões, alinhadas com o antigo estudo de Danièle Meulders, Olivier Plasman e Robert Plasman (1994), parecem sugerir que o aumento da atividade econômica das mulheres e de seu papel como provedoras não foi acompanhado por uma diminuição na segregação de gênero e nem, em conseqüência, por maior igualdade de oportunidades. Forças de trabalho distintas têm diferentes necessidades a preencher com vistas a dar sua contribuição social.

Isso nos leva ao argumento de que a crescente flexibilidade do trabalho e, em especial, das formas não-padronizadas de emprego tanto responde à dinâmica da oferta quanto cria oportunidades para que grupos antes sub-representados — em especial as mulheres — tornem-se economicamente ativos. Uma grande quantidade de documentos produzidos pela Comissão Européia elogia a visão segundo a qual a grande questão para o novo milênio será a reconciliação de trabalho e vida familiar. Por exemplo, o *white paper*[63] sobre "crescimento, competitividade, emprego" propôs que um quinto dos novos postos projetados até o ano 2000 poderia vir da expansão de serviços "que lidassem com novas necessidades [...] [oriundas de] mudanças nos estilos de vida, da transformação das estruturas familiares, do aumento no número de trabalhadoras e das novas aspirações da terceira idade e dos mais idosos".[64]

Esses debates se mesclam com os argumentos de que se deve repensar a organização do trabalho e do emprego, os quais se aliam a preocupações com a queda das taxas de fecundidade, a proteção social das crianças e a atenção para com aqueles que não podem cuidar de si mesmos. Assim, as políticas de emprego com "preocupação familiar" requerem "empregos flexíveis" que respondam às necessidades dos empregados; e, embora o *lobby* de tais políticas tenha sempre a preocupação de enfatizar que tais questões são do interesse de todos os empregados — homens e mulheres, mães e pais, filhas e filhos —, todas as evidências de introdução e implementação dessas políticas sugerem que tanto empregadores quanto empregados quase sempre as vêem como primariamente dirigidas às mulheres empregadas. As questões são enfocadas da perspectiva dos ofertantes de força de trabalho, principalmente daqueles empregados que desejam flexibilidade a fim de adequar o emprego a outros aspectos de suas vidas — principalmente as mulheres que são mães ou responsáveis por outras pessoas. Subjacente aos argumentos em defesa das políticas com "preocupação familiar" está o reconhecimento de que o emprego "padrão" de tempo integral não é facilmente compatível com a maternidade e a paternidade responsáveis, de que a maioria das mães, assim como dos pais de filhos dependentes, está empregada em um trabalho remunerado e de que os conflitos de papéis gerados por esses padrões podem ser disfuncionais, dos pontos de vista social e pessoal.

---

[63] N. do T.: Quando o governo inglês pretende introduzir uma nova legislação, recorre com freqüência ao que denomina *white paper*, documento em que argumenta sobre a inovação legislativa sugerida e convida as partes envolvidas no assunto a se manifestarem a respeito.

[64] European Commission (1994), apud Moss, 1997:22.

Será que isso se reflete na resposta dada pelos empregadores às mudanças na oferta de trabalho? Mais mulheres "sequiosas" por combinar a assunção de responsabilidades com a vida familiar e, ultimamente, trabalhadores mais jovens e mais velhos, de ambos os sexos, "sequiosos" por combinar o emprego em tempo parcial com a participação em cursos superiores, ou a aposentadoria antecipada para preservar algum rendimento contínuo? As evidências até aqui citadas sugerem que a reestruturação econômica e a demanda do empregador, mais referida ao produto do que aos mercados de trabalho, parecem ser os principais fatores de mudança nas taxas de atividade feminina e no crescimento do emprego em tempo parcial. Os efeitos da crescente desregulamentação do emprego, da reestruturação industrial e da privatização, no que concerne às mulheres, têm sido o aumento de sua participação no mercado de trabalho, mas, ao mesmo tempo, deixam muitas delas mais vulneráveis. O emprego feminino tem aumentado como resultado da expansão dos serviços, porém a qualidade do trabalho que vem sendo oferecido às mulheres tem se deteriorado consideravelmente, muitas vezes chegando à exploração, sem nenhuma perspectiva de crescimento, como é o caso dos empregos menos qualificados e remunerados. Pesquisas recentes sobre as práticas empresariais de recrutamento e de alocação de recursos humanos revelaram que, em organizações onde os trabalhadores temporários constituíam mais da metade da força de trabalho (pequena, mas significativa minoria), estes nunca chegavam a estabelecer contratos permanentes.[65]

O número de empregos em tempo parcial aumentou, principalmente aqueles com contratos por um número pequeno de horas ou "zero hora", nos quais os trabalhadores não têm assegurado um salário mínimo. Esses trabalhadores são freqüentemente pagos abaixo do limiar estabelecido pelo Sistema Nacional de Seguridade, o que significa que tampouco têm direito a seguro-maternidade, a auxílio-doença ou a pensão do Estado. Eles não são provavelmente beneficiados com feriados nacionais ou intervalos para refeições. O trabalho em tempo

---

[65] Heather, Rick, Atkinson e Morris, 1996.

parcial, bem como outras formas de emprego flexível, pode possibilitar àqueles com a responsabilidade de cuidar de outras pessoas a chance de tentar equilibrar emprego e vida familiar, porém isso talvez fique muito distante da conciliação entre trabalho e vida familiar. Mike Donaldson (1996) argumenta que o uso progressivo de arranjos de meio período e de turnos para prolongar as horas de operação nas indústrias de serviços e de manufatura — longe de proporcionar flexibilidade aos trabalhadores — leva a uma intensificação dos esforços no trabalho doméstico, já que cada vez mais tanto o pai quanto a mãe têm trabalhos remunerados, que precisam conseguir manter, além de suas responsabilidades para com os filhos e a casa. Assim, a vida familiar, as atividades comunitárias e o "tempo para si próprio", argumenta ele, estão sofrendo deterioração.

Além disso, em nome da flexibilidade, novas práticas de emprego vêm sendo difundidas, principalmente contratos de curto prazo e o uso de pessoal temporário contratado através de agências, de forma tal que os trabalhadores podem ser contratados e dispensados de acordo com as flutuações da demanda por produtos ou serviços. Um bom exemplo disso é a atividade varejista, na qual os gerentes de supermercado pensam em como planejar a cobertura de horas, em vez de distribuir entre funções os membros de sua equipe, valendo-se para tanto de uma ampla gama de trabalhadores ocasionais — idosos, semi-aposentados, crianças em idade escolar e estudantes, bem como mães que buscam um horário de emprego compatível com as obrigações familiares.

Pesquisas sobre emprego flexível nos setores financeiro e varejista[66] revelaram que mulheres com contratos de emprego de tempo parcial e outros contratos atípicos de trabalho eram freqüentemente pressionadas a aceitar a exigência de esforços intensificados e o aumento da flexibilidade para se adequarem às necessidades dos empregadores, e muito freqüentemente tinham condições ainda mais precárias que aquelas com contratos "padrão", sendo, em muitos casos, privadas dos sistemas de auxílio-doença e de pensão. Shirley Dex e Andrew McCullough (1995), em uma antiga análise de dados do LFS e do British Household Pa-

---

[66] Perrons e Hurstfield, 1998; Neathey e Hurstfield, 1995.

nel Survey (BHPS), descobriram que trabalhadores ocupados em atividades consideradas "não-padronizadas", em sua maioria mulheres, tinham menor ganho por hora de trabalho, menos treinamento para a função, menos tempo de permanência no emprego (e, portanto, menor probabilidade de fazerem jus aos direitos garantidos pelo Employment Protection Act). Pesquisas preliminares[67] indicam que trabalhadores temporários recrutados mediante contratos de oferta de trabalho via agências raramente têm direitos comparáveis aos dos que são empregados diretamente.

Marginalização ou diversidade?

Mas as evidências indicam também que um número crescente de mulheres tem entrado e permanecido na força de trabalho em ocupações mais seguras e mais bem remuneradas. As políticas de emprego "com preocupação familiar" têm recebido o ativo suporte de empregadores e sindicatos[68] e, como demonstram os dados do LFS, as histórias de trabalho de mulheres e de homens estão convergindo. Pesquisas recentes sugerem que, em geral, os empregadores entendem e aceitam os princípios inerentes à legislação sobre igualdade de oportunidades, conquanto não acolham bem as dificuldades decorrentes da aplicação do espírito da lei e a persistência dos obstáculos que se interpõem à realização de seus objetivos.[69] Na verdade, um envolvimento formal com a igualdade de oportunidades pode ter poucos efeitos práticos.[70] Por exemplo, Neathey e Hurstfield (1995) descobriram em seus estudos de caso que, embora a maioria dos empregadores afirmasse que os trabalhadores de tempo parcial e temporários tinham garantidos os seus direitos de treinamento e promoção, eles ficavam invariavelmente sem saber o que dizer quando desafiados a dar exemplos que ilustrassem o princípio.

---

[67] Purcell e Purcell, 1998.
[68] IPD, 1997; TUC, 1998.
[69] Morrell, Boyland, Munns e Astbury, 2001.
[70] Liff, 1989.

Evidências obtidas em um estudo de caso de uma empresa integrada à campanha *Opportunity 2000*,[71] o Banco Midland, um grande banco do Reino Unido, nos ajudam a perceber os pontos fortes e fracos da "ação positiva", em seu enfoque voluntarista.[72] O banco tem estado à frente da prática de igualdade de oportunidades desde que a legislação foi introduzida, na década de 1970, sendo indicado o primeiro gerente de igualdade de oportunidades em 1979, o primeiro diretor de igualdade de oportunidades em 1988, e sistematicamente proporcionado condições de emprego que estão bem além do mínimo regulamentado — por exemplo, 46 semanas de licença-maternidade, comparadas às 14 fixadas nacionalmente. Suas iniciativas com respeito às "políticas com preocupação familiar" têm sido exemplares e, em 1996, o banco tinha mais de 100 creches espalhadas por todo o país, proporcionando atendimento a 850 filhos de trabalhadores, que eram também "acompanhantes primários". Entretanto, suas políticas têm sido implementadas na esteira dos "motivos financeiros" que induzem à igualdade de oportunidades, estimulados mais especificamente na década de 1980 pela preocupação com a iminente "explosão demográfica", em razão da qual (devido a uma substancial queda na taxa de natalidade no final da década de 1960 e início dos anos 1970) previa-se o ingresso de menos jovens no mercado de trabalho, de sorte que os empregadores estavam sendo aconselhados a adotar estratégias alternativas de contratação, diferentes das utilizadas no passado. Uma das principais foi a implementação de políticas "com preocupação familiar", para reter o pessoal treinado (vale dizer, sobretudo mulheres que se tornavam mães). Em particular, foram esplendidamente bem-sucedidos, saindo de uma situação, no início da década de 1980, em que somente 29% das mulheres em licença-maternidade retornavam ao trabalho, para outra, em 1995, em que 80%

---

[71] N. do T.: A *Opportunity 2000* foi uma campanha levada a efeito para assegurar a implementação da legislação introduzida no Reino Unido nos anos 1970 sobre igualdade de oportunidades. Ela congregava os mais importantes empregadores envolvidos com a iniciativa e estabelecia metas, como por exemplo aumentar o número de mulheres em posições de alta gerência, promovendo eventos e manifestações públicas de alta repercussão.

[72] Lewis, Watts e Camp, 1996.

delas reassumiam.[73] Contudo, as prioridades mudaram na década de 1990, passando da retenção de pessoal para a sua diminuição e flexibilidade, de modo que a igualdade de oportunidades tende a ser vista como menos prioritária. Em uma outra organização da *Opportunity 2000*, a Digital UK, pesquisas revelaram que as iniciativas voltadas para a igualdade de oportunidades tinham sido revertidas em meados da década de 1990 sob o efeito da recessão.[74]

Outro problema potencial com relação às políticas "com preocupação familiar" é que, por serem dirigidas principalmente ao gênero feminino, há o perigo de que beneficiem predominantemente as mulheres, reforçando a imagem de que elas são feitas para as tarefas de cuidado com os outros, sendo trabalhadoras que se movem "na pista lenta" das carreiras, pouco produtivas e/ou menos engajadas. No caso do Banco Midland, parece depreender-se que as mulheres estavam mais propensas a tirar licença-maternidade e a interromper suas carreiras do que seus colegas homens; e uma pesquisa comparativa entre gerentes seniores em uma amostra das empresas da *Opportunity 2000* mostrou perfis muito diferentes em amostragens semelhantes de homens e mulheres.[75] Os homens eram, em sua maioria, casados com mulheres que ou não estavam empregadas ou trabalhavam em tempo parcial e tinham dois ou mais filhos; as mulheres ou não eram casadas ou estavam casadas com homens que ocupavam postos igualmente exigentes e não tinham filhos ou, quando isso acontecia, tinham apenas um. Isso ilustra claramente como são altos, para as mulheres, os custos de permanecer na "pista expressa", isto é, na via rápida das carreiras de elevada mobilidade. Além disso, um número substancial das organizações integradas à *Opportunity 2000* está recorrendo entusiasticamente à subcontratação ou a contratos de provisão de trabalhadores através de grandes intermediários de empregos, o que significa que tendem a empregar um maior número de mulheres, as quais, por não serem suas funcionárias (e não estarem dispostas a sê-lo por períodos longos e contínuos), não têm

[73] Lewis, Watts e Camp, 1996:108.
[74] Noel, 1996.
[75] Wajcman, 1996.

direito aos benefícios das suas políticas "com preocupação familiar".[76] Essas organizações estão pouco a pouco tornando-se "gigantes vazias",[77] externalizando operações e responsabilidades de emprego e podendo incidentalmente contribuir para o aumento da polarização dos direitos das mulheres no emprego.

Conclusões

No Reino Unido, as mulheres atualmente constituem quase metade daqueles que têm trabalho remunerado, mas seu padrão de trabalho e sua distribuição na força de trabalho permanecem nitidamente diferentes daqueles dos homens, com diferenças sistemáticas na própria população feminina. Não há dúvida de que as mulheres constituem bem mais da metade da força de trabalho "flexível" (seja qual for a definição adotada) e a esmagadora maioria dos trabalhadores com relações de emprego "não-padronizadas". Se usarmos a definição mais precisa de emprego não-permanente, elas constituem mais da metade da força de trabalho inseguro.

O emprego das mulheres permanece consideravelmente mais concentrado do que o dos homens, podendo-se encontrá-las sobretudo em duas grandes áreas: nas ocupações tradicionalmente mal remuneradas e menos qualificadas dos serviços e da indústria, e nos serviços públicos. Na primeira, especialmente nos setores de alimentos, bebidas e fumo, distribuição e hotelaria, desde a abolição da legislação que regulamentava a eqüidade de pagamento por trabalho igual (*Statutory Pay Regulation*), em 1993, aumentou o número de trabalhadores com remuneração muito baixa, principalmente trabalhadores em tempo parcial, e a maioria desses trabalhadores de baixa remuneração é constituída por mulheres. As outras principais áreas de concentração feminina são os serviços públicos, em que a segurança do emprego, bem como as condições de trabalho, anteriormente boas, têm se deteriorado substancial-

---

[76] Purcell e Purcell, 1998.
[77] Allen e Hendry, 1996.

mente como resultado dos cortes de gastos do governo. A introdução de licitações para o provimento de serviços públicos no caso de muitos dos serviços providos por governos locais, por exemplo, tem atingido em especial aqueles trabalhadores de baixa remuneração, em empregos de qualificação também relativamente baixa.[78] Evidências mostram sem sombra de dúvida que, nesses setores e na força de trabalho com um todo, uma alta proporção de mulheres está concentrada em ocupações de baixas qualificação e remuneração.

É indiscutível que a maior participação da mulher na atividade econômica reflete a crescente importância de seu trabalho remunerado para a economia da família, mas uma forma alternativa de interpretá-la seria conectando-a ao progressivo declínio do rendimento do grupo familiar, há muito identificado por Michelle Barrett e Mary McIntosh (1980) como incompatível com a igualdade de oportunidades. Será que indicaria, então, um movimento em direção a uma maior eqüidade de gênero — ou seria o emprego atípico o último suspiro do patriarcado? Ou, por outra, significarão os padrões de emprego atípico o surgimento de um novo e diferente sistema de desigualdade? A idéia fortalece evidentemente a tese do "provedor modificado" de Rubery, Smith e Turner (1996), embora a polarização possa estar diluindo as diferenças entre homens e mulheres inseridos em situações semelhantes do mercado de trabalho, ao mesmo tempo que pode estar aumentando a diferença *no interior* da força de trabalho, tanto feminina quanto masculina. Com a erosão do rendimento da família, contudo, o equilíbrio de poder no que concerne à barganha entre esforço e recompensa se desfaz, e a balança tem pendido para o lado dos empregadores e acionistas, e não para o dos trabalhadores. Nas famílias em desvantagem com respeito ao acesso ao mercado de trabalho, torna-se mais intensa a exigência do esforço individual na busca da subsistência, tal como previsto por Humphries (1977), como o perigo inerente aos desafios postos pelas feministas ao conceito de rendimento da família. Nesse sentido, parece que a melhora material da qualidade de vida pode ter custos emocionais

---

[78] Escott e Whitfield, 1995.

e sociais, gerando empregos que contribuam ainda mais para a polarização do mercado de trabalho.

Bibliografia

ADKINS, Lisa. *Gendered work: s*exuality, family and the labour market. Milton Keynes: Open University Press, 1996.

ALLEN, John; HENDRY, Nick. Fragmenting of industry and employment: contract work and shift towards precarious employment. In: CROMPTON, Rosemary et al. (Eds.). *Changing forms of employment.* London: Routledge, 1996. p. 65-82.

BARRETT, Michele; McINTOSH, Mary. The "family wage": some problems for socialists and feminists. *Capital and Class*, n. 11, p. 51-72, 1980.

BAXTER, Janeen. Domestic labour and income inequality. *Work Employment and Society*, v. 6, n. 2, p. 229-249, 1992.

BEATSON, Mark. *Labour market flexibility.* Sheffield: Employment Department, 1995. (Employment Department Research Paper, 48).

BEECHEY, Veronica. *Unequal work.* London: Verso, 1987.

_____; PERKINS, Tessa. *A matter of hour.* Cambridge: Polity Press, 1986.

BLOSSFIELD, Hans-Pieter; HAKIM, Catherine. *Between equalization and marginalisation:* women working part-time in Europe and the United States of America. Oxford: Oxford University Press, 1997.

BRANNEN, Julia. Employment and family lives: equalities and inequalities. In: DREW, Eileen; EMEREK, Ruth; MAHON, Elisabeth (Eds.). *Women, work and the family in Europe.* London: Routledge, 1998.

BRIDGEWOOD, Ann; SAVAGE, David. *General household survey 1991.* London: HMSO, 1993.

BRISCOE, Geoff. Employment trends in construction. In: WILSON, Robert; LINDLEY, Robert (Eds.). *Review of the economy and employment 1997/98.* Coventry: Institute for Employment Research, 1998.

BRUEGEL, Irene. Women as reserve army of labour: a note on recent British experience. *Feminist Review*, n. 3, p. 12-23, 1979.

CASEY, Bernard; METCALF, Hilary; MILLWARD, Neil. *Employers' use of flexible labour*. London: Policy Studies Institute, 1997.

COCKBURN, Cynthia. *In the way of women:* men's resistence to sex equality in organisations. London: Macmillan, 1991.

COLLING, Trevor. *From hierarchy to contract? Subcontracting and employment in the service economy.* Coventry: Warwick University Business School, 1995. (Warwick Papers in Industrial Relations, 52).

————; DICKENS, Linda. Selling the case for gender equality: deregulation and equality bargaining. *British Journal of Industrial Relations*, v. 36, n. 3, p. 389-411, 1998.

COLLINSON, David; COLLINSON, Margaret. "It's only Dick" — the sexual harassment of women managers in insurance sales. *Work, Employment and Society*, v. 10, n. 1, p. 29-56, 1996.

————; KNIGHTS, David; COLLINSON, Margaret. *Managing to discriminate*. London: Routledge, 1990.

CORTI, Louise; HEATHER, Laurie; DEX, Shirley. *Highly qualified women*. Sheffield: Employment Department, 1995. (Research Series, 50).

CROMPTON, Rosemary. The feminisation of the clerical labour force since the Second World War. In: ANDERSON, Greg (Ed.). *The feminisation of offi e work*. Manchester: Manchester University Press, 1988.

————; LE FEUVRE, Nicky. Paid employment and the changing system of gender relations. *Sociology*, v. 30, n. 3, p. 427-443, 1996.

————; SANDERSON, Kay. *Gendered jobs and social change*. London: Unwin Hyman, 1992.

CUNNISON, Sheila; STAGEMAN, Jane. *Feminising the unions:* challenging the culture of masculinity. Aldershot: Avebury, 1993.

DALE, Angela; EGERTON, Muriel. *Highly educated women:* evidence from the National Child Development Study. Sheffield: Dfee, 1997.

DEX, Shirley; McCULLOUGH, Andrew. *Flexible employment in Britain:* a statistical analysis. Manchester: Equal Opportunities Commission, 1995.

DONALDSON, Mike. *Taking our time*. Perth: University of Western Australia Press, 1996.

DREW, Eileen; EMEREK, Ruth. Employment, flexibility and gender. In: DREW, E.; EMEREK, R.; MAHON, Elisabeth (Eds.). *Women, work and the family in Europe*. London: Routledge, 1998.

DUNCAN, Alan; GILES, Christopher; WEBB, Steven. *Social security reform and women's independent incomes*. Manchester: EOC, 1994. (Research Series, 6).

EDWARDS, Christine; ROBINSON, Olive. Better jobs for part-time workers: a study of two essential services. In: INTERNATIONAL INDUSTRIAL RELATIONS ASSOCIATION WORLD CONGRESS: DEVELOPING COMPETITIVENESS AND SOCIAL JUSTICE: THE INTERPLAY BETWEEN INSTITUTIONS AND SOCIAL PARTNERS, 11., 1998. *Proceedings...* v. 2, p. 213-218.

ESCOTT, Karen; WHITFIELD, David. *The gender impact of CCT in local government*. Manchester: EOC, 1995. (Research Discussion Series, 12).

FAGAN, Colette; O'REILLY, Jackie. Conceptualising part-time work: the value of an integrated comparative perspective. In: O'REILLY, J.; FAGAN, C. (Eds.). *Part-time prospects*. London: Routledge, 1998.

GALLIE, Duncan; WHITE, Michael. Employer policies, employee contracts and labour market structure. In: RUBERY, Jill; WILKINSON, Frank (Eds.). *Employer strategy and the labour market*. Oxford: Oxford University Press, 1995.

GINN, Jay; ARBER, Sara. How does part-time work lead to low pension income? In: O'REILLY, Jackie; FAGAN, Collette (Eds.). *Part-time prospects*. London: Routledge, 1998.

GLUCKSMAN, Miriam. *Women assemble:* women workers and the new industries in inter-war Britain. London: Routledge, 1990.

GREENBAUM, Joan. The times they are a'changing: dividing and recombining labour through computer systems. In: THOMPSON, Paul; WARHURST, Chris. (Eds.). *Workplaces of the future*. London: Macmillan, 1998.

GREGSON, Nicky; LOWE, Mike. Waged domestic labour and the recognition of the domestic division of labour in dual career households. *Sociology*, n. 1, p. 55-78, 1994.

GRIMSHAW, Damian; RUBERY, Jill. *The gender pay gap.* Manchester: EOC, 2001.

HAKIM, Catherine. A century of change in occupational segregation, 1891-1991. *Journal of Historical Sociology*, v. 7, p. 435-454, 1994.

————. *Key issues in women's work.* London: Athlone, 1996.

————; JACOBS, Sheila. *Sex-role preferences and work histories: is there a link?* London: LSE, Department of Sociology, 1997. (Working Paper, 12).

HANDY, Charles. *The empty raincoat:* making sense of the future. London: Arrow, 1995.

HARVEY, Lee; GEALL, Vicky; MOON, Sue. *Work experience:* expanding opportunities for undergraduates. Birmingham: Centre for Quality in Higher Education, UCE, 1998.

HEARN, Jeff; SHEPHERD, Deborah; TANCRED-SHERIFF, Paula; BURRELL, Gibson (Eds.). *Sexuality and organisation.* London: Sage, 1989.

HEATHER, P.; RICK, J.; ATKINSON, J.; MORRIS, S. Employers use of temporary workers. *Labour Market Trends*, p. 403-412, Sept. 1996.

HEERY, Edmund; SALMON, John (Eds.). *The insecure workforce.* London: Routledge, 2000.

HOCHSCHILD, Arlie. *The managed heart.* Berkeley, Los Angeles: University of California Press, 1983.

HUMPHRIES, Jill. Class struggle and the persistence of the working class family. *Cambridge Journal of Economics*, v. 1, n. 3, p. 241-258, 1977.

————; RUBERY, Jill. Women's employment in the 1980s: integration, differentiation and polarisation. In: MICHIE, Jonathan (Ed.). *1979-91: the economic legacy.* London: Academic Press, 1992.

IPD. *Managing diversity: an IPD position paper.* London: Institute for Personnel Development, 1997.

LEWIS, Susan; WATTS, Anne; CAMP, Christine. Developing and implementing policies: Midland Bank's experience. In: LEWIS, S.; LEWIS, Jonathan (Eds.). *The work-family challenge: rethinking employment.* London: Sage, 1996.

LIFF, Sonia. Assessing equal opportunities. *Personnel Review*, n. 18, p. 27-34, 1989.

LINDLEY, Robert. *Labour market structures and prospects for women*. Manchester: Equal Opportunities Commission, 1994.

LOW PAY COMMISSION. *The national minimum wage:* first report of the Low Pay Commission: summary and recommendations. London: Department of Trade and Industry, June 1998.

LUCAS, Rosemary. Youth, gender and part-time work: students in the labour process. *Work, Employment and Society*, v. 11, n. 4, p. 595-614, 1997.

MacINNES, John. *The growth of women's employment and the breakdown of the male breadwinner system in Europe, evidence from Spain and Britain*. Edinburgh: University of Edinburgh, 1998. (Working Papers in Sociology, 12).

McKNIGHT, Abigail; ELIAS, Peter; WILSON, Robert. *Low pay and the national insurance system:* a statistical picture. Manchester: Equal Opportunities Commission, 1998.

McRAE, Susan. Occupational change over childbirth: evidence from a national survey. *Sociology*, v. 25, n. 4, p. 589-604, 1991.

METCALF, David. *The Low Pay Commission and the national minimum wage*. In: BRITISH UNIVERSITIES INDUSTRIAL RELATIONS ASSOCIATION (BUIRA) ANNUAL CONFERENCE. *Proceedings...* Keele University, July 1998.

MEULDERS, Danièle; PLASMAN, Olivier; PLASMAN, Robert. *Atypical employment in the European Community*. Hampshire: Dartmouth, 1994.

MORRELL, Judy; BOYLAND, Marcus; MUNNS, Gabriel; ASTBURY, Louise. *Gender equality in pay practice*. Manchester: EOC, 2001.

MOSS, Peter. Reconciling employment and family responsibilites: an European perspective. In: LEWIS, Susan; LEWIS, Jonathan (Eds.). *The work-family challenge*. London: Sage, 1997.

MYRDAL, Alva; KLEIN, Viola. *Women's two roles: home and work*. London: Routledge, 1956.

NEATHEY, Fiona; HURSTFIELD, Jennifer. *Flexibility in practice: women's employment and pay in retail and finance*. Manchester: Equal Opportunities Commission, 1995.

NOEL, Carla. *The pursuit of equal opportunities policies and practices*: the case of management training and development in two organisations. Thesis (PhD) — Oxford University, 1996.

PACI, Patricia; JOSHI, Heather. *Wage differentials between men and women.* London: Dfee, 1996.

PERRONS, Diane; HURSTFIELD, Jennifer. United Kingdom. In: PER-RONS, D. (Ed.). *Flexible working and the reconciliation of work and family life* — a new form of precariousness. Brussels: European Commission, 1998. (Final report to Community Action Programme on Equal Opportunities for Women and Men, 1996 to 2000).

PURCELL, Kate. Women's employment in UK tourism: gender roles and labour markets. In: SINCLAIR, M. Thea (Ed.). *Gender, work and tourism.* London: Routledge, 1996.

————. Flexibility in the labour market. In: WILSON, Robert; LINDLEY, Robert (Eds.). *Review of the economy and employment 1997/8.* Coventry: Institute for Employment Research, University of Warwick, 1998.

————; PURCELL John. In-sourcing, outsourcing and the growth of contingent labour as evidence of flexible employment strategies. *European Journal of Work and Organisational Psychology*, v. 7, n. 1, p. 39-59, 1998.

————; HOGARTH, Terence; SIMM, Claire. *Whose flexibility? The costs and benefits of different contractual and working arrangements for employers and employees.* York: Joseph Rowntree Trust, 1999.

REYNOLDS, Jonathan. Sectoral perspectives: retailing. In: WILSON, Robert; LINDLEY, Robert (Eds.). *Review of the economy and employment 1997/98.* Coventry: Institute for Employment Research, University of Warwick, 1998.

RILEY, Denise. *War in the nursery.* London: Virago, 1984.

RUBERY, Jill. Part-time work: a threat to labour standards? In: O'REILLY, Jackie; FAGAN, Collette (Eds.). *Part-time prospects.* London: Routledge, 1998.

————; FAGAN, Collette. Occupational segregation: plus ca change...? In: LINDLEY, Robert (Ed.). *Labour market structures and prospects for women.* Manchester: Equal Oportunities Commission, 1994.

————; SMITH, Mike; TURNER, Eloise. *Bulletin on women and employment in the EU*. Brussels, CEC, n. 9, Oct. 1996.

SAVAGE, Mike. Women's expertise, men's authority: gendered organisation and the contemporary middle class. In: SAVAGE, M.; WITZ, Anne (Eds.). *Gender and bureaucracy*. Oxford: Blackwells, 1992.

SCOTT, Jacqueline; ALWIN, Duane; BRAUN, Michael. Generational changes in gender role attitudes: Britain in cross-national perspective. *Sociology*, v. 30, n. 3, p. 471-442, 1996.

SILTANEN, Janet. *Locating gender*. London: UCL Press, 1994.

SLY, See Frances; THAIR, Tim; RIDSON, Andrew. Women in the labour market: results from the Spring 1997 Labour Force Survey. *Labour Market Trends*, p. 97-119, Mar. 1998.

SUMMERFIELD, Penny. *Women workers in the Second World War*. London: Croom Helm, 1984.

THOMAS, Margaret; GODDARD, Eileen; HICKMAN, Mary; HUNTER, Paul. *General household survey 1992*. London: OPCS, 1994.

TUC. *The time of our lives*: a TC report on working hours and flexibility. London: Trades Union Congress Equal Rights Department, 1998.

WAJCMAN, Judy. Women and men managers. In: CROMPTON, Rosemary; GALLIE, Duncan; PURCELL, Kate (Eds.). *Changing forms of employment*. London: Routledge, 1996.

WARHURST, Chris; THOMPSON, Paul. Hands, hearts and minds: changing work and workers at the end of the century. In: THOMPSON, Paul; WARHURST, C. (Eds.). *Workplaces of the future*. London: Macmillan, 1998.

9 A experiência desigual do desemprego recorrente: diferenças de gênero e raça nas transições ocupacionais em São Paulo

Nadya Araujo Guimarães
Paulo Henrique da Silva
Marcus Vinicius Farbelow

Os padrões de transição ocupacional variam segundo dois grandes grupos de determinantes. Por um lado, diferenciam-se entre sociedades, expressando como os sistemas de emprego e os regimes de proteção social se institucionalizam em cada uma delas. Por outro, refletem diversidades internas, que distinguem alguns grupos sociais por correrem maior risco no que diz respeito a desemprego recorrente e a precariedade ocupacional.

Para argumentar na primeira direção, em estudos anteriores comparamos mercados metropolitanos de trabalho em contextos regidos por distintas lógicas institucionais.[1] Assim, lançando mão de resultados de três *surveys*, confrontamos trajetórias ocupacionais nas regiões metropolitanas de Paris (1995-1998), Tóquio (1994-2001) e São Paulo (1994-2001), realidades que ilustram três tipos distintos de regimes de *welfare*. Na França, erigiu-se um sólido e inclusivo sistema público, cujo ápice coincide com os chamados "30 anos gloriosos" de expansão capitalista no pós-guerra. No Japão, sob a vigência do chamado "modelo de emprego vitalício", estabeleceu-se um pujante, conquanto seletivo, sistema privado de proteção. Já no Brasil, a recente e restrita introdução de políticas de proteção daqueles em

---

[1] Ver, por exemplo, Guimarães, Hirata e Sugita, 2004; e Guimarães, 2005 e 2006.

situações de desemprego erigiu-se num mercado de trabalho com assalariamento restrito, transições intensas e forte presença de instituições privadas, como família e redes pessoais, no provimento de proteção social.

Aprendemos, nesses estudos, que os padrões de transição ocupacional diferenciam-se fortemente entre os países, refletindo as normas de emprego prevalecentes nos distintos contextos institucionais. O desemprego de longa duração emergira como figura marcante, a desestabilizar as trajetórias dos trabalhadores franceses, antes marcadas pela alternância entre experiências duradouras de trabalho e passagens ocasionais pela desocupação. O emprego de longa duração ("vitalício") ainda se mostrava a norma no mundo do trabalho no Japão, conquanto se expandissem as formas ditas atípicas de trabalho (em tempo parcial, irregular) e um pequeno, mas extraordinário, desemprego. No caso do Brasil, destacava-se o desemprego recorrente e multiforme, que punha em risco parcelas crescentes de indivíduos ativos. No curso da primeira seção deste capítulo, retomaremos essa idéia para examinar mais detidamente o caso da Região Metropolitana de São Paulo e situar a especificidade do padrão de transição ocupacional que nela tem lugar. A análise longitudinal será uma ferramenta virtuosa para evidenciar suas particularidades.

Mas sabemos que as diferenças nos padrões de percursos não se expressam de maneira uniforme num mesmo mercado de trabalho. Ao contrário, os trajetos são desiguais, refletindo importantes diferenças sociais na vulnerabilidade ao desemprego e à precariedade dos percursos. Nesse sentido, argüiremos, na segunda seção, que os diferenciais de sexo e de cor são elementos centrais para se entender como se estruturam as transições entre situações no mercado de trabalho da Região Metropolitana de São Paulo, em particular as desigualdades no risco de desemprego. Para argumentar nessa direção, a evidência será buscada em pesquisa amostral realizada em cerca de 25 mil domicílios da região.[2] A análise focalizará o período 1997-2001, momento em que as

---

[2] A pesquisa Novas Formas do Emprego e da Mobilidade na Metrópole Paulista contou com financiamentos da Fundação de Apoio à Pesquisa do Estado de São Paulo (Fapesp) — Programa Fapesp/Cepid 1998/14342-9 — e da William and Flora Hewlett Foundation (US-Latin

taxas de desemprego urbano eram elevadas no Brasil, especialmente em São Paulo.

Os percursos no mercado de trabalho de São Paulo

Ao longo da década de 1990, São Paulo, a maior metrópole brasileira, experimentou uma onda de mudanças importantes associadas a transformações mais amplas na economia brasileira e que a atingiram de duas maneiras. A reespacialização dos novos investimentos industriais obrigou-a a dividir com outras regiões, inclusive com o interior do próprio estado de São Paulo, o papel de protagonista que antes lhe cabia na produção nacional. Paralelamente, os serviços que nela já se concentravam, cresceram ainda mais e se diversificaram, ampliando-se as atividades de comando de negócios, em especial de grandes empresas nacionais e transnacionais.

Esse movimento aumentou a competitividade e a capacidade da metrópole de inserir-se numa economia mais globalizada, mas atingiu profundamente o mundo do trabalho, com efeitos sobre as condições de ocupação e renda dos que nela residem e sobre suas trajetórias.[3] Ele-

America Program, *grant* nº 200-5377) e com o suporte institucional do Centro de Estudos da Metrópole (CEM), uma instituição mantida em parceria pelo Centro Brasileiro de Análise e Planejamento, pela Universidade de São Paulo e pela Fundação Seade. Tal levantamento foi realizado como parte do programa de pesquisas do CEM, em parceria com a Fundação Seade; os dados foram colhidos por meio de um questionário suplementar anexado à Pesquisa de Emprego e Desemprego (PED), que a Seade desenvolve, desde 1985, por amostra domiciliar representativa da população economicamente ativa da Região Metropolitana de São Paulo. Entre abril e dezembro de 2001, cerca de 27 mil domicílios foram pesquisados e, neles, aplicado o questionário suplementar com um aproveitamento final de 83% dos casos. Gerou-se uma base de informações significativas sobre 53.170 indivíduos, dos quais, no momento da entrevista, 28.189 foram classificados como ocupados, 6.627 como desempregados e 18.354 como inativos. A duração da coleta (nove meses) decorreu da necessidade de se produzir uma amostra que, por seu tamanho, pudesse ser representativa de todos os segmentos, inclusive dos desempregados, que eram o menor contingente. Para uma descrição cuidadosa do *survey* realizado, ver o capítulo 3 deste livro, de autoria de Nadya Araujo Guimarães.

[3] Comin, 2003.

vou-se de maneira significativa o tempo de procura de trabalho, que dobrou no curso dos anos 1990, notadamente após 1997. Ademais, a procura de trabalho se tornou mais árdua, tanto para aqueles em situação de desemprego aberto, como para o conjunto dos que buscavam uma ocupação. Nessas condições, as taxas de desemprego total (aberto e oculto) ultrapassaram os dois dígitos, sustentando-se em níveis que, nos momentos mais críticos, chegaram a alcançar 20% da população em atividade.[4]

Ora, tal como havíamos visto nos estudos comparativos anteriores, quando o alongamento dos tempos de desemprego e de procura de trabalho convivia com um sistema de proteção pouco efetivo, produziu-se um efeito de elevada insegurança ocupacional que se expressou, em realidades como a de São Paulo, num intenso trânsito entre situações no mercado de trabalho. Ou seja, nos anos mais recentes, o trânsito no mercado de trabalho se intensificou, aumentando a insegurança ocupacional a que estão sujeitos os trabalhadores, que passam com muita freqüência da condição de ativos à de inativos, de ocupados à de desempregados (e vice-versa). Este trânsito reflete o esforço dos indivíduos no sentido de obter algum rendimento que lhes permita a sobrevivência num contexto de frágil proteção institucional.

Testemunhamos aqui um fenômeno algo diferente do observado, notadamente a partir dos anos 1970, nos países europeus economicamente mais avançados. Nestes, foi o aumento do desemprego de longa duração que se constituiu no desafio, tanto à interpretação dos cientistas sociais, quanto aos modelos de financiamento das políticas de proteção social construídas ao longo de uma sólida experiência de regimes públicos de *welfare*. Entre nós, na ausência de tal experiência histórica de proteção, a intensificação das transições no mercado de trabalho e, sobretudo, o fenômeno da recorrência do desemprego, tornaram-se desafios ao nosso entendimento.[5]

O *survey* retrospectivo conduzido na Região Metropolitana de São Paulo nos fornece os dados para caracterizar os padrões de percurso dos

---

[4] Para uma descrição mais detalhada desses impactos no mercado de trabalho de São Paulo, ver dados apresentados por Nadya Guimarães no capítulo 3 deste livro.
[5] Dedecca, 1999; Guimarães et al., 2003.

indivíduos no mercado metropolitano. Tal caracterização estabelece o pano de fundo para, na seção final do capítulo, analisarmos as diferenças que nele se manifestam entre grupos de sexo e cor, num contexto de elevado desemprego, como foram os anos de 1997 a 2001 em São Paulo. Vejamos em mais detalhe.

A tabela 1 mostra as diferentes trajetórias no mercado de trabalho, entre os anos de 1997 e 2001, dos cerca de 28 mil entrevistados que se encontravam ocupados em 2001. Dois são os percursos mais significativos. Primeiro, destacam-se os trajetos estáveis e protegidos, realizados pelos indivíduos que se mantiveram duradouramente empregados e com carteira de trabalho assinada ao longo de todo o período de referência (34% dos casos). Segundo, sobressaem-se os que haviam estado em situação vulnerável nos anos observados, sem ocupação e transitando entre o desemprego e a inatividade, mas que, ao final do período, encontraram trabalho (23,9% dos casos). Outras situações de vulnerabilidade, produzidas seja pela intensa transição (tipo de trajetória número 4 na tabela 1), seja pela ocupação em atividade desprotegida (tipo 7) ou socialmente desvalorizada, como o serviço doméstico (tipo 6) revelam a diversidade sócio-ocupacional dos caminhos pelos quais uma parte dos paulistanos consegue se manter duradouramente ocupada.

Entretanto, chama a atenção a inexistência de um percurso no desemprego de longa duração entre as trajetórias pregressas típicas dos ocupados. Não sem razão, dadas as características do seguro-desemprego, que só fora implantado em meados dos anos 1990 e cobria poucos (dados os critérios de elegibilidade) com um benefício de pequena duração e de reduzido valor monetário.

Tabela 1

Trajetórias entre 1997 e 2001 dos entrevistados ocupados em 2001

Trajetórias dos ocupados	Nº	%
1. Assalariados com carteira	9.620	34,1
2. Empregadores	630	2,2
3. Desempregados ou inativos	6.741	23,9

Continua

Trajetórias dos ocupados	Nº	%
4. Transições intensas, percurso ignorado	4.578	16,2
5. Autônomos	3.161	11,2
6. Domésticos	1.470	5,2
7. Assalariados sem carteira	1.989	7,2
Total	28.189	100,0

Fontes: SEP. Convênio Seade-Dieese. Pesquisa de Emprego e Desemprego (PED). Questionário Suplementar Seade/CEM "Mobilidade ocupacional". Processamento próprio.

Esse achado torna-se ainda mais significativo quando o reencontramos ao analisar as trajetórias dos indivíduos que, em 2001, estavam em situação de desemprego. Vemos, na tabela 2, que apenas dois em cada 10 desempregados em 2001 tinham vivido, nos quatro anos anteriores, sob o desemprego de longa duração. Dito de outro modo, trajetórias duradouras de desemprego são excepcionais até mesmo entre os desempregados. Essa é uma notável especificidade da realidade brasileira.

Tabela 2
Trajetórias entre 1997 e 2001 dos entrevistados desempregados em 2001

Trajetórias dos desempregados	Nº	%
1. Transições intensas, percurso ignorado	2.327	35,1
2. Desempregados	1.074	16,2
3. Desempregados ou inativos	1.088	16,4
4. Assalariados com carteira	1.598	24,1
5. Domésticos	301	4,6
6. Autônomos	239	3,6
Total	6.627	100,0

Fontes: SEP. Convênio Seade-Dieese. Pesquisa de Emprego e Desemprego (PED). Questionário Suplementar Seade/CEM "Mobilidade ocupacional". Processamento próprio.

Duas são as trajetórias mais típicas ao grupo dos desempregados. A primeira se assemelha à norma da operação num mercado de trabalho protegido e onde impera o assalariamento regular; nesse caso, a situação de desemprego em que os encontramos é um momento episódico de ruptura num percurso que fora até ali estável, marcado pela ocupação duradoura e protegida. Entretanto, em São Paulo, os indivíduos que fazem sistematicamente esse tipo de trajeto são apenas uma quarta parte dos casos (24,1%).

O segundo grupo é formado pelos entrevistados para os quais a situação de vulnerabilidade, expressa na desocupação em que foram encontrados, não é muito distinta daquela em que tinham estado até então. Suas trajetórias pregressas haviam sido marcadas por tão intensas transições que sequer nos foi possível identificar um padrão que tipificasse o seu percurso no mercado de trabalho. O desemprego, para esse grupo de pessoas, é apenas mais um evento de risco numa trajetória plena de incertezas. Significativamente, eles são o grupo numericamente mais importante (35,1% dos casos). E se a eles agregarmos o tipo 2 de trajetória (16,4%), igualmente precário e marcado pela ausência de evento de ocupação, forçando os indivíduos a transitarem entre o desemprego e a inatividade, teremos mais da metade dos percursos daqueles que a pesquisa encontrou em situação de desocupação.

Novamente convém observar que, nas condições de institucionalização da proteção então vigentes no Brasil, foi excepcional encontrar entre nós aquilo que se tornou moeda corrente nos países capitalistas onde regimes de *welfare* mais protetores se estabeleceram, a saber, um percurso no desemprego de longa duração. Por isso mesmo, entre os desocupados da Região Metropolitana de São Paulo, apenas uma parcela minoritária (16,2%) pode ter condições de permanecer duradouramente no desemprego.

Peculiar é também a situação dos inativos quando observada num contexto social, como o da maior metrópole brasileira, em que o regime de proteção social é recente, pouco inclusivo na cobertura e ainda restrito nos benefícios.

Atentando para o que nos apresenta a tabela 3, vemos que entre as trajetórias identificadas só residualmente (3,9% dos casos) figura a passagem à inatividade na forma típica de outras realidades, nas quais o trabalhador se retira da força de trabalho, ao final da vida ativa, depois de uma trajetória de emprego regular e protegido (tipo 2, tabela 3). Aqui, os inativos são pessoas que estiveram sujeitos a uma grande insegurança ocupacional, seja por suas trajetórias marcadas por intenso trânsito e despadronização de percurso (43,6% dos casos), seja pela ausência duradoura de ocupação, que os fez transitar entre o desemprego e a inatividade (38,3%). Somadas a outras trajetórias de precariedade (como a de tipo 5) depreende-se quão ponderável é a sua vulnerabilidade.

Tabela 3

Situação nos anos 1997-2001 dos entrevistados inativos em 2001

Trajetórias dos inativos	Nº	%
1. Transições intensas, percurso ignorado	8.008	43,6
2. Aposentados (assalariados com carteira ou funcionários públicos)	718	3,9
3. Autônomos	457	2,5
4. Desempregados ou inativos	7.026	38,3
5. Percurso entre situações precárias	1.482	8,1
6. Do assalariamento regular à transição para o desemprego e a inatividade	663	3,6
Total	18.354	100,0

Fonte: SEP. Convênio Seade-Dieese. Pesquisa de Emprego e Desemprego (PED). Questionário suplementar Seade/CEM "Mobilidade ocupacional". Processamento próprio.

Vistos em seu conjunto, esses achados mostram que as trajetórias despadronizadas, isto é, aquelas sujeitas a transições muito intensas, destacam-se como um tipo de percurso fortemente recorrente no mercado paulistano. A elas estão expostos nada menos que 16% dos ocupados (mantendo-se, por sua importância numérica, como o segundo tipo de percurso entre eles), 35% dos desempregados (esse tipo de trajeto segue sendo o mais importante entre as pessoas que buscavam trabalho no momento do levantamento) e 43% dos inativos.

Diante disso, uma nova pergunta se coloca: conquanto o desemprego recorrente pareça ser o elemento que dá sentido às formas de transitar no mercado de trabalho de São Paulo, será cabível acreditar que todos estão igualmente sujeitos ao risco de sua recorrência?

As especificidades sociais dos percursos ocupacionais em São Paulo: onde mulheres e negros saem perdendo

Para tratar de responder a essa nova indagação, examinaremos o peso de determinantes que resultam de características adscritas, como sexo e cor,[6] e de características aquisitivas, como escolaridade, sobre a chance de se fazer um dado caminho no mercado de trabalho. A análise seguirá focalizando os percursos dos entrevistados no período 1997-2001. Entretanto, nesta seção, observaremos apenas os dois grupos de indivíduos que, em termos conceituais mais estritos, podem ser considerados efetivamente dispostos no mercado, ou seja, os ocupados e os que estão à procura de trabalho na condição de desempregados.

Argüiremos, com esta análise, que os padrões de transição não só variam segundo determinantes que advêm das lógicas institucionalizadas nos sistemas de emprego e de proteção, mas refletem também outras lógicas sociais, que conferem valor aos indivíduos (e, ao fazê-lo, os desigualam) segundo atributos cuja importância simbólica é significativa a ponto de alterar as suas chances na procura de trabalho ou na continuidade no emprego. As trajetórias respondem, assim, tanto a especificidades das instituições quanto a especificidades dos sujeitos.

Buscaremos mostrar a existência de uma relação entre a cor e o sexo dos trabalhadores, por um lado, e as trajetórias por eles percorridas, por outro, utilizando o recurso estatístico da análise de correspondência. Essa técnica robusta nos diz, primeiro, se há associação entre as variáveis em questão e, segundo, decompõe essa relação em dimensões que podem ser analisadas graficamente.[7]

A associação entre cor, sexo, nível de escolaridade e as trajetórias mostrou-se, como veremos a seguir, fortemente positiva. Apresentaremos os resultados em três passos. Inicialmente, analisaremos as traje-

---

[6] A variável cor foi colhida na PED (inquérito ao qual se associou o levantamento retrospectivo cujos dados analisamos), mediante a classificação racial do entrevistado pelo entrevistador, que usou, para tal, as categoriais oficiais brasileiras. Na análise subseqüente, reuniremos os pretos e pardos sob a denominação "negros" e os brancos, amarelos e indígenas sob a denominação "brancos".

[7] Os autores agradecem a Maria Paula Ferreira, da Fundação Seade, pelo suporte teórico para a análise estatística.

tórias dos desempregados, em sua associação com a condição de sexo e de cor. Em seguida, faremos o mesmo para as trajetórias dos ocupados. Finalmente, buscaremos verificar se a relação encontrada se altera substancialmente quando introduzimos uma variável de tipo aquisitivo, a escolaridade, replicando a análise para os dois grupos, o dos desempregados e o dos ocupados.

Os desempregados

As trajetórias ocupacionais percorridas por aqueles que estavam desempregados no momento da pesquisa não dependem unicamente dos esforços por eles empreendidos ao longo da vida pessoal e profissional com vistas à aquisição de competências, habilidades e atributos valorizados pelo mercado de trabalho. Os percursos individuais são também determinados, em grande medida, por características que os indivíduos carregam desde o berço, traços que estão inscritos em seus corpos e que são prenhes de significado nas relações sociais, como sexo e cor. Veremos a seguir que o mercado de trabalho na Região Metropolitana de São Paulo tem sua estruturação pautada pelo peso de tais características adscritas.

Observemos a figura 1. Ela distribui num espaço bidimensional os grupos de sexo e cor em sua associação com os diferentes padrões de trajetórias. Nela, chama a atenção o modo claramente diferenciado em que se apresentam dispostos os grupos de sexo e de cor. As duas dimensões os distinguem de forma cabal. A dimensão 1, expressa no eixo horizontal (dos "x"), dispõe os homens na sua metade positiva e as mulheres na metade negativa do eixo. Já a dimensão 2, no eixo vertical (dos "y"), distingue negros de brancos: os negros estão na metade positiva, superior, e os brancos na metade negativa, inferior.

Ou seja, há um padrão que aparta homens de mulheres, e um padrão que aparta negros de brancos. E cada um dos quatro quadrantes define-se como o espaço de cada um dos quatro diferentes grupos de sexo e cor. No quadrante superior direito estão dispostas as mulheres negras; se seguimos observando, no sentido horário, encontramos as brancas no quadrante logo abaixo; a elas se seguem os homens brancos, que ocupam o terceiro quadrante, e os negros, dispostos no quarto quadrante. Desse modo, o primeiro passo na análise de correspondência sugere a existência de formas de segregação no mercado de trabalho que diferenciam os negros dos brancos, e que apartam as mulheres dos homens.

Figura 1
Análise de correspondência entre cor e sexo, por classe de trajetória dos desempregados da Região Metropolitana de São Paulo, 1997-2001

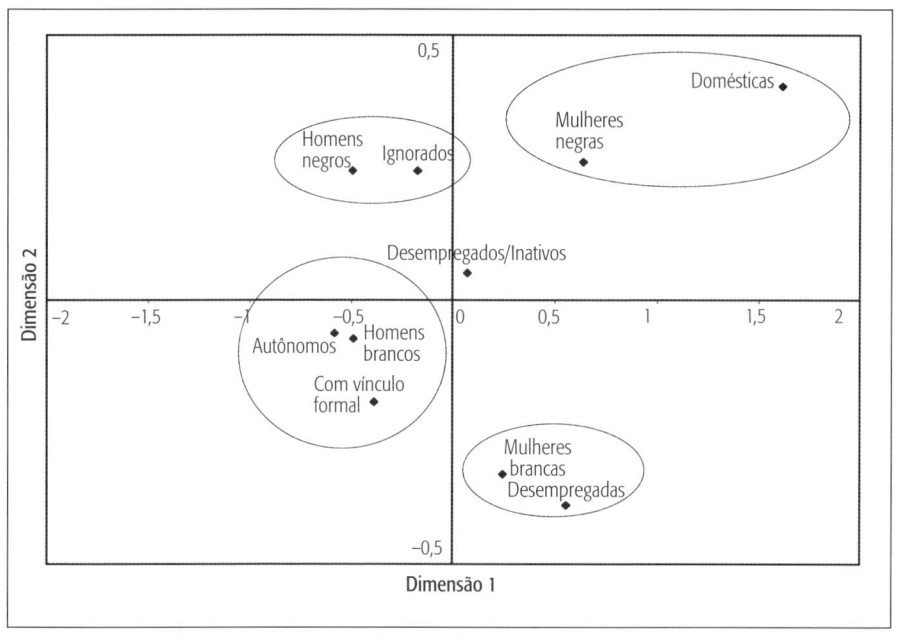

Fontes: SEP. Convênio Seade-Dieese. Pesquisa de Emprego e Desemprego (PED). Questionário suplementar Seade/CEM "Mobilidade ocupacional". Processamento próprio.

Quando observamos a distribuição dos tipos de trajetória por esse espaço bidimensional, vemos que mulheres e homens realizam percursos distintos. As mulheres circulam no mercado por caminhos mais fortemente associados à precariedade, em situações menos valorizadas e/ou mais indesejáveis do ponto de vista social, tais como as de empregadas domésticas ou de desempregadas. Os homens, por sua vez, percorrem trajetórias que podem ser consideradas mais virtuosas. Ainda que sob o rótulo de "autônomos" estejam classificados indivíduos de características sócio-ocupacionais muito heterogêneas (desde o vendedor ambulante até o profissional liberal de nível superior), ou que alguns dos ocupados com vínculo empregatício recebam vencimentos tão ou mais irrisórios do que os auferidos pelas empregadas domésticas, não nos parece equivocado considerar a inclusão duradoura em empregos registrados, ou no trabalho autônomo, como percursos mais valorizados, não apenas por vantagens que a eles podem estar associadas, mas pelo reconhecimento social que conferem. Ademais, não seria descabido supor que tais situações são, em quaisquer circunstâncias, preferíveis à de desempregado.

Entretanto, o grupo das mulheres não é homogêneo, visto que as negras mantiveram-se majoritariamente nos trajetos associados ao emprego doméstico, enquanto as brancas tenderam a passar como desempregadas a maior parte do período 1997-2001. As primeiras parecem levadas a aceitar ocupações mais precárias tanto do ponto de vista da estabilidade quanto da remuneração, enquanto as últimas, talvez amparadas por estruturas familiares ou redes sociais capazes de multiplicar provedores, mantiveram-se no desemprego à procura de alternativas ocupacionais mais vantajosas, tanto por sua remuneração quanto pelo prestígio social auferido.

Também no caso dos homens a condição racial revelou-se importante. Se as trajetórias masculinas são melhores que as femininas do ponto de vista do reconhecimento social, isso é válido antes de tudo para os brancos. Os percursos dos negros estão fortemente associados àquele tipo de trajeto marcado por tão intensas transições, entre tão distintas situações, que não nos é possível reconhecer sequer um padrão em tal percurso. Os negros encontram-se, assim, em situação de precariedade, conquanto de tipo diferente daquela que havíamos identificado entre as mulheres.

Os ocupados

E o que dizer da relação entre cor, sexo e trajetórias dos indivíduos, quando observamos aqueles que estavam ocupados no momento da entrevista? Aqui, o espaço parece tão claramente demarcado quanto se revelou entre os desempregados. Observemos a figura 2. No eixo horizontal ("x"), a dimensão 1 deixa entrever a distinção entre homens e mulheres. Já a dimensão 2 (eixo vertical) demarca a separação entre aqueles com trabalho, dispostos nos quadrantes superiores, e aqueles sem trabalho, dispostos nos quadrantes inferiores.

Figura 2

Análise de correspondência entre cor e sexo, por classe de trajetória dos ocupados da Região Metropolitana de São Paulo, 1997-2001

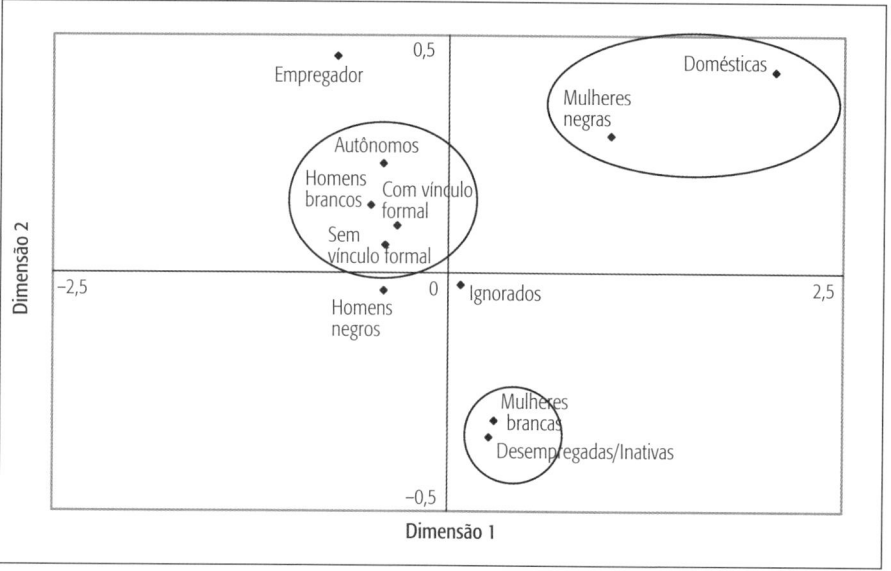

Fontes: SEP. Convênio Seade-Dieese. Pesquisa de Emprego e Desemprego (PED). Questionário suplementar Seade/CEM "Mobilidade ocupacional". Processamento próprio.

Os homens brancos estão localizados no quadrante superior esquerdo, muito próximos das trajetórias de emprego duradouro, com e sem vínculo, e dos percursos no trabalho autônomo. Já os negros estão no quadrante inferior esquerdo, com relação à dimensão 2, que diz do tipo de percurso; eles estão novamente muito próximos do que denomináramos antes "transições intensas, padrão de trajetória ignorado", ou seja, associados aos percursos despadronizados e marcados pela intensa mobilidade entre situações. As mulheres novamente diferenciam-se, expressando dois padrões: o das brancas, que podem manter-se por longos períodos no desemprego, o qual se entremeia com a inatividade; e o das negras, que são absorvidas pelo mercado no serviço doméstico. Persiste a relação entre as classes de trajetórias percorridas pelos trabalhadores e as suas características de sexo e cor. Apesar disso, vemos que a dimensão racial não se exprime aqui com a mesma clareza que vimos antes, entre os desempregados.

Todavia, tendo em conta as diferenças de escolaridade que apartam negros e brancos, e que também diferenciam homens de mulheres, convém darmos um novo passo na análise, e verificar se não estamos diante de uma relação espúria. Para tanto, introduzimos a variável escolaridade, de modo a testar se o resultado pode ser uma evidência robusta de seletividade de gênero e racial, ou se, pelo contrário, trata-se de um efeito do diferencial educacional entre grupos de sexo e cor. Como antes, iniciaremos com os achados relativos ao grupo dos desempregados (figura 3) e seguiremos com o grupo dos ocupados (figura 4).

Figura 3

Análise de correspondência múltipla, cor e sexo, por classe de trajetória e nível de escolaridade para os desempregados de São Paulo, 1997-2001

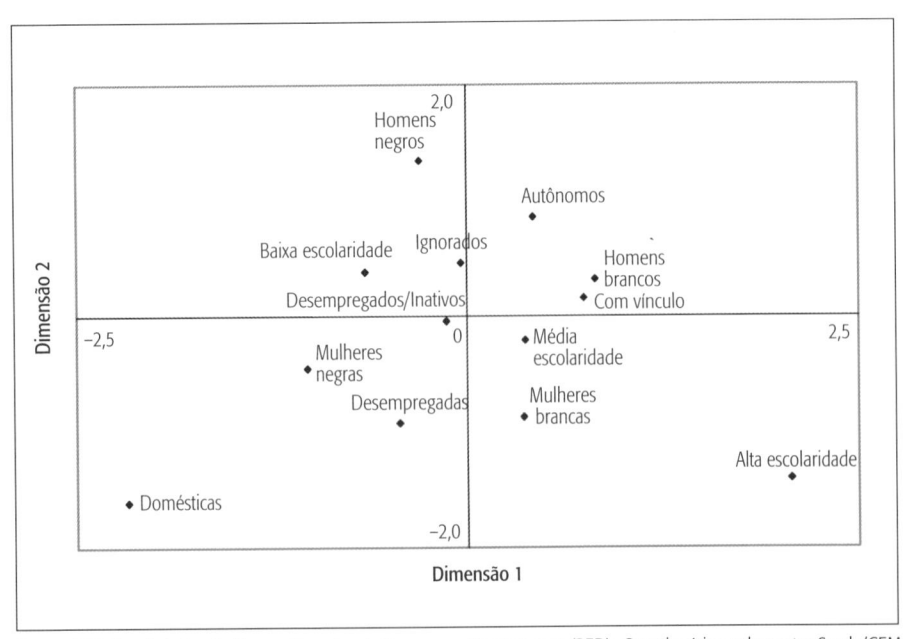

Fontes: SEP. Convênio Seade-Dieese. Pesquisa de Emprego e Desemprego (PED). Questionário suplementar Seade/CEM "Mobilidade ocupacional". Processamento próprio.

A figura 3 mostra a relação entre cor e sexo, as classes de trajetória e o nível de escolaridade dos indivíduos que estavam desempregados no momento da entrevista.

Persiste a clara divisão entre brancos e negros, manifesta na dimensão 1 (eixo de "x"), e entre homens e mulheres, expressa na dimensão 2 (eixo de "y"). A escolaridade segue uma diagonal do primeiro quadrante, acima à esquerda, até o terceiro quadrante (no sentido horário), abaixo à direita. Pode-se notar uma associação entre as brancas e a alta e média escolaridades, assim como entre os negros e a baixa escolaridade; negras e brancos não estão muito claramente localizados em termos de escolaridade.

Quanto aos tipos de percurso, vemos que os homens brancos estão mais uma vez associados às ocupações com vínculo formal (empregados com carteira assinada e funcionários públicos), enquanto os negros estão de novo no mesmo quadrante dos trabalhadores que percorreram uma trajetória pautada pelo desemprego e/ou inatividade e pela intensa rotação entre as várias formas de inserção. Reiterando o achado anterior, as trajetórias das mulheres negras continuam fortemente associadas ao emprego doméstico. Entretanto, uma vez controlado o efeito da escolaridade, já não há mais um tipo de trajetória claramente associável ao grupo das brancas, conquanto, considerando a dimensão 2, elas sigam mais próximas da trajetória de desemprego duradouro.[8]

No caso dos ocupados, as relações entre as três variáveis mostram-se similares ao observado no caso dos desempregados (figura 4). A classe de trajeto como empregador está muito próxima da característica da alta escolaridade. Os homens negros parecem estar associados tanto à baixa escolaridade quanto, e novamente, à trajetória de intensa rotação, já que todas as características se dispõem no mesmo quadrante. Os melhores postos assalariados estão associados à presença dos brancos. Já as mulheres negras apresentam-se de novo no mesmo quadrante do emprego doméstico, mas, diferentemente do analisado até aqui, também próximas do desemprego.

---

[8] Observa-se, porém, na dimensão 1, que as brancas estão mais distantes do tipo de trajeto do desemprego duradouro.

Figura 4

Análise de correspondência múltipla, cor e sexo, por classe de trajetória e nível de escolaridade para ocupados de São Paulo, 1997-2001

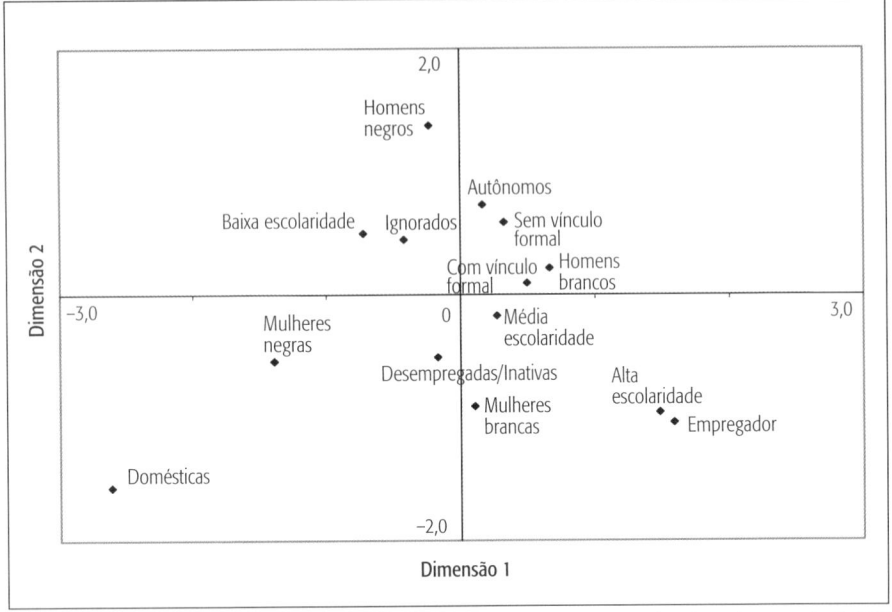

Fontes: SEP. Convênio Seade-Dieese. Pesquisa de Emprego e Desemprego (PED). Questionário suplementar Seade/CEM "Mobilidade Ocupacional". Processamento próprio.

Considerações finais

O recurso à análise de correspondência para medir e exprimir a associa-ção entre cor, sexo, escolaridade e tipo de trajetória nos deixa diante de um inquietante achado e de novas indagações.

O achado inquietante: se é certo que há um intenso trânsito que parece conferir especificidade ao tipo de recorrência que caracteriza o desemprego entre os paulistanos, os trajetos nesse mercado de trabalho mostram-se fortemente associados a sinais de desigualdade que nos põem na ante-sala da discriminação. Isto porque conjugam-se, e de forma rei-terada, os piores tipos de percurso e as chances de que estes venham a ser feitos por homens negros, ou por mulheres, especialmente se negras. Intensas transições e percursos despadronizados tipificam os homens negros, mesmo quando se controlam os diferenciais de escolaridade entre os grupos. O mesmo parece valer para o trabalho doméstico; se considerarmos que parcela ainda expressiva das pessoas ali ocupadas não vê sequer respeitado o seu direito à formalização da relação de trabalho por meio da assinatura da carteira, pode-se entrever a precariedade das condições de emprego das trabalhadoras negras.

Observe-se que estamos tratando aqui de padrões de trajetória partilhados pelos mesmos indivíduos, na forma de movimentos sistemáticos em seus percursos ao longo dos quatro anos analisados; não se trata da situação ocupacional de um estoque de trabalhadores observados sucessiva e transversalmente em momentos selecionados. Isso significa que os negros, homens e mulheres, deslocam-se de modo sistemático no mercado de trabalho paulistano por espaços precários e/ou socialmente estigmatizados. Circulam e alimentam um mundo de atividades ocupacionais que os insula e denigre.[9]

Já as mulheres brancas, apesar de sua maior escolaridade, parecem ter no desemprego o tipo de percurso que caracteriza sua inserção no mercado metropolitano de trabalho: se não o desemprego duradouro, a transição intensa que se faz entre desemprego e inatividade, ora apresentando-se no mercado de trabalho à procura de emprego, ora retirando-se deste. Considerando que estamos caracterizando padrões de circulação, espaços por onde se deslocam e onde competem esses trabalhadores, é significativo o achado anterior, que reitera a fluidez das fronteiras num mercado desprotegido de trabalho, no qual a frágil institucionalização do desemprego termina por banalizar o movimento em direção à porta de saída desse mercado.

Finalmente, os achados se tornam ainda mais inquietantes quando vemos que, *grosso modo*, os padrões de associação se mantêm mesmo quando introduzimos a diferenciação por níveis de escolaridade, um divisor de águas importante em termos de perfil de brancos e mulheres

---

[9] Outra instigante indagação poderia ser formulada a respeito. Haveria diferença significativa se controlássemos a condição migratória desses indivíduos, notadamente se introduzíssemos o efeito da condição de "nordestino"? A característica que melhor explica as associações encontradas será a cor (um preconceito de marca), ou será a procedência regional (um preconceito de origem)?

e uma medida do que pode ser adquirido pela via da ação dos próprios sujeitos. Estará isso a dizer que o preconceito delimita espaços de circulação, insulando grupos no mercado de trabalho? Que a obtenção de credenciais escolares não é um antídoto significativo contra o preconceito e a discriminação de sexo e cor?

Talvez sim, e remetemos a outros achados eloqüentes, porque referidos ao conjunto do país, relativos a diferenciais de rendimentos entre homens brancos, por um lado, e homens negros, mulheres negras e brancas, por outro. Decompondo-se os determinantes dessa variação (por escolaridade, tempo de trabalho, ocupação, setor, naturalidade, idade, sexo, cor), vimos, em outro trabalho,[10] que, quando observávamos o peso desses determinantes ao longo da distribuição de renda, o efeito da segregação (por sexo e cor) era tanto maior quanto mais nos elevávamos nos centis da distribuição de renda. Vale dizer, quando homens negros, mulheres negras e brancas chegavam a posições sociais elevadas, indicando que haviam contornado todos os outros determinantes da diferenciação entre os seus rendimentos (escolaridade inclusive), recrudescia o papel que a discriminação (racista ou sexista) desempenhava na produção da distância salarial que estes guardavam em relação aos homens brancos.

Nesse sentido, a metrópole paulista é, mais uma vez, um cadinho que flagra a diversidade do país em que ela se insere, diversidade que desafia a cognição dos atores sociais e a criatividade das políticas públicas.

Bibliografia

BIDERMAN, Ciro; GUIMARÃES, Nadya Araujo. Na ante-sala da discriminação: o preço dos atributos de sexo e cor no Brasil (1989-1999). *Estudos Feministas*, v. 12, p. 177-200, 2004.

COMIN, Alvaro. *Mudanças na estrutura sócio-ocupacional do mercado de trabalho em São Paulo*. 2003. Tese (Doutorado em Sociologia) — Universidade de São Paulo, São Paulo, 2003.

---

[10] Biderman e Guimarães, 2004.

DEDECCA, Claudio S. *Racionalização econômica e trabalho no capitalismo avançado*. Campinas: Unicamp, 1999. (Coleção Teses).

GUIMARÃES, Nadya Araujo. Brasilianizando o Ocidente? *Insigh Inteligência*, n. 7, p. 92-110, 2005.

————. Trabalho em transição: uma comparação entre São Paulo, Paris e Tóquio. *Novos Estudos Cebrap*, n. 76, p. 159-177, 2006.

————; HIRATA, Helena; SUGITA, Kurumi. Desemprego: mercados, instituições e percepções. Brasil e Japão numa perspectiva comparada. *Tempo Social*, v. 16, p. 257-288, 2004.

———— et al. *Desemprego:* abordagens institucional e biográfica; uma comparação entre Brasil, França, Japão. São Paulo, 2003. (Relatório final do auxílio CNPq 469792-00). Disponível em: <www.fflch.usp.br/sociologia/nadya>.

10 Novas estratégias gerenciais e a qualidade de vida no trabalho na indústria automobilística do Reino Unido e do Brasil*

Paul Stewart
José Ricardo Ramalho
Andy Danford
Marco Aurélio Santana

Este capítulo visa questionar afirmações de que as novas formas de organização da produção e do trabalho implementadas nas últimas décadas melhoraram a experiência de emprego dos trabalhadores na indústria automobilística; e de que a chamada produção enxuta e suas variações mais recentes permitiriam uma melhor sinergia na prática de recursos humanos, aumentando as chances de empregadores e empregados estabelecerem uma relação de "ganho mútuo", tanto no desempenho institucional quanto na satisfação no trabalho.

O que chama a atenção nessa perspectiva mais positiva quanto às novas estratégias gerenciais é a idéia de que problemas na organização da produção podem ser superados, omitindo-se o papel da coerção no trabalho. As novas estratégias gerenciais têm sido apresentadas como um avanço na política de controle sobre o local de trabalho, posto que se baseiam em propostas de incorporação do trabalhador, através da participação sindical, e no desenvolvimento da organização e do processo de trabalho. Esse aspecto passou a ser fundamental no planejamento

---

* Tradução de José Ricardo Ramalho e Marco Aurélio Santana. Este capítulo é uma versão bastante modificada de artigo publicado na *Revista Latinoamericana de Estudios del Trabajo*, Montevideo, Alast, v. 10, n. 17, p. 165-194, 2005.

da organização e na gestão de recursos humanos porque a maioria dos indicadores vindos de dentro das fábricas aponta para um aumento do estresse no local de trabalho, derivado da percepção dos trabalhadores de que não têm controle sobre o trabalho e de que o ritmo deste se intensificou.[1]

A questão deste texto, construído a partir dos dados de um *survey* realizado no Reino Unido e no Brasil,[2] é se as novas estratégias gerenciais cumprem na prática aquilo que prometem no discurso. Partindo da experiência concreta de duas empresas da indústria automobilística, avaliamos que tais estratégias ainda não podem ser consideradas uma transformação de corte radical na gestão e na utilização do trabalho e da tecnologia. Quando examinamos, em nossos *surveys* nacionais, as percepções sobre o estresse, a insegurança, os graus de monitoramento do desempenho do trabalhador e de satisfação com a gerência no local de trabalho, pudemos sugerir que, para a maioria dos trabalhadores entrevistados, essas tentativas de mudança parecem ser insuficientes para confirmar as pretensões de que um chão-de-fábrica *enxuto* poderia, sem ambigüidades, levar a uma melhoria na vida do operário fabril.

Nas duas últimas décadas do século XX, as pesquisas sobre o setor automobilístico, na maioria das vezes, consideraram a produção enxuta do ponto de vista das gerências e limitada à perspectiva da produtividade.[3] O exemplo mais importante nesse sentido veio do MIT-USA, através do International Motor Vehicle Program (IMVP). Embora o conceito de produção enxuta tenha sido útil para dar sentido à ideologia e à estratégia das gerências no setor automobilístico,[4] na fase atual das relações entre a gerência e os trabalhadores, esse conceito parece estar adquirindo um novo rumo, em direção a um tratamento corporativo da questão do trabalho e da organização sindical. Se a produção enxuta levou a que setores ligados às gerências admitissem sua responsabilidade

---

[1] Rinehart, Huxley e Robertson, 1997; Wichert, 2002.
[2] *Surveys* realizados nas fábricas da General Motors em Ellesmere Port, Reino Unido, e da VW Caminhões, em Resende, Rio de Janeiro.
[3] Gill e Conti, 1998.
[4] Ver, entre outros, Williams et al., 1992.

pelos problemas estruturais oriundos do fordismo, certamente não convenceu nem os trabalhadores nem as suas organizações sobre as verdades do neocorporativismo, que seria um passo seu mais avançado.[5]

Em alguns casos, a gerência pretende mesmo assumir a liderança com a articulação de um pseudopluralismo, ao tentar combinar as noções de autonomia sindical com a concessão de poder aos operários. Ao buscarem um maior envolvimento dos trabalhadores – em vez de estimularem a democratização efetiva do local de trabalho —, as novas estratégias gerenciais na verdade parecem conseguir apenas uma participação limitada dos trabalhadores e de seus representantes sindicais nas decisões relativas à organização do trabalho, que permanecem restritas aos parâmetros determinados pela gerência.

O objetivo deste capítulo é avaliar as pretensões dessas novas estratégias gerenciais, tanto no que diz respeito aos seus impactos positivos sobre os empregados quanto à sua alocação em um contexto mais geral de mudanças das relações sociais no local de trabalho. Nossas conclusões indicam que a produção enxuta pode ser entendida como um padrão distinto de estratégia empresarial, desenvolvido para se opor à organização do trabalho na fábrica a partir da II Guerra Mundial. Em outras palavras, entendemos que isso se constituiu visando fazer frente aos padrões anteriores que definiram o escopo, a forma e o conteúdo do trabalho.

Mas, se no início a produção enxuta não estava preocupada com a intensificação do trabalho, e sim com o chamado problema da baixa produtividade, suas estratégias e desdobramentos mais recentes têm se preocupado com a questão da exclusão do trabalho organizado. Enquanto, num primeiro momento, procurou-se aumentar a produtividade do trabalho através da combinação de técnicas de *human resource management* (HRM) com mudanças organizacionais (e algumas vezes técnicas), as novas estratégias pressupõem o desenvolvimento de uma pauta neocorporativa. A idéia seria conceder mais poder ao trabalho (com menos acidentes), juntamente com melhorias tecnológicas e in-

---

[5] Lewchuk e Robertson, 1996.

cremento do desempenho da empresa. Como demonstrou Nichols (1997), o aumento da produtividade do trabalho e a redução dos níveis de acidentes não são de forma alguma excludentes. Enquanto o primeiro caso deriva da inovação tecnológica, a prevalência do estresse no local de trabalho, no contexto das novas estratégias, pode estar revelando que esse regime ainda depende de sistemas de produção "conduzidos pelo trabalho".[6]

O aumento do estresse no trabalho, que é uma característica da redução da qualidade de vida na fábrica, deve ser colocado no contexto dos argumentos de Burawoy (1985) quanto à contestação no local de trabalho.[7] É importante lembrar que o relacionamento gerência-trabalho ocorre e se constrói sobre relações de controle já existentes. Não é possível analisar o poder da gerência sem considerar essa condição limitante.[8] A nosso ver, o processo de combate às normas de trabalho constituídas anteriormente, incluindo certos padrões já acordados no local de trabalho, pode ser compreendido no contexto do "regime fabril" de Burawoy.[9]

Em vez de supor que um dos objetivos das estratégias gerenciais mais recentes, derivadas da produção enxuta, é dar mais poder aos trabalhadores nas empresas, sugerimos que seu objetivo principal seria, de fato, mudar o papel dos sindicatos, afastando-os do confronto dentro da fábrica através do neocorporativismo. A gerência busca sistematicamente inibir a ação sindical no local de trabalho e se empenha por um sindicalismo mais cooperativo. Essas estratégias têm a ver com o estabelecimento de um novo modelo de controle cultural sobre o local de trabalho no que diz respeito a: extensão da jornada de trabalho, trabalho extra, alocação de trabalho, intensidade do trabalho e marginalização dos conflitos entre capital e trabalho.

O controle cultural é definido aqui em termos da criação de um local de trabalho enquadrado na pauta corporativa de produtividade e qualidade, enquanto os direitos coletivos são vistos como subordina-

---

[6] Ver Nichols, 1997; Danford, 1999.
[7] Ver também, entre outros, Stephenson, 1996; Danford, 1997; e Yates, 1998.
[8] Williams et al., 1992; Thompson e Ackroyd, 1999; Moody, 1997.
[9] Durand e Stewart, 1998.

dos aos da corporação. Contraditoriamente, nossos resultados mostram como os trabalhadores identificam nesses novos desdobramentos da produção enxuta um modo de diminuir seu poder no local de trabalho. Enquanto alguns trabalhadores entrevistados, às vezes a maioria, registram respostas positivas aos impactos dos novos arranjos do trabalho, no principal, os trabalhadores registram uma experiência negativa, embora isso não seja uniforme nas duas empresas pesquisadas.

A regulação dos novos padrões de emprego e produção

O ponto a ser destacado aqui é que os padrões do emprego — intensidade, duração e condições de trabalho — são o resultado de uma disputa entre os sindicatos e as gerências. Isso se deu de maneira e em períodos distintos nos casos estudados.

No Reino Unido, houve uma relativa estabilidade nos padrões de emprego e de produção até o início dos anos 1970. Os setores estatais da indústria automobilística britânica estabeleceram uma base regulatória após a I Guerra Mundial, mas, nos anos 1920, muitos dos avanços conseguidos pelo trabalho organizado durante a guerra foram reprimidos. A General Motors (GM), um de nossos casos de estudo, por exemplo, assumiu a Vauxhall Motors em 1925 e, sob novo regime gerencial baseado no trabalho por tarefa (*piece work*), reduziu os rendimentos para um quarto do que vigorava anteriormente. Sob o controle da GM, a gerência da Vauxhall desenvolveu um estilo paternalista na relação com os trabalhadores que persistiu até os anos 1950.

Desde o fechamento da unidade de Luton em 2001, a GM possui apenas uma fábrica de veículos para passageiros no Reino Unido – a fábrica de Ellesmere Port, em Merseyside, no noroeste da Inglaterra (construída em 1962). Até o final dos anos 1970 essa planta sofreu com um contexto marcado por relações problemáticas da gerência com os trabalhadores, por uma forte competição internacional, bem como por um baixo nível de investimentos. A mudança do intervencionismo estatal para um modelo neoliberal ajuda a explicar as transformações ocorridas no setor automobilístico nesse período. Em 1979, a gerência venceu o famoso contencioso de três meses que tinha como lema "nós vamos gerenciar", passando então a decidir os termos nos quais as mudanças na fábrica iriam acontecer.

Esse contencioso deve ser analisado sob a luz do surgimento de um novo regime fabril, que passou a ser conhecido como produção enxuta, embora os resultados não fossem o que tanto os defensores quanto os críticos imaginaram. No entanto, além de visar à restauração da margem de lucro, o objetivo de excluir os sindicatos ainda não tinha aparecido. Nos termos de Burawoy (1985), esse episódio representou o desenvolvimento de um novo regime fabril, um regime de despotismo hegemônico.

Em Ellesmere Port, a GM se comprometeu com um programa de investimento de 12 anos para o desenvolvimento de um novo motor, conhecido como "V6" (de 1980 a 1992). Esse programa e todo o investimento subseqüente empurraram o sindicato para um processo de negociação. Isso fazia parte da estratégia internacional da GM no que diz respeito às relações de trabalho através de um corporativismo local, buscando associar o desenvolvimento tecnológico (e a produção enxuta) com o envolvimento do sindicato. No entanto, a gerência sempre se equivocou com a força dos sindicatos locais, tanto em termos de organização quanto em termos políticos, e se surpreendeu com a greve ocorrida no inverno de 1996 (os motivos principais foram: o aumento da velocidade da linha de montagem e preocupações com a saúde e a segurança no trabalho). Esse caso deixou claro que não se pode discutir o caráter desse novo regime produtivo em uma perspectiva que o isole de seu contexto social.

Na indústria automobilística brasileira (surgida apenas nos anos 1950), as negociações entre sindicato e gerência sobre salários e condições de trabalho tiveram momentos importantes no final dos anos 1970 e início dos 80, quando o movimento sindical passou por importante fase de reformulação, a ponto de receber a denominação "novo sindicalismo". Na verdade, esse momento especial se iniciou com as greves nas empresas multinacionais da indústria automobilística, forjando uma geração de sindicalistas bastante críticos da tradição sindical corporativista brasileira. O sindicalismo acumulou muita força com suas mobilizações e se transformou em um importante ator político não só nas negociações coletivas, mas também nos debates sobre legislação trabalhista e condições de trabalho.

Pode-se dizer que houve uma forte mudança nesse cenário com a abertura do mercado brasileiro à competição internacional nos anos 1990.[10] O novo contexto trouxe uma grande quantidade de novos investimentos estrangeiros, especialmente para o setor automobilístico. Além disso, a competição e a busca de novos padrões de produtividade introduziram rapidamente as idéias da produção enxuta e a demanda por mais flexibilidade no mercado de trabalho. Apesar da força acumulada, os sindicatos atualmente têm tido muita dificuldade para lidar com as novas estratégias gerenciais, especialmente depois do deslocamento das empresas automobilísticas para novas regiões, longe do sindicalismo mais atuante do cinturão industrial da cidade de São Paulo, o chamado ABC paulista.

A VW faz parte da indústria automobilística brasileira desde seus primórdios e por muitos anos tem sido líder na produção de veículos no país. De sua base principal de operação, o ABC paulista, surgiram importantes lideranças sindicais. Nos anos 1990, a VW se beneficiou dos incentivos fiscais oferecidos pelo governo federal para construir três novas fábricas. Os dados do nosso *survey* foram obtidos na fábrica de caminhões e ônibus da VW inaugurada em 1996 em Resende, no sul do estado do Rio de Janeiro, dentro da perspectiva de criar novas áreas de desenvolvimento (*green fields*). A fábrica foi inaugurada também com o anúncio do "consórcio modular", como um modelo "revolucionário" de organização do processo produtivo.

Este talvez seja um dos exemplos mais avançados de produção enxuta construído pela indústria automobilística mundial. No que diz respeito às relações de trabalho, no entanto, pouco se tem falado da participação dos trabalhadores ou do sindicato em qualquer negociação relativa a escolhas sobre o andamento do processo produtivo, embora, para o sindicato local, a chegada da planta em Resende tenha sido uma oportunidade de criação de mais empregos no mercado de trabalho da região[11] e de ampliação de sua organização para o setor automobilístico, no qual não possuía tradição anterior. Significativamente, a escolha do

---

[10] Castro, 1996; Arbix e Zilbovicius, 1997; e Cardoso, 2006, entre outros.
[11] Abreu, Beynon e Ramalho, 2000.

município de Resende se baseou parcialmente no fato de que os salários são mais baixos no mercado de trabalho local em comparação com o cinturão industrial de São Paulo.

Deve-se assinalar que, no caso brasileiro, assim como no do Reino Unido, houve uma certa subestimação por parte das empresas e das gerências quanto à capacidade dos trabalhadores e de seu sindicato de responderem com rapidez às novas condições de trabalho. A suposta posição inicial mais afável do sindicalismo favorecia o entendimento de que se teria certa passividade. Não foi isso que se viu, pelo menos a partir da base dos trabalhadores no chão de fábrica. Em seus três primeiros anos de funcionamento, a VW, por exemplo, teve de enfrentar três fortes movimentos grevistas em sua planta.

Em uma dessas movimentações, os trabalhadores da VW conseguiram, inclusive, garantir a existência de uma comissão de fábrica que os unificasse internamente,[12] para além do fato de estarem divididos em diversas empresas do "consórcio modular".

A análise de experiências como as do Reino Unido e do Brasil ilustram como a introdução do novo modelo organizacional baseado na produção enxuta não pode ser entendida sem que se considere o contexto social no qual as experiências se estabelecem.

Os impactos das novas estratégias gerenciais na qualidade de vida no trabalho: o *survey* internacional comparativo

Aqueles que defendem as novas estratégias gerenciais insistem em que as mudanças podem beneficiar os empregados em todos os níveis da organização, e como o objetivo é, supostamente, conceder mais poder aos trabalhadores na fábrica, o aumento previsto da produtividade beneficiaria todos. Os problemas ocorreriam por conta da falta de compreensão das gerências sobre as mudanças e/ou da falta de coordenação entre os principais envolvidos (sindicatos e gerência).

---

[12] Francisco, 2005.

A nosso ver, no entanto, essa perspectiva parece excêntrica, já que são em geral excepcionais os casos de estratégias de inovação que promovem a participação dos empregados. E a redução do tempo de trabalho, que pode resultar da produção enxuta, dificilmente confere mais poder aos operários no local de trabalho. Nosso estudo mostra que os desdobramentos da produção enxuta aparecem em uma relação paradoxal com os sindicatos de trabalhadores, já que estes dependem de ao mesmo tempo buscam desafiar as condições da autonomia concedida. Além disso, a partir dos resultados, pode-se questionar a real concessão de mais poder ao trabalhador e o desenvolvimento de mais autonomia para a ação sindical.

O ponto crucial desses novos mecanismos da produção enxuta, em contraste com regimes fabris anteriores, é que estes requerem arranjos institucionais para reunir os vários participantes do processo produtivo. Diferentemente da fábrica fordista, que dependia da aceitação negociada das relações entre os "parceiros", a produção enxuta é definida pelas constantes tentativas da gerência de sabotar o pluralismo conflituoso da parceria anterior. Isso depende do entendimento sobre padrões de emprego derivados de negociação através de acordos coletivos sobre o ritmo e as condições de trabalho, com a premissa da autonomia mútua entre as partes.

No exemplo britânico da GM, a utilização de tal estratégia significa, além da ênfase na participação coletiva, o fato de que a gerência também procura se relacionar diretamente com os trabalhadores através de reuniões de equipe (*team briefings*), reuniões de *kaizen*, e mesmo através de cartas personalizadas. Contudo, pode-se dizer que a produção enxuta reduz o poder do trabalhador no processo de produção.

No caso brasileiro da VW, por tratar-se de uma fábrica bastante nova e com uma proposta experimental — a do consórcio modular —, percebe-se que o eixo do aumento da produtividade ficou bastante restrito à proposta da organização da produção com as outras empresas envolvidas no projeto. O fato de ser necessária uma convivência de políticas gerenciais diferentes no "consórcio modular" — embora todas as empresas estejam organizadas segundo os preceitos da produção enxuta — reduziu qualquer preocupação estratégica (se é que houve em algum momento) com a participação dos trabalhadores e do sindicato nas decisões relativas ao local de trabalho. Embora os módulos da fábrica se organizem levando em consideração as idéias de célula de produção e da realização de multitarefas, não parece haver o envolvimento dos trabalhadores, tanto da comissão de fábrica quanto do sindicato, em um processo de negociação que conceda mais poder aos trabalhadores no local de trabalho.[13]

No entanto, após esses 10 anos da fábrica da VW em Resende, pode-se constatar que o sindicato local, a despeito de sua estratégia defensiva, tem mostrado uma ação significativa para defender os interesses dos trabalhadores, na tentativa principalmente de obter vantagens salariais e melhorar as condições de trabalho de seus representados.[14] Além disso, sindicato e comissão, ainda que limitadamente, têm buscado ganhar espaço na participação nas decisões (ou pelo menos na consulta) sobre mudanças no chão de fábrica.

Nossa avaliação do impacto das novas estratégias sobre os trabalhadores baseia-se em um conjunto de variáveis que, associadas, constituem um índice para medir a qualidade de vida no trabalho nas duas realidades estudadas. O índice se compõe das seguintes medidas: intensificação do trabalho, monitoramento do desempenho do trabalhador, nível de estresse, consulta ao trabalhador, balanço da vida no trabalho.

O *survey* usou o mesmo conjunto de questões em montadoras de automóveis operadas pela General Motors no Reino Unido e na fábrica de caminhões e ônibus da VW em Resende, no Brasil. No caso de Resende, os dados foram retirados de um *survey* realizado no final de 2001, que incluiu algumas questões do CAW/McMaster e GM (Reino Unido) Bristol Business School-TGWU *survey*.

Todas as fábricas analisadas foram de alguma forma afetadas pelos princípios da produção enxuta. Os trabalhadores da fábrica da GM (Reino Unido) têm um acordo formal (o chamado *V 6 Agreement*, de 1989) que abrange o trabalho de equipe, a rotação de tarefas e a melhoria contínua. Na VW de Resende, apesar da baixa consulta ao sindicato e à comissão de fábrica nas discussões sobre mudanças no local de traba-

---

[13] Francisco, 2005.
[14] Ramalho, 2002.

lho, a organização do consórcio modular pressupõe a implantação dos principais aspectos da produção enxuta.

Tabela 1

Características da amostra

Empresa	Questionários distribuídos	Questionários retornados	Idade média	% de mulheres
GM (Reino Unido)	350	215	39	3
VW (Brasil)	90	90	30	3

Fontes: (GM-RU), *survey* 2002 e VW, *dataset, Resende,* 2002.

As tabelas de 2 a 6 mostram os indicadores básicos sobre as condições de trabalho nas duas empresas estudadas e apresentam, em percentagem, as respostas dos trabalhadores.

A tabela 2 apresenta duas dimensões — o grau de monitoramento das atividades do trabalhador e o grau de pressão (*bullying*) que sente no trabalho. Com respeito ao monitoramento, embora haja algumas diferenças entre as empresas, pode-se dizer que uma percentagem significativa de trabalhadores se considera vigiada no local de trabalho. Quanto ao fato de se sentirem pressionados, os trabalhadores, principalmente da VW, revelam um índice preocupante.

Tabela 2

Indicadores de monitoramento do desempenho

	Até que ponto você sente que o seu trabalho está sendo vigiado/ monitorado?	
	Muito de perto/perto	Algum ou nenhum
GM (RU)	71,3	28,8
VW (Brasil)	45,6	54,4

	Até que ponto você se sente pressionado no trabalho?	
	De algum modo ou bastante	Muito pouco ou nada
GM (RU)	26,5	73,5
VW (Brasil)	52,2	47,8

Fontes: GM (RU) *survey* 2002 e VW *dataset,* Resende, 2002.

Partindo do pressuposto de que conceder mais poder aos operários implica assegurar uma experiência de trabalho livre das ameaças comuns ao local de trabalho, pode-se concluir que os níveis de monitoramento e de pressão deveriam ser baixos. Embora não se possa reduzir monitoramento a pressão, e vice-versa, em ambos os casos os índices nas duas empresas estão relativamente altos — pouco abaixo de 50% na VW e mais de 70% na GM.

O monitoramento do desempenho do trabalhador por parte da gerência, sem considerar a pressão exercida sobre ele, torna as coisas mais complicadas. Embora o monitoramento possa ser definido em termos de metas acordadas de desempenho, o papel exercido pela pressão sobre o trabalhador é freqüentemente desconsiderado. No mundo em que as novas estratégias gerenciais pretendem se estabelecer, não se atribui importância aos efeitos da pressão sobre os operários. Quando perguntamos sobre a origem da pressão no trabalho (tanto da parte dos trabalhadores quanto da parte da gerência), as respostas revelaram a responsabilidade do controle informal da gerência.

A tabela 3 destaca quatro variáveis, mostrando as várias dimensões da intensificação do trabalho: carga de trabalho, ritmo de trabalho, número suficiente de pessoas para realizar as tarefas da produção e o trabalho sentindo dor.

Tabela 3

Intensidade de trabalho

	Como você descreveria sua carga de trabalho?	
	Muito pesada	Na medida certa
GM (RU)	29,3	70,7
VW (Brasil)	15,5	84,4

	Como você descreveria seu ritmo de trabalho?	
	Muito acelerado	Na medida certa
GM (RU)	43,6	56,4
VW (Brasil)	57,8	42,2

Continua

	Há gente suficiente no seu local de trabalho para realizar as tarefas estabelecidas?	
	Insuficiente	Na medida certa
GM (RU)	48,5	51,5
VW (Brasil)	25,5	74,5

	Com que freqüência você sente dores no trabalho?	
	Pelo menos metade do tempo	Alguns dias ou nunca
GM (RU)	40,0	60,0
VW (Brasil)	66,7	33,4

Fontes: GM (RU) *survey* 2002 e VW *dataset*, Resende, 2002.

A intensificação do esforço no trabalho é comumente reconhecida como um fator que traz prejuízos ao desempenho e à saúde do trabalhador. Nos quatro indicadores associados à intensificação, o *survey* comparativo revela a contínua pressão sofrida pelos trabalhadores em cada nível.

O fato de que a carga de trabalho apareça como menos problemática nos dois casos não deve surpreender porque, no caso da GM do Reino Unido, por exemplo, boa parte das atividades de montagem final, que exigem muito esforço físico, foi deslocada para outros elos da cadeia produtiva.

Os problemas atuais dos trabalhadores, no contexto de uma linha de montagem com tarefas altamente repetitivas, ocorrem a partir de uma situação multitarefa relativamente leve, na qual a velocidade do movimento é rigidamente controlada por operações padronizadas. A combinação da velocidade estabelecida por operações padronizadas, do movimento físico rápido e persistente e das multitarefas é responsável pelos resultados mostrados na tabela 3 — os indicadores revelam que entre 40% e quase 80% dos trabalhadores consideram o ritmo de trabalho muito intenso, até mesmo quando cerca de 50% dos entrevistados acham que há gente suficiente para realizar o trabalho prescrito.

Contudo, é no item relativo "ao trabalho sentindo dor" que talvez seja possível captar melhor a intensidade do trabalho na linha de montagem. Os dados que indicam a presença permanente da dor no desempenho das tarefas ilustram a dificuldade inerente a essas novas estratégias gerenciais no sentido de criar uma melhor qualidade de vida no trabalho. Na VW, somente 33,4% dos trabalhadores afirmaram nunca/ou apenas por alguns dias terem trabalhado sentindo dor. Desse modo, não foi surpresa constatar que o fator estresse, também relacionado à qualidade de vida no trabalho, tenha atingido altos índices entre os entrevistados, como veremos a seguir.

Tabela 4

Estresse

	Com que freqüência você acha o seu trabalho monótono?	
	Pelo menos metade do tempo	Um quarto do tempo ou nunca
GM (RU)	80,0	20,0
VW (Brasil)*	20,0	80,0

	Com que freqüência você se preocupa com o trabalho fora da fábrica?	
	Entre algumas vezes e a maior parte do tempo	Muito pouco ou nada
GM (RU)	27,1	72,9
VW (Brasil)	76,7	23,9

	Você está preocupado com o desemprego?	
	Preocupado ou muito preocupado	Não está preocupado
GM (RU)	76,2	23,8
VW (Brasil)	69,7	30,3

	Quanto tempo você fica exausto após o seu turno de trabalho?	
	Entre metade dos dias e todos os dias	Alguns dias ou nunca
GM (RU)	65,0	35,0
VW(Brasil)	30,0	70,0

Fontes: GM (RU) *survey* 2002 e VW *dataset*, Resende, 2002.
* Números gerais baixos nesse caso refletem uma não-resposta específica à questão.

As respostas referentes ao estresse são uma boa ilustração de como as novas estratégias gerenciais não foram arquitetadas para lidar com esse problema no local de trabalho. Isso inclui as questões relativas à insegurança no trabalho, à monotonia e à fadiga, aspectos que podem ser percebidos pela dificuldade dos trabalhadores de "se desligarem" após o trabalho. Os números para as duas empresas, em média, indicam um nível relativamente alto de estresse. Falamos "em média" tendo em vista que a percentagem relativa à "monotonia no trabalho", em pelo menos metade do tempo, é baixo na VW (20%), e que a proporção de trabalhadores da GM que disseram "não se preocupar com o trabalho quando estão fora da fábrica" foi relativamente alta — 73%. Uma ampla maioria de trabalhadores se definiu como preocupada em perder o trabalho.

Proporções semelhantes de trabalhadores da GM afirmaram que se sentiam cansados ou exauridos depois da jornada de trabalho em pelo menos metade do tempo (52% na GM se sentiram cansados ou exaustos "todos os dias" ou a "na maioria dos dias"). Quase um terço dos trabalhadores da VW também relatou cansaço em pelo menos metade de suas jornadas. Esses números sugerem que as experiências dos trabalhadores nos processos de trabalho analisados não combinam com a ideologia do alto desempenho. Podemos afirmar, portanto, que essas experiências de trabalho referem-se precisamente a uma realidade em que não há incompatibilidade entre estratégias gerenciais, cujas origens remontam à produção enxuta, e um sistema de controle das relações de trabalho que leva inexoravelmente à diminuição da qualidade de vida no trabalho.

Mas, e com relação à vida fora da fábrica? Será que as estratégias permitem uma relação mais equilibrada entre trabalho, lar e vida social? A tabela 5 refere-se a uma variável crítica, associada ao equilíbrio da vida no trabalho — a percepção da energia para as atividades familiares ou sociais depois do horário de trabalho. Afirma-se que um dos benefícios das novas estratégias gerenciais seria conceder poder aos trabalhadores de tal modo que um sentimento de realização muito forte se refletiria na vida pessoal e social. No entanto, para muitos dos nossos entrevistados, os rigores do trabalho parecem deixar pouca energia para esse tipo de atividade. A maioria dos trabalhadores registrou ter energia suficiente para as atividades familiares apenas alguns dias do mês, ou mesmo nunca — 55,5% na GM e 80% na VW.

Tabela 5
Equilíbrio de vida e trabalho

	Você encontra energia para as atividades sociais e familiares depois do trabalho?	
	Pelo menos metade do tempo	Alguns dias ou nunca
GM (RU)	44,6	55,5
VW (Brasil)	20,0	80,0

Fontes: GM (RU) *survey* 2002 e VW *dataset*, Resende, 2002.

A parte final do nosso recorte sobre a qualidade de vida no trabalho refere-se às percepções dos trabalhadores sobre o processo de decisão dentro da empresa, às quais adicionamos a avaliação das atitudes com relação aos supervisores. A tabela 6 trata dessas duas variáveis:

Tabela 6
Envolvimento do trabalhador e atitudes do supervisor

	Até que ponto você é consultado sobre as políticas da empresa?	
	De alguma forma ou bastante	Pouco ou nunca
GM (RU)	31,0	68,9
VW (Brasil)	74,1	25,9

	Você está satisfeito com o seu supervisor?		
	Satisfeito ou muito satisfeito	Mais ou menos	Insatisfeito ou muito insatisfeito
GM (RU)	36,6	35,6	27,7
VW (Brasil)	88,7	8,0	3,4

Fontes: GM (RU) *survey* 2002 e VW *dataset*, Resende, 2002.

As relações com a gerência parecem estar mais abaladas na GM. Os trabalhadores da VW, talvez por se tratar de um grupo de trabalhadores

mais jovem e em sua primeira experiência de trabalho na indústria automobilística, revelam um alto grau de satisfação com seu supervisor
(quase 90%), e um índice quase equivalente no que diz respeito a se
considerarem consultados quanto às políticas da empresa (74,1%).
Neste último quesito, já indicamos a dificuldade de os atores coletivos
participarem ou serem informados acerca das políticas da empresa para
o chão de fábrica. Assim, o que se constata é o esforço da empresa em
utilizar a participação individual em detrimento daquela que incorpo-
raria as representações coletivas.

As tabelas de 2 a 6 revelam um quadro sobre o trabalho na indústria automotiva de início do século XXI no qual a carga de trabalho
continua elevada, a concessão de poder aos trabalhadores permanece
baixa, e a saúde, assim como as condições de trabalho, ficaram longe do
que se encontra na retórica das novas estratégias gerenciais.

Conclusão

Diante do exposto, não parece haver sustentação para a hipótese
de que um novo modelo de organização do trabalho tenha trazido
melhorias visíveis no que diz respeito às condições de trabalho e à
concessão de algum poder aos trabalhadores no local de trabalho.
Tanto a GM, no Reino Unido, quanto a VW, no Brasil, aparecem
mal nesse item.

Nosso argumento é de que, com a reestruturação das empresas, a
questão da qualidade de vida no trabalho tomou rumos diferentes. Pesquisas anteriores sobre a produção enxuta já mostram, considerando as
diferenças nacionais quanto à regulação da indústria e do emprego, que
as respostas das empresas à nova pauta gerencial dependem de como as
trajetórias nacionais estão relacionadas às histórias organizacionais de
cada empresa. É o efeito combinado de respostas estratégicas contemporâneas para o processo de internacionalização da indústria automobilística com a história corporativa que molda e explica por que corporações individuais colocam ênfases variadas na importância da mudança
dos padrões de produção e de emprego. Informações acerca da resposta internacional dos trabalhadores a essas novas estratégias da gerência

revelam como as histórias das empresas divergem de acordo com o país, e como a empresa aparece como o indicador prevalecente.[15]

Alguns pesquisadores têm chamado a atenção para a variedade de experiências e resultados da aplicação de novas estratégias gerenciais,[16] outros vêm considerando precipitada a identificação de um padrão único e dominante de organização do trabalho.[17] Os resultados do nosso *survey* internacional indicam que, apesar do discurso de maior participação dos trabalhadores, o que se viu, ainda que com graus variados nas duas experiências, foi um espaço muito limitado para essa participação, associado a um aumento do ritmo do trabalho, com prejuízos para a qualidade de vida no trabalho.

Em 1996, os trabalhadores da Vauxhall (GM), no Reino Unido, protestaram contra os efeitos da produção enxuta no seu cotidiano de trabalho, e essa pode ser vista como uma importante reação ao aumento cada vez maior da carga de trabalho. Na VW do Brasil não foi diferente. Embora tenha tentado evitar a combativa tradição sindical da região do ABC paulista, e apostado na suposta docilidade do sindicato local de Resende, a empresa muito rapidamente precisou lidar com as demandas dos trabalhadores, que começaram a reivindicar melhores condições trabalho, de salário e o direito de se organizarem.

Os padrões de produção e de emprego são importantes em todas as estratégias corporativas de sobrevivência, assim como na manutenção dos regimes fabris, no Reino Unido ou no Brasil. Nesse contexto, os novos desdobramentos gerenciais da produção enxuta podem ser vistos como a continuidade de formas antigas de submissão do trabalho, agora na era do despotismo hegemônico.[18]

Nos dias de hoje, o novo despotismo hegemônico procura consolidar os sucessos da produção enxuta, onde o assalto aos direitos do trabalho foi estendido à tecnologia e à organização da linha de montagem, associado às estratégias de recursos humanos. Contudo, a relativa in-

---

[15] Lewchuk e Robertson, 1996 e 1997.
[16] Appelbaum et al., 2000; Kochan e Osterman, 1994.
[17] Osterman, 1994.
[18] Burawoy, 1985.

capacidade das primeiras experiências de produção enxuta em cooptar as instituições ligadas ao trabalho levou ao desenvolvimento de novas estratégias, na tentativa de resgatar tal participação. No entanto, o *survey* com os trabalhadores de duas grandes corporações sugere que, para eles, os efeitos e os benefícios da implementação das novas estratégias têm sido, no mínimo, ambíguos.

Bibliografia

ABREU, A.; BEYNON, H.; RAMALHO, J. R. The dream factory — VW's modular production system in Resende, Brazil. *Work, Employment and Society*, v. 14, n. 2, p. 265-282, June 2000.

APPELBAUM, E. et al. *Manufacturing advantage:* why high performance work systems pay off. Ithaca, NY: Cornell University Press, 2000.

ARBIX, G.; ZILBOVICIUS, M. O consórcio modular da VW: um novo modelo de produção. In: ARBIX, G.; ZILBOVICIUS, M. (Orgs.). *De JK a FHC* — a reinvenção dos carros. São Paulo: Scritta, 1997.

BURAWOY, M. *The politics of production*. London: Verso, 1985.

CARDOSO, A. M. A nova face da indústria automobilística brasileira, ou a tese da convergência revisitada. In: CARDOSO, A.; COVARRUBIAS, A. (Orgs.). *A indústria automobilística nas Américas*. Belo Horizonte: UFMG, 2006.

CASTRO, N. (Org.). *A máquina e o equilibrista* — inovações na indústria automobilística brasileira. São Paulo: Paz e Terra, 1996.

CAW. *The Cami report:* lean production in a unionised auto plant. Willowfield: [s.n.], 1993.

DANFORD, A. *Japanese management techniques and British workers*. London: Mansell, 1999.

DANFORD, D. The "new industrial relations" and class struggle in the 1990s. *Capital and Class*, v. 61, p. 107-141, 1997.

DURAND, J. P.; STEWART, P. Manufacturing dissent? Burawoy and a franco-japanese workshop. *Work, Employment and Society*, v. 12, n. 1, p. 145-159, 1998.

FRANCISCO, E. M. *A comissão enxuta* — ação política na fábrica do consórcio modular em Resende. Bauru: Edusc, 2005.

GILL, C.; CONTI, B. Hypothesis creation and modelling in job stress studies: the effect of just-in-time and lean production. *International Journal of Employment Studies*, v. 6, n. 1, p. 149-173, 1998.

KOCHAN, T.; OSTERMAN, P. *The mutual gains enterprise*. Boston, Mass.: Harvard Business School Press, 1994.

LEWCHUK, W.; ROBERTSON, D. Working conditions under lean production: a worker-based benchmarking study. *Asia Pacific Business Review*, Summer 1996. p. 60-81.

————; ————. Production without empowerment: work re-organisation from the perspective of motor vehicle workers. *Capital and Class*, v. 63, p. 37-65, 1997.

MARSDEN, D.; MORRIS, T.; WILLMAN, P.; WOOD, S. *The car industry:* labour relations and industrial adjustment. London: Tavistock, 1985.

MILKMAN, R. *Farewell to the factory:* auto workers in the later twentieth century. Berkeley: University of California Press, 1997.

MOODY, K. *Workers in a lean world:* unions in the international economy. London: Verso, 1997.

MOURIAUX, R. O sindicalismo dos países industrializados após a crise dos anos 1970: efetivos, estruturas e estratégias. In: SANTANA, M. A.; RAMALHO, J. R. (Orgs.). *Além da fábrica:* trabalhadores, sindicatos e a nova questão social. São Paulo: Boitempo, 2003.

NICHOLS, T. *The sociology of industrial injury*. London: Mansell, 1997.

OLIVER, N. The dynamics of just-in-time. *New Technology, Work and Employment*, v. 6, n. 1, 1991.

OSTERMAN, P. How common is workplace transformation and who adopts it? *Industrial Relations Review*, v. 47, n. 2, p. 75-95, 1994.

PALMER, B. *Capitalism comes to the back country:* the Goodyear invasion of Napanee. Toronto: Between the Lines, 1994.

PIZZORNO, A. Political exchange and collective identity. In: CROUCH, C.; PIZZORNO, A. (Eds.). *The resurgence of class conflict in Western Europe since 1968*. London: MacMillan, 1978.

RAMALHO, J. R. New forms of industrial organisation, regional development and the impact on work restructuring in Brazil. In: ISA WORLD CONGRESS OF SOCIOLOGY, 15., 2002, Brisbane. *Proceedings...* Brisbane, Australia: [s.n.], 2002.

————; SANTANA, M. A. A indústria automobilística no Rio de Janeiro: relações de trabalho em um contexto de desenvolvimento regional. In: NABUCO, M. R.; NEVES, M. de A.; CARVALHO NETO, A. M. de (Orgs.). *Indústria automobilística:* a nova geografia do setor produtivo. Rio de Janeiro: DP&A, 2002.

————; ———— (Orgs.). *Trabalho e desenvolvimento regional* — efeitos sociais da indústria automobilística no Rio de Janeiro. Rio de Janeiro: Mauad, 2006.

RINEHART, J.; HUXLEY, J.; ROBERTSON, D. *Just another car factory?* Lean production and its discontents. Ithaca, NY: ILR Press, 1997.

STEPHENSON, C. The different experience of trade unionism in two Japanese transplants. In: ACKERS, P.; SMITH, C.; SMITH, P. *The new workplace trade unionism:* critical perspectives on work and organisation. London: Routledge, 1996.

STEWART, P. Striking smarter and harder at Vauxhall: the new industrial relations of lean production. *Capital and Class*, v. 61, p. 1-7, 1997.

————; WASS, V. From "embrace and change" to "engage and change": trade union renewal and new management strategies in the UK automotive industry. *New Technology, Work and Employment*, v. 13, n. 2, p. 77-93, 1998.

———— et al. The quality of working life in the automobile industry: an international study (Brazil, Canada, Italy, Japan and the UK). In: CONGRESO LATINOAMERICANO DE SOCIOLOGÍA, 4., 2003, *Anales...* La Habana. La Habana: Alast, 2003.

THOMPSON, P.; ACKROYD, S. *Organisational misbehaviour.* London: Sage, 1999.

WICHERT, I. Job insecurity and work intensification: the effects on health and well-being. In: BURCHELL, B.; LAPIDO, D.; WILKINSON, F. (Eds.). *Job insecurity and work intensification.* London: Routledge, 2002.

WILLIAMS, K. et al. Against lean production. *Economy and Society*, p. 321-354, 1992.

YATES, C. Defining the fault lines: new divisions in the working class. *Capital and Class*, v. 66, p. 119-147, 1998.

Sobre os autores

ABIGAIL MCKNIGHT é doutora em economia, *senior research fellow* do Centre for Analysis of Social Exclusion (Case), London School of Economics (LSE), Londres, Inglaterra. E-mail: <Abigail.McKnight@lse.ac.uk>.

ADALBERTO CARDOSO é doutor em sociologia, professor e pesquisador do Instituto Universitário de Pesquisas do Rio de Janeiro (Iuperj), Brasil. E-mail: <acardoso@iuperj.br>.

ALVARO A. COMIN é doutor em sociologia, professor do Departamento de Sociologia, Universidade de São Paulo, e presidente do Centro Brasileiro de Análise e Planejamento (Cebrap), São Paulo, Brasil. E-mail: <alvcomin@usp.br>.

ANDY DANFORD é doutor em sociologia, professor da School of Human Resources Management, Bristol Business School, University of the West of England, Bristol, Inglaterra. E-mail: <Andrew.Danford@uwe.ac.uk>.

JOSÉ RICARDO RAMALHO é doutor em sociologia, professor do Instituto de Filosofia e Ciências Sociais (IFCS), Universidade Federal do Rio de Janeiro, Brasil. E-mail: <jricardoramalho@uol.com.br>.

KATE PURCELL é doutora em sociologia e professora do Institute for Employment Research (IER), University of Warwick, Inglaterra. E-mail: <Kate.Purcell@warwick.ac.uk>.

MARCO AURÉLIO SANTANA é doutor em sociologia, professor do Instituto de Filosofia e Ciências Sociais (IFCS), Universidade Federal do Rio de Janeiro, Brasil. E-mail: <marcosilvasantana@gmail.com>.

MARCUS VINICIUS FARBELOW é sociólogo, técnico da Fundação Instituto Brasileiro de Geografia e Estatística (IBGE), São Paulo, Brasil. E-mail: <farbelow@uol.com.br>.

NADYA ARAUJO GUIMARÃES é doutora em sociologia, professora do Departamento de Sociologia, Universidade de São Paulo, e pesquisadora associada do Centro Brasileiro de Análise e Planejamento (Cebrap), São Paulo, Brasil. E-mail: <nadya@usp.br>.

PAUL STEWART é doutor em sociologia, professor do Department of Human Resources Management, University of Strathclyde, Glasgow, Escócia. E-mail: <paul.stewart.100@strath.ac.uk>.

PAULO HENRIQUE DA SILVA é sociólogo, assistente de pesquisa do Centro de Estudos da Metrópole (CEM), São Paulo, Brasil. E-mail: <paulo@phi.com.br>.

PETER ELIAS é doutor em economia, professor do Institute for Employment Research (IER), University of Warwick, Inglaterra. E-mail: <Peter.Elias@warwick.ac.uk>.

VALÉRIA PERO é doutora em economia, professora do Instituto de Economia (IE), Universidade Federal do Rio de Janeiro (UFRJ), e pesquisadora associada do Instituto de Estudos do Trabalho e Sociedade (Iets), Brasil. E-mail: <vpero@ie.ufrj.br>.